激进诠释学

重复、解构与
诠释学筹划

RADICAL HERMENEUTICS
REPETITION, DECONSTRUCTION, AND THE HERMENEUTICS PROJECT

[美] 约翰·卡普托（John Caputo） 著　李建盛 译

北京大学出版社
PEKING UNIVERSITY PRESS

著作权合同登记号 图字：01-2016-1046

图书在版编目（CIP）数据

激进诠释学：重复、解构与诠释学筹划 /（美）约翰·卡普托著；李建盛译. —北京：北京大学出版社，2021.7
ISBN 978-7-301-29269-3

Ⅰ.①激… Ⅱ.①约… ②李… Ⅲ.①诠释学 Ⅳ.① B089.2

中国版本图书馆 CIP 数据核字（2018）第 034255 号

Radical Hermeneutics: Repetition, Deconstruction, and the Hermeneutics Project,
by John D. Caputo

Copyright © 1988 by John D. Caputo. Simplified Chinese language translation rights licensed from the English-language publisher, Indiana University Press. All rights reserved.
Simplified Chinese edition copyright © 2021 published by Peking University Press.

书　　　名	激进诠释学：重复、解构与诠释学筹划 JIJIN QUANSHIXUE: CHONGFU JIEGOU YU QUANSHIXUE CHOUHUA
著作责任者	［美］约翰·卡普托（John Caputo）著　李建盛 译
责任编辑	于海冰
标准书号	ISBN 978-7-301-29269-3
出版发行	北京大学出版社
地　　　址	北京市海淀区成府路 205 号　100871
网　　　址	http://www.pup.cn　新浪微博：@ 北京大学出版社 @ 培文图书
电子信箱	pkupw@qq.com
电　　　话	邮购部 010-62752015　发行部 010-62750672 编辑部 010-62750883
印　刷　者	天津光之彩印刷有限公司
经　销　者	新华书店 660 毫米 ×960 毫米　16 开本　28.5 印张　395 千字 2021 年 7 月第 1 版　2021 年 7 月第 1 次印刷
定　　　价	79.00 元

未经许可，不得以任何方式复制或抄袭本书之部分或全部内容。
版权所有，侵权必究
举报电话：010-62752024　电子信箱：fd@pup.pku.edu.cn
图书如有印装质量问题，请与出版部联系，电话：010-62756370

目录

致谢 003

导论　让生活回复原初的困难 001

第一部分　重复与诠释学谱系

第一章　重复与运动：克尔凯郭尔论形而上学的崩溃 013
第二章　重复与构成：胡塞尔的原诠释学 054
第三章　此在的重复与循环存在：《存在与时间》的诠释学 088

第二部分　解构与诠释学的激进化

第四章　《存在与时间》之后的诠释学 135
第五章　重复与符号的解放：德里达论胡塞尔 171
第六章　赫尔墨斯与来自存在的消息：德里达与海德格尔 218
第七章　冷诠释学：海德格尔/德里达 268

第三部分　诠释学筹划

第八章　走向后形而上学理性 301

第九章　走向播散的伦理学 340

第十章　向神秘开放 386

缩写表 426

索引 432

致　谢

我要感谢如下杂志的出版者允许我在本书中使用我的部分早期论文：马丁努斯·奈霍夫出版社允许我使用《胡塞尔、海德格尔与诠释学现象学》("Husserl, Heidegger, and the Question of a Hermeneutic Phenomenology") 的部分内容 [《胡塞尔研究》(*Husserl Studies*), 1 (1984) 157—178] 和《诠释学与人的恢复》["Hermeneutics as the Recovery of Man",《世界与人》(*Man and World*), 15 (1982), 343—367]；沃尔夫·梅斯允许我使用《冷诠释学：海德格尔与德里达》("Cold Hermeneutics: Heidegger and Derrida") 的部分内容 [《英国现象学学会杂志》(*Journal of the British Society for Phenomenology*), 17 (1986), 252—274]；哲学杂志公司允许我使用《从右派讲左派：诠释学、解构与艺术作品》("Telling Left from Right: Hermeneutics, Deconstruction, and the Work of Art") 的部分内容 [《哲学杂志》(*The Journal of Philosophy*), 83 (1986), 678—685]；芝加哥大学允许我使用《从无用到万用：胡塞尔和德里达的符号经济学》("From Uselessness to Full Employment: The Economy of Signs in Husserl and Derrida") 的部分内容 [《解构与哲学》(*Deconstruction and Philosophy*), 约翰·萨里斯编, 芝加哥大学出版社, 1987]；以及罗伯特·惠特莫尔允许我使用《"假设真理是一个女人……"：海德格尔、尼采、德里达》("'Supposing Truth to Be a Woman...': Heidegger,

Nietzsche, Derrida"）的部分内容［《杜兰哲学研究》（*Tulane Studies in Philosophy*），23（1984）15—22］。

我很高兴获得美国学术团体协会学术奖学金（1983—1984）和国家人文科学基金会 1985 年夏季津贴的支持。我深深地受惠于维拉诺瓦大学的慷慨资助：1981 年的学术休假、1982 年的夏季补助，以及对我在美国学术团体协会（ACLS）和国家人文学科捐赠基金（NEH）任职期间的补助。尤其感谢研究所所长伯纳德·唐尼博士、学术事务办副主任劳伦斯·盖伦，以及艺术与科学学院前院长约翰·奥马利对我的工作特别支持。

感谢印第安纳大学出版社高级赞助编辑珍妮特·拉宾诺维奇，以及芝加哥洛约拉大学约翰·萨里斯、哲学教授施密特对这项研究的兴趣。

我的维拉诺瓦大学同事和研究生，以及约瑟夫·马戈里斯领导下的费城大学联盟成员，过去几年中倾听并批评了这些想法的许多版本，我从中受益良多。最后，我对妻子凯西深表谢意，不仅因为她对我的工作的耐心，常常让我远离家务，她还设计和彩绘了本书的封面。

导 论
让生活回复原初的困难

我们从亚里斯多德那里知道生活是艰难的。他说,错过美德的方式很多,但通达美德的方式却只有一种,因而前者容易而后者艰难(《尼各马可伦理学》,1106 b 28ff)。年轻的海德格尔评论说,"事实性生活"就是寻找捷径;它往往让事情本身变得容易(Erleichterung GA 61 108—110)。[1] 因此,对年轻的思想家来说,哲学必须成为一种"事实性诠释学"(SZ 72 n.1/BT 490 n. i)。[2] 这意味着阅读生活,在逃离的游戏中捕捉生活,从而让事实性生存回复到原初的困难。因此,这种事实性诠释学从一开始就将沿着"形而上学"的相反过程,并且与铭刻在事实性生活本身中的倾向相一致,力图使生存的艰难变得轻松愉快。用德里达的恰如其分的话来说,形而上学一直就是一种在场的形而上学。形而上学从一开始就让我们确信存在与在场,甚至当事实性生存被自然(physis)和运动(kinesis)摇来摆去的时候也是如此。形而上学从其开始就一直向我们兜售同样的货物清单,同样

---

[1] 我的导论的题目取自西奥多·基西尔(Pennsylvania State University, July 1986)发表的一篇论述《海德格尔全集》第 61 卷的鼓舞人心的论文。参见他的《走向存在与时间的途中》[*Research in Phenomenology*, 15 (1985), 193—226]。

[2] 1923 年,海德格尔做了一次题为"本体论:事实性诠释学"的演讲。

的货色。但是，事实性诠释学确信，生活是辛劳和艰难的，它始终对生存的破裂、突变和无常保持一双警醒的眼睛。这种新的诠释学不是要把事情变得轻松，不是若无其事地面对生存，而是要在形而上学向我们提供一种溜出后门的快捷方式之前，再次体验生活的艰辛。

这就是我想开始的诠释学观念：这种诠释学力图与原初的生活困难保持联系，并且不会用形而上学背叛它。这正是《存在与时间》带着愤怒突然闯入的一种诠释学力量，并且激进地质疑已经开始的工作。哲学必须开始于质疑作为在场的存在——并且保持这种质疑。因为我们之前一直是这样做的。形而上学总是从问题开始，但是，事情刚开始有点摆动和似乎不确定就把问题封闭起来。问题的干扰力被牵制；它创造的开放性被封闭；变动性被中止。但是，海德格尔想尝试某种新的东西，某种革命性的东西（甚至是某种非学院派的，因为这颠覆了权威的教授模式）：提出了在场的存在问题，把它悬置起来，并且在它的气色变得有点儿不好时也抵制废掉它的诱惑。他在《存在与时间》里释放了一种激进的力量，一种要保持存在问题的开放性的深刻批判力量，让在场的存在开始颤栗，从而使整体变得摇摇晃晃（sollicitare），以便为运动开道。在《存在与时间》中，事实性诠释学假定了在场的形而上学的解构维度和新提出的存在问题的维度；总之，这意味着回复到存在的原初困难。

原来，这就是年轻的海德格尔令人惊奇地重读亚里斯多德所发生的东西：把《尼各马可伦理学》解读为关于事实性生活及其困难和形而上学的故事，通过这样一种方法便把"运动"解读为"实质"（ousia），又把"实质"解读为其运动的构成要素，把运动解构为形而上学试图掩盖、仍然阻止的动荡。[3] 而且，他发现亚里斯多德同时

---

[3] 托马斯·希恩一段时间来一直在争论海德格尔解读亚里斯多德的重要性（见第7章注释12）。

在做这两件事,以至于亚里斯多德自己都会感到奇怪。海德格尔一辈子都尽力做好一件事,即坚持质疑在场的存在。这意味着他要抵制形而上学力图证明的把事情变得容易、把存在作为稳定的材料和完全的在场的倾向。

但是,这种筹划唤起了另一个场景——一个星期天的下午,约翰尼斯·克利马科斯(Johannes Climacus)坐在腓特烈斯贝的花园里,抽着雪茄,思考着这样的事实,全欧洲的思想家都在让事情变得更简单,撰写解释这种体系的大纲,明确地总结黑格尔的形而上学。因此,约翰尼斯考虑这样的想法,他的生活的任务必须是让事情变得更困难。没有别的事情可做——另一件用轻松(Erleichterung)的办法解决的事,早已开始,几乎快完成了,只要一个星期就能完成。所以,约翰尼斯·克利马科斯以及克尔凯郭尔的另一个假名——康斯坦丁·康斯坦提斯[4],对我来说是最重要的——明显地属于这种诠释学事业,属于诠释学麻烦的伟大筹划。

在《重复》(Repetition,1843)中,康斯坦丁从提出一个赫拉克利特式的难题开始,存在的个体如何在时间和流动中前行。他说,一个解决的办法就是坦率地承认个体在这种流动中没有权利,找到某个借口之后快速退出。这就是古希腊的回忆理论。另一方面,基督教唤起了已经失去的圣经形而上学。它把时间和流动作为其要素,它把它的手伸向存在之路并且向前推进——因为永恒在前面,而非在后头——为自己创造生命所允许的身份。这就是康斯坦丁叫作"重

---

[4] 克尔凯郭尔的诸多著作都没有署他的真实姓名(Kierkegaard),而假托约翰尼斯·克利马科斯(Johannes Climacus),如《论反讽的概念》(The Concept of Irony);康斯坦丁·康斯坦提斯(Constantin Constantius),如《重复》(Repetition)。约翰·卡普托所使用的不同名字,指同一个作者,即克尔凯郭尔,意在表明克尔凯郭尔虽假托不同的名字发表著作,都属于诠释学的筹划。——译者注

复"的东西。回忆是一种向后的运动（因为古希腊人认为我们失去了永恒，并且必须重新获得），而重复则是向前的运动（因为基督教认为我们一直被置于这种生活之中，看看我们是否有勇气去赢得永恒）。康斯坦丁在此所允许的唯一例外就是亚里斯多德，亚里斯多德有一种运动的理论。因此，重复不是相同事物的重复，即古希腊人所说的复制，而是一种向前推进的创造性生产，当它重复的时候就生产，生产它所重复的东西，在变动的困难中为自己创造生活。

因此，诠释学就是面对这种艰难的。它是怀疑简单方法的激进思想，尤其怀疑总是这么做的哲学，即形而上学。因为即便它制造了很多关于运动的噪音（黑格尔），这种哲学提出的所有东西也是一种无声的概念堆砌，就像原地移动的小丑一样，从来也没有向前挪动一步。诠释学要描述我们置身于其中的环境，而且尽可能冷漠并"从下面"发挥作用。它并不宣称要赢得一种超验的高地或者成为天国的密使，它并不想把自身置于变动之上，或者寻求摆脱自然的出路，这是元物理学（meta-physis）中等同于命运攸关的"元"（meta-）的东西，而毋宁说要像康斯坦丁那样鼓足勇气留下来。

在海德格尔那里，诠释学是作为激进思想开始的，在下面几页中我要追溯的正是这种激进化过程。我不是按照从施莱尔马赫到狄尔泰的历史谱系用通常的方式来研究诠释学；这已经在别的地方做得很好了。[5] 我这里所关心的不是诠释学的历史谱系，而是它的激进化；不是它从哪里来的，而是其最内在的趋势和动力。这就是为什么对我来说诠释学的前史，是在如克尔凯郭尔和胡塞尔、尼采和梅斯特·艾克哈特这样的激进思想家那里找到的原因，而且也是为什么诠释学后来

---

[5]　理查德·帕尔默:《诠释学》(*Hermeneutics*, Evanston: Northwestern University Press, 1969)；保罗·利科《诠释学的任务》(*Hermeneutics and the Human Science*, ed. J. Thompson, Cambridge: Cambridge University Press, 1981, 43—62)。

的历史与海德格尔有关——他从它的语汇中选择了这个词并且批判了诠释学现象学——还有德里达，他是诠释学直言不讳的批评家。因为诠释学必须始终保持富有活力的生活困境，并且远离形而上学的轻率保证和哲学慰藉。我这里所谓的"激进诠释学"把自身推向边缘，并从边缘书写哲学，这就是激进诠释学为什么有时会谈到"哲学的终结"的原因。因为激进诠释学并不相信哲学对"轻松"的天真渴望，对在场的渴望，而且它不会把运动和流动托付给哲学，正如康斯坦丁那样。

但是，我也把胡塞尔列在这些激进思想家和前诠释学家中。我把胡塞尔看作这个流向中的一个重要哲学家，尽管他属于离开了克尔凯郭尔和尼采这些思想家的领域。我心里也带着康斯坦丁的问题来阅读胡塞尔，是否有什么东西幸存于这个流向中，例如，在时间之流中并通过时间之流建立意义的整体和稳定的客体是否可能、如何可能。假如克尔凯郭尔提出了流动中的自我构成问题，那么，胡塞尔则提出了意义和客观性的构成问题。胡塞尔的构成是相当于生存论重复的认识论重复，一种向前推进并产生它所重复的东西的重复。胡塞尔以及所有的人都理解我们都与偶然的意义整体有关，与构成性的产品有关，没有任何东西会从天上掉下来。对胡塞尔来说，每一种东西都是从下面生长起来的，是被构成和再构成的，而且总是从属于犹疑不决，从属于世界毁灭的可能性。唯一抵制这种毁灭的一种"事物"，不是其他任何东西，而就是内在时间的纯粹流动。

激进诠释学突出体现某种姿态、某种观点或者某个诠释学纪元，它质疑所有声称自身"在场"的权威性，它否定所有"给定的"形而上学威望，因为在场是被构造的。这并不是说，胡塞尔不是用一只手关闭了他另一只手打开的东西，而是说他确实未能完全把他的革命性层面埋葬在最传统的主体性和超验反思的形而上学之下。但是，德里达比任何人都做得好，他向我们表明了胡塞尔文本的模糊性，揭示了胡塞尔激进的、更加解构的方面，这是我们在激进诠释学筹划中积极支持的东西。

提到德里达，我们就涉及了这个研究的转折点。因为德里达——与其他几个巴黎哲学家一道——极其善于把各种难题扔进形而上学的路途，善于封堵形而上学力图跨越流动建造的高速公路，善于搅扰哲学的慰藉。根据这几页里所辩护的观点，德里达并没有抛弃诠释学，而是把它推到了最极端、最激进的表达，把它推到了诠释学的极限。海德格尔首先对从阿那克西曼德到胡塞尔的整个传统提出了作为在场的存在问题，但是，德里达则把自己置于海德格尔对在场的质疑所创造的开放性中，迫使这个问题变得更加艰难，促使生活的困境变得更为艰难。德里达表明，在场是一种重复过程的"效果"，再现先于在场，并且使它想要再生产的东西的真正在场成为可能，即重复比它所重复的东西更"古老"，这就是胡塞尔自己所说的，德里达使之更加明白的东西，胡塞尔属于这种恢复事物困难的筹划，尽管他也倾向于系统地压抑他已经发现的东西。

但另一方面，事情发生了一种让人惊奇和不安的转变，因为我们都安于批判胡塞尔的笛卡儿主义。现在，德里达的批判力量转向了创立者本人，转向海德格尔，转向对"真实性"的分析，转向"存在的真理"，转向"诠释学"本身。德里达把在场批判的整个力量压在了海德格尔语汇的基本词语上。他把海德格尔本人力图使形而上学颤栗的术语置于问题之中，以至于也使海德格尔变得摇摆不定。他表明，海德格尔对在场的形而上学的批判本身就充满了在场的纪念碑："真实性"（Eigentlichkeit）和"事件"（Ereignis）突出体现真正的形而上学，"去蔽"（aletheia）突出体现真理的形而上学，整个"本体论诠释学"筹划突出体现了把存在"重新恢复"为"堕入"形而上学之前的

"原初真理"的柏拉图姿态——更多的希腊回忆。对德里达来说，在场的批判何时推动我们超越海德格尔的存在诠释学进入了令人生畏的差异（différance）领域，事情就在那里真正变得艰难。

再有，从激进诠释学的观点看，这种方式的所有方面，坚持对在场的存在的批判方面都在进行之中，正如《存在与时间》的最后一页告诉我们的，这是本书唯一根本的东西。这种根本的东西就是它创造的开放性，而不是解决。德里达对本体论诠释学的批判属于更激进地构想的诠释学。他没有废除胡塞尔；他解放了胡塞尔。他没有取消诠释学；他释放了它更为激进的倾向。或者更确切地说，解构就是一种"解开"（undoing），一种"拆除"（Ab-bauen），它没有彻底摧毁，而是释放，并且准备迎接困难的东西，确实准备面对最糟糕的东西。解构在阿谀奉承的在场出现的任何地方训练它的目光，甚至在胡塞尔和海德格尔这样的激进思想家那里，而且它能够在栖居的事物中证明这种差异（différance）。由于解构，诠释学失去了其天真，并且这样做更加忠实于确定的方向，正如年轻的海德格尔所说，这意味着仍然忠实于生活的艰难。差异非常善于把事情变得困难。它在海德格尔诠释学一本正经的地方放进了一种非理论的、非犹太教的、更随心所欲的、不尊重的、诗意的阅读；在海德格尔的希腊—德国（greco-germanic）诗人那里，他提到了阿尔托、巴塔耶、詹姆斯·乔伊斯和马拉美。

对激进诠释学来说，德里达是转折点，诠释学在这个点上被推到了边缘。激进诠释学把自身置于海德格尔与德里达之间交换开启的空间中，这种交换产生了对海德格尔的另一种更加激进的解读，对德里达的另一种而且更多的诠释学的解读。它让德里达在海德格尔的耳边私语，然后转换角色，并让德里达坐在作者的椅子上，让海德格尔在德里达的耳边私语。"激进诠释学"在巴黎与黑森林之间来回穿梭，传递服务的功能，不是为了确保一种准确的和忠实的信息传递，像一个优秀的邮政局长那样（它对邮政局长和所有其他的什么长都怀有疑虑）。毋宁说，它以产生某种新的东西的重复方式，对每一张传递给别人的明信片进行重新解读。

这也说明了为什么伽达默尔（还有保罗·利科尔）在本书后面的研究中只具有次要的作用并发出微小的声音的缘故。从激进诠释学的观点看，伽达默尔的哲学诠释学是一种反动的姿态，力图阻止诠释学的激进化，并且要回到形而上学的怀抱。伽达默尔追求一种更加舒适的视域融合、时代融合、传统生命不朽的学说，这在海德格尔看来只是一种占有的哲学，它切断了海德格尔在途中的自我批评。对伽达默尔来说，要思考的问题就是形而上学传统的基本内容——柏拉图的对话、亚里斯多德的实践智慧（phronesis）、黑格尔的辩证观念——所有这些都以一种形而上学的努力保持和培育更接近黑格尔、而不是海德格尔的传统的真理。即便《真理与方法》包含了对"方法"的有益批判，但是，《真理与方法》中的"真理"问题仍然属于真理的形而上学。康斯坦丁告诫我们，那些在这个流向中对变化说了很多话的朋友，他们的袖筒里一直藏着的东西就是无声的寂静的扬弃（Aufhebung）。

激进诠释学中的"诠释学"，将追溯到海德格尔20世纪20年代事实性诠释学宣称的筹划，这意味着这种诠释学是从下面书写的，它拒绝轻松（Erleichterung），要根据我们栖居的东西来描述无常和差异。在稍早的想法中，我想把这本书取名为"作为人的恢复的诠释学"[6]

---

[6] 《作为人的发现的诠释学》[Man and World, 15 (1982): 343—367, reprinted in Hermeneutics and Modern Philosophy, ed. Brice Wachterhauser, Albany: State University of New York Press, 1986]。

但是，我很快就放弃了这个书名，因为"恢复"意味着"回忆"，而"人"（man）则意味着性别歧视和人道主义。可是，我从没有放弃"诠释学"这个词。海德格尔曾经用这个词表示对在场的形而上学的空洞保证和镇静作用的批判，并由此"恢复"事物的困境。诠释学向我们揭露断裂和鸿沟，让我们谈论文本性和差异，它们栖居在我们所思、所做和所希望的一切事物之中。然而，我想表明，我这里所说的激进诠释学不是一种虚无主义的运用，不是想把人类实践和习惯降低为瓦砾，而是力图直面形而上学一直掩盖在下面的坏消息，事实上，赫尔墨斯（Hermes）也是众所周知的骗子和说谎者。我认为，所有这些都是诠释学的工作。因为它描述我们置于其中的环境，在某个更天真的日子里我们会把这叫作"人的状况"。它为人类存在问题的研究提供一种不会陷入主观主义和人道主义阴暗入口的途径。它开启我们所"是"的问题，正如奥古斯丁前不久所说的"我成为我的一个大问题"（quaestio mihi factus sum）。它给了我们一个把"真实性"重新书写为"坦白承认"我们所置身的环境这项工作的机会。如果坚持认为，我们从没有这样做，那我们也得坦白地承认。它可以扫除一些形而上学两千多年来一直散发的迷雾，从柏拉图那时起，形而上学就是回答苏格拉底提出的所有问题，而诠释学的关键就是要让它们保持开放，让它们有点儿颤抖和颤栗。苏格拉底就是一位让事物变得困难的大师。他创造了一种出色的诠释学麻烦——直到雅典把他驱逐出去，这通常是惩罚激进诠释学的宿命。

本书共三部分。第一部分，我讲述汇聚并在《存在与时间》中达到顶峰的激进诠释学发展趋势的故事。如我所说，这不是一个开始于施莱尔马赫的平常故事，而是一个关于磨光哲学斧子从下面书写并让事情变得艰难的故事。这就是为什么我要转向克尔凯郭尔的重复和胡塞尔的构成来开始我的研究的缘故，我希望表明，它们以一种非凡而具有原创性的方式在《存在与时间》中得到了融合。后者已经成了当代哲学的"经典"文本,而且代表了20世纪诠释学发展中的核心文献。

第二部分,我研究来自德里达对诠释学的解构批判,我把这看作对诠释学之钢的炼造,它使诠释学"激进化",让激进诠释学准备面对最糟糕的情况。我首先感兴趣的是德里达的批判如何释放了胡塞尔的文本,然后是它如何把海德格尔的文本置入它自己都未能弄明白的观念中,因而听凭我这里所说的"冷"或者"激进"诠释学的阐述。

最后,在第三部分,我旨在表明,探究这种激进诠释学并不会让我们陷入非理性的狼群、道德的豁免和绝望,而且不会让我们屈从于虚无主义和无政府主义。关键的问题在于,让生活变得艰难,而不是变得不可能——直面所有构成我们所想、所做和所希望的差异和困境,而不是停顿不前。激进诠释学的主张是,我们通过屈从而不是试图掩盖"理性""道德""信仰"的困境[7]以得到最好的结果。我们一旦停止全力支持我们对在场的形而上学的信仰、实践和体制,我们一旦放弃某种肤浅透明的观念,我们就会发现它们不是被消除了,而是被解放了,尽管在某种程度上这会让存在和在场的卫道士们感到紧张。与形而上学近来一直兜售的那些观念相比,激进诠释学不但不会让我们陷入狼群之中,反而会产生更加合理、确实也更少危险的理性、道德和信仰观念。说起来奇怪的是,形而上学要把事情变得安全和保险的愿望,已经变得极度危险。

承诺得已经够多了;我过于沉湎于前言引起的错觉,认为自己就是文本的主人。我必须记住康斯坦丁的建议,鼓起勇气继续赶路。

---

[7] 在第10章,读者将看到当前的研究与我以前的研究之间的连续性(*The Mystical Elements in Heidegger's Thought*, Athens: Ohio University Press, 1978; reissued New York: Fordham University Press, 1986; *Heidegger and Aquinas: An Essay on Overcoming Metaphysics*, New York: Fordham University Press, 1982)。

第一部分

重复与诠释学谱系

第一章
重复与运动：克尔凯郭尔论形而上学的崩溃

对克尔凯郭尔来说，问题就是，生存意义上的运动是否可能，生存个体取得进步是否可能。他把埃里亚学派对运动的否定作为出发点，对他来说这是哲学思辨的典范姿态，克尔凯郭尔的辩论以生存与实在为根据。他采取了与哲学和形而上学对立的立场，对它们来说运动总是一种丢人的事情，并且认为生存的运动正属于这种情形。因此，康斯坦丁·康斯坦提斯——这个被固定的人，这个在埃里亚学派的稳定性中被悬置的人——用最古怪的话提出了这个严肃的哲学问题：

> 当埃里亚学派否定运动的时候，第欧根尼——正如大家所知道的——挺身而出成为一个对手。他实际上并没有挺身而出，他没有说一个字，只不过来回走了几次，因此就认为他实际上已经拒绝了他们。我被占用一些时间，至少是偶尔被占用的时候——带着重复的问题——这是否可能，它具有什么样的重要性，在被重复的过程中是否获得或者失去某些东西——我突然有了这样的想法：你毕竟可以去柏林旅行；你曾经去过一次，而且，现在你自己可以证明重复是否可能，它具有什么重要性。（SV III 173 / R 131）

因此，这个古老的哲学问题，通过"一种打趣的类比概念"（SV IV 290/CA），通过判断康斯坦丁能否重复他的柏林旅行，便以一种荒谬的形式被提出来了。这必定是真实问题的一种戏仿，即对个体来说向前移动是否可能，离开静止点是否可能，生存进步是否可能。重复是生存的一种运动形式，是亚里斯多德与埃里亚学派的有趣对比，是一种发生于生存着的个体中的运动。

克尔凯郭尔认为，哲学——形而上学——不可避免地要破坏运动。正如尼采所说，哲学具有埃及性质："数千年来，哲学家掌控的一切就一直是概念的木乃伊；没有任何真实的东西逃脱它们的手掌而存活……存在的东西不生成，生成的东西不存在。"[1] 哲学被运动所激怒，因而，要么设法把运动从真实存在中彻底排除出去（柏拉图主义），要么更具有破坏性地把自己描绘为运动的朋友，从而把运动引诱到逻辑范畴的哲学大厦中（黑格尔主义）。克尔凯郭尔反对这种干尸一般的哲学，不是因为他认为永恒——存在于时间和运动之外的领域——是一种错觉，真实的世界是一种神话（Fabel），正如尼采所认为的，[2] 而是因为他认为哲学让事情本身变得太简单。生活一开始，它就随时准备从生存的后门偷偷溜走。它没有勇气面对流动，面对在时间中赢得永恒、为生存奋力争取前景的艰苦劳作。他所反对的不是永恒本身（尼采的"真实世界"），而是哲学追求永恒的懦弱方式。他支持以生成反对存在、以生存反对思想、以生存的"兴趣"反对形而上学。因为，这正是形而上学崩溃、形而上学变得悲痛的有趣基础。（SV III 189/R 149）[3]

---

[1] Friedrich Nietzsche, *Twilight of the Idols and the Anti-Christ*, trans. R. J. Hollingdale (Baltimore: Penguin Classics, 1968), p.35.

[2] Nietzsche, *Twiligh*, pp.40—42.

[3] "founders"一词出现在洛瑞的旧译本中（霍华德·洪翻译为"变得悲痛"），值得保留（Kierkegaard, *Repetition*, trans. W. Lowrie, Princeton: Princeton University Press, 1946, p.34）。

克尔凯郭尔的重复是第一个力图抓住流动，第一个是力图不用形而上学的方式否定它或"调和"它的"后现代"（post-modern）[4]，而是与运动在一起，用"勇气"面对流动。克尔凯郭尔毅然决然地想避免把世界变成一种凝固的"理念"（eidos），停止它的运动，限制它的游戏，因而减轻我们的恐惧。他要向震动（ébranler）、摆动和变动保持开放，并且随时准备面对生存个体被惊吓的恐惧、颤栗和焦虑。

在第一部分的各章里，我将表明克尔凯郭尔的"重复"的筹划，是如何进入海德格尔《存在与时间》里所指的诠释学的核心的。尽管海德格尔自己没有认识到他受惠于克尔凯郭尔，但是，海德格尔称之为"重复"（Wiederholung）的东西来自克尔凯郭尔是不可否认的。[5] 1909年，《重复》（1843）被翻译成德文的迪德里克斯版本时，它用的书名就是"重复"（Wiederholung），这是海德格尔肯定知道的较早的版本，[6]它以一种基本的方式塑造了《存在与时间》中的"诠释学"所指的东西，正如我们在后面的第三章将要证明的。因为较早意义上的诠释学总是包含着流动表面的环形印记——就像查拉图斯特拉之鹰——而且循环运动就是重复之环。借助于重复，个体能够奋力前行，不是走向与过去完全断裂的绝对新奇，而是进入他自身所是的存

---

[4] 参见马克·泰勒编辑的《克尔凯郭尔与后现代主义》（*Kierkegaard und Post-Modernism*，Florida State University Press）。

[5] 马夸里和罗宾逊（《存在与时间》）以及詹姆斯·丘吉尔《康德与形而上学问题》都把Wiederholung翻译为"重复"（没有注意到这个词来自克尔凯郭尔），而理查森使用了"重新恢复"这个词，正确地指出他更接近海德格尔本人所用的Wiederholung的意思。

[6] Kierkegaard, *Gesammelte Werke*, B.3, *Wiederholung*, trans. H. Gottsched (Jena, 1909). Cf. Hans-Georg. Gadamer, *Philosophical Hermeneutics*, trans. David Linge (Berkeley and Los Angeles: University of California Press, 1976), p.214. 另见伽达默尔在致理查德·伯恩斯坦的信中所作的评论（Richard Bernstein, *Beyond Objectivism and Relativism*, Philadelphia: University of Pennsylvania Press, 1983, p.265）。

在。借助于重复，个体成为他自身，循环到他一直所是的存在。在重复亚里斯多德所说的某种曾经所是的东西（ti en einai）中，重复就是让生存的个体成为他曾经的所是，让他返回到他自己。

我从形而上学否定或颠覆流动的企图开始，正好开始于柏拉图（1），完成于黑格尔（2），然后我转向康斯坦丁的心理学—现象学实验（3），最后在考察重复的三个阶段之后（4），我将讨论重复的问题与形而上学的"崩溃"或克服。

重复与回忆

对康斯坦丁·康斯坦提斯而言，问重复是否可能，就相当于问运动是否可能，归根结底是否存在运动这样一种东西，或者这只是一种幻觉。我们从哲学中所知道的，要么完全否定运动，正如埃里亚学派那样，要么是某种避免运动之害的虚假理论，即便公开声称站在运动一边的时候也是如此。在哲学中，生存总是在被存在颠覆。这就是为什么康斯坦丁以论回忆与重复的简短开场白开始他的"报告"的缘故（SV III 173—175/R 131—133）。与其他东西不一样，这个报告向海德格尔的抱怨撒了谎，他以为克尔凯郭尔只是一个不能领会他所提出的本体论问题维度的宗教作家。[7] 因为，克尔凯郭尔反对基督教的生

---

[7] 海德格尔对克尔凯郭尔的评估是苛刻的，而这显然就是我在这一章里要辩驳的问题：“尼采与克尔凯郭尔之间的比较已经成为惯例，但并不因为没有认识到并且确实出于对思维本质的误解这个理由而值得怀疑。尼采作为一个形而上学思想家保持着与亚里斯多德的密切性，克尔凯郭尔从根本上远离了亚里斯多德，尽管他更经常地提到他。因为克尔凯郭尔不是一个思想家，而是一个宗教作家，而且只是其中的一个，但却是唯一一个注定与他所属的时代一致的人。这就是他的伟大之处。假如用这种方式来表达，就不会有误解了。”（CA 5. 249/QCT 9. Cf. WHD 129/WCT 213）对于（转下页）

成回忆学说中隐含着希腊人对"生存"的生成、运动的否定,便采取了亚里斯多德用运动抵抗所有埃里亚学派倾向的立场。

对克尔凯郭尔而言,任何真正严肃意义上的运动都应该是向前(forward)运动。它都应该有所进步而不是简单地重返过去的足迹。如果它就是运动的话,向后移动就是一种取消已经取得进步的反运动。人们吹嘘他在"运动中"而所指的却是在后退的时候,便具有某种滑稽的性质。但是,这便是"回忆"理论所说的东西,而且这就是不相信运动的哲学家们借运动之名总是在告诉我们的那种东西。

哲学——内在性、思辨——用虚假的运动理论打开其大门,意味着在运动中挑刺。柏拉图坚持说,灵魂的运动就是回到它的根源。它一来到这个世上就是一种堕落,因此重要的事情就是尽可能快地消除这种堕落,纠正把灵魂限制在变化领域的这种错误。灵魂的根本命运就是要在原初的存在和纯粹的在场中找回它的本源。因此,知识不是锐意进取的发现——因为这会是真正的运动——而是补偿已然失去的认识的一种恢复,一种回忆。学习意味着与我们总是已经拥有的认识重建联系,消除我们怎样才能获得新事物的诱人难题。这种哲学家不是运动的朋友,柏拉图对运动的描述,实际上是一种取消运动曾经所具有的东西的反运动理论。运动就是堕落,其结果,思辨思想唯一赞成的运动就是消除堕落的非运动。因此,在柏拉图那里,每一种事物都向后退:从坠落后退到原初,从感性后退到超感性,从模仿后退到本源,从失去后退到重获,从遗忘后退到回忆。总之,运动是由怀旧的动力学支配的,运动本身是要被克服的某种东西。

(接上页)克尔凯郭尔直接研究亚里斯多德的程度还不清楚。他对"本质"的解读似乎根据的是马哈赫的理解[G. Marbach, *Geschichte der Philosophie des Mittelalters* (Leipzig, 1841), Par. 128, pp. 4—5]。他对运动的解读则根据 W. G. 坦尼曼的理解,克尔凯郭尔对运动的兴趣与托马斯·希恩关于海德格尔对运动的解释的著作相呼应。

在这种虚假的运动出现的地方，克尔凯郭尔要提出一种真实的运动，一种真正的运动。于是，他挖掘了基督教锐意进取的"重复"概念，占据新领域以反对古希腊的回忆。针对柏拉图后退的苍白无力，克尔凯郭尔比照基督教的顽强，所谓生存的进步即是：

> 说你愿意说的，这个问题（重复是否可能）将在现代哲学中发挥非常重要的作用，因为针对希腊人所说的"回忆"来说，重复是一种至关重要的表达。正如他们所教导的，所有的认识都是一种回忆，现代哲学会教导说所有的生活都是一种重复……重复和回忆是同一种运动，除它们以相反的方向外。回忆曾经的东西就是往回重复，而真正的重复则是向前的回忆，因此，如果这是可能的，就会让一个人感到幸福，而回忆却让他感到不愉快——当然是假设他给自己时间去生活，不是刚出生就要立即找到一个再度逃避生命的借口，例如他已经遗忘了某种东西。（SV III 173—174/R 131）

回忆和重复同样发生从时间到永恒的转变，但是，希腊人想退回到一种永恒的前存在：生命一开始，思辨的思想就想遛回去，就像某个哲学教授说，他已经忘记了他的雨伞！[8]

对希腊人来说，永恒始终存在；它是一种我们总是已经拥有的在场，可是我们已经与它失去了联系。永恒是一种失去的实在，因此，哲学思辨的关键就是让自身从时间中退场，就像一个人想逃离死路悄悄地回到永恒。

---

[8] 这当然是海德格尔的评论（*The Question of Being*, trans. W. Kluback and J. Wilde），同时有德文版（London: Vision Press, 1959, pp. 90—91），德里达在《马刺》（*Spurs*, 140—143）中把它与在尼采论文中发现的随笔联系起来。

> 当希腊人说所有认识都是回忆时,他们是说所有存在的都已经存在;当人们说生命就是一种重复时,人们说:曾经所是的现实性,现在成为生存。

由于"失去"取代了任务,回忆开始于结束而不是开端(SV III 189/R 149)。约翰尼斯·克利马科斯在《哲学片断的非科学的最后附言》里,把柏拉图的回忆称之为回忆自己存在的一种"诱惑",他说苏格拉底的伟大之处就是要抵制这种诱惑(CUP 184—185)[9]。既然运动对立于回忆,重复就确实是一种运动。从时间到永恒的路径被生存本身切断了。它不是要逃离时间,而是要让自己沉浸于时间,在时间中坚持。在重复中,永恒不是某种已失去的东西,而是某种要获得的东西,不是失去实在,而是抓住某种可能性,不是某种过往(过去)的东西,而是某种即将来到的东西,不是要恢复某种东西,而是要推进某种我们必须竭力追求的东西。对基督徒来说,永恒就是为那些坚持信念的人准备的奖赏。

在基督教中,永恒本质上具有生命的运气(vita venlura)的未来意义,到来的生活[而在这种"到来"(to come)]中我们听到了海德格尔的"来到""未来"(zu-commen, zukunft)。这是许诺给那些埋头苦干的人的生活。因为它影响新的生活,而不是唤起熟睡的人们,因此它与可能有关。重复开始于开端而不是结束,它意味着要生产某种东西,而不是复制某种先在的在场。对基督徒来说,时间(时间性)意味着一种紧迫的任务,一种需要做的事情。形而上学要思考摆脱时间的出路,在基督教中,每一个瞬间确实都非常重要,都是一种重大

---

[9]　关于《哲学片断的非科学的最后附言》的这段话(J. Preston Cole, *The Problematic Self in Kierkegaard and Freud*, New Haven: Yale University Press, 1971, 150—155)。

选择的机会。在时间的瞬间里,每一件事情——所有的永恒——都前途未卜。基督徒根据未来性和决断性理解时间。但是,在形而上学那里,时间和运动是不完善的,是一种模仿。没有什么东西是由时间决定的,关键是如何把时间从行动中驱赶出去。重复之爱是幸福的,是一种令人振奋、认真诚恳的奋斗,而回忆之爱则是一种乡愁,一种对失去乐园和梦想的多愁善感的渴望。

在克尔凯郭尔看来,古希腊人并不理解时间,而且他们缺乏"时间性的概念"(SV IV 359/CA 88)。"希腊文化并不理解瞬间""并不是根据向前的方向,而是根据向后的方向来界定时间"(SV IV 359/CA 88)。希腊人既不在瞬间也不在柏林的世界可能逝去的"眨眼间"——从"运动"中——抓住重要的时刻(ⅠCor.15:52;SW IV 358/88)。对希腊人来说,为了重获失去的在场的不变性,时间意味着一种应该抵抗的流失。他们不知道人所具有的精神与肉体之间的基本张力,以及走向罪恶、错误、罪孽的根本趋向。他们认为人本质上是真实的(CUP 183—185),他们不过是目前遭受了一种暂时性的堕落。时间就是这种堕落的临时性,一种短暂的不完善。他们没有紧迫的观念和时间的决断力。但是,对基督徒来说,每一件事情都不同:

> 瞬间就是时间与永恒相互触碰的模糊性,由此,时间性的概念被设定,时间因此与永恒不断交叉,并且永恒不断地弥漫着时间。(SV IV 359/CA 89)

基督教时间概念的每一时刻都被永恒接触,让永恒处于生死攸关之中,它充满一种永恒的能量和重要性——并且意味着未来——可能性[生命的未来,生命的运气(vita future, vita ventura)]。未来就是不能用时间来测量的永恒的假名(SV IV 359/CA 89)。希腊人不是根据未来的优先性而只是根据一种被视为过去的东西来理解瞬间。时间的真实性观念，时间的时间性观念就是基督教的贡献（SV IV 359—360/CA 89—90）。

一种整体的本体论支持回忆与重复之间的这种对立。人们想知道，海德格尔是怎么把克尔凯郭尔仅仅看作一个没有本体论关系的"宗教作家"的。人们想知道，没有对克尔凯郭尔如此充分的认识，他是如何撰写"时间性"的本体论的，这构成了《存在与时间》的此在存在的意义，在我看来，整体分析过程都来自克尔凯郭尔的主要线索！[10]克尔凯郭尔要消除体现在柏拉图回忆中的在场的形而上学遗产，让我们根据时间性和运动来思考。重复就是运动，就是生存着的个体通过时间开辟自己前行之路的方式，就是他面对时间效果消磨他的性格和信心时的不屈不挠。

因此，对克尔凯郭尔来说，赫拉克利特学派与埃里亚学派之间的

---

[10] 加尔文·塞拉格提醒我们注意克尔凯郭尔在海德格尔那里产生的共鸣；参见他的《生存与自由》（*Existence and Freedom*, Athens: Ohio University Press, 1960）；《海德格尔论重复和历史理解》（*Philosophy East and West*, 20 (1970), 287—296. Michael Zimmerman, *Eclipse of the self: The Development of Heidegger's Concept of Authenticity*, Athens: Ohio University Press, 1981）对克尔凯郭尔的关联也做了很好的探讨。最近，威廉·斯帕诺斯将海德格尔的诠释学与克尔凯郭尔联系起来，《海德格尔、克尔凯郭尔与诠释学循环：走向一种作为揭示的解释的后现代理论》[*Boundary* 2, 4 (1976), 455—458]。在法国学者中，让·瓦尔确立了早期海德格尔与克尔凯郭尔之间的一般关系；参见《海德格尔与克尔凯郭尔》[*Rescherches Philosophiques*, 2 (1932—1933), 349—370]，以及《克尔凯郭尔研究》（*Etudes Kierkegaardiennes*, Paris: Aubier, 1938）。阿方斯·德·韦莱亨认为克尔凯郭尔的重复这个概念太过模糊，以至于无法与海德格尔进行富有成效的比较；参见《马丁·海德格尔的哲学》（*La Philosophie de Martin Heidegger*, 4th ed. Louvain: Publications universitaires, 1955, pp. 231, 352. 我也认为丹·马格沙克最近在确定克尔凯郭尔和海德格尔之间的关系方面做得相当好；参见他的《焦虑概念：克尔凯郭尔与海德格尔关系的基石》，即将发表于《国际克尔凯郭尔评论：焦虑的概念》（*International Kierkegaard Commentary: The Concept of Anxiety*）。

古老争论具有一种道德—宗教的重要性。如果康斯坦丁回到柏林旅行是一种生存重复的"戏仿"（*Pap.* IV B111 269/294），那么，真正的问题是，生存的运动是否可能。生存精神一方面没有被流动取消和丧失其同一性，或者另一方面没有退出时间和生存进入无时间的思辨，它生存于时间中是否可能？他对这个问题的回答重复了亚里斯多德对"运动"的难以捉摸的现实性的考察，运动"存在"于可能性与现实性的互相作用之中，它既非此，亦非彼，因为正是这种中间地带（in-between land）描述了自由的动力学。

> 然而，在自由领域，（作为与逻辑对立的）可能性仍然存在，并且现实性表现为一种超验。因此，当亚里斯多德很久以前说，从可能性向现实性的转变就是一种"kinesis"（运动、变化），他没有谈到逻辑的可能性和现实性，但谈到了自由的可能性和现实性，由此，他恰当地假定了运动。（*Pap.* IV B117 309—310）

有如海德格尔，克尔凯郭尔把亚里斯多德看作是古代世界最重要的思想家。克尔凯郭尔和海德格尔两人都被亚里斯多德对柏拉图理智主义的批判所吸引，为亚里斯多德喜欢的具体存在的动力学所吸引。与海德格尔的物质观相反，克尔凯郭尔提出了一个完全的本体论问题，或者更恰当地说，他为了给存在的运动创造空间而反对本体论的有限性，本体论要么极力系统地排斥运动，要么极力系统地以其自身形象改造运动。

重复与调停

回忆的理论至少具有诚实的品德。回忆是一种取消时间和生成的理智而坦率的企图，因为它理解永恒与时间、逻辑与生存、存在与生成之间的明显差异。克尔凯郭尔认为，仅有两种真正表达运动问题的方式：要么用重复的范畴肯定它，要么用回忆的范畴否定它。无论哪一种方式都能感觉到流动。

> 重复的辩证法是简单的，因为被重复的东西已然存在——否则便不能被重复——但是，真正的事实就是它已经把重复变成了某种新的东西。当希腊人说所有认识都是回忆时，他们是说所有存在的都已经存在；当人们说生命就是一种重复时，人们说：曾经所是的现实性，现在成为生存。假如人们既没有回忆的范畴也没有重复的范畴，所有的生命都会变成空洞的、毫无意义的噪音。（SV III 189/R 149）

如果没有回忆也没有重复，就只有流动，就只有无意义的焦虑。回忆平静着焦虑，重复寻求一种在此过程中昂首挺立的方式。回忆说所有重要的东西都已经存在，重复说现实性必须被连续性地创造，不断推出新的东西。同一性必须被建立、被创造。同一性，正如德里达要说的，就是重复的结果。[11]

然而，最糟糕的可能是寻找一种调停运动的方式，极力用存在和永恒调停它。企图在回忆与重复之间找到第三种东西的调停，这是一

---

[11] 在第五章，当我审视德里达对胡塞尔的批判时，我将讨论德里达的重复概念。

种愚蠢的聒噪和干扰：

> 黑格尔关于调停的哲学造成了多大的混乱是不可思议的，又有多少愚蠢的话题在这个标题下享受着荣誉和荣耀。人们宁可通过调停来思考，然后给希腊人一点信赖。希腊人对存在与虚无的理论解释，对"瞬间""非存在"等的解释胜过黑格尔。"调停"是一个外来词；"重复"（repetition）则是一个很好的丹麦词，我为丹麦语言成为哲学词汇而感到高兴。至于调停是怎样发生的，在我们的时代没有说明，它是否起因于两个因素，并且在什么意义上它包含于其中，或者，它是不是某种新增添的东西，还有，果真如此，又是如何增添的。在这种联系中，希腊人对"运动"概念的看法就对应于现代范畴"转变"，并且应该给予密切的关注。（SV III 189/R 148—149）

希腊人要么坦率地否定了运动（埃里亚学派的观点），要么对创造了一种诚实的亚里斯多德式的运动进行描述（运动被重复的范畴所取代），但是，调停却是一种误导，力图改变运动以适应存在，含糊其词地说是否真的存在运动，是否真的所有新的东西都会出现，或者在必然性和无时间性的强制下，运动是否就一直被保持着。

克尔凯郭尔不相信思辨，他认为，形而上学总是在时间和运动的否定或颠覆中告终。"克服形而上学"的筹划，批判"在场的形而上学"的筹划是由克尔凯郭尔发起的，尽管他必须等到海德格尔和德里达这样的哲学家来赋予他的筹划以概念阐述和主题发展。（然而，确实如我们已经指出的，他确实谈到了（"形而上学的崩溃"）形而上学不能领会运动、生成、时间性、真正的奇迹，这样的企图导致了可笑的逻辑化。柏拉图明确认为，时间和运动与哲学思辨是不相容的，因而用自身离开它们的能力来界定哲学。柏拉图主义更加直白；它完全认同时间和运动与哲学思想的不相容，驱赶着哲学去学会以死亡面对这种阴暗的现实。因此，克尔凯郭尔批判了回忆（anamnesis），因为回忆是对运动的一种直接攻击，他批评黑格尔的"扬弃"（Aufhebung）是对运动的一种更加阴险、更具有颠覆性的攻击，它装出一副运动的朋友的样子，最终结果却显得滑稽。[12] 在很大程度上，我认为，德里达对黑格尔的解读是克尔凯郭尔的相对物，因为他们让黑格尔保持诚实，并让黑格尔坚持他自己的运动立场，而不至于悄悄地让它通过形而上学的后门。

黑格尔赞同时间与运动是一种作秀，甚至是在为了他自己的目的而颠覆它们的时候，也是如此。黑格尔的时间不是真正的、基本的，每一种事情都在等待"瞬间"，等待决断的基督教的时间性。这不是一种暴露给流动和偶然性，而是明显与它们的效果隔绝的时间，这是一种因永恒而变得安全、因理性变得保险、因必然而受到控制的时间。用德里达的话来说，黑格尔的调停是要束缚游戏，即使当这种调停似乎肯定游戏的时候。黑格尔的时间缺乏什么是真正的时间：偶然性、自由、向未来开放。黑格尔的时间公然向历史和时间性表达敬意，而私下里却颠覆它们，让它们顺从一种监视和控制它们运动的理性目的论。黑格尔的时间是被形而上学改造过的时间，使它变成了时间的影像和画像，在那里，基本的自由没有了根基，属于时间和运动之本质的自由被取消了。

克尔凯郭尔有一种深刻的新教徒和意志论者的事物观念。[13] 真正

---

[12] 关于这方面的杰出研究，参见 André Clar, "Médiation et Répétition: Le lieu de la dialectique Kierkegaardienne", *Revue des sciences philosophiques et théologiques*, 59（1975），38—78。

[13] 参见理查德·波普金《克尔凯郭尔与怀疑论》（*Kierkegaard: A Collection of Critical Essays*，ed. Josiah Thompson, Garden city: Doubleday Anchor Books, 1972, pp. 289—323）。

的存在，就其起源于神的创造的一种自由行为而言是偶然的，而且这个世界上发生的每一件事情都是偶然发生的。甚至连自然规律也不能被证明是纯粹必然性，因为这些规律控制的现象可能也从不存在，并且因为这些规律本身可能被上帝自由地改变。基督教的世界是自由的；希腊人的世界是必然论的。[14]当克尔凯郭尔谈到运动的"超验性"时，他是指从当前到下次运动的绝对不可预见性，一种连续的瞬间变化的奥卡姆主义的（Ockhamistic）偶然性，一种由于上帝的自由从瞬间到时间的笛卡儿"宇宙守恒"。在希腊人中，只有亚里斯多德认识到了事物的偶然性，尽管他没有对必然和偶然做出足够明确的区分。(PF 93)

现在，无论时间中发生的什么事都是偶然发生的，因为它开始不存在，因此它稍后就存在了。"是根据实际历史本身"（PF 93）生成。所以，这是一种混淆过去的不变性与不可靠的过去的必然性的诡辩。过去是历史性的，因而是偶然的，例如，它是某种已经存在的东西。它的偶然性不是由时间的推移来推动的。现在是一种过去事件的纯粹永恒的事实，并没有取消当它发生的时候这种事件可能原先一直是别的事物的真实性。确实，说过去是必然的，也就相当于预测未来，因为，如果那一种偶然性被取消了，那么另一种偶然性同样也会被取消。

因此，黑格尔主义是欺骗性的，因为它来自一种类似于视错觉的理智错觉。

---

[14] 因此，克尔凯郭尔的重复是一种强迫性重复的对立面，参见乔治·斯塔克的《克尔凯郭尔和弗洛伊德的重复》[*The Personalist*, 58（1977），249—261]；雅克·拉康也对克尔凯郭尔和强迫性重复之间的联系感兴趣；参见《无意识与重复》(*The Four Fundamental Concepts of Psycho-Analysis*, trans. Alan Sheridan, New York: Norton, 1978)；另见 André Clar, p.74. n. 78.

> 时间的距离倾向于提出一种理智错觉,就像空间距离唤起一种感性错觉一样。一个当代人不会察觉什么东西成为存在的必然性,但是,在事件与观察者之间数世纪的干预过程中,他观察到这种必然性,正如距离让方形塔看起来像圆的一样。(PF 98)

确实,黑格尔主义是滑稽的,因为它企图嫁接逻辑与生存、必然与自由、思想与运动。黑格尔想肯定时间与生成的实在性,但是他的肯定是三心二意的,因为他坚持认为时间中镌刻着一种逻辑的必然性,时间按照理性的范畴展开,或者相反,即逻辑中镌刻着时间,也就是范畴移动,它们经历着生成和运动。但是,时间和偶然性,现实性的条件永远抵制这种理念化的思想努力。思想只能在必然性和本质的原理中开花,而且它只能以它被确定的东西为代价来适应生成,即真正的偶然性。因此,克利马科斯在《哲学片断的非科学的最后附言》(*Concluding Unscientific Postscript*)中描述了"莱辛的命题":思想建构一种体系是可能的,但是它必须付出的代价是高昂的,即这样一种体系没有提出实在的要求。相反,忠实于生存的所有描述都必须准备面对最糟糕的情况,必须建立在悖论上,因为一种生存的描述以一种对立于思想——即以时间和运动的元素行动。

现在,我们能够理解康斯坦丁·康斯坦提斯关于黑格尔的"调停"与重复之间的差异要求。在这里,我们受患于黑格尔派神学家J. L. 海伯格发表的关于《重复》的评论,其陈词滥调激怒了克尔凯郭尔,以至于他不得不再次以康斯坦丁这个名字做出回应,对《重复》进行了富有启示的评论,然而却没有发表,但我们有幸能够获得新的英文版《重复》。

海伯格指责说,康斯坦丁根据运动解释重复便把重复自然化了。但是,康斯坦丁的观点是,运动在其最真实和最基本的意义上首先属于个体精神。对海伯格而言，精神领域的运动充其量是世界历史的运动，实际上，这是由必然性和调停所支配的，是一种其动力由逻辑控制的运动。

> 在逻辑中，转变是运动的沉默，而在自由领域中它则是生成。因此，在逻辑中，当可能性依据思想的内在性作为现实性决定自身的时候，人们只能通过讨论运动和转变来搅扰逻辑过程中的沉默的自我封闭。（Pap. IV B117 290/R 309）

逻辑的运动是一种不真实的、无声的寂静。它不过是必然性的一种展开，一种在概念中不引人注意的沙沙声。有一种运动的讨论，但讨论的却不是真正的运动。"在自由领域，然而"康斯坦丁继续说"可能性保持着，现实性作为一种超越出现"（Pap. IV B117 290/R 309—310）在这里，伴随着可能性的是真正超越了从它开始出现的可能性的现实性。在这里——在自由中，这是卓越意义上的运动——某种新的东西实际上出现了。这种现实性是可能性的超越，它不是由可能性决定的、包围的、预先控制的。转变带着生存和真正运动的所有喧嚣和忙乱而存活。因此，对康斯坦丁来说，重复是否可能就是全部问题。

> 但是，个体一旦以他的自由来观察，问题就变成了一个不同的问题：重复能被实现吗？作为一种自由任务，给我的小册子取名的自由，在我小册子里描述自由，并且让自由在其独特性以及这种情境性中成为可见的，在这个意味深长的意义上自由就是重复。（Pap. IV B117 293/R 312—313）

重复意味着为个体在时间中提出坚持而确定的任务，与流动一起，创造作为一种效果的同一性。而且，从根本上说这就是宗教的任务。重复的最高表达就是个体从罪恶转向救赎的宗教运动。这是品质转变、个体转变最具有戏剧性的情况，在这种转变中，某种新的、超越性的东西产生了。救赎完全是对它所替代的罪恶的超越，是最高意义上（sensu eminentiore）的重复。（*Pap.* IV B117 302/R 320）罪恶不能被调和而只能被饶恕。这种转变不属于天生的层面，而是一种真正的过程，一种超越的真正运动，真正可能的一种方式是，因为愚昧、更准确地说是因为相信，上帝有能力干预和影响逻辑和调停既不能理解也不能实行的东西（*Pap.* IV B117 293—294/R 313）。在形而上学、柏拉图主义那里，或者在黑格尔主义那里，没有这种基本的运动。这样一种重复与世界历史进步或天文学没有什么关系。

> 因此，在个体中，重复作为一种任务而出现，这就成为把某人的人格从混乱中拯救出来的问题，也就是说，这是一种事件的担保。事件出现之时，个体能够沉浸于事件、命运，因为没有留下任何剩余物，因而个体以绝不会停止沉思这样一种方式丧失自身，而且在生命的片段中，以自由的完全获得这样一种方式丧失自己，因而，问题变成了显现，不是静观的贵族式慵懒，而是自由的关切激情。（*Pap.* IV B117 296/R 315）

重复就是个体在流动之中摆脱事件的混乱从而塑造其个性的力量，就是在面对无穷无尽的自我驱逐（*Pap.* IV B117 303/R 320）和流动的消磨效果时创造一种同一性的力量。不管从个体那里抽取了多少日常生存的税费，但总是存在着某种"剩余物"，重复就是把自我当作自我来建构的一种真正任务。

致康斯坦丁的信

克尔凯郭尔的《重复》——他的"古怪"论述、他的小笑话——就应该在这个复杂的本体论准备的语境中来解读。到此为止，我一直集中于这种在边缘书写、在打断叙事的偶然的短途旅行中书写、在未出版的文章中书写的本体论。这个文本本身是想用一个具体的例子，一个心理学的、现象学的案例研究来阐述这种抽象的本体论。[15] 第一部分，"康斯坦丁的报告"，描述的是康斯坦丁的一个心神错乱的年轻朋友，他陷入了艰难的爱情事件的痛苦挣扎之中。第二部分，"重复"由年轻人写给康斯坦丁的系列信件构成，重复了这个标题的文本的后半部分，是"严肃的"部分（可是我们要严肃地讨论它吗？），在这里，我们真正地接触到了重复，而前半部分则只是真正重复的一种戏仿。

这不是详细阐述克尔凯郭尔叙事的地方，而只是突出这个文本的某些特征。这个文本给我们讲述一个深陷爱情而又不幸的年轻人，因为他所爱的女孩只不过是唤醒他的诗意天性的一个偶然。与其说他爱上了这个女孩，不如说他爱上了爱本身，以及为他提供了诗意化这件事情的机会。因此，他已经处在跳过生活的一段回忆之中。他从失去这个女孩开始，他就没有准备要过一种让爱持续终生的日常生活。他对这个女孩的爱一直持续上升到"永恒之爱"、爱的"理念"，她只是这种爱的"可见形式"（SV III 182/R 141）。当她对他的爱自然地指向婚姻的伦理关系的时候，他对她的爱却被继续转变为诗意。她在伦理现实性的领域中移动，而他则处在诗意的理念领域里。康斯坦丁

---

[15] 《重复》的副标题是"实验心理学中的一次冒险"。参见霍华德·洪在《克尔凯郭尔著作》第六卷关于"重复"的有帮助的解释。

为化解这个关系设想了一种框架，在这个框架里，年轻人让他自己变成一个不忠诚的色鬼。这将会激起女孩本人摆脱这种关系，保持她完美无缺的声誉，她的这种情感把她从一场糟糕的婚姻中拯救出来。她将站在正确的一边，而这个年轻人则看起来处于错误的一方（SV III 183/R 142）。但是，这个年轻人缺乏计划的胆量，只是简单地从哥本哈根逃到了斯德哥尔摩。

康斯坦丁猜想，这个年轻人的问题是，也许他真的爱上了这个女孩，但是他没有勇气遵循重复的方式摆脱困境（SV III 186/R 142）。年轻人面对着回忆与重复之间的关键时刻。一方面，他可以把他与这个女孩的具体关系转变为理念，因而进入诗意。另一方面，他可以勇敢地进入现实性的领域，带着日常生活的真诚努力工作，中断他的诗意化、理想化癖性，让这种真实的关系产生效果。他要么退回到他的诗意化的永恒，要么努力向前在实践中创造永恒，也就是说创造一种美满的婚姻。事实上，他只是后退，听凭他的脚步和感情摆布。

正是这一点促使康斯坦丁想知道，重复是否真的可能，由此他进行重复的讽刺实验，其严肃性可以比作第欧根尼只是通过来回踱步而拒绝埃里亚学派的尝试。他将进行一次回到柏林的旅行，看看他是否能够重复上次度假的愉快。整个旅程灾难重重，就像他在哥尼斯堡剧院看到的滑稽剧一样，铁的事实证明重复是不可能的。康斯坦丁被羞辱了一把。他劝告年轻人不要再相信连他自己都不相信的重复了。

生活就是骗局，康斯坦丁抱怨道。不是给出重复（Cjentagelse，字面意思是：再次拾起、重新拾起、重复），相反生活就是取回每一种东西（tage Alt igjen）（R 368, n.79）。不是为我们提供一种连续性，相反是一种让我们前行的重复，生活就是把我们暴露给流动。我们越是努力地给生活以秩序，我们就会制造更大的困境。如果我们想无忧无虑地生活，我们最好离开，就像一个老是被他的保姆从灾难中救出来的男孩一样，让事情顺其自然吧。

这种不能获得重复的失败，把我们扔回到了流动中的赫拉克利特之河。只有两种方式能够抓住流动：回忆和重复。但康斯坦丁两种都没有抓住。

> 不是所有人同意，传教士和世俗宣讲者、诗人和散文家、船长和搬运工、英雄和恶棍——他们所有人都同意生活就像一条河吗？人们怎么能得到这样一个愚蠢的想法［即重复］，而且更愚蠢的是，人们怎么会想为它确定一个原则？……马车的喇叭声万岁！在我看来这就是各种理由的工具，并且主要是因为，人们永远不能保证这个喇叭总是能够吹出相同的调子。马车的喇叭具有无限的可能性，把喇叭放在嘴里的人，以及把智慧放进喇叭里的人永远不会犯重复之罪……赞扬它属于马车的喇叭。这是我的象征。正如古代的禁欲主义者把一只头盖骨放在桌子上，沉思默想构成了他们的人生观，因此，我桌子上的马车喇叭总是提醒我人生的意义。但是，旅程并不值得劳神，因为不必离开现场鼓动人们相信重复不存在。不，人们平心静气地坐在自己的客厅里；一切都毫无价值，一切都消失的时候，人们的速度仍然比火车上的速度快，即便他坐着不动。……旅行在你难以捉摸的河流之中。（SV III 212—213/R 174—176）

康斯坦丁不只暗示赫拉克利特，也暗示约伯。就像耶和华一样，给予生命赏赐又收走赏赐，我们更适合像孩子一样生活——或者像天空中的鸟儿一样，他既不播种也不收获——时刻准备祈求耶和华的保佑，他就能找到一种再次给与（gjen-tagelse）生命带走的东西之路。那些规定着重复的收走和赠予，就是在约伯的著名宣告之后被塑造的。

康斯坦丁的旅行故事是真正重复的一种戏仿和讽刺，它必然是一个比康斯坦丁努力建构的柏林假日更内在的、更具有宗教性质的故事。康斯坦丁的度假与赫拉克利特、约伯和宗教重复的暗示被滑稽地并置在一起。因此,我们得出的结论不是重复通常是不可能的,而只是"审美的"重复是不可能的,这种重复任凭环境和偶然因素的支配。康斯坦丁的旅行证明,美学只专注于兴趣,不应该害怕重复,相反,应该培养多样性的艺术,美学始终懂得怎样创造有趣味的东西,并因此避开枯燥无味的东西。

重复的可能性问题一直不是被否定地决定的,而是打开了一个缺口,迫使我们根据宗教的范畴来讨论它。因此该书的第二部分"重复"——重复了这个题目并且重复了这个问题:重复是否可能——现在以一个逃跑的年轻人给康斯坦丁写信的方式提出。重复的问题,不是作为一种闹剧,作为到柏林的一次古怪旅行,而是在一种更高的层次上作为无名年轻人的伦理—宗教命运的戏剧被重复。因为这个年轻人处于一种危机之中;他来到了一个关键的转折点,人生之路的十字路口。

康斯坦丁似乎已经误导了这个年轻人。他认为他只拥有一种属于更高的回忆范畴的梦幻的、想象的爱,但是,他发现自己陷入了被现实性诱惑的真正的爱恋之中。这个年轻人没有任何选择,只能往前冲——走进婚姻,爱情的道德完美——但是也可以成为一名诗人,他不能结婚。他必须逼近,但他不能——一种困境,他唯一的解决办法就是宗教。

> 现在,他已经来到了奇迹的边界(信仰);结果是,如果它[重复]真的发生了,那么,它必然被荒谬取代。(SV III 220/R 1185)

但是,康斯坦丁又一次禁不住怀疑,这真的不是这个女孩本人的问题。也许女孩仍然是一个偶然,当下,不是为诗意而是为宗教。因此,无论哪一种情况,年轻人都会让自己变成一个例外,并且与婚姻、与道德的宇宙没有任何关系(SV III 220/R 185)。年轻人处于重复的危机之中。

> 让他中断的问题不是别的,而正是重复。他不在哲学里寻求解释是对的,不管是希腊的还是现代的哲学,因为希腊人做出的相反的运动,在这里,希腊人会选择回忆,而不是折磨自己的良心。现代哲学[黑格尔]没有创造任何运动,作为一种惯例,它只是制造了一场喧闹。而且,如果它创造了什么运动的话,它也总是内在的,而重复是并且仍然是一种超验。他没有从我这里寻求任何解释是幸运的,因为我已经放弃了我的理论,我随波逐流。因此,重复对我来说也太超越了。幸运的是,我的朋友没有从任何世界著名的哲学家或任何常任讲座教授那里寻求说明,他转而求助于一个非职业思想家,他曾经拥有世界的荣耀,但后来却退出了生活,换句话说,他求助于约伯。(SV III 221/R 186)

然后,顺着年轻人的书信,年轻人解释说,康斯坦丁欺骗女孩的骗人计划与他的理论直觉不一致。他发现还是咨询约伯更好,他曾被推到人生的困境,不断地重复说:"耶和华赏赐,耶和华收走,被称颂的应该是耶和华的名字。"约伯重复着这个重复的祷告,也就是祈祷逆境中的决断,无论什么情况都懂得如何往前走的自我决定。特别是,约伯拒绝解释他的苦难就是对他的罪恶的惩罚,并坚持认为他是无罪的。这只是人类的智慧,道德的理性,他根据他的罪责来解释他的处境。从伦理上讲,他是无罪的。这就是这个年轻人的状况。像约伯一样,他发现自己闯入了不是他自己造成的处境,然后被宣称有罪。有一个段落预示了海德格尔的"被抛"（Geworfenheit）概念，这个年轻人悲叹说：

> 我已山穷水尽。生活让我感到恶心；它索然无味——既没有盐，也没有意义——我在哪里？说"世界"是什么意思？这个词的意思是什么？是谁把我骗到这整个事情中来的，让我站在这里？我是谁？我是怎么来到这个世界上的？为什么没有人问我这个问题，为什么不告诉我规则和章程，而只是把我强行扔进普通人群中，好像我是从人贩子那里买来的。我是如何被卷入叫作现实性的这个大事业中来的？再有，如果我是被迫卷入的，那么操控者在哪里——对此我有话要说。没有操控者吗？我应该向谁抱怨？……我有罪过这事是怎么发生的？或者我无罪？那么，为什么每一种语言都这样称呼我？……
>
> 为什么她就应该是正确的，而我却是错的？如果我们两人都是忠诚的，那么，这为什么要用人类语言来表达，以这样一种方式，即她是忠诚的，而我却是一个骗子？（SV III 234—235/R 200—201）

如果他跟她结婚，就会毁了她——因为他的诗人性质。如果他不娶她，他就有罪。如果他娶她，他就确实有罪；如果他不娶她，他就会被人类语言宣布他有罪。这是一种无法决断的非此/即彼。因此他为能够为他的境况发明一个词的人提供奖品，谁能找到一个范畴来判断他无罪或者似乎有罪的状况。他的状况无可名状，正如他自己也无可名状一样。他处于停滞、不动的状态；他看不到前行的路。

很明显，所有理性的人类话语的可能性都被耗空了。唯一的出路就是宗教。这就是为什么他用心灵之眼阅读约伯的书的原因，这是他解决他"对世界、对生活、对人以及对所有事情的无名焦虑"（SV III

239/R 205）的唯一方法。重复的秘密就在约伯的书里（SV III 241/R 207）。约伯能够奋力前行，即便整个世界都不同意；他有力量坚持道德的解释。他知道整个事情都不是因为有罪而受到惩罚，而是因为"苦难"（ordeal），上帝在这种苦难中考验他的忠诚。这就是科学中没有的范畴；它完全是一个只为个体而存在的宗教范畴。因为忠诚，约伯躲过了雷雨（SV III 247/R 214），而且他因曾经被收走了东西得到了双倍的偿还。那就是他的重复。（SV III 245/R 212）

然而，准确地说，约伯不是一个忠诚的英雄，而只是处于忠诚边缘的宗教英雄。"……约伯的重要性在于，发生在信仰界限间的争端在他身上得到了解决……"（SV III 243/R 210）"苦难"就是真正的宗教范畴——它不能只靠偶然的东西唤起，有如燕麦粥被烧糊那样！——但是它还没有触及基督教信仰的极境。约伯面对的荒谬不是基督教信仰的绝对悖论。苦难是一种暂时的处境，最终通过世俗的重复得到报偿。基督教的信仰要比这更深刻。

但是，约伯的生活适用于这个年轻人却是明显的：

> 我只知道我正站在这里，到现在，我一动不动地（suspenso gradu）在这里站了整整一个月，没有移动一步，或者挪动一点。
>
> 我等待雷电交加的暴风雨——还等待重复。
>
> 这场雷雨会有什么效果呢？它将让我适合成为一位丈夫。他会击碎我的整个人格——我准备好了。它会让我几乎不能认识我自己——即使我单脚站立我也毫不动摇……
>
> 在其他方面，我正在努力让自己成为一个丈夫。我坐下来修剪我自己，为了变得称职，我去掉了所有不相称的东西。（SV III 247—248/R 214）

他自己无力走进婚姻——他心中所有有理性的东西都告诉他，婚姻会毁了这个女孩，他也会毁了自己——他等待上帝带来的转变，让他变成一位合适的丈夫，并且恢复他的名誉，为他创造与普遍的伦理准则相称的特殊条件。他不能取得进步，不能向前走出一步，不能移动一点——除非他借助信仰的力量。[16]

现在，康斯坦丁在信件之间插入了一个词，就像幕后的旁白：他不相信整件事情；他不相信雷雨。他确信整个事情会变得痛苦——正如下一封信所写到的：

> 她结婚了——跟谁结婚我不知道，因为当我在报纸上读到这个消息的时候，我是如此吃惊，以致我扔下了报纸，我没有耐心去核实详情。我再次成为我自己。此时我拥有重复：我懂得了一切，对我来说，生活比从前更加美好。这确实来得像雷雨一般，尽管为此我得感谢她的慷慨……让生存按其所有奖赏她，让生存给予她更爱的东西，也给予我更爱的东西——我自己，凭借慷慨赐予我。（SV III 253/R 220）

重复使他回到了自己。但这并不是宗教的重复，他的自由不是用于服务上帝而是服务诗意的理念。尽管与宗教、与雷雨深奥的宗教氛围相关，尽管有约伯的祈祷，但是，这个年轻人成了一个诗意的人，而不

---

[16] 在这一点上，克尔凯郭尔起草的原稿突然中断了。以下是克尔凯郭尔听到吉娜结婚的消息后重新改写的。当然，我们知道，克尔凯郭尔一直在说他抛弃了吉娜，他已经离开哥本哈根逃往柏林，考虑到约伯收回了他的财产，亚伯拉罕要艾萨克回来了，那个年轻人可能成为一个合适的丈夫，并且在宣布女孩的婚姻的文本里评论"女性慷慨"时有一种几乎不加掩饰的痛苦，人们有一种明显的感觉，即克尔凯郭尔认为上帝也会让他适合成为一个丈夫。我们知道，克尔凯郭尔像这个年轻人一样，曾经认为他更有信心他会和吉娜结婚。

是婚姻的宗教特例。（SV III 254—255/R 21—22）

但是，对康斯坦丁来说，这是克尔凯郭尔所说的最后一句话，并且有充分的理由，因为康斯坦丁现在承认，无名的年轻人并不存在，他是康斯坦丁自己设计的一个实验（SV III 262/R 228）。因此，重复的两部分都是一种闹剧，一种想象性的建构，它最终的结果就是要表明，重复无处可寻——不在康斯坦丁那里，不在年轻人那里，不在哲学中，甚至也不在约伯那里。真正的宗教重复保持着延迟。在这本书的任何地方都找不到它，或者在任何书里都找不到它。它不能被某本书的边界所限制。[17] 这个年轻人是宗教重复的一个类比，一种戏仿（SV III 262/R 228）。

这个年轻人到达的关键点，就是神圣行为的就绪点，在这里，他完全放弃了他的自我满足感，听凭上帝行为对他的处置。按照上帝为他制定的计划，他随时准备面对他作为诗意的例外的全部天性被破坏，并且按照上帝的形象重塑自己。这是宗教重复的关键点，此时，我们准备接受上帝施与我们的新的东西，在我们身上实现我们自己不

---

[17] 在这里和本章的其他地方，我给出了德里达对克尔凯郭尔主题的表述。关于德里达对《重复》的解读，参见路易斯·麦基的《再一次感受：克尔凯郭尔的〈重复〉》（*Kierkegaard and Literature: Irony, Repetition and Criticism*, ed. R. Schleifer and R. Markley, Norman: University of Oklahoma Press, 1984, pp. 80—115; and Ronald Schleifer 《反讽、同一性和重复》[*Substance*, 注释 25（1980），44—54]。麦基的《无精打采地走向伯利恒：神学的解构策略》[*Anglican Theological Review*, 65（1983），255—272]，这是我所见过的对克尔凯郭尔的最好的德里达式论述。麦基读出了克尔凯郭尔的否认，即"与基督的直接同时代性"可能是神性的自我延迟。类似的论述，参见帕特里克·毕格罗的《克尔凯郭尔与诠释学循环》[*Man and World*, 15（1982），67—82]。我在这一章里使用了信仰对象的延迟这个概念。另见 Sylviane Agacinski, *Aparté: Conceptions et morts de Sören Kierkegaard*, Paris: Aubier-Flammarion, 1977. 马克·泰勒正准备一本研究《恐惧和颤栗》的文集，德里达正在为之撰稿；泰勒奉献一篇论亚伯拉罕作为"亡命之徒"的文章。

能实现的超越。但是，当雷雨来临的时候，他设法突破的不是宗教的而是诗意的存在，幸亏这个女孩，她从婚姻的普遍性中走了出来，作为一种诗意的例外自由地生存。这就是他的重复，它存在于"把他的意识提高到第二种力量"中（SV III 263/R 229）。但是"那种"重复只是更高的重复的一种不完善的类比和转变的阶段，在更高的阶段，他偶尔处于边缘但永远也不会到达（SV III 263/R 229）。雷电交加的暴风雨爆发的时候，他不是选择诗意之路，相反他经受着宗教的风暴（SV III 263/R 229—230）。

生存的前进动力只能通过信仰的力量获得。忠诚于选择之路的生存激情必须是信仰的激情，它不仅"以宗教的恐惧与颤栗，而且以忠诚和信赖"发挥作用（SV III 263/R 203）。最后，重复是可能的，既不是因为康斯坦丁，也不是因为这个年轻人。《重复》中的实验以失败告终，但是，这意味着，不要对重复的可能性满怀失望，而是要敏锐地感觉它的诱人和自我延迟的品质、它提出的要求。这意味着，它告诫我们重复不是在某本书中找到的。撰写一本关于重复的书的想法，起因于我们已经到达该书的终点这样一种理解（参见 CUP，"A First and Last Declaration"）。

重复与生存的阶段

我们可以通过区分众所周知的"生存领域"或"阶段"——美学的、伦理的和宗教的来阐述克尔凯郭尔的重复所指的东西。很清楚，审美的重复已经被证明是一种灾难，重复意味着美学的终结，因而必然让人恐惧，因为重复"具有一种保持'审美'自由魅力"的魔力（*Pap.* IV B 117 281/R 301）。它就是毫无品味的吃喝玩乐之死。审美愉快的锋芒伴随每一次重复而变得迟钝，直到它变得令人生厌，销声匿迹。柏林履行就是一次幼稚的审美重复的练习，一种简单的复制。康斯坦丁粗心、幼稚；他认为愉快就只能是重来、复制。如果他有害怕重复的感觉，他就会变得稍微聪明一点，就从中看出吃喝玩乐的自由的敌人。

因此，这种对简单的吃喝玩乐的绝望，导致了一种更高形式的审美主义形式，这种形式是用某种"洞察力"，一种用有名的"循环法"（《非此即彼，卷1》）作图解的有限的世俗聪明武装起来的洞察力，这意味着愚弄重复（SV III B117 28/R 301—302）。如果愉快的重复使它变得愚钝，那么自由必须学会变得更加狡黠。确实，在审美的层面上，问题不是重复是否可能——这是康斯坦丁的误解——而是它是否可以避免。因此，对美学家来说，整个问题是获得变化以及不断变化的艺术。循环法是抵消重复对审美生活产生致命结果的一种狡猾的、惯常的努力，是使重复陷入绝境并废除它的一种方法，它总是改变愉快从而使愉快保持活力。但这也打破了绝望，走到了骗子的极端以及他对考狄利娅（莎士比亚《李尔王》中的人物）令人厌恶的态度。从美学上讲，骗子是更高的类型——更加深思熟虑，更为细致，更有预谋——但是，从道德上讲，他是残酷的，狠毒的。由于在道德上让人憎恶，我们迫切寻求更高的领域。

自由成为自我，成为真正自由的，不是在它寻求逃避重复之路的时候，而且在它寻求重复本身的时候，在它要求"重复"的导向问题的时候：

很明显，自由现在的最高兴趣就是产生重复，它的唯一的恐惧就是有权力打断它的永恒本质的变化。这里出现的这个问题是：重复可能吗？自由本身现在就是重复……在这里，自由恐惧的东西不

是重复,而是变化;它想要的不是变化,而是重复。(SV IV B 117 281—282/R 302)

在这里,重复不是被当作消灭自由生命的致命灾难,而是被当作自由本身来看待的。循环法与真正的重复没有任何关系,就像酒店老板看起来像国王但与国王没有任何关系一样。我们笑对康斯坦丁的柏林之行,就像我们应该笑对这样一个人一样。真正的自由与真正的重复融为一体,重复已经变成了内在的东西,成为一个自由的问题,成为"把个体自己的重复提升到一种新的力量。"(*Pap.* IV B 111 270/R 294)

由此,重复的问题进入了伦理和宗教的领域。但是重要的是要区分这两者。重复的伦理重要性体现在婚姻中,它的审美有效性和更高的伦理价值是由《非此即彼》第二卷中的法官来辩护的。所有与雷吉娜[18]分手后写的书都给了她;它们是对她也是对克尔凯郭尔自己解释他曾经做过的事,以及为什么会使他自己成为一个例外,并且违背道德的普遍性,这种普遍性的阿基米德点就是婚姻生活。法官代表着夫妻忠诚,这是道德重复的典范,攻击美学家的理由是,在他看来,真爱是不可能的(E/O II 144)。

美学家缺乏实质性和现实性。他与女孩的关系像小说里的一样,在一对情侣要结婚这个当口上结束了,这明显就是伦理开始的地方(E/O II 144)。婚姻是永恒的,不是昙花一现的;是实实在在的,而不是打情骂俏;是拥有,而不是征服。美学家因为第一次亲吻、第一次拥抱的魅力对初恋如痴如醉,但是法官知道,初恋没有历史——它不能立即证明它自己——而婚姻则必须通过时间来检验,通过发展才

---

[18] 雷吉娜是克尔凯郭尔 27 岁时订婚的少女,此时雷吉娜 15 岁,但由于克尔凯郭尔敏感的性格,与她解除了婚约。——译者注

变得成熟。[19] 美学家对时间最害怕的是单调乏味（E/O II 128ff）——无聊，在"循环法"中提到的就是 radix malorum——当爱情已逝不再新鲜的时候，他就不能想象爱了。他由于对时间的错误理解而害怕婚姻的重复。他喜欢能引起某种事情的时间，然后打发它，就这样（E/O II 138）。他全然不懂伦理的时间，不明白事物慢慢地逐步建立和发展成熟的艰辛历程。道德个体已经学会不与龙和狮子，而是与所有最难对付的敌人战斗。他已经学会在时间中坚守，在流动中寻找永恒，同时也在惯常和日常中发现奇迹。婚姻和道德有着不同的时间和重复概念，法官说，因为在美学家发现单调无味的地方，道德的人发现的却是坚持和提升。

因此，重复是克尔凯郭尔"自我"（the self）生存理论的精华，因为自我是根据选择来界定的，就是要"赢得"某种东西（E/O II 167）。这是对自我的一种伦理的、而非形而上学的描述（它明显预示了《存在与时间》第 64 节），它不是把自我当作忍受年龄和身体变化的转变过程的一种实质和持续在场，而是作为必须完成的任务——不是作为在场而是作为可能性。没有选择，个体就会陷入"三心二意"的散漫（E/O II 202）。美学家缺乏记忆，不是在平常意义上，而是在"你自己的生活记忆，你在记忆中已经验过的东西"的意义上（E/O II 202）。对美学家来说，过去就过去了；他对此已没有任何兴趣。但是道德个体拥有长时记忆，把自己延伸到他的过往，因为他认为那是责任，他甚至想象性地把自己延伸到他未来的期许，在自我的整体性

---

[19] 克尔凯郭尔和德里达两个人都以重复的名义批判了"第一时间"的观念：克尔凯郭尔，因为他认为这是在美学上不可重复的和在伦理上脆弱并未经证实的；德里达，也许更彻底，因为他认为从来就没有真正的第一时间。德里达是在谈论胡塞尔（《几何学的起源》中）的独创性（Erstmaligkeit），他把这看作一个先验的幻觉，一种不能被证明的虚构。参见第五章。

和连续性中托起他的整个生活,因而把自己作为一种自我来建构。

> 仅当他做出选择的时候,一个人才获得他自己……他是如此完全彻底地明白自己,以至于每时每刻都不忘自己的责任意识,只有那个时候他才在伦理上选择了自己,也只有那时候他才重复了自己。(E/O II 207—208)

谈到自我选择当然是一种悖论。因为自我没被选择出来之前,它不存在,可是,如果自我要选择的话,它必须存在。

> ……被选择的东西不存在,它因被选择而存在;被选择的东西存在,否则就不会有选择。因为我所选择的东西不存在,但绝对是有选择才存在,这种情况下,我就是创造;但我没有创造我自己,我选择我自己。(E/O II 219—220)

克尔凯郭尔的重复,像德里达的一样是生产性的。它不是亦步亦趋地复制已经存在的东西,而是正在重复的东西的生产。重复就是生产——自我的生产。但并不是绝对的:人们不能从虚无中创造,但总是从某种设定的立场出发,人们逐渐地形成了他自身的同一性。因此,这个悖论便以一种预示《存在与时间》第32和33节的诠释学悖论的方式解决:通过引入一种生存论循环,按照这种循环,自我通过选择自我,就成为它一直所是的存在:

> 他成为他自己,与从前非常相同的自我,一直到了最后具有明显特色的自我,可是他变成了另一个人,因为选择遍布了所有,并且改变了一切。(E/O II 227)

他没有创造全新的东西，但是把他曾经所是东西现实化了（to ti en einai）。

因此，重复不能被认为是一种所有东西都可能的伦理竞技。它开始于人们找到自我置身其中的情境，它不是抽象的自由，而是把可能性现实化的自由。它不依靠世界历史赐予它某种选择的恩惠，但是它知道怎样在它被置身于其中的任何情境中寻找可能性。它懂得如何把必然性（事实性）转变为自由。个体认识他自己：

> ……这种明确的个体，正如这种特定环境的明确结果，拥有特定环境影响的这些才能、这些意向、这些天性、这些激情。而且以这样的方式意识到自己，他承担起这些责任。（E/O II 255）

如果必然性迫使他进入某个特定的地方，自由就会选择这个地方。自由知道它不可能总是有良好的机会，但是它知道根本的事情是"人们在每一种情境中看到了什么，以什么样的精神对待它"（E/O II 257）。道德并不要求一个人在正确的时间处于正确的地方，因为道德重复的本质在任何时间或地点都在眼前。美学家要求好运，但是道德家只要求一种东西，"而那就是——他的自我"（E/O II 257）。

总之，伦理层面上的重复是选择的持续性和连续性，它通过自我把它自己作为一种自我来建构，由此，它一次又一次地回到它自己最内在的选择，并建立它的道德同一性。道德的重复意味着坚不可摧的誓言的稳定性，持久婚姻的纽带，在熟视无睹的东西和同一个自我中发现一种弥久常新的深度的能力。它意味着凭借自我成为自己来成长和发展的往复循环。

但是，道德重复的虚张声势最后必然会以失败告终。在伦理中，人们只需要他自己，而这就是它的错觉。道德的领域是在错误的假设上判定的，认为生活中的所有事情都是以人类公正的标准来衡量的，这意味着任何事情都是无辜的。如果一个人完全无辜却仍在遭罪，那又为什么呢？再有，假如一个人认为这种无辜是属于他自己的，就好像他自己有什么东西似的，而与上帝没有任何关系，那又为什么呢？道德的重复坚持这种错觉，具有善良意志的决断足以构成自我，保持一个人的完整，在人格中保持伦理事实与审美事实之间平衡是可能的。法官反对美学家的观点是，自我不能依赖外在的因素，依赖异想天开的好运。但是那种观点最终偏离了，因为它最后导致了志得意满的错觉。如果一个人在道德上是完整的，是一个正直的人，然而被击倒了，被剥夺了所有的审美直觉性，按照法官的看法，哪一个是伦理公正性的完整补偿，哪一个是人格平衡整体的部分呢？伦理学遭受着错觉，即重复受它自己的权力的支配。

相对于循环法的慵懒任意的想法而言，道德重复是毅然前行的，进步的，发挥着超越作用的，就其只要求人的力量、意志的选择和坚定来说，道德的重复是在内在领域推进的重复。因此，在其最深处表达的重复与例外有关，与人的崩溃、与人类补救的丧失有关，与打破内在范畴的转变有关。它所关注的仅仅是来自伦理人道主义毁灭的极端内在性。[20] 绝对超越的、因荒谬而导致的真正重复，唯有当个体不知道如何前行，当人类的每一种理性力量都被耗竭的时候才会发生。于是，个体放弃所有的东西，等待雷雨的到来。这个年轻人到达了这个端点，但是当雷雨爆发的时候，他求助于诗意的而不是宗教的重复。年轻人沉浸于一种道德的悖论；他有罪，但他没有做错事。要挫败约伯的快乐道德主义和道德平衡行为，这里确实有一种摇摇晃晃的

---

[20] 克尔凯郭尔已经是一个人道主义的批评家，并且在这一点上，他的观点在本体论上比海德格尔的《存在与时间》更为高深（而不是本体论意义上的天真，正如海德格尔所说的）在这一点上布尔特曼同样反对海德格尔。参见米歇尔·齐默尔曼的讨论（*Eclipse of the Self*, pp.144—145）。

障碍。这就是约伯的重要性，他不是把他的痛苦看作对错误行为的惩罚，而是上帝有目的地造访他，为的是突出纯粹个人的神我关系，缩小司法关系。

约伯和年轻人都到达了道德智慧和法官乐观理性崩溃的关键点，他们进入了不是由信用和借贷、投资与回报这种不保值的消费经济学的控制中[21]。在这种疯狂的宗教经济学中，如果人们放弃了所有的东西，那么，所有东西都会因为荒谬而被重复、被回收，甚至是被百倍地收回。在这里，不是似乎合理，而是一种"游戏"；在那里，世界，也就是上帝之手，为了轻松地击败他的有限理解，并且让他进入另一个并且是超越的领域而正在与人玩游戏。从人类的观点看，重复不是通过取得道德的稳定性而实现的，而是通过认识到所有东西都已失去，认识到已无处转身而实现的（SV IV 245—246/R 212）。在这个关键点上，我们学会了我们在布道中一直听到的东西：除非人失去他不能找回的灵魂，否则就是他自己作为人而无所作为。这些是宗教的重复动力学、经由流动的宗教之路的首要法则。

确实，甚至约伯和亚伯拉罕也没有认识到重复的这种必要意义。他们面对的悖论不是绝对的悖论，他们同意的重复取得了一种世俗的意义：对约伯的善行和名誉的恢复，以及对以撒的恢复。因此，重复没有充分地深入人心，还没有进入内心深处。重复与外在善良的恢复没有关系。重复是一种内在的法则，明显是因为失去了外在的东西而得以提高的。外在的丧失就是一种内在的获取；告别有限就是向无限的进步。有限的全部问题就成为无所用心的问题（SV IV 263/R 230）。为了进入神圣的缺席、漆黑的夜晚、恐惧与颤栗，只有当有限被钉在十字架上，个体放弃所有的时候，重复才会发生。个体站立在

---

[21] 我提到了《书写与差异》的第九章，关于宗教方面的非限制经济的暗示性扩展（Mark Taylor, *Erring: A Postmodern A/theology*, Chicago: University Press, 1984, pp.140—148）。

深渊之中，经受着在场的退却，让他自己接受上帝的引导，只有他才是重复的真正导师。在神我关系的深渊中，个体能够前行。真正的重复就是从罪恶向赎罪的转变。因此，唯一真正的运动，就是重复，被永恒设定在运动之中。[22]

重复与形而上学的终结

克尔凯郭尔开始限定形而上学传统的界限——用今天的话来说就是"哲学的终结""形而上学的终结"——海德格尔只把他看作一个宗教或心理学思想家是一个巨大的错误。对"生存论分析"中的"存在主义"要素来说，远不只具有某种附带的意义，克尔凯郭尔把"本体论历史的毁灭"放在运动之中，并因此预示了《存在与时间》核心的本体论观点，以及后期海德格尔"形而上学克服"的整体姿态。

由于生存论重复对立于柏拉图的回忆和黑格尔的调停、形而上学的开端和终结，克尔凯郭尔对形而上学的整个历史发起了全面进攻。柏拉图主义藐视时间，黑格尔提供了一种虚假的时间观。黑格尔主

---

[22] 想了解更多克尔凯郭尔关于重复的概念（George E. and George R. Arbaugh, *Kierkegaard's Authorship*（London: George Allen and Unwin, 1968）, pp. 94—105（一个启发性的评论）; Robert P. Harrison, "Heresy and the Question of Repetition: Reading Kierkegaard's *Repetition*", *Textual Analysis: Some Readers Reading*, ed. Mary Ann Caws（New York: Modern Language Association, 1986）, pp. 281—288; George Stack, *Kierkegaard's Existential Ethics*（University Park: University of Alabama Press）. 另见"重复"下面的条目（*Soren Kierkegaard's Journals and Papers*, 5 vols. V. 3 *L–R*, ed. and trans. Howard and Edna Hong（Bloomington: Indiana University Press, 1975）; "Strengthened in the Inner man", in *Edifying Discourses*, 4 vols., trans. D. Swenson and L. Swenson（Minneapolis: Augsburg Publishing House, 1943）, vol. 1. pp. 93—119。

只不过是破坏时间运动可能性的柏拉图主义的一种变体,甚至当柏拉图主义破坏时间本身的时候也是如此。它们连接在一起完全颠覆了运动和生成;它们把运动和生成交给本质和必然性的原则,交给了纯粹的思想和无所约束的思辨。形而上学就是这样一种操练,在"理念"(eidos)的奇观中用无利害的"理性"(nous)看待问题,或者以一种现象学的"我们"冷眼旁观精神形式(Gestaltungen)的逻辑展开。

在克尔凯郭尔看来,任何事情都证明我们能够站立在流动中,在现实的环境中前行和生成,而不只是环绕事物寻求某种方法。在"inter-esse"[23]字面意义上,这是一个"利益"的问题,"在之间存在"的问题,是把自己坚定地置入和置于时间性生成之中的问题。

> 倘若一个人没有回忆或重复的范畴,整个人生就会变成一种虚无的、无意义的噪音。回忆是异教徒的生命观,重复则是现代的;重复就是形而上学的兴趣,而且这也是让形而上学痛苦的兴趣;重复从每一种伦理观点看都是暗语;重复就是新教神学中每一个问题不可或缺的条件(conditio sine qua nom)。(SV III 189/R 149)

重复取代了形而上学思想的无利害姿态,而且把形而上学的"崩溃"置于运动中,是"它感到悲痛的"方式。这种崩溃已经预示了海德格尔《解构与克服》的姿态。在克尔凯郭尔那里,形而上学、伦理学、神学——总之,"存在—神学—逻各斯"(onto-theo-logic)的长度和广度都在"兴趣"之石上撞得粉碎。

---

[23] 另见 *Johannes Climacus: or De omnibus dubitandum est, and a Sermon*, trans. T. H. Croxall, Stanford: Stanford University Press, 1958, pp.151—152。"兴趣"意为 inter-esse, 具有居间存在和作为忧虑问题的存在的双重意义,这显然预示着存在与在世存在(in-der-welt-sein)是"忧虑"。

"兴趣一旦往前走，形而上学就靠边站"，克尔凯郭尔解释道。重复迫使形而上学靠边站，以便给生存的精神创造空间。生存的精神属于现实的领域，因为逻辑的范畴不合适。形而上学要么想否定运动并从时间的后门寻找出路，要么用诱人的逻辑伪装取代它们。重复切断了所有借口，迫使精神前行，不求助"理念"和"时代精神"的虚幻结构。形而上学把生成置于本质的保护规则之下，以至于没有任何真正的新事物能够出现，但是，宗教重复——就是因为信仰而不断前行的主体精神——与圣·保罗一起说："看所有都已成新。"（II Cor 5：17）

甚至伦理学，它站立在现实性中并做出了真正的选择，仍然与内在领域和道德发展的逻辑有关。因此，即便是在伦理学领域，也没有任何新的东西真正发生。伦理学在法则支配的领域内发挥作用。宗教的重复，则在另一方面意味着一种更激进的转变——从堕落到慈悲、从罪恶到赎罪（at-one-ment）——击破所有道德的连续性。

> 要么在所有的生存在伦理学的要求中走向终结，要么提供条件（信仰），让生命和生存的全部重新开始，不是通过带着从前生存的内在连续性，而是通过一种超越。（SV IV 289/CA 17n）

宗教的重复，作为解除罪恶的非连续性扳手，不是天生地来自道德发展的内在律令，而是超越性地来自上帝拯救行为的干预。伦理学一步也走不出内在的领域。那么，这就是形而上学和伦理学、道德和形而上学人道主义、所有未来的道德形而上学的——终结的——界限：

> 倘若重复不能被设定，那么伦理学就会成为一种联系的力量。毫无疑问，正是因为这个理由，作者声明，从每一种伦理观点看重复就是暗语。（SV IV 290/CA 18n）

尽管克尔凯郭尔谈到了"主体性",但是他所想的就是所有人类范畴的崩溃,所有主体和人类中心论范畴的崩溃。面对流动的暴怒,只有信仰能够前行。信仰只干预一切人类的和理性的东西、一切伦理的和形而上学的东西、一切人道主义的形式出现的地方,一切都遭受不幸。而且,不仅是伦理学和形而上学,而且也包括神学("新教神学")。因为,就神学借助其存在—神学—逻各斯的范畴在解决流动中使自己能够进步来说,它也是一种异教:[24]

> 如果重复不被设定,那么异教就根本不能生存,因为重复开始于信仰,而信仰就是异教的器官。(SV IV 290/CA 18n)

因此,形而上学、伦理学和神学的——存在—神学—逻各斯的所有范围——都被限定。克尔凯郭尔的筹划性质可能没错。如果它是"宗教的",它肯定是,那么,它就按照存在—神学—逻各斯界定的方式,走出哲学和形而上学宗教的方式前行,因而它从根本上属于解构或者形而上学克服的筹划。

如果在他的处理中没有这种语汇,克尔凯郭尔就不能非常清楚地看到在场的形而上学的不足——形而上学的基本取向就是剥夺运动。在形而上学的开端中,在回忆的学说中,他看到了一种无时间的在场哲学,这种哲学讲述在场的失去,以及失去的在场如何能够被恢复的故事。他在黑格尔的完成中看到时间和生成从属于逻辑必然性的稳固性:开始是一种失去在场的考古学,最后是慌慌张张地冲进了一种历

---

[24] 约瑟夫·奥利里在《追问:克服基督教传统中的形而上学》(*Questioning Back: Overcoming Metaphysics in Christian Tradition*, Minneapolis: Winston-Seabury Press, 1985)一书中,所从事的正是这种克尔凯郭尔和巴特式的筹划,即从基督教反思中整理出古希腊本体论的范畴。

史的丰饶（pleroma）、复兴（parousia）以及在场的完美的历史目的论之中。一种情况是，在场的乡愁已然失去；另一种情况是；许诺一种在场的梦幻般的希望和理性的乐观主义。从根本上说，形而上学就是一项考古—目的论（archeo-teleological）的事业。

在形而上学的历史范围内，克尔凯郭尔只看到了取代根深蒂固的唯心主义的一种选择，并且它就存在于亚里斯多德的运动学说中。针对柏拉图和埃里亚学派，亚里斯多德提出了他对运动和现实性的看法，即从可能性到现实性的真正转变。但事实上，克尔凯郭尔推动亚里斯多德主义以及一般的哲学超越了其界限，对它提出了不能达到的要求。这就是为什么克尔凯郭尔总是在形而上学"之外"寻找英雄的原因：苏格拉底，这个形而上学之前的伟大存在个体，把回忆的学说看作是一种必须被拒绝的诱惑；亚伯拉罕和约伯，在旧约中处于信仰的边缘；最终是他自己这位信仰的骑士，基督教的信仰者，圣·保罗的"义人"（just man）。真正的、具体性的、生存着的、时间性的、自由的和偶然的——这些都是问题，因为它们实际上是形而上学没有预备的范畴。形而上学总是要与流动保持安全的距离，通过某种客观化的思想保持平衡。它坚持认为自己与流动有距离，因而导致了静止的视错觉，就像从远处看方形看起来像圆形一样。形而上学总是注视着稳定的本质，限制运动的规律，控制流动的"理念"（eidos）和"概念"（Begriff）。

只要形而上学成为感兴趣的东西，只要它被卷入了流动，失去了它的保护屏障，它就不得不承认这种无根的游戏，这种深渊，这种栖居于所有在场要求的缺席。克尔凯郭尔首先关注的是信仰的神秘运动，信仰的夜半时分，生存个体的困境，在宇宙的保护伞之外，站立在上帝的面前。克尔凯郭尔关注的是信仰的黑暗，而不是理性的光明，是自由的深渊，而不是逻辑的可靠性。他的思想产生于在场与缺席之间、十字路口之点、永恒与时间交织之处的微明地带。

因此，克尔凯郭尔深刻的解构要素，开始于解除形而上学伪装的工作，它属于力图恢复"现实性"领域的诠释学[25]尝试。克尔凯郭尔用"兴趣"、在……之中、总是已经暴露给流动的生存，取代了存在和在场的哲学。这种解构的工作，不是在他拒绝了的人道主义的意

---

[25] 这正是我所说的有一种诠释学的东西——即便它是一种冷漠和颤栗的诠释学——吉尔·德勒兹用克尔凯郭尔的重复观念所反对的克尔凯郭尔的元素。德勒兹清楚地看到，克尔凯郭尔的重复的核心观点就是要反对黑格尔所辩护的欺骗的"运动"，并且在这一点上，克尔凯郭尔可与尼采相比。在这两个思想家中都有新的事情发生。他们在剧场的、没有纯粹反思的媒介中发挥作用。他们对运动的概念化没有兴趣，而是对诱导它有兴趣：在克尔凯郭尔那里，是信仰的跳跃运动；在尼采那里，是舞蹈的运动。但是，德勒兹认为，克尔凯郭尔归根结蒂不愿意为一种运动的哲学"付出代价"。克尔凯郭尔的重复始终是内心的、精神的，以及对上帝和自我的"一劳永逸"的恢复。但是，尼采的生成和运动的思想是一种纯粹播散的、世俗的和自然的，并且需要反复肯定的思想。无神论的重复比信仰的重复更为激进。参见（Gilles Deleuze, *Difference et Répétition*, Paris：PUF, 1981, pp.12—20, especially 16—20, and 126—127, 377），德勒兹确实没有比克尔凯郭尔更激进的意图。德勒兹想要解放差异，捍卫一种不再从属于同一性的"纯粹"的差异，因为它是辩证法，在同一性的展开中只有一瞬间。从同一性中解放出来，重复意味着不是相同事物的恢复，而是新的东西的发生，总是以差异重复。他为丰富的和"游牧的"传播辩护，他有些误导地称之为一种存在的"单义性"的新形式（不同于司各脱和斯宾诺莎），存在不是被视为整齐地差异化和等级化为一系列的事物和和范畴群——它总是设法在同一性规则中包含和限制差异——而是作为一个纯粹的无范畴的丰富。因此，存在总是坚持不懈地、"单义地"不同。它的差异保持重复本身；它是重复性的差异。它总是相同的东西，即，不同的。关于克尔凯郭尔式的反映，参见 André Clar, p.77, n. 87, 参见福柯关于德勒兹的评论文章（"Theatricum philosophicum", *Language, Counter-memory, Practice*, trans. D. F. Bouchard, Ithaca：Cornell University Press, 1977, 165—196），特别参见第 182—187, 192—196 页。然而，德勒兹的更激进的意图，仍然属于我这里称之为一种激进的诠释学的影响。我将在第二部分用另一个差异和丰富的哲学家来证明这一点，不是德勒兹，而是德里达。关于把德勒兹和德里达当作差异的哲学家的类似处理，参见 Vincent Descombes, *Modern French Philosophy*, trans. L. Scott-Fox and J. M. Harding, Cambridge：Cambridge University Press, 1980, pp.136—167.

义上,而是在人类决心揭露我们环境贫困的去中心化的意义上,引导我们回到了人类的状况。克尔凯郭尔引导我们回到形而上学总是想抹去的生活的原初困难。在重复中,我们进入了德里达所说的"震动"(ébranler)之中,在那里,整体在颤栗,进入了克尔凯郭尔用"恐惧与颤栗"标示的地带,他在那个同一天发表的姊妹篇中写道,重复是不能被重复的。

第二章
重复与构成：胡塞尔的原诠释学

从自我的生成到意义的生成

克尔凯郭尔的生存论重复的观念，只是20世纪诠释学力图抓住流动的尝试中的一个因素。现在，我想表明，在这里被称之为诠释学"首要本质"的东西，即《存在与时间》为它设定的意义，离不开胡塞尔的现象学。如果说诠释学离开了克尔凯郭尔和生存论重复的筹划，离开了在流动中建立的自我是不可思议的，那么，没有现象学及其本身那种认识论重复也是不能想象的。在其首要的本质中，诠释学同时也是生存论和现象学的诠释学，并且，正是这种生存论、现象学的诠释学的底层结构，遭到了德里达和后期海德格尔本人的攻击。这里所说的"激进诠释学"就是由"诠释学现象学"的解构批判激发起来的，因而在某种重要的意义上，激进诠释学是后—现象学和后—生存论的诠释学。

与克尔凯郭尔一样，胡塞尔对流动的动力学具有一种深刻的洞察力。他的现象学方法提出了这样的假设，即除非能够找到一种确定和稳固那种不断变化的经验流的方法，探索其规律性，否则我们就只能任由混乱的摆布，并且，这"世界"始终不可能被"构造"。因此，胡塞尔开展了一项与克尔凯郭尔没有太大差别的研究，然而却描绘了一种平行的轨道。《存在与时间》的天才部分就是认识到了这一点，甚至该书的部分难题仍然还存在于这对奇怪的人之间有待解决的张力之中。

克尔凯郭尔和胡塞尔：一方面，是宗教激情的专注，一种机智的、表面的、嘲讽的、想象性实验的谜题，一种伪装的、不能直接交流的中国谜题盒；另一方面，是没有激情的、冷静的、严格的科学自律，意义明确的探索和直接的交流。如果说克尔凯郭尔致力于流动的征服，那么，胡塞尔则致力于与流动的认识论战斗。克尔凯郭尔关注生存的主体，而胡塞尔则讨论"意向的"主体。如果说克尔凯郭尔对世界流动中的生存自我的构成感兴趣，那么胡塞尔则关注内在时间意识流动的世界构成。两种生活和生成的哲学：一方面是生存论的生命和生成，另一方面是意向性的生活和发生。

在这两种情形中，我们都发现了一种生产性的哲学，在一种别样的难以控制的流动中镌刻模式的哲学，一种重复的哲学，通过构成行为创造一种统一体的生产的哲学，它通过不断的重复，在一种情况中提出生存论的统一体，在另一种情况中提出一种观念的统一体、意义的统一体——一种情况是生存论统一体的产生，另一种情况是意向性统一体的产生。在这里是自我的生成，在那里则是意义的生成；存在论的生成和意义的生成；自我的选择和意义的构成。在两个思想家中，我们要考虑的不是与前存在的世界相反的运动，而是向前推动产品生产的运动，考虑重复与构成，而不是回忆。两种生成的哲学，两种赫拉克利特的流动，一方面是生存论之河，另一方面意识经验之流（Erlebnisstrom）。

在本章中，我想表明，被理解为重复和流动的哲学家，胡塞尔在一种根本意义上为诠释学的策略做出了贡献。在我看来，因为最宽泛意义上的诠释学研究流动，探寻流动中的世界模式。诠释学是生成哲学的最近形式，赫拉克利特挑战的最近回应。对胡塞尔来说，流动同时也是现象学的原始材料以及永恒的对立面。同时也是需要固定化、稳定化和规则化的东西，因此，他赋予了现象学必须要做的工作。流动威胁现象学的整个事业，损坏它的整个科学大厦，这尚未得到检验。我将讨论，胡塞尔在构成的学说中找到了一种固定流动的方法，它具有某种特别的诠释学意义。在此我所指的是，通过预测运动的规律，提前勾画符合它的模式，实际上是尽力超前运动一步，胡塞尔的构成中提出了某种特殊的预期的（anticipatory）运动，一种把运动规律化的姿态。这种流动不是粗糙和任意的，而是把自己组织成能够建立我们期待的模式，这种"期待的建立"是世界构造的关键。经验就是这种期待、这种期待进步的证实或失证、改进或替代的动力。经验由于模式的重复而发展，建立它们的可靠性，或者通过修正它们而变得可靠。

　　胡塞尔的"预期"构成理论，是海德格尔《存在与时间》中实践的诠释学方法的一个基本要素，这一点将在下一章得到证实。事实证明，这使我们陷入了我们熟知的在胡塞尔"纯粹"或超验现象学与海德格尔"诠释学"现象学之间做出区分的混乱。我们被告知，胡塞尔坚持"直觉"的有限性，坚持给与的特权，并且在现象学特征化中坚持无预设的观念。但是，对诠释学来说，对象不是被给与的，而是被解释的，不是被直觉的，而是被理解的，关键不是要摆脱预设，而是要找到正确的预设。我们习惯于把"现象学"与"诠释学"或者纯粹超验现象学与诠释学现象学对立起来，或者习惯于把胡塞尔与《存在与时间》对立起来。我想表明，对于这种标准的二分法，存在着某种严重的误导，胡塞尔的现象学具有某种根本性的诠释学要素。

但是，如何真正区分胡塞尔和海德格尔这个问题便提出来了，我要集中关注的一个问题，是胡塞尔现象学中放弃他自己的诠释学倾向的关键在哪里。在某种意义上，人们可以说，借用德勒兹的词语，就是胡塞尔不想为流动的哲学"付出代价"（supra, n.25）。我在胡塞尔力图把现象学从流动中孤立出来的那个问题上明确胡塞尔与《存在与时间》真正的分水岭。

胡塞尔的筹划在这个问题上成为柏拉图主义的共谋，并且被回忆的哲学、被再次成为在场的哲学颠覆了，因而也被我们现在称之为在场的形而上学颠覆了。因为胡塞尔认为，克服他自己已经放弃的诠释学条件是可能的，在一种正确的回归中把握所有违背他必须描绘的东西的意识是可能的。在这方面，克尔凯郭尔将作为更为激进的思想家出现，他始终关注形而上学的划界，而胡塞尔渴求的是一种隐秘的梦想的形而上学、西方的科学目的论的完成。因此，胡塞尔和克尔凯郭尔两人都表达了哲学的"终结"，但是，胡塞尔对"目的论"的终结感兴趣，而克尔凯郭尔则对崩溃的终结感兴趣。

胡塞尔的现象学充其量体现了一种"原诠释学"（proto-hermeneutics）：它所以是一种诠释学，因为它所证明的是，我们如何通过勾画结构和预测过程的特定预期途径来确定穿越经验之流的方式，让我们对事物进行阅读或者做出解释；但是，因为它是一种"原诠释学"，因此它最后放弃了它自己所发现的丰富含义。在这一点上，我们能够考察《存在与时间》中汇集的克尔凯郭尔和胡塞尔主题，理解海德格尔是如何能够把两种重复的哲学——克尔凯郭尔的自我生成的学说和胡塞尔的意义生成的理论——以一种真正有力的"诠释学现象学"（hermeneutic phenomenology）和"历史的重复"（historical repetition）方式——结合在一起的。

因此，在第二部分，我们将看到，这种综合本身从属于一种新颖而让人惊奇的批判,这种批判部分来自海德格尔,部分来自德里达,在那里我们将第一次听到尼采的声音,他是我们时代最直言不讳地鼓吹流动无罪、生成无罪的人。在这点上,我们必须提出,整个诠释学筹划是否被耗尽,或者是否能够活下去,尽管它以某种更激进的方式。

解释意向性生活

对胡塞尔来说,现象学的工作在于分析在"清醒的我思"中发挥作用的前反思的、前主题的,或者如他所说的"视域的"结构。他把意识看作是由焦点和边缘部分构成的,现象学的工作应该是"展开"或"解释"这种边缘性生活,这就是他用"解释"(Auslegung)这个词表达的东西。当然,这也是海德格尔在《存在与时间》里使用的、英文中被翻译为"解释"(interpretation)的同一个词。"解释"意味着阐释、阐明意向性生活的隐秘结构。从字面上理解,英语单词"解释"[1]就是要展开置放在或封闭在意向性生活中的丰富构成。意向性不是一种简单的、空无的观看,正如德语"注视"(an-schauen)所暗示的,是一种复杂的、高度结构化的解释行为。我们说意识总是意识的,不会引起某种不可思议的东西,因为某种简单的、不受约束的意识被当作一种纯粹的给与。相反,因为对象完全能够被呈现,因此意识指向一种复杂的活动。"一切原则的原则"(principle of all

---

[1] 这是瑞恩·凯恩斯建议的翻译,参见《胡塞尔翻译指南》中的"现象学"注释 5 (*Guide for Translating Husserl*, Phaenomenologica, no. 55, The Hague: Martinus Nijhoff, 1973, p.13),这在奈霍夫的译文中使用过。

principles)（*Ideal I*, §4）并不要求一种赤裸裸的直觉，它听起来怎么样，而是要求在其所有复杂性中理解给与。

主题对象的经验由于提供可能性先行条件的特定前结构而成为可能。这些前结构相当于诠释学里所说的"前理解"，现象学解释的任务就是揭示已经包含在经验中的先行条件。正如意向性生活的复杂性"分析"（Analyse）一样，现象学解释并不是要获得经验的原子因素、小块和碎片，只需把它们分离出来，然而按照特定的规律证明是它们结合在一起的（Hua I 83/CM 46）。毋宁说，意向性分析与潜在的和现实的、隐含的和明确的巧妙融合有关。因为，每一种现实的意向性经验都是由潜在性之环联系起来的，它在建构经验中起着决定性的作用。意向性分析阐述意向性生活的缄默构成，因为意向性对象总是多于它自身首次呈现的东西。因此，一切原则之原则，不支持那种把经验变成孤立的经验原子的目光短浅的经验主义。毋宁说，它意味着警惕经验的"自命不凡"，"事实上按照它自己的本质，它不断地假装比它所做的要多"（Hua XI 11）。经验总是包含着更多的东西（plus ultra）；它总是意味着多于"此刻明显意指的东西"（Hua I 84/CM 46）。

准确地理解，一切原则之原则就是怀疑的原则，怀疑存在给与的东西超过自身给与的东西。因此，胡塞尔所指的现象不是纯粹的在场——这与我们将在第五章中讨论德里达对胡塞尔的批判有关——而是一种在场和缺席的复合体，或者更准确地说，是明确的和隐含的、现实的和潜在的复合体。与给与的所与物在一起的唯一方式，就是领会那些总是多于它自身给与的东西。"……的意识"总是意识到某种更多的东西，意识到迄今没有注意到的事实。

如果意向性行为和它们的关联物不是孤立的、原始的材料，那是因为它们总是由胡塞尔所说的"视域结构"联系在一起的。确实，感知的客体，意向性对象一般是由视域之环联系起来的，这种视域之环为感知提供了一种内在的语境意义。[2] 意识行为和意向对象属于行为和客观层面的相关物，很明显是意向性分析揭示的工作（Hua I 84/CM 48）。每一种焦点事物都隐含着一种边缘或视域（Hua I 81—82/CM 44）。在任何给定的时刻，"直接给与"的客体方面——我们恐怕要加上引号——因为这也是某种在持续消失的东西——周围环绕着共同给与的、间接呈现的边缘，这些间接呈现方面在整体上从属于它的整体，尽管不能被直接感知，但这些仍是"统觉的""被感知的"方面。因此，完整的感知对象是一种被感知和被统觉的、呈现的和综合呈现的、焦点的与视域的综合体。对象出现在它们"之间"的相互作用中。如果情况不是这样，对象就会是一种假象，我们看到它的其他方面的时候就会觉得奇怪。语境或者视域被不断地、边缘地"保持"。举例说，坐在一个木制包房里的桌子边的一个作家，听到窗户外面的交通嘈杂声会使他感到吃惊，尽管"它本身"不是一种让人惊讶的噪音。

视域不是空无的和完全模糊的潜在性；它们并不缺席而是预先描述（Vorgezeichnet）的概念："视域是预先描绘的潜在性。"（Hua I 82/CM 45）这种预先描绘的概念是我赋予巨大重要性的概念。"预—示"（Vor-zeichnen）是指预先探索或者勾画，稍微提前探索某种东西。人们想想用光笔勾画草图，画家随后可以用油料填充它。实际上，这

---

[2] 关于作为一个整体的意向性意识的视域结构的普遍性，参见 S. Stephen Hilmy, "The Scope of Husserl's Notion of Horizon", *The Modern Schoolman*, 59（1981），21—48。了解更多关于视域的讨论，参见 C. van. Peursen, "The Horizon", in *Husserl: Exposition and Appraisals*, ed. P. McCormick and F. Elliston（South Bend: University of Notre Dame Press, 1977), pp.182—201; and H. Pietersama, "The Concept of Horizon", *Analecta Husserliana*, 2（1972), pp.101—228。

是德里达要回应的一个词（或者参照时间顺序，是胡塞尔在德里达那里产生的共鸣）。边缘性踪迹既不在此也不在彼，即不在场也不缺席。而是一种隐含的、边缘的因素，它以一种根本的方式构成给与物的结构，呈现的以及存在在那儿的东西的结构，因此，被呈现的东西就是这种踪迹的结果或产物。（胡塞尔在探索某种类似于亚里斯多德的"运动"的东西，既不是在场也不是缺席的中间地带。）与"映射"（Abechattung）这个词联系起来看，这个词的意思就是指一种特定的阴影或者预兆，而"预示"（Vorzeichnung）这个词则表示胡塞尔现象学意向性理论的前结构的中心作用。意向性只有在对象被恰当地预示，先前追踪和准备这个范围内才是可能的，我们这里只能把它叫作一种特定的诠释学前结构，它为对象的实际呈现提供初步的或预期的准备。在《第一哲学》（*Erste Philosophie*）中，围绕感知客体的外部视域被称之为"前意味"（Vordeutung）：一种前解释、前意义（Hua. VII 149）。

"前意味"是胡塞尔现象学中一个暗示性的诠释学主题。意向性对象只有在它被预期的前结构事先准备的范围内才是可能的。经验的发展不是对弥久常新的东西不断感到惊奇的问题，或者被流动所困惑的问题，更确切地说，是填充已先期描绘的视域（或者说，我们确实感到惊奇的时候交替性地修正期待）。因此，对象永远不是某种原始的给与物；更准确地说，对象总是一种只能出现在它能够把自身置于期待框架的条件中的实体——也就是说，仅当我们知道怎样去"看待"它，去解释它的时候。

对胡塞尔而言，意向性对象总是某种被解释的东西，甚至意向就总是意味着解释。不管他自己的修辞学如何，胡塞尔明显拒绝"纯粹给与"的概念，并且总是把意向性理解为解释。他对意向性生活的许多具体研究的整个观点，很明显就是要表明，只有在意识方面的微妙的结构化和生成中，经验才会发生，这种意识把世界编制为一种意义整体。在他看来，感知就是懂得如何去看待事物，知道怎样去解释事物。

在这里，在这种探索和综合中，在建立可能产生对象的前条件的工作中，胡塞尔清楚地阐明了一种向前发展的重复哲学，能够从对象的发展结果中编织出经验的发展、意向性整体、相互交织的结果。对象是意向要素的综合体，是意向对象的"系统"，这是在胡塞尔那里等同于德里达所说的文本性的某种东西——来自文本（texere）的相互交织的对象。通过填补某个给定时间里缺少的东西，意识建立、组织和构成对象——这是通过保持（重复）实现的，即为了使经验（Erlebnisse）流达到一种视情况而定的状态，经验以这样一种方式与保护结合在一起。

这也就说明了《逻辑研究》中的"理解"概念。意向就是去"把握"或"理解"，以某种确定的方式捕捉或关注某种东西，认为它具有如此这般的特点。胡塞尔使用了不为我们所知的某个手稿中的一个词做例证。首先，我们把它看作一种令人愉快的图案，直到我们认识到它是一种书写为止，也就是说知道我们把它当作一种书写。相同的转变情况也发生在当我们听到一个奇怪的声音但发现它就是一个词的情况中。"理解"就是只是观看某种东西与把它看作它所是的东西之间的"剩余物"（Überfluss），因此，理解不仅仅是一种主观的感觉，而是花香（LU. II/1 385/LI 567）。我们感知已经—被解释的（already-interpreted）对象。感知的原始材料——本身未经解释——根本上是不能被感知的，尽管它是一个对象被理解的心理过程的某种特定要素，这种统觉的、解释的行为是与意向性本身一致的（LU. II/1 385/LI 567—568）。通过理解，耳朵里听到的某种嘈杂的声音，就变成了听到窗户外边汽车发动机在空转的声音。

这并不意味着胡塞尔回到了感觉加解释（sensations-plus-interprctation）的经验论图式。[3] 对胡塞尔来说，经验论的感知概念被对象的感知意向取代了，作用就是把被感知的对象理解为它所是的东西。没有这个解释性的时刻，剩下的是某种未经解释的东西，而根本不会有"对象"。这只能发生在极少而异常的情况下（例如，我们因为一口"牛奶"而陷入混乱的时候，结果却证明它只是氧化镁粉）。在那一瞬间——两个认知上不同和可辨别的对象之间——即当主体的意向被剥夺而强行进入世界，以及被扔回到一种纯粹的私人体验里的时候，就只有一种主观的混淆和惊慌。

在胡塞尔现象学的这个时刻，以及从海德格尔的视角来说，我们被显露给流动，这对胡塞尔来说就是经验流（Erlebnisstrom），一种纯粹的主观性行动，一种没有被稳定、被组织、被把握和被解释的感觉材料之河。在这里，经验失去了控制，因为在某个困惑的时刻，我们失去了我们的方向，失去了我们进入世界的契机。因此，现象学发现自己暴露给了它的对立面——由此解释行为的绝对必然性介入了。没有这种解释的时刻，我们得到的就不是一种纯粹的材料，一种未经解释的给与物，而是一种相当于胡塞尔所说的原始混沌。因此，胡塞尔赞同意向性感知的理论而拒绝感觉理论（对他而言就是未经解释的感觉材料）。[4]

因此，我们应该注意胡塞尔在著名的"一切原则之原则"中关于回到纯粹给与的修辞学（Hua III.1 51/*Ideas I* 44）。因为即使在这里，

---

[3] 参见 Robert Sokolowski, *The Formation of Husserl's Concept of Constitution*, The Hague: M. Nijhoff, 1970, p.56, 作者对此做了很好的描述。在我看来，格雷姆·尼克尔森似乎忽略了胡塞尔知觉理论的诠释学维度，而是对伽达默尔诠释学的深思熟虑的诠释，参见他的《观看与阅读》（*Seeing and Reading*, New York: Humanities Press, 1985），参见我对《观看与阅读》的评论 [*Research in Phenomenology*, 16 (1986)]。

[4] 见 Merleau-Ponty, *The Phenomenology of Perception*, trans. Colin Smith (New York: Humanities Press, 1962), pp.3—13.

胡塞尔的直觉论也达到了其极端形式，仍然提醒要把给与物理解为事物让自身所是的东西。事物的自身给与从来不是与它的作为结构（as-structure）分离开来的。被给与就是作为被给与；占有给与物就是把它作为。

我们不是在争论胡塞尔那里没有给与或者他没有直觉理论的问题，而是说这些概念不是他平白无故虚构的，他对直觉主义的限制具有一种批判意义。在他看来，直觉给与物意味着知道如何解释自身呈现的东西，而未能看到存在的只是流动。不属于给与物的剩余物包括作为某种东西被给与的给与物。胡塞尔意向性理论中的这种诠释学—解释时刻，解决了胡塞尔的直觉论与其根据后者解读前者的构成理论之间的张力。恰当地来理解，即真正的理解意味着懂得怎样去解释。

胡塞尔理论中的质素性材料的作用——在我们的赫拉克利特难题中具有特别的重要性——就是要解释感知的意向性出现问题时究竟会发生什么。但是，解释行为的材料/形式理论与质素学材料充其量是不完全的。正如索科罗夫斯基（Robert Sokolowski）指出的，它的作用是在意向性生活中确定意义，而不是解释它的"来源"。[5] 如果意向性生活是一条流动的河，那么，材料/形式理论就会同时隔离它所描述的横断面，而不会考虑时间性的、逐步的发展。

胡塞尔对他的意向性描述、解释原理的这种阐述，远不是不复存在的、陈旧过时的东西。胡塞尔认为，意向性对象不仅仅是"被理解的"，而且是为了被理解，必须"事先"被解释或理解（Hua I 83/CM 45）。而这就直接地把我们引导到了我要集中阐述的胡塞尔"原诠释学"的"视域"和"预示"的概念。

---

[5]　Sokolowski, 60—61.

经验的"预示"

在世界毁灭的著名讨论中（*Weltvernichtung: Ideas I*, §49），胡塞尔想表明，每一个对象都是行为的关联物，对象在这种关联中被理解或被构成。他是通过即使世界消失而意识仍然存在这种想象性实验来证明这一点的。由于胡塞尔用了非常明显的笛卡儿语言，[6] 整个讨论都具有一种误导的形而上学腔调。然而，他不是在讨论形而上学的观念论（即假设物理的世界毁灭了非物质的意识却仍然存在），而是一种认识论或者现象学的观点：对象之所以是意识的对象，只是就意识被激发来构成对象本身而言。他正在表达的是"动机"，而不是意识的形而上学生存问题。

因为经验的规律性关联，意识被推动来选择具体的结构，并赋予它们以"客观性"。假设天空中的云彩突然把它们组织成凶猛的动物，假设街道的表面突然冒出火焰，如果每一种普通的事物都能变得最广大并且发生难以预见的转变，如果这样的事情接连不断且不可预测地发生，那么，这个"世界"就会崩溃。因为这个"世界"是一个意义的整体，一种多多少少稳定的客体的集合，其中的变化确实遵循规律。胡塞尔争辩说，要是秩序被打破了，意识不会消失而会仍然存在，会从灾难中逃生。这种狂野的无规律性，而不是某种形而上学的毁灭，是胡塞尔要用"消除"（Vernichung）这个词来描述的。他脑子里所想的不是真正的或形而上学的世界毁灭，而是作为现象的世界（world-as-phenomenon）的崩溃，作为一种意义整体的世界。这种思想实验的结果是想表明，在"对象"是通过其现象的规律性推动的综合的、关联

---

[6] 保罗·利科尔在他对《观念 I》的评论中对此做了很好的解释。参见译者对第 47—49 节的注释（*Idées directrices pour une phénoménologie*, Paris: Gallimard, 1950）。

的意识生活的产物这个范围内，意识以一种综合的统一体构成了对象。

从目前研究的观点来看，这是一种暗示性的假设。胡塞尔对世界、日常组织、构成对象的可变性以及熟悉的构造的"偶然性"具有敏锐的领悟力。确实，胡塞尔对偶然性的敏感性是彻底的，他所涉及的范围不仅仅是"文化"对象，而且还有物理对象本身。他不只是把地方文化实践看作是变化的，而且把自然对象本身也看作是变化的。只是因为现象的规律性激发了超验主体去形成这种对象规则化的结构、构成性的模式，我们才能把事物从混沌中、从流动中分离出来，否则事物会陷入混乱状态。确实，在世界原则上总是能够沦为永远未完成的可能性这个视域上，流动总是存在在那里。

由现实经验的关联体激发的真实世界，实际上是在经验中成形的。与此相一致的是，真实的世界和多多少少可能的"可能性"是由经验中发生的实际过程开启的。因此，原始意义上的可能意味着可经验的，而不仅仅是抽象的、逻辑的可能性（Hua III.1 101/*Ideas I* 106—107）。在这个意义上，"可能"就是经验的领域，其可能性在多多少少完成的范围内事先已经被勾画出来了，通过实际的经验过程——于是便有了登上月球表面、探测海洋深度、设想新的生活角色等等的可能性。这些是其本身内涵或多或少是——通过实际经验已经预想过和预示过的可能性——胡塞尔这里使用了"预示"（Vorzeichung）这个重要的词。我们已经在这样一种经验能够发生的范围内筹划了这种视域。假如我们不能贯彻这种预示，即使构想了这种可能的经验也是非常不可能的。它们属于"具体时间里我的经验现实性的未决定但可决定的视域"（Hua III.1 101/*Ideas I* 106—107）。能够呈现的对象，事先由我们已经筹划的视域准备好了。这些不是体现空洞而是激发"本质类型"可能性的对象是事先已经被预示了的。

这种预示使所有的后续经验成为可能。这是意向性的普遍规律，因此，每一种可能的经验对象都依赖其本质类型的先前筹划，或者用海德格尔的语言来表达，它依赖于对其存在的前理解。这种先前的筹划不是康德的"先验"（CA 24, §22c），因为它来自实际经验过程并且由实际经验过程所激发，同时它从属于持续的时间修正，因为前面的视域被填充，新的视域被不断地开启。换言之，这是一种不断累积的先验，一种重复的结果，一种经验的规律化重复的产物，它不是某种形而上学的先验在场，某种先验形式或前存在观念，它是创造性的，而不是再创造或再现性的重复。

这种激发的可能性非常不同于仅仅是形式的或逻辑的可能性，即我们所具有的可能性的迹象丝毫不少于那些不涉及形式矛盾的思想。例如可以考虑一下，存在一种完全不同于我们的世界的可能性。它是这样一个世界，一个我们对它没有任何筹划性解释的世界，没有预示的视域，因而它完全是一种没有被激发的可能性。确实，我想胡塞尔是在这一点上坚持"视域融合"的理论。原则上，任何可能的存在都是可以在实际经验的外部视域的某个地方设定的。即使是与外星球生命的接触也必须在实际经验基础上做准备，这意味着在我们的经验与他们的经验之间进行不断地来回运动，把他们的经验同化到我们的视域中，在他们的经验基础上修正我们的视域，他们甚至也会做相同的事情——直到最终能够达到某种集合和融合点（Hua III.1 102/*Ideas I* 108）。通过同化与修正之间的来回运动，逐渐地实现双边对话，构成一个经验链条，在一个世界整体内把一种经验与另一种经验联系起来。

离开了来自我们对绝对差异性的经验世界的假设，那就变得没有意义，或者如胡塞尔十分明确地说的就成为"物质对抗意义"（sachlicher Wildersinn）。这样一个世界，尽管它并不具有形式上的不连贯性，但是，方形变成圆形这样的方式没有物质的、真实的和实际的意义。[7] 我们的筹划思想的力量，视域的预示力量在它面前失效了，我们发现自己面对的只是一种如康德提出的"等于X的超验客体"（transcendental object=X），一种我们不可能给出任何塑造的客体，我们甚至不能以最遥远的方式、用最轻微的笔触事先对它进行设想或描绘（Hua III.1 103/*Ideas I* 108—109）。

但是，经验总是并且必然出现在打破我们已经习以为常的经验关联物的超验可能性中。所有世间的对象，也确如世界整体，总是某种"假定的"统一体，一种我们不能绝对依靠的流动的试探性组织。

> 由于冲突，经验相反地可能变成错觉，这当然是可以想象的……不仅对我们而且对经验本身来说，可能存在大量不协调的冲突是可以想象的，经验可能突然证明自己与它对实际事物进行和谐实施的假设提出的要求不协调，即它的语境可能丧失了对预示、理解和现象的稳固的、有规律的组织——总之，可能不再有任何世界存在。（Hua III.1 91/*Ideas I* 109）

那么，什么是绝对的东西？有什么东西我们能够绝对保证它是坚固而不可动摇的吗？胡塞尔得出让人惊奇的答案就是，唯有流动本身是永恒的。这个永恒就是流动；唯一不变的东西就是变化本身。即使超验"自我"（ego）的稳定性也不是绝对的，他说，因为流动是在"本质上真正绝对的事物"中被构成的（Hua III.1 182/*Ideas I* 193）。对于这种真正绝对的绝对，胡塞尔让我们参考关于内在时间意识的哥

---

[7] 关于这一点，胡塞尔同意戴维森对框架神话的看法。参见 Donald Davison, "On the Very Idea of a Conceptual Scheme", *Proceedings of the American Philosophical Association*, 17（1973—1974），5—20。见 Richard Rorty, "The World Well Lost", in *Consequences of Pragmatism*, Minneapolis: University of Minnesota Press, 1982, pp.3—18。

廷根演讲(《现象学的观念》)第34—36节,胡塞尔区分了三个层面的构成,大致是从外到内(内在时间意识),或者从表面到深层(深刻和内在的主体)。

首先,胡塞尔划出了"客观"时间中的客体,外在的或者超越意识流的直接对象意义上的超验客体。这种对象根据它在时间中的持续性、它在时间流中保持同一性的能力来界定。房子,作为一种物质对象,是在某种超越时间意识的时间意识中建立的意义统一体。其次,是内在统一体或者"内在超越性",这是在意识时间流自身内建立起来的,是在时间流中、在主体行为中——也就是说,在感知、记住或者渴望这个房子建立起来的结构性构造——它属于作为第一位的、最内在的统一体中的自我的生活。但最终,即便这些内在的统一体本身、时间流本身、绝对流本身、流动的绝对流动、流动本身都是被构成的:

> 我们只能说,这种流动是我们根据与被构成事物的一致性命名的某种东西,但是,它在时间性上根本不是客观的。它是一种绝对的主观性,但具有某种东西的绝对性质,在隐喻意义上指它作为"流动"、作为现实性的关键点、最初的源点,由此而出现了"现在",等等。在现实性的生活经验中,我们拥有最初的源点,重大时刻的连续性。尽管如此,就是缺乏命名。(Hua X 75 /PIT 100)[8]

确实,人们能够明确地区分某种今天已变得悬而未决的东西的字面和隐喻意义,我会更倾向于说,在这里,是"绝对主体"为更加恰当地描述作为"流动"的东西提供了隐喻。胡塞尔说,所有被构成的意义统一体的终极模型,包括所有的词语统一体本身,都没有正确的名字

---

[8] 在第5章中,我将讨论德里达在《声音与现象》[*La voix et le phénomène*(VPh)]注释1/*Speech and Phenomena*(SP)第84—85页对这个文本的有趣评论。

是对的。如果确实有的话，我宁可把它叫作纯粹的流动。

在胡塞尔的意象中，流动"支撑"积累的意义统一体，甚至包括自我"内心的"或者内在的统一体及其性质。即使这些主观的行为也被理解为偶然经验的稳定化，是使流动秩序化的方式，作为现实的对应物，它们是容易消失的，也就是说，它们的和谐是容易毁坏的。如果记忆的房子消失了，那么关联物的记忆也会消失。所有的"持续"，所有的"留存"都是流动本身，都是意识经验的流动。流动独自超越诠释学秩序的崩溃、诠释学和谐的失败而存在下来。

这是超验的、认识论的对等物，是康斯坦丁·康斯坦提斯在《重复》中所悲悼的生活是无意义之流，以及驿站马车的喇叭是他的象征的胡塞尔对应物。在这里，胡塞尔和克尔凯郭尔两人都面对着在被构成的——自我或意义——稳定的统一体中没有重复、没有向前运动的可能性。两人都瞥见了形而上学和谐之崩溃的问题，在胡塞尔，是别无其他只有流动，没有任何给与物，没有我们一直在此描述的预示动力学。意向性生活的动力学表明了一种前结构（Vorstruktur），一种预结构，它为海德格尔《存在与时间》着手研究的"诠释学前结构"铺平了道路，这个问题我将在下一章展开并做详细考察。由于这些前结构，我们能够"固定"（Hua III.1 103/*Ideas I* 108）流动，能够在可能使流动首次出现的预示框架中稳定它。[9]

---

[9] 胡塞尔还将他的筹划性的预先描绘和阐释分析理论与"实际和潜在意识"理论联系起来，参见 *Ideas I*, §35. §115, 胡塞尔扩展了行为的概念，包括实际执行的行为（vollzogener Akt）和仅仅"微动"（Aktregung）的行为之间的区别。真正意义上的"我思"是明确的意向性，也就是自我实际生活的意向性，但是，要把它与那些我们还没意识到的活生生的行为区分开来（Hua III.1 263/*Ideas I* 273）。这种意识行为的观念必须扩大到足以包括含糊的、前主题的行为。当然，这是这个术语的一种重要扩展，因为它符合我们一直所说的东西。胡塞尔对直觉和给与物的承诺与把我们限制在暂时的、实际的和当下的东西没有任何关系，因此它考虑到了潜在的、隐含的和隐性的东西。

意义的历史生成

由于何种原因——也许是《存在与时间》的影响[10]——在胡塞尔的后期著作中，在流动镌刻模式的工作中体现了历史的维度，而且现象学研究的对象也从自我的内在历史转到了一般的西方历史运动。在《逻辑研究》中，构成是静态的和非历史的；在《观念》(I)中，构成获得了一种时间的但仍然是非历史的意义。最后，在（20 世纪）30 年代，构成则成为一种主体间性的、历史的共同体。意义的生成变成一种意义—历史（sense-history），生成获得了一种历史的共同效果。

但是，胡塞尔书写的历史是一种例外的历史，因为它与通常意义上那种追溯古代文献或历史事件的历史没有什么关系（Hua IV 319/ Crisis 273）。这种历史只对更高的现象学权威、本质和先验必然性负责。它是为了用认识论的解毒剂治愈西方欧洲的文化危机，为了治疗患上了真正本质——基础意向——以及终极目的——最终目标即普遍科学的病症而撰写的历史（Hua VI 319/ Crisis 273）。它恰好意味着这样一种历史，传统已经开始从赋予它生命的无限观念开始漂流。

这是另辟蹊径地通过重新讲述伽利略的故事来完成的，伽利略的故事完全忽视了科学与宗教之间的冲突，它与所有"科学革命"或范式转变没有任何关系。相反，根据胡塞尔的讲述，伽利略所做的事情明显地来自他简单地接受前人的科学的——这里指几何学的——传统的大真，并且在此基础上建立他的理论，仿佛是上天掉下来的。胡塞尔的历史还原在于，把这种传统几何学的自明性悬置起来，并且通过一种反向沉思（Rückbesinnung：Hua VI 16/ Crisis 17—18）重新挖出

---

[10] 大卫·卡尔在他翻译的《危机》的导论中讨论了这个问题（Crisis, pp. xxxvi—xxxvii）。

赋予几何学构成以意义的奠基行为（Urstiftung）。而且，这就产生了引人注目的先验历史的观念，这种历史观念是通过专心恢复已被遗忘的历史开端，并让它重新展现和持续（Crisis, §15）。第一个几何学家必定生活在物质的和文化的客体世界中，以及人类同伴的世界里。这种物体必然是由时间空间和质量规定的。早期的几何学家们必定有在实践中碰到的实际需要，他们的任务就是使这些物体适合人的需要。他们需要让物体的表面变得平滑、边缘方正、线条平直——如果他们有效地专注于他们的领域，垂直建立他们的建筑、缝纫衣服、烹调食物以及满足他们的其他需要。但是，因为这些技术实践首先是需要某种理念的实践，那些实施这些操作的人才不会受到经验事实的抵制（Hua VI 383—384/ Crisis 375—377；cf.§9a）。如果一个历史小说家能够增添一两笔想象来丰富他的事实情况，那么，现象学的历史学家就会把必然与事实相符的先验必要性方法放到他的故事之中。

在（先验地）证明了这些原始几何学结构并不是在第一批几何学家心里完全成熟的之后，胡塞尔指出这是一个艰辛的和累积的过程，理想是在理想的事物基础上逐层增加的，从而使简单的理想成为更复杂的理想的要素，一代人的工作成为后代人构想新的结构的材料。这种理想是"自然的"——存在一种历史自然的态度——只是在长期的发展过程和重复之后，这些理想化的原始停泊点才从眼前消失了。由于伽利略的时间，开端已经被遗忘了，生活世界中的这些更高秩序的几何学结构的起源被淹没了。因此便出现了客观主义的神话，自然的这种数学描述独立于超验的主观性。生活世界存在于科学边缘，由此，早期的几何学家们就变得平淡无奇和熟视无睹，伴随这种理想化的进程，他们就更加不断地退出人们的视野。而这就是需要超验疗救的当前危机的基础。

正如德里达指出的，胡塞尔正在讲述的故事让他着迷于对语言作用的新理解。[11]胡塞尔总是很好地使语言与现象学的内在范围保持一种距离。在《观念》（Ⅰ）中，语言只被描述为逐渐叠加在原始的意向意义关系上的表达层。他把前语言意义的基础层与"逻辑"或意味（Bedeutung）的上层区分开，赋予表达以意义（§§124—127）。还有，人们甚至能够在《观念》（Ⅰ）中采用这种强硬的路线时发现某种软点（soft spot），因为它拒绝保证逻各斯的生产性作用，他承认，作为原始意向性的反映或图像，意义不是一种完美的反映或简单的复制。如果这种意义不能增加基础的意向性，那么至少能够通过简化来对它做出说明。表达总是原始意义的部分生产，然而，这种不完全性并不是语言的无能，关键在于语言的权力和经济。因为，假如缺少了有目的地遗漏具体东西的普遍概念，语言就会堕落为无限的专有名词。语言赋予了基本的意向性一个更加灵活、更加集中和更加精确的意义。

因此，基本的经验在语言表达中得到了"储存"，因而能够被"传递"，也因此构成了某种"传统"可能性。但是，在这样一种过程中，原始经验与它们的承载者之间的纽带减弱了。所以，历史"还原"的任务，就是在历史过程中通过重溯从原始经验到承载它们的表达轨迹，从而保持这些基本的联系，激活这些联系的生命。语言的经济——不可能不断追溯其初始的直觉或者每一个时间里每一个词语被运用的原始经验——是它的真正威胁（Gefahr：Hua Ⅵ 372/Crisis 362）。因为，假若没有这种经济，科学传统，甚至所有的传统都是不可能的。但是，在这样一种经济学中，表达可能变得空洞无物，越来越远离它们的原始意义，因而导致那种传统的危机。

很明显，历史构成的工作依赖于语言的组织和传递（用德里达的

---

[11] 在第5章，我开始论述德里达对胡塞尔《几何学的起源》第6和第7部分关于历史还原对语言理论的依赖性。

邮政隐喻）这些原始理想化的力量。一种理想结构产生的原始时刻会化为乌有，除非它能够一次又一次地随意出现，除非它能够被所有时代的几何学家们所重复（wiederholber：Hua VI 370/Crisis 360）。现在，这种理想结构能够让语言在这种行为基础上赋予客观的、可重复、可交流的形式，以至于它能够成为已建立的人类共同体的一部分，以至于它能够进入公共科学的领域。语言的这种伟大经济就是给予我们重复的手段，以至于自我同一的理想结构，比如说毕达哥拉斯原理能够无限地重复，首先是在相同的意识范围内，接着是跨越当时的整个科学共同体，然后是穿越所有的时间。因此，尽管胡塞尔自己具有语言的形而上学偏见，但是，他敏锐地意识到了语言的生产性、创造性、构成性的力量。而且，正是在胡塞尔这种批判性的与形而上学因素之间的空间地带，德里达设定了"解构"本身。[12]

　　胡塞尔在历史构成中认识语言所具有的"生产"作用还走得更远，他指出，没有书写就不能达到客观性/可重复性的顶点。没有书写，我们不能保证这些理想结构的持续存在（verharrendes Dasein：Hua VI 371/Crisis 360），这意味着当没有人在思考它们或者不能自我证明的时候具有保存它们的能力（Hua 371/Crisis 360—361）。书写既不是言说者的语言，也不是言说需要呈现的事物的语言。可重复性的顶点如此深刻地把意义嵌入符号中，以至于任何人、任何地方都可以在某个时间重新展现它，即便是原来的作者和观众消失了很长时间。因此，在这里，书写——假设与意义/表达层最无关、最远的——也在超验构成的中心被赋予了一种关键的作用。"死信"（dead letter），形而上学的胡塞尔设想着最想排除的——这是德里达解读胡塞尔的关键点——在此被赋予了超验生活一种中心的而且不可替代的作用。

---

[12] OrG 77.

但是，给予书写重要性的这种大胆行为，同时也是危险的源头。因为书写使生动的意义变成了虚拟的东西；书写把作为传递手段的语言还原为一种隐匿的状态。语言的延伸力量相应地直接变成了把意义还原为一种纯粹隐匿的符号力量。因此，书写需要一种相互关联的召唤和现实化，这就是阅读的力量。可是通过阅读，我们便经验到了书写的意义，因而把虚拟的东西变成现实的东西，我们感受到一种借助书写文本引导的联想过程以获得意义的被动经验（Hua VI 371/*Crisis* 361）。并且向读者提出了一个重要要求，超越他的完全被动状态，变被动为主动，重新激活书写符号当初构成的原始基础行为：

> ……被动地被唤起的东西能够被转化回来，就是说转变成相应的主动性：这本来就属于每一个人都具有的再激活的能力。（Hua VI 371/*Crisis* 361）

读者有责任去激活这种被沉淀的东西，把意义带回到生活中。

这就是为什么对这种危机来说超验治愈的确是一种药（pharmakon）的缘故，因为语言，尤其是书写，其危险性就是如其必要性一样。如果构成意义的直觉把原始的生活委任给语言，那么它同时也会受到伤害。因此，胡塞尔告诫不要成为"语言诱惑的牺牲品"（Hua VI 372/*Crisis* 362）。意向性使生活越来越倒在了单纯重复和传递的空洞形式的符咒之下。用海德格尔从克尔凯郭尔那里借用的词来说，真正的话语变成了闲聊（Gerede），对语言的麻醉诱惑的唯一解毒剂就是重新激活它，在总体上和完全性上，重新激活就是一种无限的观念，它在整体上属于普遍科学的无穷理念。

因此，历史语言的构成就是一种原初的重复——重复、巩固、复杂化、传递已建立的意义——以一种目的论驱动完成来完善科学的理性，它也要求我们考古学地回到开端。历史构成的这种创造性是一种自我损害的过程，但也是一种自我积累的过程。只有通过反向的沉思，追溯它的足迹，才能保持它的活力，保持它所维护和传递的意义完整性。在胡塞尔的后期著述中，既有一种重复的理论——历史地累积的传统的创造性发展——也有一种回忆的理论——现象学历史学家把传统的足迹重新追溯到基础的行为。

胡塞尔征服流动的最后形式，必然是主体间性的、历史的和语言学的工作，他过于关注超验个体。这是几代人的劳作，一种历史的重复工作。这项工作首先相信简单的理解（Auffassung）行为，然而是内在于个体自我的时间意识，最后成为超验共同体。可是，构成始终是被构成的，现象学反思总是一种解释（Auslegung）、意向性阐释的工作，揭示那些进入世界的构成和预先形成的隐含和缄默因素。不管它们是根据预示和内在时间流被非历史地构成的，还是有如在《危机》时期它们作为被历史地掩埋的沉寂物。现象学的基础工作，就是让隐含在超验构成中的东西变得明确，找出这些缄默的表现，把它们带到阳光地带，使它们变得清晰可见，让它们展现出来：现象学地解释（aus-legen, legein ta phainomena）。

这就是为什么我要讨论胡塞尔的"原诠释学"的原因，因为它是一种根据意向性因素组成的复杂结构，一种高度复杂的预设结构网络来讲述意识阅读世界的哲学，现象学反思的任务就是要冲出这些复杂性进入开阔地带。这就进入了海德格尔在《存在与时间》中所指的诠释学的中心：即理解产生于前理解，来自前结构，它为必须被理解的存在领域提供一种筹划的林中空地。诠释学通过预测它的下一次运动来处理流动，勾画我们遭遇的对象，总是尽力超前流动一步。它有效地利用预期的策略，设法解决一个古老的埃里亚学派之谜。

胡塞尔对诠释学的背离

根据被普遍接受的解读，胡塞尔所从事的是纯粹给与的无预设研究，而海德格尔则以一种解释的、诠释学的现象学寻求恰当的预设。现在，如果说前面的讨论有什么价值的话，那就是要表明那是一种过于肤浅和简单的表达。胡塞尔的构成理论提出了前结构——预期的预先描绘——的视域观念、历史的语言获得的观念。在这一点上没有太大的差别，海德格尔的现象学与胡塞尔事实上是明显一致的。

对胡塞尔来说是意向性，在海德格尔而言是理解（GA 24/BT §11—12），必须始终事先受到所要理解的事物的预先把握的引导，如果它们迷失了方向，在流动中丧失了航向，就不能抓住眼前的问题。假如意识不能事先勾画被感知事物的主线，感知就会失灵，全然陷入不可解释、没有意向的杂乱材料或者内在时间流的混乱之中。假如此在没有装备要解释的实体存在的筹划理解，那么此在就会受制于最平庸的、公共利用的理解框架，恐怕此在就什么都不能理解。这就是为什么如果在"预期的预先描绘"意义上来解读预设，胡塞尔也会跟海德格尔说：

> 哲学绝不会企图否定它的预设，但也不可以简单地承认它们。哲学构想它们，用越来越多的洞察力同时展现预设本身和所有预设的东西。（SZ 310/BT 358）

对胡塞尔和海德格尔两人来说，现象学的工作就是展开（Entfaltung）、说明、阐述隐含的前结构，使明确的经验成为可能。现象学对他们来说就是解释的技艺（subtilitas explicandi），如果没有展开的视域，任何实体或对象都不可能出现。德里达说，在胡塞尔和海德格尔那里，任何东西都包含隐含和明显的逻辑是对的，这就是为什么现象学循环逻辑中没有恶的东西的原因（cf. W&M 173/T&M 163；*Marg.* 151/126）。

然而，这并不是说，胡塞尔最终没有抵制他自己设定在运动中的诠释学，即他的思想最后成为某种非常传统的形而上学和反诠释学冲动的牺牲品。说来说去，它只是一种我认为的"原诠释学"，而不是完全成形意义上的诠释学。在这个关键点上，胡塞尔回到了传统的、反诠释学的立场。

在海德格尔那里，理解的筹划性质本身来自更加深刻的此在本体论构成。这种理解结构反映了作为忧虑、生存和时间性的此在存在（这一点我们将在下一章做更详细的考察）。很明显，克尔凯郭尔在这点上介入了海德格尔的《存在与时间》，并且以一种特别的决定性方式。因此，海德格尔的诠释学循环植根于作为忧虑的此在存在（SZ 315/BT 363）。对海德格尔来说，理解的筹划性质是此在存在作为筹划的一种功能。理解是通过筹划的预示进行的，因为此在的存在总是在自我之前。海德格尔的诠释学概念建立在作为生存的此在本体论之上。对海德格尔来说，无预设性这个概念就是一种本体论悖论。获得无预设性的此在，实际上是不可能的。此在必须进行一种使它不再是此在，而是别的既非未来也非筹划的存在的变化。根据忧虑的基本含义，此在被推入或被抛入它的预设之中，因为忧虑意味着此在是被抛的，也是被筹划的，是事实性的，也是生存论的。由此，此在总是在某种历史地设定的、事实性的，或者更准确地说在理解的范围内运动，因此，此在既不能也不想摆脱自身。正如我们下面将看到的，这就是伽达默尔在"哲学诠释学"方向上拓展《存在与时间》的出发点。[13]

---

[13]　W&M 240—256/T&M 225—240.

然而，在胡塞尔的情形中，这种克尔凯郭尔式的忧虑本体论再也找不到了。胡塞尔没有在一种本体论深土中去努力地深入分析预设。预示的理论就是他的目的，他的真正的整体现象学观点，没有因为本体论的预设而防止本体论上的天真。现象学应该具有一种纯粹的描述地位；它应该来自独立的现象学反思工作，而不是取自本体论之井。胡塞尔认为，现象学自我的反思性生活没有本体论的引导也能开辟自己的道路，因此，意向性预示不是在本体论上，而是在本体论上被中立地（neutral）自我预示的。[14]

但是，由于这种本体论中立化的姿态，胡塞尔表明他的影响，以及胡塞尔与海德格尔之间的问题变得显而易见。这与本体论预设而不是世间的自我（在世存在）的具体生活的问题有关。对海德格尔来说，胡塞尔承诺的本体论中立性并没有逃离本体论，而是在自我意识存在（the sein of Bewusstssein）的隐藏的本体论中寻求避风港。通过寻求本体论的"中立性"，胡塞尔把意识的存在看作那种能够自我中立化或者净化自身世俗污染的东西。在一这点上，海德格尔认为胡塞尔想在水中漫步。海德格尔认为没有本体论的偏见，每一次进步的努力都会因为来自后面的、从它背后对它发挥作用的本体论预设推动的破坏而告终。没有本体论的引导，真正前行的努力本身就是一种本体论筹划，这是由笛卡儿的本体论激发的，它假设反思意识与体现在语言、历史传统和文化中的具体的第一阶经验的分离性。真正的中立化的筹划来自作为自我中立化的意识本体论。[15]

胡塞尔没有否定——我确实已经讨论过这是他的表达学问——第一阶的意向性行为通过可能的预设之环成为可能。在意识影响摆脱

---

[14] 参见胡塞尔对"Neutrality Modification"的讨论（*Ideas I*. §§ 109ff）。
[15] 海德格尔对胡塞尔关于意识的解释的本体论前提的最佳批判可以在《全集》第 20 卷，第 10—13 节和《全集》第 21 卷，第 6—10 节中找到。

这种有条件的、预设的行为的第二阶的能力上，胡塞尔不同于海德格尔。解释需要突围。因此，胡塞尔被放到了前后矛盾的立场之中，因为他坚持反思意识受他明确否定的第一阶经验的控制。胡塞尔坚持认为，反思的自我具有意向性生活的方式——摆脱了潜在的、隐含的、视域的、历史的以及预先描绘的因素——相反地，他坚持认为这大体上属于意向性生活的构成。对海德格尔来说，这种前后矛盾来自胡塞尔的本体论预设，来自他接受的意识存在的自我中立化能力、纯粹反思的可能性，也就是超验意识的可能性。在海德格尔，至少在这点上——是不那么决绝的——而胡塞尔则完全屈从于现代性的形而上学。胡塞尔的意识自我中立化能力的观点，意识影响世界效果中立化的中立性—修正的能力的方法，充满了本体论的沉淀物，并且他属于从柏拉图到德国唯心主义的西方形而上学。

海德格尔对胡塞尔的批判也可以做如下表述。无论什么时候，胡塞尔承诺描述意向性生活的具体作用，他都始终如一地求助于一种诠释学图式——即他求助于使它成为可能的前结构。无论什么时候，他真正实践了现象学的方法，他都赋予意识一种诠释学的、语境化的构成。生命自我的生活总是被视域的前结构边界所环绕，总是被时间性地设定在伪装的和保持的时间流动之中，牢牢联系着那些致使它们不可能被"解释"或"领会"的潜在的和隐含的因素，也就是指意向性对象。意向性对象没有预设性把握的观念，没有这些意向性前结构支持而把握意向性对象的观念，坦率地说，是前所未闻的，并且对胡塞尔来说，可能就会把意向性变成一种魔法。

只有当胡塞尔想把现象学的本质描述为一种科学的时候，无预设性的观念才会出现。在这一点上，他求助于笛卡儿科学的继承性观念，不是在演绎系统的意义上，而是在获得某种绝对无可置疑和无预设开端的意义上，他明显是从这里出发的。这种观念不是来自具体的现象学研究。这种观念与生存于平常的、前科学经验的意向性方式没有关系。胡塞尔要求我们相信，科学意识首先摆脱使意识总体上成为可能的条件。他要求我们相信：实际上有两个自我，一个是受控制的和有限的，另一个是不受控制的和免于限制的。当他想说只有一个自我的时候，他最后就不能贯彻那种主张。[16] 因此，他要求我们相信一个自我沉浸于流动，就像我们大家一样，而另一个则想方设法逃离它，把自我停泊在某种稳定、绝对、无变化、在场和自我在场的东西中。这就是我确定胡塞尔飞离流动、飞离意向生活困难的地方，因而也是飞离他自己的诠释学发现的地方。

我说的所有这些并不意味着用诠释学反对科学，而是指胡塞尔对科学的错误理解。因为希望在后面（第 8 章）表明，近来的科学哲学遵从诠释学的条件性，在引导的前概念中有一个出发点，这就是胡塞尔乐于承认的前科学意识的生活，它同时也是科学生活真正本质的出发点。笛卡儿的科学概念严重地误解了科学本身的性质，因为近年来科学哲学中最好的著作——自然的、社会的和人文的——已经有了令人信服的讨论。

胡塞尔的笛卡儿主义不是产生于他的具体的现象学研究，而是由解决心理主义、自然主义和历史主义的持续争论的方式引起的。但是，这种观念没有现象学上的证明。意识从其本质上就是诠释学的，预设的目标是一种外来的输入，是从笛卡儿以来的现代性形而上学中移植过来的，他相信超验意识的观念。

但是，如果胡塞尔的笛卡儿主义不是来自他的现象学工作，那么他的具体工作就不会没有受到笛卡儿主义的影响。他所缺乏的本体论上的恰当的意识引导观念，影响了他的具体研究。这是理所当然的。

---

[16] 胡塞尔在同一个自我中区分了两个层次的意识，即反思和对……的反思；他否认存在两个不同的自我（*Cartesian Meditations*，§15）。

如果诠释学要求具体经验事先必须由引导的前预设来指导，那么，本体论前结构层面上的问题就必须在具体研究层面上得到揭示。而这就是所发生的事情。因为，几乎不能否认，在描述性的分析方面，胡塞尔没有让诠释学要素在他的思想中充分发挥作用。相反地，因为他的笛卡儿观念而转变了方向。他承认他自己提出的解释因素服从于他所求助的已经指明的理论态度。因此，这同时影响了他对意向性对象和意识本身的描述。

对胡塞尔来说，原始意向性对象是在感知中给与的物理对象。现在，真实的情况是，只有当物理对象被事先恰当地准备的时候，只有当它用它的本质类型被恰当地预先描述的时候，物理对象才能作为一种物理对象呈现出来，才在它熟悉的设定在某种预先保留的框架内的外部视域等中传递给我们。物理对象必须满足胡塞尔提出的诠释学要求，以便对象能够被恰当地解释为它所是的东西。然而，胡塞尔从没有赋予这种"作为—结构"（as-structure）以充分的作用。他没有看到，我们极少把物理客体"感知"为"物理的对象"，而是始终根据某种实际环境或其他环境中物品的使用来"处理"。尺度、形状、色彩以及其他延展物的性质，都是从具体生活中所使用的物品抽象出来的。胡塞尔批评了反诠释学的、经验主义的"感觉"理论，他认为这是一种对立于具体的感知生活的抽象、理论的建构。但是，他未能看到，"感知"也是一种相对于日常生活诠释学的抽象。

正如伽达默尔指出的，这种争论已经被舍勒和美国实用主义者，更多地由海德格尔论述清楚了；但是，胡塞尔却从没有爽快地承认。[17] 这就是为什么伽达默尔同意奥斯卡·贝克尔所说的"在胡塞

---

[17] Hans-Georg Gadamer, "The Hermeneutics of Suspicion", *Philosophy and Hermeneutics*, ed. Shapiro Sica, pp.58—61）。关于不同的看法［Richard Cobb-Stevens, "Hermeneutics without Relativism: Husserl's Theory of Mind", *Research in Phenomenology*, 12（1982）, 127—148］。

尔的意识经验的分析中有一种诠释学的因素",然而却抱怨,并且我认为是正确的,物理对象感知的首要性却颠覆了胡塞尔最重要的描述性解释。胡塞尔就在这个最关键的情形中陷入了天真的给与加解释(givenness-plus-interpretation),再由解释框架遮掩物理对象以描述物品使用的经验、其他人的经验的前诠释学图式——首先我感知某种物质对象,然后把它解释(统觉)为另一个人的——甚至是我自己的身体经验。很明显,对这些经验的完整的诠释学表达,会根据事物是其所是的事物经验重新书写它们,这是只有在事实性诠释学中才有可能的东西。

但是,如果这种笛卡儿主义误导了胡塞尔的意向性对象的性质,那么它更严重地误导了他对意识的解释。胡塞尔承认,物理对象总是在这种或那种预示中被理解和解释的(伽达默尔的抱怨是,这种解释的重要性在胡塞尔那里不够激进)。但是,胡塞尔可能永远不会承认这些限制适用于意识本身。正如《观念》(Ⅰ)(第44—46、54—55节)中众所周知的观点所坚持的,世界与意识之间的差异明显就是世间的客体——无论物理对象还是使用物品——总是被预示的、不完全的、假定的意义整体,而意识则是以一种未被预示的、绝对的、未经解释的方式被给与自身。意识以如此完美的任何事物都不需要解释的方式回到自身。在胡塞尔那里,解释的要求仅仅来自绝对给与的失败,这种失败就是没有包括自身意识的给与。诠释学解释是由给与的欠缺导致的;这是需要与世界融为一体的存在的诉求。因此,胡塞尔对超验的意向领域与内在领域的明确区分,相当于预设的因而是解释意识世界的给与性和绝对的因而是被未解释的意识自身的给与性之间的区分。[18]

---

[18] 在对胡塞尔和诠释学的一个有趣讨论中,利科尔写道:"但是,胡塞尔认为,(转下页)

实际上，胡塞尔要求我们相信两种自我：一是设定在世界中的自我，另一种是超验自我，正如福柯所说的[19]，自我能够反思情境，把握它和阐述它。解释是一种完美回归的力量，它使意识变得透明，在它的详细分析中揭示所有的前提条件。反向重复的重复在它的回归中不会受到阻碍。它能够在它的开端捕获意识并牢牢地把握着它。但这正是，不仅仅海德格尔而且几乎胡塞尔之后的所有人都已经否定的东西。梅洛－庞蒂在他著名的《知觉现象学》前言中说，承诺这种回溯运动的关键点就是要发现这是不可能做到的。[20]德里达会说[21]，起源总是在回归，在后退、在撤离，在自我延迟。我不可能说得比福柯的论述更好：

（接上页）自我认识是不能假定的，因为它不是通过'草图'和'外形'进行的。然而，自我认识可因其他原因而推定。因为自我认识是一种灵魂与自我的对话，并且因为这种对话能够系统地把控制的暴力和结构入侵扭曲为交流的对话，作为内在化交流的自我认识可以像客体的知识一样是值得怀疑的，尽管因为不同的和非常具体的原因。"（Paul Ricoeur, "Phenomenology and Hermeneutics", in *Hermeneutics and Human Science*, ed. John Thompson, Cambridge: Cambridge University Press, 1981, pp.109—110）利科尔表达的顺序与我们相反，而且他的结果与我们的不同。在强迫设置了他所谓的胡塞尔"唯心主义"的局限性之后，他又用两个步骤证明现象学和诠释学的肯定性联盟。（1）诠释学预设了一个现象学的时刻，因为它致力于意义的问题，因为它要求一种时代提供的批判时刻，最后因为它分享了派生于语言的现象学观点。我认为利科尔严重地误解了最后一点，因为诠释学的解释元素体现在语言中。如果有一个前语言的领域，那么解释就会是一种纯粹的给与性的随后行为。（2）但是，相反地，现象学意味着一个诠释学的时刻，这可以在胡塞尔的解释作用中看到。不同于目前的讨论，利科尔根据唯心主义的问题来理解解释（Auslegung），他从这里开始：自我论的解释意味着来自我的世界的展开；恰恰相反，我们在解释中看到了一种更接近于海德格尔的意义，并且我们将它与理解的前结构（Vorstruktur）联系在一起。

[19] Michel Foucault, *The Order of Things: An Archaeology of the Human Sciences*, trans. Alan Sheridan (New York: Random House Vintage Books, 1973), pp.318ff.

[20] Merleau-Ponty, *Phenomenology of Perception*, p.xiv.

[21] 《几何学的起源》，"前言"并参见第一部分。

这就是为什么现代思想在每一个方面都注定要重新开始的重大关注，注定要关注陌生的、静止的焦虑，从而迫使它承担起重复之重复的责任的缘故……现代思想提出了在人的同一性、在他自身的丰富性或虚无中返回到人的任务，在表达不可能却又迫使我们去构想的重复中返回到历史和时间的任务，在其所是中返回到存在的任务。[22]

康斯坦丁认识到，往回的重复就是一场梦。

两种重复的哲学

因此，在我们的故事的这个点上我们碰到了两种重复研究。第一种是克尔凯郭尔通过坚持日复一日地付出创造性行为的向前的重复，克尔凯郭尔的重复中的"重"（re）是指在人们将要成就自我的未来中坚持返回。重复发生在生存而不是意义的领域中，确实是发生在其最内在的和最富有激情的继续前行的时刻，它明显不带有意义甚至抵制意义。重复是一种忠诚的宗教伦理行为，一种构成和创造道德自我的行为。克尔凯郭尔的重复是生存论的、未来决断的、转向可能和偶然的重复，它在各个方面暴露自由的恐惧、可能的渴望、体验的焦虑。重复的目的就是创造一种生存决定之网编织的伦理自我。

在胡塞尔那里有一种可比较的力量，然而它不是利用自我的生成

---

[22] 福柯：《事物的秩序》（Foucault, *The Order of Things*）第334页。当然，从他们自己的角度来看，福柯的评论是针对胡塞尔和海德格尔的，他认为现象学和诠释学都是徒劳的。这一点在休伯特·德雷福斯和保罗·拉宾诺的书中得到了清晰的阐述（*Michel Foucault: Beyond Structuralism and Hermeneutics*, 2d. ed., Chicago: University of Chicago Press, 1983, pp.34—41）。

而是感觉和意义的生成。重复在意义构成中具有认识论的重要性；它是把经验时间一起编织到预期结构中的过程，从而使意识始终能够在经验之流定向和指引的流动中保持前行的步伐，能够灵活地从它受挫的期待中获得教益。重复因为这种意向性获得的递增系列而成为一种创造性历史构成的理论。

但是，胡塞尔总是把重复的力量放在低于形而上学回忆的位置，低于起源的回归，低于反思中自我的自我回归，低于想要向后重复的重复。在这一点上，胡塞尔退回到了一种无利害的立场——与克尔凯郭尔告诫的这种重复总是关心形而上学创立者们的利益相一致——脱离世界，以便反思性地占有世界。他屈从于形而上学完美回归、无限目标的美梦。他拒绝流动，并在流动之外寻找立足点，在那里，意识与它的效果分离，并与理想的意义整体和无限筹划相伴而行。甚至他的历史解释也是根据意义和必然结构，而非生存和可能进行的。克尔凯郭尔可能会在胡塞尔这边看到另一位虚假的流动的朋友，另一种想让流动沉睡、限制它的作用的形而上学航行。这个胡塞尔——这个形而上学的、反诠释学的、笛卡儿式的胡塞尔——在克尔凯郭尔意义上确实是在做"哲学"的工作、"思辨"的工作，并且代表了柏拉图的回忆（anamnesis）和黑格尔的回忆（Erinnerung）的另一个版本。

克尔凯郭尔理解，形而上学表现了对失去的在场的乡愁，它把自己界定为记忆恢复的事业，重复往后重复的事业，在这一点上，克尔凯郭尔则是一个更加激进的、解构的思想家，真正的重复是向前重复，并且承担它可能所是的责任。真正的重复是在生成和运动中展开的，并学会开辟自己的道路，不过是在流动中。

现在，目前的研究要声明的是，《存在与时间》——界定了我们今天用"诠释学"理解的东西——把这两种非常不同的诠释学带到了一起。海德格尔融合了克尔凯郭尔自我生产的筹划和胡塞尔意义生成的筹划。他富有成效地利用自我生存的本体论作为一种生成和时间性的存在，这与胡塞尔通过前结构和预示的方式提出的构成理论相呼应。因此，他把意识的前结构置于本体论的基础之上，他放弃了胡塞尔思想中残留的笛卡儿本体论，破除了"意识"的形而上学，这种形而上学作为现代性的形而上学体现了柏拉图主义的最近形式。因此，海德格尔重新向现象学提出了生活的困难，让它植根于忧虑的本体论中，因此形成了为人所知的当代的、后狄尔泰意义上的"诠释学"。现在，我们的任务就是更详尽地探讨海德格尔的事业，然后看一看，当海德格尔的事业本身被指责与柏拉图主义共谋，它自身仍然被当作另一种在场的形而上学，被当作另一位流动的懦弱的朋友的时候，它究竟成为什么。

第三章
此在的重复与循环存在：
《存在与时间》的诠释学

此在的循环存在

在海德格尔那里，克尔凯郭尔的"重复"的筹划（Gjentaheless）成为一种"回复"（Wiederholung），和此在存在卷入其中的运动（kinesis）的结构，这种重复被看作是循环的。作为一种"生存的存在"（在克尔凯郭尔的意义上），此在的意义是向前运动，向着它的真正的未来奋力前行。但是，这种向前的运动被海德格尔看作是在同一个时间返回到（back）此在向来所是的存在的一种运动。因此，这种向前运动也是一种恢复或重复的运动，克尔凯郭尔在他谈论"自我"的悖论时已经认识到这个难题：重复，是自我的生产性的重复，只是凭借自我的力量的自我可能性的重复。重复既来自自我，也是自我的生产性重复（E/O II 219—220）。但是，克尔凯郭尔趋向用进步的、线性的方式描画重复。

另一方面，海德格尔赋予了《存在与时间》的此在存在的"循环"运动一种特别的作用，用一种本体论循环把此在的往复运动、未来筹划和此在的向来所是联系起来。《存在与时间》的 Wiederholung 就是指一种重复/回复（repetition/retrieval），一种重获某种迄今仍然潜在的、隐藏在此在将是的可能性事物中的向前运动。此在自身的存在在它的"未来性"与"始终是"之间循环。此在存在不断地预先筹划，从来不以一种自由漂流和绝对的方式，而是总是朝着可能性进入它向来嵌入的方向。因此，当海德格尔谈到"此在的循环"（SZ 315/363）时，它的运动就取得了一种生存论循环的形式。

因此，英文巧妙地把 Wiederholung 翻译为"重复",[1] 就增添了重新获得某种隐藏的、失去的或者失落的事物的精妙之处，在此，我们不是在"重复"中倾听。在克尔凯郭尔的强调中，"重复"强调的是一种线性的未来，总是下定决心忠实于未来，不断重复现在所做的事情。克尔凯郭尔的观念是在反对柏拉图和黑格尔的形而上学中精心考虑的，并且强调了某种新东西的自由出现。海德格尔的思想则是在与超验意识的形而上学的斗争中塑造的，并且强调了重获事实性的可能性的意义。

但是，在《存在与时间》中，海德格尔用一种现象学循环，把来自克尔凯郭尔的重复本体论的生存论循环与来自胡塞尔的解释与预期描绘的学说联系起来了。由此，就把另一个层面上的循环，另一种循环体系置入了此在的运动之中，它不仅仅与运动一道，而且首先来自运动。理解，就意味着在存在被埋解的范围内筹划某种特定的视域。实际存在的事物只能在存在事先已经为它们的出现展开了的视域中才能出现。只有依靠我们已经恰当地明确了开始方向的条件，我们才能学习某种东西。只有当我们已经有了前理解，我们才能理解。不存在纯粹的、未经解释的事物，但是存在已经是在某种框架中被解释、在

---

[1]　参见第一章注释 5。

它们的独特存在中被筹划的事实。

在《存在与时间》中，理解的筹划结构（胡塞尔的原则）来自作为重复的此在存在（克尔凯郭尔的原则），来自"生存"此在的向前运动，正如我们在第二章中看到的。理解就是筹划，是因为此在存在就是筹划的，并且它的筹划是语境性的，因为此在的存在是以被抛和"向来是"为特征的。理解的诠释学循环，是此在存在中的本体论循环的一个亚系统。

因此，海德格尔赋予了"诠释学循环"——先前只具有一种认识论或方法论的意义——一种本体论的重要性。我们做事的时候，我们理解，是因为我们做事的时候我们存在。理解因存在而发生：intellgere sequitur esse。在海德格尔看来，没有"纯粹认识论"的领域，只有一种认识或理解的本体论。[2] 诠释学不能按照本体论上中立的概念来理解。"诠释学循环"，在其不寻常的、当代的和后狄尔泰意义上，来自对克尔凯郭尔和胡塞尔的创造性解读，来自康斯坦丁·康斯坦提斯荒谬的柏林之旅与现象学"解释"的严肃工作的奇特姻缘。

所以，海德格尔想通过赋予运动认同的"逻辑"一种循环模式，从而在流动中找到固定点，不是在克尔凯郭尔批判的虚假的黑格尔意义上，而是在"逻各斯"允许被看到的意义上。这种逻辑在此在的存在和理解中追踪往返运动。因为它是从现象—学的逻辑提出的问题，因此，它不是要颠覆运动，而是要跟踪它的运动。

现在，规定此在存在的运动就是"忧虑"（care）的运动。但是，他说（§63），忧虑的运动包含一种根本的漂流，倾向于堕入事物之中，超出此在自身存在的真正关切之外，寻求"轻松的途径"（*das*

---

[2] 正如10多年前海德格尔在他的教授资格论文（Habilitationsschrift）中所说，本体论是认识论的真正光学（GA I 406）。

Leicht, GA 61 108—110)。此在总是在"沉沦",由于此在越来越远离它自己的原初存在,[3]"沉沦"在这里便具有堕落的严格的本体论意义。我们倾向于从本体论上漂流得离我们自己越来越远,尽管在本体上我们就是(are)这种存在(SZ 311/BT 359)。沉沦就是一种牵引(Zug),就是从趋于扩散和分散的存在中心拉出来。

如果在此在的存在中有一种沉沦,那么,在此在的"理解"中就有一种相应的沉沦,由此,此在就是沉沦对自我和一般事物的庸常和肤浅的理解。因为,生存着的此在总是在"出轨"运动过程中被抛出来,这种"出轨"运动把它抛离"轨道",并且中断循环,理解也不断地遭到伏击。

从本体论上讲,沉沦意味着此在由于实际或当前的情况增加了负担,一方面中断了它的未来筹划,另一方面切断了它的传统,切断了它的生存论循环。出于同样的原因,沉沦破坏了理解的循环生活。不是真正理解的筹划工作重获原初的意义,相反,此在由于对事物的流行的庸常理解被诱骗到了自鸣得意之中。此在,最终是存在自身被按照直接呈现的东西来理解的。甚至不真实的此在也允许自己被当下的关注所占有,被实际的和偏离可能性的东西所平静。理解因现实性和在场、随时可用的事物材料被引诱成一种对世界的阅读。

现在,此在打破了在场的符咒,它把自身暴露给最为极端的可能的缺席(死亡),因而把它的存在恢复为可能性(possibility),一种存在的可能性(亚里斯多德的潜能和运动),一种自我生成的可能性。这个任务就是打破在场的形而上学的符咒,根据时间性和时间,对此在存在以及一般存在的意义进行更深刻的解读。

---

[3] 海德格尔说,在本体论问题上,一切来源,一切起源(Ent-springen)都是退化(SZ 334/BT 383)。

必须警觉《存在与时间》里正在发生的东西，我们必须始终盯着这两种运动。我们必须记住《存在与时间》中充分讨论了的这个"诠释学循环"——理解的循环——来自一种在世存在的生存—沉沦的本体论基础。它独一无二地阐明了我们在《存在与时间》中发现的一个最重要而又最容易误解的诠释学特征，即对海德格尔来说，诠释学总是要求"暴力"。诠释学意味着解释（Aus-legung），但是解释——因为它是一种沉沦的此在的劳作——必须始终是有力地确立被理解的问题的自由，这是与海德格尔本人的沉沦对立的东西，它寻求轻松的出路。"此在的初始存在的自由，必然是按照沉沦的存在—本体论倾向采取的相反倾向从此在中抢夺出来的。"（SZ 311/BT 359）解释通过颠倒流向、通过逆流而上展开。解释总是针对沉沦的死亡负重而劳作。

诠释学的工作就是要阐明这种深层结构，首先是此在，然后是存在本身的深层结构。诠释学根据它们的本体论重任，朝向沉淀物，朝向视线之外的东西以取代植根于它们的表面现象。诠释学就是牵引后退、遮蔽和沉沦的反向运动。它着手揭开沉沦造成的危害。确实，"现象学"和"本体论"这些词具有这种专注于颠倒流向的诠释学"逻辑"特征，"现象学"意味着让那些倾向于隐藏自己的东西、那些仍然遮蔽在明显表示的后面的事物被看见的"逻各斯"（logos）。"本体论"意味着让存在本身被看见的"逻各斯"，在存在物中揭示被遮蔽的存在，这是原本可以通达的东西（§7c）。事物是内在的自我遮蔽的、自我回避的。离开初始性的此在的沉沦只是存在成了存在者更普遍的一种情形，因此它作为存在消失在视线之外。对海德格尔来说，这种原初总是被遮蔽，存在总是从属于遗忘（Lethe）和自我遮蔽。身体喜欢隐藏起来。

面对这样一种自我遮蔽的事情时，我们需要一种并不逃避"暴力"的方法：

因此，此在的这种存在要求本体论解释设定自己在它们的初始性中展示现象的目标，应该夺取这种实体的存在，尽管这些实体自身倾向于把事物掩盖起来。因此，生存论分析始终具有施暴的性质（Gewalsamkeit）。（SZ 311/BT 359）

这种诠释学的"暴力"是"自然的"，因为它是由自我撤退的存在的结构控制的。诠释学能够"重复"，是就其取消形而上学的历史沉积形成的——世界的、此在的——以及存在的表面覆盖物和派生理解的情况而言的。这种暴力支配着"破坏本体论历史的任务"（§7c）。[4] "破坏"是诠释学的暴力。它不仅抵制流俗的理解，而且反其道而行。破坏拒绝按照庸常和日常的概念理解此在的流行倾向，并且根据统治了几个世纪的形而上学来理解存在本身。因此，诠释学同时也意味着恢复和暴力、修复和破坏。更明确地说，它包含暴力，因为它专注于重复。除非清除那些系统地模糊了我们的视线、颠覆了我们的理解的肤浅的和庸常的对事物的理解，否则这种恢复的工作是不

---

[4] 这种结构的筹划不是《存在与时间》的一个创新，而是标志着整个1920年代海德格尔对现象学方法解释的一个基本特征。事实上，1916年论邓司各脱的书已经产生了微妙而复杂的诠释学暴力，它使中世纪论著《现代意义论》（De modis significiandi）以一种现代的语调说话。对这一点的更多讨论，参见我的［"Phenomenology, Mysticism and the 'Grammatica speculativa': A study ot Heidegger's Habilitationsschrift", Journal of the British Society for Phenomenology, 5（1974），101—117］。这个词本身最早出现在1921年海德格尔对雅斯贝尔斯的《世界观的心理学》（Psychology of world views）的研究中。海德格尔坚持认为需要一种旨在说明原始情境的"传统解构"，基本的哲学经验便来源于这种情境，它随后在哲学中被赋予了概念的形式（CA 9, 3—4）。在关于基督教和圣·奥古斯丁的早期演讲（1920—1921）中已经有一种诠释学的暴力。在那里，海德格尔试图通过一个破坏性地读出新柏拉图主义本体论重叠的方式，来解读早期基督教对时间和偶然性的经验的结构，这种经验结构引发了奥古斯丁对他的基督教经验的阐述。参见托马斯·希恩在《海德格尔的宗教现象学导论，1920—21》中的精彩描述［The Personalist, 60（1979），312—324］；参见本书第一章注释24。

可能进行的。

《存在与时间》中的诠释学暴力的必要性，提出了最核心的问题之一。我们如何把真正的诠释学暴力——意味着恢复的——与仅仅是专横的暴力区分开来呢？我们如何辨别那种实施间接的、派生的解释以及在它们的原初性中重获（recover）事物本身的暴力，与那种强暴（violate）的、对身边事务不公正的暴力之间的不同呢？《存在与时间》的前进路线的可靠性依赖于回答这个问题，正如海德格尔所敏锐地意识到的。

而且，这种破坏不能简单地宣称它独立于传统的概念，天真地意味着它在此已经获得了自由。每一种重新开始的努力都会被某种承继的概念框架所颠覆——这些概念想方设法回到这种破坏之中：

> 正是因为这个必然属于存在及其结构的概念解释，即属于存在的还原结构，一种破坏（destruction），亦即一种对传统概念的批判性解构，这种破坏必须首先利用这些概念，甚至包括他们的来源。（GA 24 31/BP 22—23）[5]

拆除（Abbau）的工作——我们今天不能反对把它翻译成"解构"——不能指望顺利进行。它仍然必须注意自己需要运用传统的概念工具，即深藏着它希望连根拔掉的真正衰退的、衍生的和堕落的解释的哲学概念。诠释学必然是一种拆除、一种解构的暴力，应该警惕它必须"首先"（有策略地）临时运用的传统概念的颠覆性。《存在与时间》众所周知的语言复杂性就是这种解构的警觉，它着手解除传统哲

---

[5] 对这篇文章的评论和海德格尔对"毁灭"的一般描述，参见 Samuel Ijsseling, "Heidegger and the Destruction of Ontology", *Man and World*, 15（1982）, 3—16。

学语汇沉积的意义，以便给被它遮蔽的原初意义松绑。"Ab-bau"就是一个暗示性的、比破坏更少误解的词，它意味着垂直平面或者抹平。Abbau 是指解除或揭开一直被允许建立在日常经验之上的表面装置——解除不是为了抹平，而是为了重复。因此，拆除的作用是肯定性的，是要打破坚硬的外壳，以便恢复已经变得僵老的生存经验。

在《存在与时间》中，破坏或解构的工作在两个层面上展开。首先，为了展示作为一种时间性存在的此在存在，它必须打破累积的、掩盖此在的形而上学的老调重弹，这种老调总是根据在场来解释存在。此在始终倾向于根据在场来解释自身，并且远离它的更激进的朝向未来的存在。因此，解构的首要任务，就是中断此在把自身解释为一种在场的存在（Gegenwart）的主导地位。由此进入第二项工作：打破与之相伴的对存在自身在场解释（Vorhandensein, Anwesenheit, Praesenz；"在场的形而上学"）所做的解释，在那里，时间被看作现在时间的延续，把真实的存在看作静止的现在。主流传统的解构将根据时间，不是根据此在的时间性，而是根据存在自身的时间性，给存在的根本恢复打开一扇门。

在《存在与时间》中，诠释学的恢复与现象学的破坏或者解构携手共进。它们是诠释学现象学的合作伙伴。此在的意义重获以及最终是存在本身的重获，没有解构的暴力就不可能产生效果，除非服务于一种肯定性的重复计划，否则不会采取解构的暴力。在《存在与时间》中，存在或此在的重获必然是一种对传统覆盖物的解构，即便对传统的暴力不是一种对传统的亵渎，而是给它的原初内涵松绑的自然暴力。

没有解构以及没有致力于恢复的解构，就没有诠释学的重获。这是引导《存在与时间》的一个原则，而且，我们也把它作为在"激进诠释学"筹划的阐述中贯穿此项研究始终的东西。那种似是而非的证据不会受到干扰,直到德里达及其对海德格尔解构的激进化。在德里达看来,解构的作用不是与诠释学携手并进,而是对诠释学的(of)解构。由于后期海德格尔的自我批判,以及由此而来的对他自己早期的诠释学立场的解构的激进化,面对德里达对海德格尔的批判就变得更加复杂。在这个问题上,我们将被迫询问,重复的工作,因而也是诠释学本身,能否在这种解构的力量中存活下来,我们这里提出的原则本身是否不会招致破坏。

《存在与时间》的循环策略

还有一个最后的扭转,就是《存在与时间》中本已很复杂的循环系统的一个更为复杂的问题,它在理解中超越了此在存在和诠释学循环的本体论循环。而这就是我在此称之为《存在与时间》文本本身要求步态轻松的"策略"循环——把自己置于作品的前后运动的能力,而不会跌跌撞撞或者宣称整个操作就是"恶性的"。我借此所指的是《存在与时间》运用的文本策略。海德格尔把这种策略运用到实践中,运用于他自己的论述中,运用于理解循环运动的理论中。因此,这种最后的循环是策略上的、战术上的和方法论上的。

在这里,我们看到出现了某种特殊的事情,这就是《存在与时间》表达的和论著中运用的方法。在克尔凯郭尔,问题是生存论的重复,但是方法是复杂的审美冲力和回避躲闪的拐弯抹角的间接方法。在胡塞尔,问题是对象的预期构成,方法是一种反思性的、科学的解释。在海德格尔,问题是此在本身的循环存在,方法是遵循问题的引导,并把这种循环变成实践。

相应地,《存在与时间》文本本身所做的诠释学努力,是根据此在存在的预期筹划而进行的。也就是说，论述从它本身的结果、此在寻求的规定性开始。文本完全是通过把此在界定（defining）为"生存"开始的——"此在的'本质'在于它的生存"（SZ 42/67；cf. SZ 12/23）——然而，这就是需要被显示（shown）的东西。但是，呈现为一种武断的、专横的东西实际上只是此在存在"筹划"的开始，是与理解本身的本质相一致的一种姿态。它不是武断的而是诠释学的暴力。

《存在与时间》的所有东西都表明，获得这种初始的筹划是恰当的。此在必须运用恰当的概念，对存在进行筹划，让它成为其所是的存在，否则整个后续的讨论都会崩溃。但是，我们如何发现恰当的筹划呢？我们如何做出这样一种果断的决定呢？

> 证明它们的"发现"在现象学上是恰当的本体论筹划在哪里？本体论解释以实体自身的存在为基础筹划呈现给它的实体，以便针对它的结构把它概念化。引导这种筹划，从而使存在能够完全实现的路标究竟在哪儿？（SZ 312/BT 359）

为什么引导我们筹划此在的是这种方式而不是另一种？我们如何能够确定某种筹划确实在初始性和起源中抓住了存在？究竟是什么东西保证了"生存"丰富性的这种信心？我们如何能够相信"生存"已经触底，更深入地探究了此在存在的原初力量？《存在与时间》完全是从某种直觉开始的吗？诠释学循环只是一种判断个人偏好的复杂方法吗？

海德格尔对这一系列难题的回答既简单又让人困惑：我们一直拥有此在的恰当理解，即使我们没有恰当地构想它和用词语把它表达出来。我们提出了得以开始的此在问题，只是因为我们一直在考虑什么是理解的问题。[6] 问题来自并且回到这个先在的问题。我们不"知道"（wissen）此在，更不用说存在本身意味着什么；我们对它们缺乏概念装置。但是，我们总是而且已经在它们的一种"理解"中移动（SZ 5/BT 25）。因此，诠释学现象学的任务就是把这种具体的前理解提高到一种本体论概念的水平。

《存在与时间》表达了某种我们已经理解我们自身的东西。无论我们根据纯粹的客观呈现对我们的存在做出的解释是如何的不完善，不管我们对我们的自我理解的误释是怎样的糟糕，即便我们堕入了对此在存在的纯粹戏法的描述，但是，我们总是而且已经理解我们自身。在一种糟糕的此在存在的解读中误入歧途的东西不仅是自我理解（self-understanding/Verstehen）——因为这是我们的生存解构——而且是自我解释（self-interpretation/Auslegung），它未能恰当地深入地了解此在的前理解（cf. SZ 15/BT 36, 58/85, 59—60/86, 289—290/336, 313/361）。

然而，我们想知道，这种开端，这种作为"生存"的此在存在的初始筹划是否抓住了此在存在本身（它最终能把我们引向存在自身的概念吗）？只有《存在与时间》的后续过程本身才显示这种开端是否已经揭露了它所要研究的实体，是否把此在存在从庸常和肤浅的解释中解救出来，或者是否只是简单地对它实施暴力。只有通过详细的阐述才能证明这种生存的筹划所具有的价值。

没有别的方法可用。这就是理解的本质——有如我们从胡塞尔那里学到的——筹划着前行，事先锻造，清理要研究的让它们呈现的地基。忠实于它自己的理解本体论，《存在与时间》并不是通过廓清

---

[6] 海德格尔并不反对将这一方案与柏拉图的回忆理论进行比较（GA 24 463—465/BP 326—327）。

所有的预设开始，而是清晰明确地阐述它们，以便更加充分地穿透它们。《存在与时间》的目的不是保证论述没有预设，而是保证它的预设足够深入和广阔，以囊括身边的问题。总之，《存在与时间》的开端必须足够丰饶，以免我们考虑不够。

然而，有一件事是清楚的，那就是这种策略摆脱了所有的形式谬误。很明显，力图假设 p 来解决 p 的演绎系统是琐碎的，在逻辑上是恶性的。但是，《存在与时间》没有这种演绎系统。这里没有从假设到结论的形式的、演绎的系统，而只有一种专注于解释（aus-legen）、揭示日常的功能性前理解的回溯的诠释学运动。这一点，把一种含糊的理解提高到了一个沿着从隐晦到清晰的路线移动的明确的概念层次。一旦认识到这一点，所有围绕诠释学循环形式有效性的困境都能够解决，正如德里达所正确指出的。[7]

《存在与时间》的整个策略表明了它"深入"此在（及总体上的存在）这种实际的、前理论理解的能力。存在的初始设定或筹划就是这种深入采取的形式。筹划提供的不是形而上学的第一原理，演绎系统的公理，而是对此在存在的一种初次切割，最初的投掷、预先的描画或预示，这意味着让此在成为其所是的存在，当描画被填充到论述过程时，它就逐渐地表现为显现。因此，支配《存在与时间》随后阐述的就是这种生存的初始筹划，同时，即便这种筹划的检验也是这样。生存不是海德格尔体系的公理，而是所有随后进行的现象学研究的视域。这正是此在将被"投"的方式（对海德格尔使用的 Entwurf，恰当的英文对等词是"投射"）。生存事先明确提出了此在存在的、所属领域的初始的、预先的描画，我们没有求助于任何的"专横结构"，

---

[7] 我在第六章讨论德里达的评论，这个评论出现在《哲学的边缘》一书中的文章《人的终结》里。

但是，我们必须"选择"通向"此在"的路径，让此在在自身中并从它自身显示自身。（SZ 16/BT 37）

根据此在存在的这种预期描画方式开始之后，《存在与时间》便着手一遍又一遍地探寻标明它的领地的往复循环运动（§66）。第一阶段，《存在与时间》以"生存论分析"为主，就在时间性（temporality）而言的此在"存在"的"意义"规定性中达到高潮（§§9—65）。然后，整个分析需要在"时间性的分析"中"重复"（§§65—83），在这里，生存论分析所揭示的时间要素的意义才能够一项一项地得到清楚的阐释。最后，时间性分析本身反过来需要通过此在存在进行又一轮的"重复"，这个阶段"整体围绕自我转"，于是我们被引向就时间而言的存在意义的规定性（著名的但迷失的"时间与存在"，Division III）。

《存在与时间》的真正方法，论述的展开所遵循的是重复的螺旋式下降的路径。随着每一轮重复，随着每一次越过新的领地，整体被不断深化和激进化，诠释学的洞见和预见变得更加敏锐和纯熟，研究的路径更加深入，从它开始的地方更加深远地回到前理解。伴随着每一次重复，我们从出发的地方更加激进地进入了所有的预设之中。这不是逃避这些假设的问题，而是揭示并穿透它们，更加深入地挖掘它们的潜在财富，这是胡塞尔的解释（Auslegung）非常有价值地预见到的一种方法。

因此，《存在与时间》是一种复杂的循环体系，这些循环交织甚至相互交织，力图赋予此在的存在运动以模式和意义。这种循环同时就是此在（以及存在本身）、理解运行、文本策略的本体论模式。我们的任务就是追寻和追溯这些循环所遵循的行程。这么做，就是让我们开始从事这种理解的循环，这个著名的"诠释学循环"本身。

理解的循环

作为一种"生存着的"存在，此在总是多于它的实际所是。它从不在场或完全"现实"（ousia, substantia），毋宁说，它不断地朝着"可能"延伸。在其"日常性"层面上，此在被投射到日复一日的关切世界中，投射到与之关系密切的工具或装备与这些工具服从的目的之间的关系的复杂性中。但是，在高于和超出日常关切的世界上，为了那个存在的世界，此在被延伸到此在自身。在这第二个层面上，是更为激进的筹划中，此在被投射到——指向——它自身只是或者能是的存在的深度可能性。无论哪一个层面，此在都"理解"其所是，也就是它为自身预先描画一种预期的世界草图，把自己投入到它必须为自己开辟前行道路的领域或视域之中。

"理解"——是实际的、生存论的，它从来就不是一个理论问题——是视域的筹划的描绘，在这个视域中，事物被自由地释放为其所是的事物。解释就是这种理解的解答（§32）。理解与《存在与时间》中的解释有关，由更少规定向更多规定，由初步规定向更充分规定发展。解释是理解获得发展、填充、表达的途径。理解和解释的不同，不在于种类而在于完善的程度。解释通过规定性的和具体的理解成为可能。当我们解释一把锤子的时候，也就是说，锤子是在它的"为了"中明确考虑的，因此"阐明"它是作为它所是的工具。在作为其所是的东西的理解中，只能根据实际所锤的东西以某种恰当的方式来理解，工具被解释。那些来自非西方的文化人，例如，可能把世界"理解"为参与的体制，因为这是此在的一般本体论结构。他们可能缺乏一种发展的、清晰表达的世界，因而也缺乏对这个锤子的解释。他们不能把握我们的文化客体的独特的"作为—结构"、诠释学的独特之处,即便他们知道一般的文化客体为何物。

然而,解释比理解具有更多的规定这个事实,并不意味着,它就是明确的、主题性的、概念性的知识。几乎不能认为明确把握他的文化世界的人,就给予了这种解释的概念形式。解释,就像理解一样,是某种我们"总是已经"拥有的东西。前概念与概念之间的区分,是和理解与解释之间的区分相抵触的。

理解成为一种充分发展的解释在于积累诠释学的"前—结构",它同时构成海德格尔称之为"诠释学处境"的东西(SZ 232/BT 275)。在第32节中,海德格尔根据我们对日常世界的前主题解释阐明了这些前结构;在第45、63节,他探讨了在其真实性存在中构成此在的前结构,因而激进化和深化了对此在的解释。有三种这样的前结构。

(1)前拥有(Vorhabe)。为了恰当地筹划一种存在,我们必须在我们的拥有中有这种存在,对它有影响。前拥有特别指对整体对象有影响,让它作为一个整体进入我们的拥有。如果我们不完全拥有它,我们就没有拥有它。在第45节(SZ 232/BT 275),海德格尔补充说,前拥有关注的是被筹划的存在的构成,因而关注它的整体构成或者手头的构成。为了拥有一种构成我们世界系统的解释性把握,我们需要有看见那个系统的视野。我们不能解释一把锤子,除非我们拥有它所属系统的范围的把握。为了把握此在的存在,我们必须拥有看得见的此在整体。因此,理解从根本上说是整体性的。

(2)前见(Vor-sicht)。为了恰当地筹划一种存在,必须对这种属于它的存在有一种初步的把握 [Seinsart(存在方式),SZ 150/BT 191;232/275],以便我们用我们必须做的方式理解这种事物。我们必须知道锤子是上到手头的,而不仅仅是在场,特别是它是作为用来锤的某种东西。另一方面,我们要恰当地解释此在,那么,我们必须理解此在既不是作为准备上手也不是作为在手上的东西，而显然必须根据生存自身来理解。

（3）前把握（Vor-griff）。"前—把握"中的"把握"来源于"Begriff"，即概念。因此，要有一种前把握，就是要具有一种被筹划的存在的概念，海德格尔描述为拥有一套运用自如的用以把握存在的清晰概念系统。前把握是预先看见要清晰表达的事物的一般图式。前把握阐述和表达这种预先看见的进入视野中的存在。前把握提供存在能够进入的恰当的概念系统或范畴目录。它与表达的结构有关（SZ 232/BT 275）。前见提供一种总的看法，前把握提供了一种概念目录。

海德格尔正是根据前结构的理论提供了一种意义的理论（SZ 151—152/BT 192—193）。认识某种事物的"意义"，就是根据它被筹划的东西、它应该投射的视域、它所属的领域去认识。这种视域是由前结构设定的。意义，不是一种永恒的客观的结构，有如胡塞尔的《逻辑研究》所认为的，而是一种此在的生存论结构。当此在筹划了一种由实体填充的视域时，此在便提供意义。只是因为有了此在，意义才能被发现。在此在之外，不是荒谬而是无意义。只有此在能够经验意义或者无意义。《存在与时间》本身关注的是存在的意义，首要的而且最终的都是此在存在的意义。海德格尔说，这并不意味着没有任何"深度"，而只是我们在筹划存在自身中寻找恰当的视域——它将证明存在——此在——是时间性的。

预期筹划的保证或基础，依赖于前结构是否"来自实体本身"或者强迫给它的东西（SZ 150/BT 191）。它们必须在其恰当的真正存在中捕获实体而不是完全子虚乌有地强加给它。前结构是可以被修正的，这就是为什么伽达默尔谈到理解与解释之间的往复运动，直至在前结构与实体之间找到恰当的"合适"为止的原因（W&M 251—252/T&M 236—237）。

远非不带预设地接近事物，理解明显就是一种寻找恰当预设的问题，恰当的前结构的复杂性。某个文本的注释者在文本中求诸"那里"是什么的时候，我们确信能够找到的唯一东西，就是解释者在努力寻找的预设（SZ 150/BT 192）。而且我们并不认为这是一件令人痛惜的事情。毋宁说，它属于解释的真正本质。然而，我们必须警惕那些逼迫这个问题的预设，它迫使存在进入那种妨碍它的存在模式的预设。海德格尔并不是在支持无思想性，例如如果不能认识到其他不同于我们的时代和文化，就不能把我们的预设强加给他们。他正在提出的本体论观点是，无论我们获得什么样的通向其他文化或时代的途径，都必须根据我们运用的预设才能获得。

这明显参照了狄尔泰的观点，海德格尔补充说，我们认为这个任务不是要为人文科学找到一种与自然科学竞争的客观性（SZ 153/BT 194）。因为自然科学和人文科学两者都是通过理解和解释的方式进行的。问题不是要获得无预设，而是要看前结构如何属于认识的真正可能性："起决定作用的不是摆脱循环，而是以恰当的方式进入循环。"我们与只是必须被容忍的"恶性循环"毫无关系；毋宁说，"在循环中隐藏着某种最原初的认识的肯定可能性"。因此，归结为获得预设的所有东西，并不能归结为获得没有预设的解释。

> ……我们首要的、最终的而且不变的任务，从来不是用幻想和流行的概念让前拥有、前见和前把握呈现给我们，而是根据事物本身通过了解这些前结构以获得科学主题。（SZ 153/BT 195）

理解需要预设，以便启程。它需要一种前结构、一种预设的结构，在这种结构中它发挥作用——要不然，它就不会发挥作用。

任何归结为找到恰当的前结构、筹划的东西，都不是子虚乌有地任意施加的"自由—漂流的结构"（SZ 28/BT 50）。当笛卡儿提出无世界自我的问题时，当他筹划一种剥离了与世界、甚至与自我身体之间关系的"意识"时，海德格尔说，他预设的东西不是太多而是太少（SZ 316/BT 363）。笛卡儿的我思（cogito）是一种人为的、自由飘浮的结构，它不是来自事物本身，而是来自"认识论意识"的人为性。

来源于事物本身的前结构解释事物，阐明和揭示事物，让它们自由。这种诠释学的前结构就是现象学的前结构，因为它与揭示有关，与事物的开启有关，与把它们从歪曲的误解中释放出来有关。这确实就是生存论分析本身获得的东西，并且是"生存"所赋予的东西。海德格尔《存在与时间》的诠释学赌注始终是，根据那种体现最富有成果的诠释学预设的"生存"的此在筹划，即它具有最宽广的领域和最深刻的洞察力，总而言之，诠释学拥有最强大的阐释力量（the greatest elucidatory power）。这个赌注是，这种筹划的动力把我们猛然推进此在存在的意义中，最终进入存在自身的意义之中。而且，如果这个赌注成功了，海德格尔就欠下了克尔凯郭尔的巨债，因为克尔凯郭尔首先发现了这种富有启示的诠释学原则。

因此，我们必然能够在《存在与时间》给出的描述中认识我们自身。所有事情都表明了这个事实，即我们已经"理解"我们是谁，即使当我们把自己理解为一种思想的事物、感知的集合、绝对的精神，或者根据其他任何形而上学结构来理解我们自身的时候也是如此。所有事情都表明了我们说"这"（this）——生存论分析——是这种描述的能力，这种描述就是把我们一直理解、但因为传统的形而上学偏见而一直没能说的东西用词语表达出来。生存论分析表达、阐明和释放我们是谁，以及我们的存在方式是什么。而且因为"所有贡献某种东西的解释，都必然已经理解了将要被解释的东西"（SZ 152/BT 194）。

断言的危险

没有解释是安全的。即便某个真实的筹划来自原始的资源，我们也不能认为它就要被保存。相反，我们必须设想，沉沦持续不断的拽拉将开始对它展开攻势，恐吓着让它成为某种第二手的、派生的、疲惫不堪的东西。解释始终遭到沉沦的拉力（Zug）、真正自我理解的撤退的恐吓。使真正的解释成为可能的筹划的相反拉力总是易于下坠。当解释变成"断言"时，提出的正是这种恐吓（§33、§34）。再一次——我们已经在胡塞尔那里看到——现象学对原始的东西的关注导致了语言的危险概念。海德格尔和胡塞尔的现象学都在相同的初始经验的轨道中运动，传递初始经验的派生语言同时使它显然处于危险之中。

在海德格尔看来，断言，传统上喜欢把它作为真理的特权核心，从属于某种更原始的真理。理解和解释不是主题行为。它们不属于明确的概念和判断层面，而是属于在世存在的前主题、前断言的操作或者功能的层面。然而，它们能够被主题化的捕获和命题化的表达。但是，在断言中获得这种解释却产生了一种威胁。因为论断是一种冒着允许更原始的经验恶化或堕落的危险的衍生事件，即使是在第一个被真实地把握的论断中。就我们加速增加的前论断而言，海德格尔并不是指前语言的。相反，话语（Rede）属于"存在"揭示的本质构成（§34）。他是在把前断言与断言的话语（discourse）区分开来。

断言有三层结构（§33）：（1）它是一种陈述（apophansis），一种阐述，借此某种东西（"主题"）被表明或指出。（2）它是断言的，以至于被指出的东西（主题）在断言中给出确定的性质（断言），某种前断言地表现的东西被给予了明确的断言形式。它是通过回到手头的事物、一种"使之变暗"（abblendend, entblendend, SZ 155/BT 197），是根据我们明确关注的论断而发生的。（3）最后，在判断中如此构成的东西可以传递给他人，能够与他们共享（即交流）。但是，这是话语之墙的裂缝。可交流的断言的构成，由于允许我们与那些没有亲身经验它的其他人共享，创造了拓展（extending）理解的可能性。但是，由于允许只是道听途说的东西生根开花，它也创造了理解的堕落（degeneration）的可能性。因为断言允许讲述和重复讲述，允许把共享的范围拓宽到原创的断言被稀释了原始意义的问题上。因此，断言便呈现出一种德里达意义上的"药物学的"性质：它既是必要的，也是危险的。

在断言展示前拥有（指向主题的）、前见（断言的、规定主题的）、前把握（以某种肯定的方式表达一种理解）的范围内，断言进入了真正的解释行为。因此，只要断言获得了它所从出的原始经验和它所给予表达的东西的意义，它就发挥了一种有价值的诠释学作用。

海德格尔以锤子为例对此做出了阐述。在我们的功能性的、前断言的在世存在中，我们"不需要浪费词语"（SZ 158/BT 200）就能表达锤子的重量，也许这是根据表面的举止。但是，在这种断言中，存在某种对世界的谨慎关注，在这种关注中此在言说围绕锤子言说，并且断然性地对它做出规定。现在，锤子不是作为一种难以察觉的可靠的使用工具，相反，锤子成为一种具有特性的主题对象。解释的"作为结构"已经从谨慎关注的前主题的"作为诠释"被修正为断言的主题"作为命题"。我们让我们的在世存在变得温和一些，以便能采用命题性断言的自由姿态。我们不再把工具作为工具来握持，而是把它作为上到手头的具有使用性质的某种东西。这种东西从工具的总体性关联中连根拔出来了，被孤立地客观化为纯粹引起注意让人观看的客体（SZ 158/BT 201）。海德格尔指出，在诠释学的纯粹案例与命题话语、纯粹根据锤子的物质对锤子感兴趣的物理学家与实际工作的木匠之间，存在着无数的中间情况（例如，人们可以设想，对最好的锤子交流了几个小时的两个木匠的话语或者五金器具店销售人员对各种锤子特征的比较）。

正确地理解，断言在理解中具有一种派生但合法的作用，并让真理发生。尽管海德格尔认为，断言作为传统的保留不是真理的场所，但是，他认为在断言保证了真理的派生模式范围内，真理却是断言的场所。真理意味着揭露、揭示，而断言就是揭示的一种方式。即便是有缺陷的陈述掩盖了事物，一个陈述也揭露事物的状态。然而，断言的困难来自它的派生性质。因为揭示具有此在存在即生存的模式，因此，断言就是某种上到手头的东西（SZ 161/BT 204）。它是在世界内的实体，而揭示和话语具有在世存在自身的模式。这意味着断言能够通过所说的词语或书写的文本被一起传递，就像某种准备上手的东西。尽管被重复的东西是它提供的有益的东西，但是，它同时也是它的毁灭。

> 即便此在再次言说某人已经说过的东西，它也成为一种朝向已被讨论过的存在物本身的存在。但是它也一直免于再次原本地揭示它们，因此它坚持它一直被豁免。（SZ 224/BT 266）

这就是胡塞尔"原几何学"的逻辑。[8] 重复的此在，获得了传递的世

---

[8] 这也是一个克尔凯郭尔的逻辑。克尔凯郭尔也担心这种个体与上帝的一对一的关系可能会堕落为某种第二手的东西，事实上是二十三手的东西，假如所有的闲谈（Gerede）（也是海德格尔从丹麦语引进的一个概念）被牧师和形而上学家们传开了的话。海德格尔因此把胡塞尔的语言理论融合为不断地从属于沉淀的威胁和原始意义的丧失，克尔凯郭尔对闲聊的批评表达为"当前时代"中（《存在与时间》第 35—37 节无耻地没有引证地复制了）。参见 *Kierkegaard's writings, volume 14, Two Ages*, ed. and trans. H. Hong, Princeton：Princeton University Press，1978，pp.68—112，特别参见 pp.97—102。

界，需要重新展现支持断言的原初经验。这种"重复"不是此在真正的循环存在，而明显是它的沉沦、它的堕落。揭示的过程成为道听途说的过程。我们处于失语状态，我们不能进入与事物本身的关系中。并且，断言一旦被完全抽空了它的揭示能力，它一旦不能揭示，那时，也只有那时，一方面会根据"断言—事情"提出如何和是否的问题，另一方面提出断言与"客体—事情"的关系问题。"认识论的"难题只能在断言的恶化存在的基础上提出，因此，真理在它的存在中被误解，并且被看作与某种客观在场的关系，有如断言—事物与客体—事物之间的符合或相似。

因此，海德格尔所批判的对象不是断言本身，而是断言的能被传递——即它们能被重复——以及被剥夺了原初的生活。海德格尔在胡塞尔的沉积理论内运动：原初的经验失去了，留给我们的是一种断言的空壳。因此，日常的交流成为一种空洞的游戏，我们在这种游戏中用事物匹配空壳，或者挑选代表事物的空壳子。因此，"符合"论就从特权化的断言中产生，它们是派生的、越过原初经验的东西。

《存在与时间》有一种派生的逻辑和原初的逻辑，因此，现象学—逻辑学的观念就是原初逻辑的恢复。原初的诠释学理解，在我们与世界的具体的、前主题的关系中发生。从这里，原初的层面提出真实的断言，它们是刚从具体的生存的接触中出来的，仍然保留着未被解释的性质。最后，最大限度地离开原初经验的就是刚刚传递的断言，它被传播到不再揭示任何东西的位置上，但它却变成了庸常的东西，成为共同的日常话语的部分库存。

这就告诉了我们《存在与时间》本身作为论述的某种东西。因为《存在与时间》本身就是由断言构成的，意味着它具有揭示的能力，并且这种能力来自原初的资源，它也是暴露给断言被简单传递和抽空了原初力量的危险。读者的任务并不是保护自己而不为自己揭示这些断言所揭露的东西，相反，读者本人必须通过制定他自己的原初自我理解，通过考察他自己所具有的类似于胡塞尔的"再激活"的海德格尔的前理解，明确《存在与时间》已经完成的东西。我们是根据"存在"理解我们自己吗？这确实是我们一直在探索的表达吗？

重置"诠释学处境"

海德格尔的诠释学在《存在与时间》的第二部分达到了炉火纯青的程度。尽管按照"生存"的此在筹划，整个研究开始于第一部分，但是第一部分却专注于一种日常生存的诠释。因此，第一部分的前结构，总是根据那些我们"已经看到"的东西，并且表达此在的日常世界。但是，自始至终都只是初步地接近此在的原初存在。因而，需要重新设置我们的诠释学视野；必须拓宽和深化我们的诠释学处境（§45）。因此，一直引导我们的预设不论在广度还是深度上，都远不是在原初此在的此在周围内（SZ 231/BT 275）。到目前为止，我们设想得太少。

（1）目前为止，已阐述的诠释学处境还没有考虑此在存在的总体性（totality）。由于把自己限定于日常性的存在，这种分析删除了雅斯贝尔斯所说的极端的或有限的处境，那些此在遭遇其存在有限性的有着深刻危机的处境。用诠释学的话说，我们还没有把此在整体带到我们的前拥有中。我们已经关注到了我们自己的此在如何是日复一日的，存在于生死"之间"的此在，但是，我们还没有考虑此在的终结。

这种诠释学的失败，通过此在自身走向或者被筹划朝向它的终结或死亡，海德格尔在他证明的"期待"结构的向死而生的分析中得到了纠正（§53）。只有当此在被理解为对它自己的终极的、最后的可能性的筹划，而且就是这种可能性的时候，作为筹划理解的此在结构才能作为一种总体被把握。此在成为一个整体，不是因为它以某种只是在场东西的方式，而只是以筹划的作为忧虑的方式。通过此在自身向其作为某种可能性的事物的可能性终结开放，作为可能性培育它和获得它，此在才是一个整体（SZ261/BT 306）。由此，我们便超越了此在日常性的初步分析，在最好的情况下，此在不是专注于自己的最终可能性，最糟糕的情况下，此在逃避它自己的最终可能性。在期待的筹划中，此在从它的分散世界中回到了自身，从死亡的逃避中回到了自身，回到了它自己的真正存在的可能性之家，从非真实性重新回到真实性。通过真实地筹划死亡，此在的存在被恰当地置于运动之中，在作为运动的存在中得到了真正的恢复，摆脱了日复一日地围绕它的所有舒适的和"轻松"的在场。

（2）引导日常此在分析的诠释学预设也缺乏激进性（radicality）。因为，在视见（前见）中根据生存而不是客观在场把握的此在存在，仍然是在看见中保持的日常生存，而不是激进的、原初的真实的生存。现在，人们以为，这种失败也由于向死而生的引入已经得到了纠正，并且事实上我认为确实如此。但是，在这里，海德格尔在很大程度上向我证明了构造性的理由，一种"证据"或者现象学的确认，即此在确实能够通过期待的现象召唤存在的真实可能性。这种证明是在良知的召唤中发现的，也就是海德格尔在忧虑的召唤中显示的（§57）。在召唤与忧虑之间的中间概念就是"不可思议"（uncanniness）的现象，是一种把我们从日常性的宁静的舒适中撕扯出来的不安（uneasiness），让我们直面在世存在的虚无。这种召唤来自被抛的、焦虑的此在，来自召唤此在回到自我的话语方式，来自"他们"的沉沦。因此，此在经验到一种召唤，这种召唤随时准备面对焦虑，并召唤回到自身。这种转换的倾听被称之为"要拥有良知"，它的此在结构就是"决断"（§60）。在决断中，此在默默地为存在自身筹划可能性——即在真实性中把握自身和揭示自身。

因此，这短短的一步就证明了期待的结构与决断的结构是相同的，因为海德格尔从未成功地证明它们是不同的。由此，期待的决断分析（§62）的出现就没有什么可奇怪的，而且确实近乎多余。

目前，诠释学阶段已设定。所有诠释学准备都已完成，我们的诠释学视野已被重置，诠释学处境的缺陷也已被克服。现在，我们在前拥有和此在的存在模式的激进性中把此在存在作为一个整体，它就是前见中的生存，它反过来把生存论的问题置于前概念之中（SZ 311/BT 358—359）。接着，在第 63 节中（《存在与时间》对诠释学策略的极端重要的讨论），海德格尔停下来思考，在忧虑的时间性证明中接近于高潮的生存论分析所遵循的诠释学的过程（§85）。

这种诠释学探究的路径始终是强有力的。它被迫朝着存在掩盖自身的相反方向运动。因为对沉沦拉力的反推力，诠释学探究筹划了倾向于后退的东西，勾画了倾向于沉积的东西，强有力地拽出了退却的东西，所有这些，都是为了在此在的真正存在中释放存在，存在倾向于遮蔽。

但是，在进入时间性的分析之前，海德格尔想知道，我们所做出的每一种预防是否都看到了这种诠释学暴力并不是荒唐和专断的。这是核心的策略难题，它弥漫于研究的全过程，并且威胁着要颠覆筹划诠释学的实施。"它们是指导筹划的路标，促使存在能够被完全触及。"（SZ 312/BT 360）维持这些筹划以免变得专断的东西是什么呢？（SZ 313/BT 360）

这种解释如果不是从被"预设"的生存观念中，那又从哪里获得它的线索？如果不是通过我们设定的生存概念，非真实的此在

> 日常性的分析步骤又是如何被确定的？并且，假如我们说此在"沉沦"，生存可能性的真实性就因此不顾存在的倾向性而必须从此在中获得吗？这样说是基于什么样的观点？难道不是根据生存"预设"的观念，所有东西都已经被阐明了吗，尽管相当模糊的？在哪里能够获得其正当的理由呢？（SZ 313/BT 361）

海德格尔再一次回应说，我们是被研究的存在。假设当前的研究不是既没有开始也没有结束，那么我们同样处于某种自我理解之中。无处转身那只能面对我们的自我理解。不管怎样糟糕，它可能都已经这样做了，此在"已经理解自身"（SZ 313/BT 360）。

理解我们自身，就要阐明来自在先的自我理解的前结构。我们已经选择了生存的前结构引导的路线；这种路线是否"正确"，只有在"人们沿着它走过之后"（SZ 437/BT 487）才能决定。我们选择了"预设"这种生存的观念：

> 但是，预设所指的是什么？在存在观念的设定中，我们也设定了与符合论的形式规则相一致的，能够推出关于此在存在更进一步命题的某种命题吗？或者，这种预设具有一种理解筹划的性质吗？在这样一种方式中，这样一种理解所获得的解释，确实能够让被理解的东西第一次用词语把自己表达出来，以便解释根据它自身是否与所是的实体一致的自我决定，它具有那种存在的状态，就其形式层面而言它已经在筹划中得到了揭示吗？（SZ 314—315/BT 362—363）

对此，海德格尔回答说：

> 在生存论分析中，我们始终不能"避免"循环证明，因为这样的分析根本不能就根据"一致性的逻辑"原则来证明。在符合傲慢的科学研究逻辑的假设上，希望在"循环"的避免中清除常识的东西，正好就是忧虑的结构。（SZ 315/BT 363）

诠释学前结构的网络是客观理解可能的真正条件；它不是客观性的障碍。要避免这种循环将会导致理解的真正动力的短路，抵制它的本体论构成，并且使它成为缄默的、无语的东西，就没有观念的踪迹，"没有暗示"，正如用英语说话的时候，只是按照被理解的存在的天性，避免循环将会剥夺理解"这么做的方式"，因而让它止步不前。因此，前主题的、发挥作用的理解，作为生存的在世存在，以及《存在与时间》本身的主题工作两者都必须走循环之路——否则便止步不前。

> 当人们谈到理解的"循环"时，人们表达了在认识两个问题上的失败：（1）理解本身构成了此在存在的一种基本方式；（2）这种存在是作为忧虑而构成的。否认这种循环，保持它的秘密，或者甚至要克服它，最终意味着加强这种失败。我们必须原始地、整体地努力跳入这种"循环"，以便在此在分析开始时就保证我们具有一种充分的此在的循环存在的目光。（SZ 315/BT 363）

这段话概括了《存在与时间》目前的总体分析。在这里，海德格尔同时表达了此在存在的循环运动，引导了理解的循环运动，为《存在与时间》文本策略的循环运动、《存在与时间》的运动方式提供了规则。因此，关键的问题不是逃避循环，而是获得某种懂得如何进入这种圆舞（ring-dance）的轻松便捷的特定方式，"原始地整体地"（SZ

315/BT 363）进入这种圆舞，并且根据适合它的东西筹划事物本身。

我们难道不承认海德格尔所说的一切，到目前为止，仍然坚持认为他还没有给予我们如何懂得在适合此在的存在中筹划此在的方法？让我们赞同所有的事情：理解就是筹划，筹划就是阐述理解发生的前结构，不存在否定循环的可能性，只有原始地进入循环的可能性。例如，我们仍然不能根据期待的决断否定具体的筹划理解的恰当性吗，正如《存在与时间》所做的那样？稳固这种筹划的适当性，此在的这种具体表达或解释的东西是什么呢？

对海德格尔本人来说，接受诠释学循环的方法论就已经致力于此在建立其上的"此在的循环存在"（SZ 315/BT 363）的本体论。诠释学循环同时也是研究的方法和此在的存在。正如海德格尔本人所关注的，人们不能把两者分离开来。《存在与时间》是通过诠释学筹划展开的，因为此在存在就是筹划、忧虑、生存、时间性。

但是，论证只能到此为止，确实，如果此在存在就是筹划，那么理解就必须筹划地进行。当然，在想要否定循环的情况下，它也可能是对此在存在的误解。但反过来说却不正确。它并不采用这种说法，如果某人采用了诠释学和筹划的方法，他就会致力于《存在与时间》的本体论。人们可以完美地把这种方法的运用看作纯粹的启发性方式，例如可以结合唯心主义本体论加以阐述。因此，人们不会想否定这种循环，而只是否定与海德格尔相关的生存论的本体论。

对于那些不想否定循环但是否定已经原始地和整体地进入《存在与时间》本身的人来说，能够做出什么样的回答呢？要回答这个问题，我们必须回到上面引用过的文本，在那里，海德格尔告诉我们，诠释学的预设"……能够让被理解的东西第一次用词语把自己表达出来，以便解释根据它自身是否与所是的实体一致的自我决定，它具有那种（被筹划的）存在的状态，（SZ 314—315/BT 362—363）"。"自我决定"这个表达意味着让事物本身为自己言说。被"决定"的问题就是筹划是否"合适"。如我们上面所看到的，筹划是可修正的或"临时的"。因此，做出的决断是筹划的恰当性。在内心世界的问题上，让它们决定它们自己，意味着决定它们是否按照筹划被揭示或扭曲。在此在自身的情况中，我们被解释的我们自身的存在在何处，我们必须为我们自身做出决断，筹划的描述是明晰还是模糊。并且，唯一的可能意味着，我们必须做的事情就是考察我们总是而且已经在其中运动的前理解。

海德格尔已经"原始地整体地"进入了这种循环吗？他在真实性和总体性中揭示了此在吗？（SZ 313/BT 361）除了让《存在与时间》阐明自身外，没有别的答案，还是让我们沿着它已经开辟的道路行走。这是否就是"人们沿着它走过之后"（SZ 437/BT 487）才能被决定的路径呢？因此，这个问题我们推进得越艰难，就越能引导我们明白在《存在与时间》中所有的东西，都归结为我们在那讲述的人类"故事"所完成的描述中认识我们自身的能力。所有的东西都依赖于我们拥有的前理解。但这种描述被给出时，筹划的合法性的前提是筹划回到前理解，并且与前理解贯通。这是诠释学现象学中唯一可能控制的贯通。我们能够保证这种筹划不是变化无常的暴力，而是一种松绑和释放的暴力。只是因为坚持这种筹划，投射才同时是一种回到前理解的运动。总之，筹划必须是一种回复。此在存在的筹划必须是一种我们已经拥有的那种存在的前理解的重获。[9]

作为一种诠释学分析，生存论分析只有当它把我们对我们自己自

---

[9] 李·哈代认为，要获得这样的自我认识，人们需要一种焦虑的体验，这种焦虑可以消除日常生活的干扰，消除自我理解的障碍。见他的《焦虑与自律性：基本本体论与严格科学的观念》[*Anakainosis*, 2（1979），9—31]。

始至终的理解，却又几乎不能言说的东西用语言表达出来时才是成功的。没有任何人能为我们做出决断。也没有一致性的符合律，能够排除我们的显而易见的不一致性描述。《存在与时间》中的所有东西，或者诠释学解释中的所有训练，都归结为它能够激发我们最终的诠释学反映："那就是我们在寻找的东西。它把我们自己自始至终的理解用词语表达出来。"诠释学（hermeneueln）要么是一种让某种东西被看见的言说，要么不是。

《存在与时间》的诠释学唤起了一种重获的策略，再认识的策略，在认识的层面上带回了某种已被模糊地理解了的东西。解释就是前理解的实现和展开。诠释学就是对我们迄今缺乏语词的某种先在的理解的重获。诠释学所以揭示，就因为它重新恢复，让我们站立在我们已是的所在，一个最接近神秘的地方。在诠释学中，没有证明或不证明，只有某种让看见，由此我们发现（或没发现）这种描述中的我们自己。

诠释学不把任何东西抛回给某种不言而喻、不可置疑的直觉主义。恰恰相反，它开启一种"存在解释的冲突"（SZ 437/BT 487）。这种冲突远没有被解决，它几乎一直就没有被激发起来。《存在与时间》的关键仍然不是这种冲突，而是把自身设定在运动中，让存在的问题作为在场（首先是此在，然后是一般的存在）颤栗，推翻那种喜欢轻松出路的形而上学的自鸣得意。《存在与时间》的关键是把我们推到恰当的诠释学"途中"，鼓动诠释学的冲突，而不是让人安然入睡。诠释学一方面还原为笛卡儿自我的真实直觉，或者另一方面完全不和谐的冲突。在这一点上，人们可以想到伽达默尔根据诠释学对话提出的持续修正和改善的工作的观念。海德格尔本人没有走出这样一步，因为他把它当作是不成熟的东西。在这一点上，他的兴趣不在于解决这种冲突，而是在于造成这种冲突。形而上学中已经有太多的平和与宁静，一种过分的视域融合必然会忽视视域问题的真正提问和激进思考。海德格尔具有一种伽达默尔诠释学未能继续的激进的、解构的倾向。伽达默尔开始寻求协调冲突的方式，而海德格尔则倾其一生致力于激发这种冲突[10]。

我们也想知道，所有这些关于认识和重获的讨论是否构成了一种新的重复哲学。如果是，它就确实是一种重复哲学。因为它把我们从日常在场的安逸中带回到了本质上可能的存在的恐惧与颤栗中。而这便意味着某种更为"激进的"诠释学的可能性，我希望在本书的第二部分讨论这个问题。

时间性与此在的真实存在

在拓宽和深化了它的预设框架（"诠释学处境"）之后，海德格尔准备根据时间性来描述此在的真实存在的特征（§65），因而把"生存论分析"带到了决定性阶段。反过来说，这种分析必须服从于完全时间性和历史性此在存在被阐明的"重复"。此种生存论分析的重复将解决重复本身的本体论问题。此在存在的临时性分析的重复揭示作为重复的此在存在——它以一种公式的形式表达《存在与时间》里的集中问题和方法。重复的本体论在第47节中得到了界定和辩护，这是该章关于此在历史性的核心，是通常没有指明的在《存在与时间》出版文本中达到顶点的东西。这种讨论直接依赖于此在的"时间性"的详尽阐述，此在的时间性本身开始于自我"恒常性"的重要讨

---

[10] 我将在本章、第八章和第九章对伽达默尔占有《存在与时间》的局限和优势做更多的讨论。

论（§64）。

在我看来，我在这个研究中所坚持的海德格尔对克尔凯郭尔的依靠，在这个问题上，与《存在与时间》的其他任何地方相比都更具有决定性作用，包括众所周知地对克尔凯郭尔的"忧虑"分析的运用。因为重复进入了海德格尔此在的循环存在的本体论的中心。这种本体论承认他对克尔凯郭尔著述仅仅是本体论和宗教性质的那种批判是无力的，正如我在第一章所讨论的。[11] 海德格尔不仅理解了他对克尔凯郭尔的倚重，而且也做了错误的论述。在借用克尔凯郭尔的重复理论时——没有承认——他在《存在与时间》的出版文本中的最关键的本体论关头求助于克尔凯郭尔。并且，当他提到克尔凯郭尔的时候，却总是指责他是一个本体论—生存论作家。然而，我们已经挑出了三个部分——第64节（自我的恒常性）、第65节（时间性）和第74节（重复）——直接来自克尔凯郭尔的著述。自我恒常性的论述来自《致死的疾病》中的"罪恶的恒常性"的讨论。[12] 时间性的分析依赖于《非此即彼》第二卷的生存论的时间性分析。而对于重复的全部重要讨论，则非常直接地以克尔凯郭尔为基础，正如我所一直在讨论的。

显然，克尔凯郭尔对《存在与时间》的贡献直接进入了那里辩护的本体论核心。海德格尔不同于克尔凯郭尔，不是作为本体论的（ontological）思想家不同于存在的（ontic）思想家，而是因为他想弄明白，但主要是根据海德格尔用一种更加系统、更加专业的方式阐述

---

[11] SZ 235/BT 494；338/497；GA 9 249/QCT 94. See above, chap. 1 nn. 7, 10. 乔治 J. 斯塔克坚持认为，海德格尔得益于克尔凯郭尔的重复概念，这个概念在性质上是本体论的。参见他的《克尔凯郭尔的生存论伦理学》(*Kierkegaard's Existential Ethics*, University Park：University of Alahama Press, 1977, pp. 133—137。)关于保留斯塔克的论点，参见 Michael Zimmerman, *Eclipse of the Self*, Athens：Ohio University Press, 1981, pp. 122—125。

[12] *Kierkegaard's Writings*, volume 19, *The Sickness Unto Death*, trans. H. Hong and E. Hong (Princeton：Princeton University Press, 1980), pp. 105ff.

和表达克尔凯郭尔本体论的程度弄明白这种本体论。克尔凯郭尔仍然是学院派的背叛者，饱受折磨的"特例"，愿意在边缘生存的反权威人物。另一方面，海德格尔是正儿八经的德国教授，是跟克尔凯郭尔没有什么话可说的那类人。从风格上讲，作为一件作品，《存在与时间》的复杂性更像黑格尔的《精神现象学》，而不像《哲学片断的非科学的最后附录》。《存在与时间》是以一种艰涩的、非惯例的形式写出来的，但在克尔凯郭尔看来却是用"直接"的方式撰写的。它的诠释学循环的复杂性仍然是克尔凯郭尔可能会称之为直接交流的维度。它不具有克尔凯郭尔的那种假名的、间接交流的悖论性。海德格尔辩护的"克尔凯郭尔"本体论借自于假名，因此我们不能确信克尔凯郭尔对于这种本体论他本人实际上处于什么位置。如果海德格尔的论述是复杂的，以至于我们不能保证我们是否理解了它，那么克尔凯郭尔则是反讽的，以至于我们从不知道是否相信他。克尔凯郭尔可能会宣称《存在与时间》是一种假名的欺骗，因为它用了约翰尼斯·克里马科斯的话。[13]

这不只是一种历史的或者解经的问题。因为克尔凯郭尔的重复哲学体现了与形而上学的一种重要而具有决定性的断裂：重复对形而上学的崩溃感兴趣。另一方面，胡塞尔的现象学，在其原初的背景和意义上正是形而上学最严重的一部分（《笛卡儿沉思录》，§63），确实达到了某种高峰。现在，海德格尔在马堡时期的一些难题，就是他仍然部分地处于胡塞尔表达的普遍现象学科学的梦想之中（BP, §1—3），并且还没有充分认识到彻底破坏形而上学历史的必要性。当他这样做

---

[13] 乔亚·汤普森：《克尔凯郭尔》（*Kierkegaard*, New York：Alfred A. Knopf, 1973）以及他的《克尔凯郭尔：批评文集》（*Kierkegaard: A Collection of Critical Essays*）追踪了克尔凯郭尔的这一解释路线。

的时候，他只能捕捉到克尔凯郭尔开始对本体论的不信赖。德里达后来批评海德格尔时，他批判的是海德格尔的现象学方面，这方面迫使海德格尔忠实于克尔凯郭尔的灵感而不是胡塞尔的启发。

海德格尔通过首先询问此在的恒常性来开始他的时间性分析。海德格尔想知道，究竟在什么意义上此在是一种整体，例如此在如何能够在流动中把自身聚集在一起，在日常性的冲击中保持它的同一性。因为海德格尔在很大程度上讨论了此在不（not）是一种统一休，即它不是自身，而是分散在"它们"的非恒常性中，被沉沦的拉力所驱散。海德格尔拒绝传统的形而上学的实体和纯粹超验主体的概念，因为两者都把此在看作某种上到手头的东西。对他来说，这种被统一的自我既不是实体也不是主体，但都不是平常的日常性的真实性。

能够赋予生存的此在的唯一恒常性就是对立于非真实性摇摆的"预期决断"（克尔凯郭尔把"自我"界定为一种伦理－宗教的统一体，一种重复的自由的产物）。此在既不是一种主体也不是一种客体；它是一种致力于并且忠实于它的行动过程的决断。此在在筹划的统一体中统一自身，它在这种筹划中把自身与它的始终所是联系在一起。并且，为了解释此在能够如此这般地"联系自身"，海德格尔反过来要求第65节中表达的时间性，在那里表明了时间性就是"此在存在的意义"。

在此在的临时性分析（第一部分）基础上，我们已经规定了作为忧虑的此在存在。在第65节，我们规定了忧虑的意义就是时间性。这就指明了海德格尔诠释学中某种存在的存在与存在的意义之间的区别，这种区别对我来说似乎证明了筹划工作的初始阶段与第二阶段之间所隐含的区别。存在物（being）首先以它的"存在"（Being）为基础，用一种初始的方式被投射，然后以第二种并且是规定性的方式投射给那种存在的意义。海德格尔写道：

"意义"意味着什么？在我们的研究中，我们在与理解和解释的分析联系中碰到了这种现象。按照那种分析，意义就是某种在那里保持自身的可理解性的东西——甚至是某种不能明确地和主题性地进入视野中的东西。（SZ 323—324/BT 370—371）

意义不是理解的客体，不是通过理解而被理解的东西，更准确地说，而是在被理解的东西中（in）的组织要素，这是可理解性必须依靠的，围绕这些要素，对象能够被组织和被维持。因此，我们看到了理解性与理解性组织中心之间的一种区分。"'意义'就是指，按照某种东西能够在其可能性中被构想为其所是的首要筹划'所向'的东西。"（SZ 324/BT 371）这种理解性中的组织原则或参照中心被称之为"首要""所向"——或者筹划的第一阶段。因此，我们必须把所有存在的筹划理解中的初始筹划——它的存在中的存在——与由此被实施的筹划（由此它保持自身，它组织和结构自身）区分开来。当我们规定了这种（首要的筹划，开始或临时的规定）存在（"所向的"、第二的、规定因素的）意义，我们就将理解是什么东西使存在作为一种存在成为可能。"揭示某种筹划的所向，就等于显露使被筹划的事物成为可能的东西。"（SZ 324/BT 371）

因此，我们能够在以下几个方面做出区分。（1）被理解或筹划的存在从来不是一种赤裸裸的事实，从来不会把现象与某种确定的筹划区别开来；（2）凭借其存在的某种初始规定对那种存在的筹划；以及（3）在此基础上进行、引导和组织它的筹划，尽管以某种隐含的和前主题的形式。我们这样区分存在物（being）、其存在（Being）、其存在的意义（meaning），或者，存在物（being），其存在之上的那种存在的筹划以及筹划实施所向的东西。在这里，我们不是与两种不同的筹划有关，而是与同一种筹划的不同阶段有关；一个初始的或临时的阶段，一种最终的或根本的阶段。

于是，这种诠释学任务的推力，这种存在意义的洞察力，就已经超越了存在，正如海德格尔本人在"基本问题"中（GA 24 399—400/BP 282）指出的。以这种方式超越存在的诠释学已经在从事一种本体论的破坏，一种对作为在场的形而上学的克服。它致力于颠覆和限定在场的存在，致力于思考那种超越存在的自我，让存在回到过去，就像德里达所说的，把存在作为"效果"来"生产"，因此，它本身并不是一种总是被存在限定的形而上学筹划的把握。思考存在就是逗留在第一次筹划的通道中，但是思考存在的意义就是要做出一种如此激进的诠释学规定，以至于丢弃形而上学及其"存在"。但这种诠释学处境被完全激进化时，我们就会被带到超越存在"保持本身"之处，把存在作为一种效果产生之所。正如《原因之书》的中世纪作者写道的，"存在是万物之首"（"esse primum creaturum"）。

后期海德格尔为赞同多种选择如"开放""差异"，首先是"事件"（Ereignis）而删除了"存在"这个词具有的重要意义。虽然有"存在的问题""存在的遗忘"、Being 与 beings 之间的"本体论差异"这些误导性表达，但是海德格尔从不关心简单的 Being/beings 的区分。思想的真正事情从来不是存在（Being），而总是存在的意义或真理，赋予存在的"它"。总是有超越存在的第三种事物最终吸引他的注意。在《存在与时间》中，它就是存在物/存在/意义（beings/Being/meaning）结构，在后期著作中，它就是各种各样的存在物/存在/存在的真理（beings/Being/truth of Being）；最后是存在物/存在/事件（beings/Being/Ereignis），或者更根本是当前/在场/让在场的东西。因此，在这里，《存在与时间》中已经具有我们称之为"激进诠释学"的因素。我将在第六章讨论德里达与海德格尔的问题时回到这个重要的问题。

现在，此在存在的初始规定，第一次筹划的观看，对其存在的首次切入，导致了忧虑的界定（§41）。海德格尔这里从事的任务就是要决定忧虑（存在）的意义。这相当于寻求让忧虑成为忧虑的"所向"和维持原则。而且这当然表现为"时间性"，它始终隐含地引导着只是现在才阐明的此在存在的暂时性筹划。

此时，忧虑三层结构的时间性"意义"（SZ 192/BT 237）都被全部揭示。（1）作为被筹划的东西，此在"来到"自身，来到它自身的最深刻的可能性，因而是一种未来的可能性；（2）作为一种被抛入世界的事实性存在，此在不是在结束的意义上而是在此在始终所是的意义上带着它的过往。未来与曾经不是被想象为对立的东西，而是构想为相互延伸彼此相同。因此，当此在以其真实的存在潜在性来到自身时，它就回复到了它自身，并且恢复了它的始终所是（SZ 325—326/BT 373）。当它前进（forth）的时候，它同时是返回（back）。这就是"此在的循环存在"的核心和海德格尔的重复理论的基石；（3）最后，作为与其他实体一道的存在，此在或者真实地返回到它自身，或者不能。这就是说，"当前的时刻"或者是视见的时刻——此在决定性地行动的处境，正如海德格尔所说的，在这种处境中此在"使呈现"——或者是沉沦的时刻，此在沉浸于在场之中，并且允许自身被发现自身的环境所摆布。在第一种情况中，此在的"在那儿"（da）是开放的、自由的，而在第二种情形中，它被所有"在场"的东西所封闭和围困。此在不能忠实于自身——即忠实于它作为"生存"的存在，或者"预期的决断"——并且成为围绕它的"客观性在场"的牺牲品。此在要么未来性地（筹划性地回复它的可能性）回到自身，要么虚度光阴。因此，生存论时间性的结构成为作为忧虑的此在存在的筹划的"所向"——始终在忧虑中发挥作用，让它使忧虑成为可能，并因而使此在成为可能，成为其所是的东西。

由此，生存论分析（§§9—65）结束了，但是《存在与时间》的工作却远未结束。因为"重复"的双重任务仍然保持着（§66）。首先，生存论分析本身要求一种"时间性分析"的重复（SZ 331/BT 380）。在规定了忧虑的意义之后，预期决断本身的意义就是时间性，现在，海德格尔必须通过证明它如何这样地来肯定这种分析。他必须一项一项地展示生存论分析中揭示的每一种结构的时间性意义。第二部分的第五章把他引导到了此在"历史性"的规定。此在的充分的时间性意义在这种规定中得到了阐明。而且，结束了此在存在的意义规定性问题。

但是，第二种更具有决定性的任务依然存在，而这就是根据一般的存在意义所做的时间性分析的重复。"出于它自身的立场，此在的生存论时间性分析要求它在存在的概念原则上被讨论的框架内得到重新重复。"（SZ 333/BT 382）而那——当代哲学中记录的最著名的未兑现的承诺——当然是未出版的第三部分的工作。重复的工作没有完成；此在的分析未被重复。

重复/回复

尽管"历史性的分析"是《存在与时间》讨论的中心，但是它被插入到最后三章（用于时间性分析）时，似乎在结构上是作为该书的附录。然而，没有它我们就会严重误解此在的存在。因为，如果生存论的时间性分析倾向于赞同某种（根据存在的时间性）个体性的此在解释，这种强调就被第五章强调的决断的历史性所平衡。反过来它便会揭示克尔凯郭尔与海德格尔的重复概念之间的一个重要差异。虽然克尔凯郭尔确实看到了生存论决断的历史处境，但是，他与当时的黑格尔派的斗争未能让他阐述历史性和传统的概念。另一方面，海德格尔则一直在为此在的历史性和历史的重复理论做准备。

对可能性的果断的此在筹划是特属于此在自身的。海德格尔还是认为它作为一种决断的规定过于形式化。确实，本体论无权决定"在任何情况下此在事实性地（factically）决断什么"，但是，它却不能免于提出这样的问题，即"出于什么原因，此在总体上（in general）能够从它事实性地筹划自身来利用可能性"（SZ 382—383/BT 434）。到此为止，关于此在决断的内容，关于此在事实上依靠什么作决断，《存在与时间》已无话可说。对死亡的筹划保证此在的决断将是它自身的，并且根据其存在的总体性做出决断，但是这种筹划在此在的决断如何依赖某一种而不是别的行动过程上挥动它的手。

为了满足这种需要，海德格尔转向他的事实性的概念（被抛，曾在）。因为，正如我们已看到的，在朝向可能性的筹划中，此在被带回到了它的事实性的自我，带回到了它总是和已经被抛的处境之中。但是，被抛得到了更深刻的思考，这意味着根据时间性的重复，成为此在的"遗产"（Erbe），因而海德格尔现在谈到已经"传递"给决断的此在的东西。（SZ 383/BT 435）此在的事实性处境并不是粗野的事实性，而是已经"交出"或"传递"给此在的一系列可能性。现在，此在的事实性具有了某种"馈赠"的含义，它意味着在"交付"（trans-dare）、"交让"（traditio）中的"予"。但是，它显然不是天上掉下来的礼物；相反，它依靠此在的决断。

> 此在越是真实地做出决断……就越能清楚明白地做出选择，发现其生存的可能性，更少凭其偶然性行事。唯有通过死亡的预期，才能驱除每一种偶然和"临时"的可能性。（SZ 384/BT 435）

停泊在人们遗产中的各种可能性必须由果断的此在来揭示或开启，以免此在被似乎完全偶然的环境弄得翻来覆去。死亡的可能性，意味着与人的有限性相遇，是事实性从随意的机会转变为具有可能性的遗产的条件。因此，人们的可能性既是遗产也是选择，这就是海德格尔为什么选择积极地表达"传递给自己"的原因。因此，在某种有限的意义上，好运或厄运是由决断做出的，人们凭借这种决断以把握他所发现的自身所处的环境。[14]

此在的遗产可以是个体的，也可以是集体的。传送给此在的可能性，既可以传送给个体的此在，也可以传送给他所属的更大的历史群体。个体的遗产就是海德格尔所说的"命运"（fate）。我们不能被这个词的翻译所误导；相反地，我们必须倾听传递中所"传送"的事物。海德格尔的意思并不是指"命运"的个体就是他不能控制的环境的受害者，因为只有决断，真实的个体才有命运，也就是他才能抓住已经传递给他的可能性。但是，此在从来就不仅仅属于某个个体，因为在世中存在总是共在，历史化总是共在的历史化。这种集体的遗产，海德格尔称之为"命定"（Geschick，命运的另一个派生词）。这个词在后期海德格尔对此在命运的反思中具有某种核心的作用。在《存在与时间》中，"命定"意味着传送给集体此在、某个共同体或民族的遗产，这是共同体的决断必须利用的东西（SZ 384/BT 436）。

总之，命运与命定、个体的遗产（个人生活的叙事）与共同体的遗产（时间的历史）构成了"完全真实的此在的历史化"。（SZ 385/BT 436）。带着这种看法，海德格尔准备阐述此在的真实的历史

---

[14] 做一个普通的比较：在田径运动中，据说一个好的团队之所以获胜，并不是因为它"打破了纪录"，而是因为它的进攻性和机敏性，它"创造了自己的纪录"。保罗·利科尔反对海德格尔力图在《叙事时间》中平衡个人和传统的成功（*On Narrative*, ed. W. J. T. Mitchell , Chicago: University of Chicago Press, 1981, pp.165—186）。

性概念，在我看来，《存在与时间》已出版文本的整个讨论在这里达到了高潮。

> 89　　只有一种存在者，在其存在中本质上是属于未来的，以至于它能够自由地面对死亡，并且让自己以撞碎在死亡上的方式被抛回到他的事实性"发生"——也就是说，只有一种作为未来的存在是时间性装备的曾在过程——通过把它所继承的可能性传递给他自己，能够承担起他自己的被抛并成为"其时代"的当下存在。只有那种同时是未来的真实的时间性。才使命运这样的东西成为可能——即真实的历史性成为可能。（SZ 385/BT 437）

在这个阐述中，海德格尔赋予了时间性的三重结构以历史的维度（它本身就是忧虑的三重结构组织），赋予了它历史的肉体和具体性，因而不可能是一种孤立的"生存论个体"。真实的此在必须是真实的历史化，这意味着选择的时刻、真理的时刻和视见的时刻，首先是一种历史的时刻，在这个时刻，此在抓住了它所继承的、它所独自拥有的、作为决断的、已经目之所见的历史的可能性。此在的时间化（Zeitigung）就是历史化，而且它的历史化就是在"世代"中并与"世代"相伴的共同历史化。正是这种真实的此在的历史维度，本质上属于真实性的这种历史性，在通常的《存在与时间》翻译中被经常忽视，倾向于把第65节以下的所有内容看作是一个附录。

　　此在决断的内容，是由它的历史性、由某种具体的历史环境的复杂语境或处境支配的。而且，它接近于生存论处境，有如接近本体论的生存论分析能够决定的处境。从现在开始，它成为某种类似于实践智慧（phronesis）的东西，据亚里斯多德的描述，这是一种在具体的环境中发现普遍的能力，一种懂得根据具体的情况需要什么的能力。

不过，在《存在与时间》里，"实践智慧"被翻译成"Verstehen"，即理解。[15]它所要做的事情是（1）真实的此在洞察到某个存在在自己的目光中看到了死亡的（of）要求是什么，以及（2）通过真实此在发现构成自己的历史时刻的环境星座所需要的是什么。

在第九章，我将讨论这里所具有的一种海德格尔式的伦理学因素。海德格尔与伦理学的对立，在很大程度上是对现代价值理论的敌视，是对行为的确定规则的敌视，因为一种非历史的主体忽视了历史性的思考，以及我在当前讨论强调的实践智慧。我将讨论海德格尔讨厌现代伦理学，但他并不反感某种深刻的历史的伦理学。

在对真实的历史化做了阐述之后，海德格尔开始证明真实的历史性就是"重复"（用麦格里·罗宾逊德的翻译"repetition"）。

> 于是，回复到自我以及把自我传递下来的决断，便成为传递给我们的生存可能性的重复。重复就是明显地传递——也就是说，回到并进入此在曾在那里的可能性。（SZ 385/BT 437）

此在存在的循环运动就是此在的未来性与它的曾在之间的运动。在向着可能性的筹划中，此在返回到已经传递给它的可能性，而现在可以把它描述为此在的遗产。此在能是的东西就是它曾经所是的功能；只要此在决断，此在曾经所是的东西就为此在开启可能性的范围。如我们已经讨论过的，海德格尔称之为"重述"（wieder-holung）的循环运动具有"回复"或"重获"意义，它恢复已经传递给此在的某种可能性的东西，让始终逗留在此在曾经所是中的可能性成为现实。"重

---

[15] Hans-Georg Gadamer, *Philosophical Hermeneutics*, trans. D. Linge (Berkeley and Los Angeles: University of California Press, 1976), pp. 201—202.

复"（wiederholung）用一种表达把克尔凯郭尔的反复向前推动的意义（具有某种基本的未来意义）与同时回到事实性的、更具有历史性意义的历史处境结合起来。

因此，重复不是使先前已经被现实化了的东西再度成为现实。所以，它不是英文"重复"所表达的平常含义——某种先前行为的简单复制，如某人通过"重复学习"那样。在海德格尔的术语中，重复（wiederholung）不是"再带回"。

> 但是，通过重复，当人们传递给自身一种曾经所是的可能性的时候，曾在那里的此在不是为了再次现实化而被揭示，可能的事物的重复，既不能被再次带回某种"过去的事物"，它也不会让"当下"反过来与那种已经"超过的东西"相连接。正如它所做的，重复来自于一种自我的果断筹划，重复不会让自己被"过去的事物"所劝服，不会只是为了过去的事物而重现从前已成为现实的东西。（SZ 385—386/BT 437—438）

就此在自身是一种可能性的存在而言，重复总是关注可能性。就其筹划地预期或奔向可能性而言，此在就是此在，就是真实性的自我。再生产某种已经现实化的东西的复制，很明显就是一种远离本源的运动，很明显就是一种来自非真实的、第二手的、沉沦的资源的堕落（de-generation）。重复始终是根据此在开启潜藏在传统中的可能性的一种原初行为，它在产生某种新的东西。因此，重复/回复具有德里达所要强调的生产性意义。在重复/回复中，此在在创造重复的事物；它并不是简单地温习旧有的说法。自我通过重复生产自我。在重复中，此在首次（for the first time）揭示它的自我存在，它所从属的历史语境，它所从属的世代。重复是第一次突破、第一次恢复向前冲的事物，它开启了先前被封闭的事物，解放了从前被束缚的事物。重复是一种致力于可能事物的新开端。

重复远不是一种正在消逝的过去的回声，对海德格尔来说，重复就是一种"答复"（Erwiderung），一种回答，一种反驳，一种直到现在仍然等待着的答辩，所有这些都只是潜在的东西。

> 确实，重复对曾经在那里的生存的可能性做出了一种相互应答。但是，当把这样一种应答作为某种决断的可能性时，它是在一种视看中给予的，而且本身同时就是对"今天"把自我看作一种"过去"的否认（disavowal）。（SZ 386/BT 438）

重复"回答"曾经所是的事物正在召唤它的东西，"回应"可能的事物，创造一种产生某种构成此在迄今只是模糊把握的东西的"应答"。应答就是断然拒绝过去的惯性力量。它是对反对、抵抗和拒绝已成为负担和没有生命的传统力量的生动反应；在坚持过去是"保守"的同时，让可能的事物产生"革命的"效果。（GA 45 37）因此，在重复中有一种解构的因素、一种反运动的因素、一种回击的因素，重复拒绝其唯一的权威性就是先在的现实性的思想。重复的目标不是现实而是可能。可能性高于现实性。

此在存在对未来的直接性引起了它对曾经所是的兴趣。未来不是一种虚无的、纯粹逻辑的可能性，而是通过其曾经所是重复它传递给我们的事物的确定的可能性。而这也包含了实践的历史学家能够保持他的工作不成为一种无意义的和无根的客观主义（§76）。假如福柯想撰写当下的历史，那么，海德格尔会认为，历史学家的真正任务就是书写未来的历史。

因此，根据他们描述的运动性质，用一种与对克尔凯郭尔的自责没有任何关系的方式，在克尔凯郭尔的重复与海德格尔的重复之间做出区分，是可能的。对克尔凯郭尔来说，重复是向前的重复。它从决断开始并向决断的未来方向向前运动，它发誓忠实于已选择的道路，以获得或建构一种自我。但是，在海德格尔这里，就向前的运动同时也回到人们的继承的可能性的运动而言，运动更确切地说是循环的。克尔凯郭尔仍然处于线性的模式中，除了方向相反之外。因为流行的形而上学概念让重复向后移动，因为它把永恒作为回忆的对象抛在脑后，而基督教的存在则向前移动，把永恒置于前面，作为埋头苦干的人的奖赏。海德格尔拒绝这种线性模式，因为他对某种引导他走向传统观念的更激进生存的时间性解释感兴趣。海德格尔对狄尔泰感兴趣，并且约克让他更接近更丰富的时间性历史概念。克尔凯郭尔当然认为，通过决断的选择和重复，个体把他自己作为一种自我来构成，使他的可能性成为现实，并且抵制作为黑格尔产物的历史观念。

于是，我们遭遇到了三种重复和运动的哲学，三种理解埃里亚学派谴责运动的方式，三种恢复生活原初困难的途径。在每一种情形中，重复都成了建立同一性、处理流动的一种方式，而不是作为否定流动的方式。这些努力在《存在与时间》中达到了顶峰，它描述了此在的循环存在以及理解的诠释学循环。现在，我们必须转向的问题是，这种循环的诠释学最终是否不会成为埃里亚学派的共谋，是否不会成为巴门尼德无蔽（aletheia）面面俱到的循环的共谋，存在在这个无蔽中以一种最终的自我在场姿态牢牢地抓住存在。

第二部分

解构与诠释学的激进化

第四章

《存在与时间》之后的诠释学

对解释的三种解释

《存在与时间》出版之后，诠释学的观念出现了三种重要的发展：在海德格尔本人的后期著作中，在伽达默尔的"哲学诠释学"中；以及在法国结构主义、然后是后结构主义对诠释学的批判中，德里达的解构对诠释学的批判是最切合本研究的形式。《存在与时间》之后，改用德里达的词语来表达，存在三种对解释的解释。[1]

后期海德格尔成为他自己的最重要的批评家。他使"视域"和"前结构"的概念服从于一种彻底的批判，其结果是根本不再把他的任务描述为诠释学的。同时，伽达默尔（我们今天最乐意把他与"诠释学"这个词联系在一起）几乎没有考虑海德格尔自己的发展，而采

---

[1] 伽达默尔和德里达在某种意义上是这三个运动的"典范"人物。在我这里所描绘的大致轮廓中，例如，利科尔的立场是伽达默尔的一种衍生品，并且他对伽达默尔的批判只能使诠释学更接近形而上学。同样，德里达属于最近法国哲学家更大群体的一部分，这些哲学家针对诠释学提出了许多相同的观点（例如，德勒兹，尤其是福柯）。我特别讨论伽达默尔和德里达，因为他们两人都有一种海德格尔式的出发点。

用了《存在与时间》的基本立场。他接过了后期海德格尔已经激烈批判的观念——前理解、诠释学循环、视域的现象学理论——并且把它们作为"哲学诠释学"的基础，强调了海德格尔恢复的方面——回复的哲学。另一方面，德里达却探索了海德格尔激进解构的方面，批判和拆解的因素，而且把它直接指向他所谓的"在场的形而上学"，在那里他把诠释学本身看作一种意义与真理的形而上学。

于是，《存在与时间》发起的诠释学筹划向三个发现发展：向右，是伽达默尔更加保守的"哲学诠释学"；向左，是德里达对诠释学的"解构"；最后，我们可以直接地说，是后期海德格尔对自己在《存在与时间》中的筹划的令人惊讶的重复方向。

海德格尔认识到，"超验视域的思想"属于主体性的形而上学，因此，"超验现象学"把它的大衣夹在了笛卡儿主义的门缝上。为了赞同他称之为开放的东西，海德格尔限制了视域的概念，而且他说循环的隐喻就是主体主义的。他所说的所有这些并不意味着完全放弃了诠释学的基本筹划，而是要以一种非超验的形式、与"思想转变"动力学相一致的形式，重复和转变这种筹划。在后期海德格尔那里，诠释学筹划"改变自己"，以利于诠释学得到更深刻的解释。"循环"——包含着筹划理解的观念——让位于海德格尔所说的诠释学"关系"，这种关系就是存在与人的"共同拥有"。存在与人相互联系于被形而上学危害的原始性中，重获之"思"就是它的任务。思，意味着恢复先于客观化的统一体。我们总是而且已经站立在存在之中，总是从属于存在。正是与世界的这种亲近性，与事物的这种密切性——现代技术（Technik）把我们从中异化出去了——必须被恢复、被去距离。我们总是而且已经在世界中，在与最简单的事物的不断接触中，因此，思的任务就是重新─恢复我们已经站立其中的所属物。

存在与人的关系被重新获取，但是，远不只是通过诠释学的前结构把它们联系起来，按照存在是此在理解的前拥有，海德格尔谈到了此在被存在前拥有的方式。前理解，有如此在规定的前拥有，被存在规定的此在前拥有所取代，被一种先在的世界入侵，或者被世界的此在前拥有所取代。诠释学的这项工作，就是要恢复它被客观化思想扰乱之前的世界意义，恢复因客观化造成的距离之前的封闭的意义。

伽达默尔把所有事物都理解为治愈，都理解为恢复海德格尔的回复概念，但是，我希望表明，他无心于海德格尔更激进的方面。他创造了一种引人注目的"传统"哲学，传统传递动力学的哲学。他始终关注的是视域、它们的相互作用的共同培育、视域的融合或连接，以便让它们相互吸取力量，并全力服务于当前。[2] 他理解海德格尔所说的存在的真理和艺术作品的经验，但是，他对更深刻的批判方面没有什么兴趣，而这却激发了海德格尔对破坏和克服的讨论。

这就产生了一种奇怪的结果，当海德格尔的思想往前推进的时候，一种保守的海德格尔主义却在他的右翼成形，一种海德格尔诠释学仍然保留在柏拉图和黑格尔的符咒之中，按照康斯坦丁·康斯坦提斯的说法，仍然停留在重复的古老报应之中。伽达默尔有一种很严重的黑格尔倾向，这引导他探索"扬弃"（Aufhebung）的某种诠释学版本——某种视域融合的方式，以便保存当前的成果——而不是从所有的视域性（horizonality）考虑海德格尔的返回。他对收集传统的累积物、业已收藏的"真理"太有兴趣了，以至于不提出"去蔽"过程本身的问题，而海德格尔则从未停止提出、再提出，从没有给"思之路"以丝毫的安逸。

但是，对德里达来说，即使返回到去蔽本身也是一种有限的形而

---

[2] Theodore Kisiel, "Repetition in Gadamer's Hermeneutics", *Analecta Husserliana*, 2 (1972), 197; cf. W & M 370/354.

上学——一种亲近和临近的形而上学，一种真理和闪亮在场的形而上学——一种海德格尔主义开始形成的左翼（一道左翼的堤坝！）的东西环绕着他。在德里达看来，后期海德格尔的成功，不在于发起了一场对诠释学现象学的解构批判，而在于把它提升到了另一种进入存在之真理的本体诠释学的档次。德里达对循环或"存在"与"人"的"共有"没有什么兴趣，对后期海德格尔强调的亲密性、淳朴性、统一性、在家感以及神秘没有什么兴趣。如果说，伽达默尔的工作是保守的诠释学，后期海德格尔的工作则是更深刻的诠释学重复，那么，德里达的方法则根本就不是什么诠释学，而是一种对意义和整体充满乡愁的诠释学的划界和解构。在这三位思想家当中，德里达毫无疑问是最忠实于流动的思想家，最深刻地怀疑所有阻止运动，或者用自己的杰出表达说"束缚"运动的企图。对德里达来说，这里有一种更接近尼采而不是海德格尔或伽达默尔的层面，一种更深刻的怀疑目光，更深刻地感受到有关我们思想结构的脆弱性和我们的制度的偶然性。

现在，为了提出一个"激进诠释学"的问题，我要探索这三种解释的解释。我将坚持后期海德格尔和德里达从事的对诠释学现象学的锐利批判所具有的必要性。对我来说，解构批评就是激进诠释学必须经过的门道。我对打破形而上学的符咒感兴趣，在那里，形而上学意味着极力束缚游戏，并让我们充满信心。我对游戏的展开自身感兴趣。但是，我承认——而且这将进入我用激进诠释学所指的事物的中心——在探索了这种解构的过程之后，在允许它充分游戏的播散漂流之后，我们进入一种让回到（back）我们自身的奇怪路途之中，不是以一种重获和自我在场的时刻，而是以一种更深刻的、更少天真的方式。激进诠释学为阐述法国人所说的"人的状况"、人类境况创造了一种通道。有鉴于此，我并不意味着要煽动另外一种已被解构极力贬低的"人道主义"潮流，而是要激发一种勇于面对我们人类处境的限制的观念，面对我们能够胜任的错觉，面对我们生活的原初困难。我之所以把这叫作诠释学，正是因为我认为存在一种把所有这些解放出来的东西，而不是去人性化（根据年轻的海德格尔开创的事实性的诠释学精神）。这至少是我们将尽力表明的东西。

在本章中，我要突出《存在与时间》之后采取的三种路径。因此，在第二部分的其他章节，我将更细致地考察德里达对诠释学和现象学的解构批判。因为我称之为激进诠释学的东西，并不与后期海德格尔本人相一致，由于它来自海德格尔与德里达之间的某种特定的相互作用，来自让彼此释放，从而产生了一种怪异的解放的效果。

海德格尔的诠释学重复

后期海德格尔不得不讨论的诠释学有两个方面：《思想的话语》[即《泰然处之》（*Gelassenheit*）]中对"超验视域再现"的限制和《语言的途中》对"诠释学"的回复。我将依次展开。

一、《存在与时间》中存在具有如此核心地位的"筹划"结构，因为《存在与时间》本身的真正动机遭到了海德格尔的怀疑。海德格尔致力于取消笛卡儿的主体。随着他的思想的发展，来自此在的筹划的理解，让存在在它们的存在中显示自身，明显成为一种令人怀疑的超验观念。海德格尔开始相信，尼采的意志（willing）形而上学是笛卡儿主义最极端的产物。因此，他称之为"思"的东西，作为对意志的怀疑，本身就是明显对立于意志。所以，意志有宽泛的含义，不仅仅是指人类选择的运用，而且指人类主体强加给事物的所有行为——不管是出于狭义上的意志还是根据思维主体的结构。意志意味着主体性本身的形而上学结构。不论是用意志的概念（存在主义、萨特）构想的主体，还是用认识论的概念（从笛卡儿经由康德到胡塞尔的超验哲学）构想的主体。因此，以超验的主体为靶子的《思想的话语》，可以解读为以生存的主体为靶子的《关于人道主义的通信》的姊妹篇。在两篇论文中，人们在它们把人的本质设定在"超越"人（或主体性）中发现了主体主义的疗救方法。

在超验传统中，思维就是"意志"，因为思维是根据"自发性"（G 31—32/DT 58—59）构想的，是凭借超验主体的资源而主动产生的事物表现。假如说笛卡儿开启了这种筹划，康德达到了其顶点，那么，胡塞尔的"视域现象学"则还保留在这种符咒之下（尽管有某种其他的东西在他的现象学方法中发挥作用，但有某种东西是海德格尔要激进化的）。[3]

海德格尔需要对意志之外的思做出决定。即便这样一种思必须从并非愿意的意志开始，它最终也意味着在意志获得完全自由的某种思中结束（G 51—52/DT 73—74）。这种自由明显不是依靠我们的意志的力量而生产的东西，而是根据我们对它的开放性允许我们进入的事物。我们允许进入自由、让是（letting-be）、泰然处之（Gelassenheit），这个词借自梅斯特·艾克哈特，海德格尔把它看作思想的主人，而不是困惑的主人。（G 36/DT 61；SG 71）[4] 在海德格尔的意义上，解放意味着一种摆脱了思维主体限制的自由之思，不受主体结构限制的畅通无阻之思，解构了主体性事业之思——显然是为了

---

[3] 这就是为什么海德格尔后来的思想可以被正确地称为"激进现象学"的原因，因为它是在最近的一卷（*Radical Phenomenology*, ed. John Sallis, Atlantic Highlands, N. J.：Humanities Press, 1978）。汉娜·阿伦特对 Gelassenheit 的批判 [*The Life of the Mind*（one-volume ed.；New York：Harcourt, Brace, Jovanovich, 1978）, vol. 2, *Willing*, pp.172—194]，错误地理解了"willing not to will"的表达——海德格尔引入这个词只是为了把它当作一个纯粹的过渡阶段而加以否定和取代。

[4] *The Mystical Element in Heidegger's Thought*, pp.223—240.

获得通向被它们堵塞的领域的入口。

海德格尔把这种思叫作意志的表象，它意指主体"向前"为自己"摆放"事物的方式，英译者叫作"具象性"思想。海德格尔批评说，不仅这种"摆放"，这种适合于我们以某种方式摆出事物的意愿，而且这种"向前"，以我们自己设计的秩序、我们自己创造的结构把某种事物摆出去，就是在我们的意象中产生的，让它们适合于我们的东西。正如在《存在与时间》中一样，在只有漂流的结构与把事物本身释放出来让它们进入它们自身的存在之间没有什么区别。现在，释放意味着从意志和任何种类的结构中解放出来。

《话语》中的"超验视域再现"的立足点就是由"学者"呈现的——胡塞尔？——在他看来，一棵树的现象依赖于超过树的领域或视域，把树作为树置于我们的面前（并且在"让对象是"的意义上）。现在，如果这种胡塞尔现象是真的，那么来自胡塞尔的这种现象也是真的，这是马堡时期的海德格尔本人所捍卫的。但是这位教师——他是海德格尔吗？后期海德格尔吗？——想追求、限制这种视域的观念，因为某种东西反过来让这种视域呈现。

> **老师**：那么，视域显而易见的就是环绕开放性朝向我们的那一面；这种开放性充满了呈现给我们的对象的现象视点。（G 39/DT 64）

因此，视域是某种派生的、次要的东西。因为视域就是根据我们组织或观看对象的"看"或者"见"，从而使对象的客观性成为可能。这位教师说，这种可能的条件本身就是有条件的，因为事物的看所提供的视域或视野并不是我们天生具有的，不是因为主观力量产生的。超出这种具有视域的对象，视点或视圈的开放本身只是透视的或部分的视看。如果视域让对象是——如其所呈现——那就是视域的诠释学

(horizonal hermeneutics)、视域的现象学（horizonal phenomenology）表明的——某种东西让这种视域是（lets the horizon be）是真实的，这就是"开放"。我们观看某物，并且以某种特定视域框架摆放的时候，我们仅仅在这种开放范围内实施了一种空间，这不是我们自己首次开启的空间。视域的筹划预设了这种开放，它使视域变成一种开放的空间成为可能。通过投射某种视域，我们收缩这种开放以适合我们的尺度，使它囊括的对象适合主观的人的控制。

现在，海德格尔力图通过区分开放的两个不同层面，更深入地探讨开放的非主观性规定（G 40/DT 64）。视域提供了事物的呈现的条件（看）。但是，如果视域本身只有通过开放才可能，那么开放就是一种元—客观领域，不是一种客观性的领域，而是事物能够向我们走过来的领域，它使对象的客观性成为可能，使视域条件性（conditionality）的对象成为可能。海德格尔把这叫作"地带"（Gegend），它不是任何具体的确信领域，而是开放性的地带，所有具体领域的地带（G 39—41/DT 64—66）。但是这种地带，正如向我们开放的开放那面一样，转向我们，就像视域的其他面一样，相对我们来说仍然是被确定的。但是，对主体性的基本限定来说，在本质上（in itself）思考这种开放是必要的，因为它就是它本身，与我们没有关系。对此，海德格尔用了一个古老的词，敞开（gegnet），通过把朝向（gegen）作为动词的使用而具有动词的意义——朝向（gegnen，正如在朝向中）——而且把它翻译为"区域的区域"（G 41—42/DT 65—67），它具有区域的区域化（the regioning of the region）、区域的出场的意义。

因此，这种后退的、还原的运动，这种先后超越超验的视域之思，可以描绘为一种双重的运动或者双重的步骤。首先，存在一种从对象（存在物、本体上的）到它们的客观性（视域、存在、本体论上的）的运动；这是超验的运动，它界定科学和视域思维。其次，存在一种从超验视域到开放的更加根本的运动——首先作为地带（Gegend），然后作为敞开（gegnet）——因为那种开放拓展了敞开中的对象的客观性，即存在物的存在发生。这导致了超验视域思维、总体的形而上学的限制，并且与《存在与时间》对存在的意义的探索相一致。

为了理解海德格尔的恰当的提问，我们不得不再一次面对三重结构。我始终认为，《存在与时间》已经发现了那种三重结构：从存在物到它们的存在，从存在到存在的意义。后退的步骤总是第二（second）步。第一步总是形而上学超验的步骤。

这位老师说，敞开是在自由的意义上来理解的，开放的拓展也是时间的空间，在开放中逗留一会儿的空间。因此，敞开同时是敞和开，同时是开放的拓展和渡过时间（逗留、持守），因此，"事物"能够在其中停留一会儿，它们在其中找到时间和空间出现、逗留，然后回落到视野之外。因此，事物就是事物，而不是客体。它们逗留、持守、停留——而不是像对着视屏或者幕布的对象那样站立着，以便它们能够站立在我们的面前。在这里，事物停留"在它们自身中"，停留在自由和开放的拓展中，而不是停留在我们自己设计的筹划框架中。它们逗留在还没有被我们人类的概念（或感知的）框架、构架或者结构驯化的开放中。尽管海德格尔并没有在这里提出这种关联，但是，我们能够在我们自己设计的框架中置放事物与作为包罗万象的现代技术框架的座架（Ge-stell）之间看到某种联系。

这样，"泰然处之"便具有双重的力量。一方面，它指一种思维，一种面对区域的区域化的人们必须使用的方法。但另一方面，它指敞开本身，不仅让视域的对象被看见，而且海德格尔保留这个词的特殊意义上的"事物"被看见。泰然处之不仅指思维而且指那种保证思维的东西，它允许思维进入它的领域，让事物是，并且最后作为这种视域的另一面，让对象的视域是。

说这种运动就是从超验的视域思维到开放拓展的运动，可能有一种误导的含义，因为这听起来好像我们已经从一个地方移动了另一个地方，而事实上我们已经并且总是处于那种拓展中（G 50/DT 72）。确实，我们既在开放的拓展之中同时也在之外。就我们明显地被超验视域的筹划的事务所占据和占有来说，是之外，就我们尚未认识到这种视域只是这种开放的视域的压缩或减少而言，是之内。我们不能把我们自己开放给我们在那里已经所是的东西。它们是诠释学循环熟悉的动力学：我们已经（隐含地）站立在我们尚未（明显地）认识的领域中。而且，这是我们判断隐含领域的"思"之任务，它不再被理解为一种隐含的视域，而是被理解为视域本身就是一种特定的压缩或封闭。

人类"本来就属于"（G 51—52/DT 73）这种开放。允许进入开放之思本身是由开放所产生的，在某种程度上，它从思拉回到它自身，让思聚集于它自身。我们一开始就处在先于每一种事物所属的这种开放的地带（G 63/DT 83）。这种开放本身，这种敞开，就是思想不能超越的某种东西。海德格尔把这叫作非追思性（un-vor-denk-liche）（G 63/DT 83），即我们总是已经属于思维既不能超前也不能滞后的先在领域，思维不能有点这样或那样的超前并把它带到它的前结构的把握中。

但是，这宣告了《存在与时间》捍卫的诠释学观点的终结，在这里我把它称为诠释学的"首要本质"。在这种不可预思（un-fore-think-able）中，《存在与时间》的诠释学前结构坍塌了，让位给了我们总是而且已经在存在的持守，或者更准确地说在敞开（或者事件、林中空地、语言等）中事先把握的某种特定的认识。超验的前理解由于存在、一种存在之思的预属（prebelonging）已被转变为（被解构地重复的）一种后超验的前占有。这个超验的"前"，这种诠释学的前结构，被转变成了一种存在之人的真理学（aletheological）属性。

海德格尔把人的这种原初属性召唤到敞开的这种让思（Vergegnis）的过程，就是通过敞开的思之占有、取得的过程（G 54/DT 75）。因此，敞开就是思想的占有，并且让它从超验的视域思维中解放出来，让思成为其所是。让思与事件保持了一种发音的相近，意味着我们的原初的存在拥有（ge-eignet），但是，敞开也占有事物，让事物是事物，而不是客体；海德格尔把这称之为物（Bedingnis），从字面上理解就是使成为物或成为条件（G 56/DT 77）。敞开让思（Vergegnis）与物有在。它允许思与物都进入敞开自身。思不仅摆脱了意志，而且成为让是（letting-be），但是它必须是开放本身的显著真实。

我们并没有在某个新的地方结束，但是我们重新获得了地盘或领域，在那里我们始终是曾在。然而，我们必须警惕这种错误，即认为这种重获是因为人类的努力而产生的。海德格尔说，它是由于"等待"敞开而被"获得的"，而不是通过催促，通过风暴夺取，通过攻击，而是通过降伏于我们做出的环绕和囊括这种开放的筹划努力。我们被允许进入这种开放，只是因为有这些努力倒塌的经验。现在，这里有一个关键问题，就是海德格尔开始抓住了克尔凯郭尔所说的，只因有了雷雨的经验，重复或者人类重复努力的崩溃才是可能的。我们经验到视域的思维凭借其视域性要环绕、包围和囊括的"非包罗万象"性质。我们自身被这种开放所包围和囊括；我们不能从视域上包围和囊括它（G 52/DT 74）。

而这对我来说就是核心的问题：真正的思，按照《存在与时间》之后的海德格尔的观点，只有通过放弃视域的筹划性才能产生，它是指意志、建构、筹划的视域框架。尽管这些视域框架提供了科学思想的材料，但是它们必须被后期海德格尔培育的更加激进的"思"之观念所取代。在第八章，我将回到这个科学的问题，并且提出，有了这种限制和取代之后，我们现在该如何去构想它们。

二、所有这些都解释了《存在与时间》之后的海德格尔为什么要丢掉"诠释学"这个词（US 98—99/OWL 12），但是海德格尔总是让我们注意他从没有丢弃过任何东西，只不过是重写或重复它而已，使之与《存在与时间》最后一页提到的"方法"动力学相一致（SZ 437/BT 488）。"诠释学现象学"保留了超验本体论的剩余物，因此必须服从于思想本身的兴趣，以便获得那些形而上学没有命名的东西。这种观念威胁着要阻挡通向海德格尔寻求的更原初的经验。

那么，在它被暴露给了对此种"方法"的残酷的自我批评之后，"诠释学"究竟还剩下什么？

> **询问者**："诠释学的"（hermeneutic）表达来自古希腊动词"诠释"（hermeneuein）。那个动词与名词诠释（hermeneues）相关，与神赫尔墨斯的名字有关，因为一种嬉戏的思想比科学的严格更为扣人心弦。赫尔墨斯是神的信使。它带着命运（Geschick）的密语；诠释就是带来消息的阐述。按照苏格拉底在柏拉图《伊翁》中的说法，这种阐述成了对诗人早先说过的东西的解释，hermes eisin ton theon——赫尔墨斯就是上帝的信使。（US 121—122/OWL 29）

海德格尔并没有完全抛弃"诠释学"这个词，而是意味着对这个词的一种解构的恢复，他承认这具有一种嬉戏的含义。诠释学不再根据产生存在之表现的解释的前结构来构想，现在是根据存在的命运来思考诠释学，因此，诠释者被比作神的信使赫尔墨斯，赫尔墨斯承担着把神的信息传递给人的工作。根据这种神的消息，海德格尔指各种各样的重要命运，我们在多样的存在时期给予存在的种种构想。诠释者就是能够阅读、解释，然后呈现那些命运，把它们理解为命运的人。他研读黑格尔的词语，不仅是解读黑格尔的哲学，而且解读某种特定的时代构想，解读黑格尔赋予存在的某种特定的形状。诠释者醒悟到了作为存在（Being）的历史的形而上学，作为无蔽（aletheia）过程的展开运动，从而使本质的东西不仅仅能够适合于黑格尔的词语，而且能够适合于已经发生的过往的时代。因此，诠释学不是提供一种存在物之存在的（Being of beings）的预期筹划的问题，而是一个倾听消息的问题，不是关于预期的视域，而是关于倾听我们用伟大的形而上学家的词语表达时传递给我们的东西。

然而，后来的诠释学"信使"概念并不怎么适合德里达，他不仅是《存在与时间》的诠释学的批评家，而且是接受存在消息的这种后期观念的批评家。如果说，海德格尔批判了作为主体性的超验诠释学——试图筹划恰当的筹划性前结构。那么，德里达也批判了赫尔墨斯之后塑造的诠释学，这种诠释学等待邮件被发送，因为存在的意义是根据存在之命运（Seinsgeschick）的信息、本体诠释学的信息被发送的。因此，从德里达的观点看，后来的诠释学概念与早期的诠释学概念一样都是形而上学的。

不过，后期海德格尔对诠释学的恢复还有另外一个方面，当我在下面把海德格尔与德里达之间的相互作用置于运动之中研究时，便将证明这是非常重要的一面。对此，后期海德格尔的诠释者没有清楚地解读存在的消息，更确切地说，没有清楚地解读存在物与存在之间的"双重性"或差异。

日本人：因此，人通过回应双重性的召唤认识到了他作为人的本质，并且在信息中见证了这种本质。

询问者：相应地，弥漫于并且支撑人类本质与双重性之间关系的东西就是语言。语言决定着诠释学关系。（US 122/OWL 30）

诠释者听从这种双重性（die Zwiefalt）的召唤。人作为与双重性的某种特定诠释学关系而存在。在形而上学的语言中，诠释者倾听的不仅仅是存在物之存在的规定性（等于第一步返回），而且倾听双重性的展开，这是阐述存在/存在物区别的具体方式（等于第二步返回）。对诠释学而言，要思考的本质的东西不是存在物之存在的形而上学概念，而是不同的形而上学体系正在发生的差异性。[5]诠释者把这种双重性作为一种双重性。他在伟大的形而上学家的词语中展开存在、事件、双重性的历史运动。而这就构成了与过去思想家更富有思想性的关系，与他们开展更加激进的诠释学"对话"。这就是海德格尔的观点之一，顺便说一句，这也是伽达默尔的"对话"完全遗漏了的东西。

人被理解为一种与以他的方式传递信息的诠释学关系。这意味着人必须并要求保持作为一种双重性的双重性（two-fold as a two-fold）（US 125—126/OWL 32）。这种双重性展现在场与任何时代被呈现的事物之间的差异，人就是回应和倾听那种信息展开的存在。

> 日本人：……[双重性]不能根据在场也不能根据在场的存在，还不能根据两者的关系来解释。
>
> 询问者：因为它只是展现澄明的双重性本身，那是林中空地，存在如其本身在其中呈现，并且在场能够被人看出。
>
> 日本人：通过人，就其本质而言就是说他处于那被使用的，双重关系之中。（US 126/OWL 33）

这种双重性是差异（differentia differens）（开启差异的差—异 dif-fering）而不是区别（differentia differentiata）（被开启的差异），而

---

[5] 我在《海德格尔与阿奎那》（*Heidegger and Aquinas*）第 147—184 页中带着某种恐惧阐述了差异的问题。

人就是倾听并保留这种差异（differens）（US 136/OWL 40）。

在与日本人的这个对话中，海德格尔想知道日本人是怎样表达作为"语言"的欧洲人的经验的，在犹豫持续了大约整个对话那么长的时间之后，日本人最后愿意用（言叶）Koto ba 来表达。ba 表示叶，就像花瓣或者樱花，而且特别是指花瓣。请您想一想樱花或者桃花。Koto 表示喜悦的源泉，一种优雅的瞬间。因此，如果我们能够思考包含在这些日本词语中的东西，那么，我们就能够经验海德格尔用他自己的语言召唤的文雅或平静的开放领域，在赋予我们到达存的优雅意义上优雅的领域（US 140/OWL 43）。在特别具有暗示性的段落中，海德格尔写道："Koto 就是优雅的澄明着的消息发生的事件。"（US 144/OWL 47）因此，在"关于语言的对话"中的 Koto 领域，与在《泰然处之》中的"敞开"（或者地带）领域具有非常相同的含义。而且，要进入这个领域必须获准，正如来自神的消息，必须进行更深刻的诠释学筹划。诠释学获准进入这种双重性领域，事物呈现的林中空地就开启了。

这个日本人总是不情愿用语词表达他的语言。现在他终于表达出来了，当整个观念都要经验神秘的支配和力量的时候，他想避免所有事物都能够被清晰地表达的错觉。海德格尔对于用自己的词语言说也感到同样的不情愿（US 148/OWL 50）。本质的问题就是意识到神秘以及神秘中对它的遮蔽。在"关于语言的对话"中，神秘就是语言本身的神秘，并且威胁它的东西就是关于语言的话语，它害怕把语言转变为客体。我们言说语言，而不是离开语言言说，离开它自身的根本的本质言说。[6]

日本人：这似乎对我来说，我们现在在做循环运动。产生于语

---

[6] "Aus der Erfarthung des Denkens" 这个表达具有完全相同的力量。

言的对话必须从语言实在之外寻求。没有首先进入某种倾听同时达到的实在,怎样才能做到?

询问者: 我曾经把这种奇怪的关系叫作诠释学循环。(US 51/OWL 150)

然而,不管我们自身离开诠释学的视域有多远,它表明我们都不能逃离循环的动力学。但是,这种循环不是如《存在与时间》中那样在我们的前理解与被理解的东西之间运动。毋宁说,是整体自身在转动,并且现在是在事情本身(Sache selbst)(在这篇文章中,语言)与人之间运动,它属于事情(Sache)(在这里,属于语言)。

日本人: 循环存在于诠释学的每一个地方,也就是说,按照我们今天的解释,它存在于信息与信息传送者弥漫的关系中。

询问者: 信息传送者必须来自于信息。但是他也必须已经趋近它。

日本人: 您早先不是说这种循环是不可避免的,而且,不是作为一种断言的逻辑矛盾尽力避免它,那我们必须遵循什么呢?

询问者: 是的,但是,必须接受这种诠释学循环,并不意味这种接受的循环给予了我们一种诠释学关系的原始经验。(US 150/OWL 51)

正是在这个问题上,海德格尔感觉到了在诠释学循环与某种更原始的诠释学关系之间做出区分的紧迫性。《存在与时间》中提出的这种稳定的认识,没有逃脱我们总是而且已经置于其中的前理解——那就是诠释学循环——不太有助于理解这种更加激进的诠释学。前理解的循环和被理解的东西不够激进。

日本人：总之，您愿意放弃您早先的看法。

询问者：确实如此——而且在这方面，循环的讨论总是显得肤浅。

日本人：今天，您会如何表达诠释学循环呢？

询问者：我绝对会像我避免讨论语言那样避免表达（Darstellung）。

（US 150—151/OWL 51）

这种循环的形象，正如《存在与时间》所提供的，仍然暗示了一种超验的和方法论的姿态，某种先在的主观规定性。我们必须准备放弃讨论某种循环——现在被海德格尔看作一种超验的视域思维的形象——以便重获更加原初的共用（Identität, Zusammen gehören）：存在与思的共有；它所占有的事件与思的共有——在这篇文章的情况中——是原初语言本身与人努力表达它的经验的言说的共有。更原初的诠释学关系就是原初的言说——或者语言的本质——与人类言说的相互交织。只有当这一点得到了理解，人类的言说才不会远离自身，才会敬重语言；因此，它只有把自身呈现给原初的言说，才能让"语言"本身在其中得到表达。

海德格尔反对的循环的循环性，不是存在与此在的共有，而是某种超验的先验存在，某种在此在预先建立的框架或视域的前结构内对存在的某种先验把握。相应地，这种循环从属于一种激进化其意图和转移其超验剩余物的解构恢复。现在，海德格尔谈得更多的不是某种循环，而是某种更原初的诠释学关系，这种关系是在保持颠倒的动力学中按照一种非超验的形式来构想的。

正是这种原初语言与人类言说的相互交织而不是两个言说者之间的关系，海德格尔叫作一种"对话"（US 152/OWL 52）。而且，似乎预料到了后来对逻各斯中心主义的指责，海德格尔补充说，我们正在称之为"对话"的结构并不受它是不是书写的或口头的语言的影响。

一件必要的事情是，这种对话来自原初的言说本身，它恰当地保持沉默少语，免于闲谈，即便是对于沉默，也保持沉默。

因此，诠释学循环转变成了一种更加激进的存在与此在之间的循环，一种信息与信使之间的相互交织，来自神（存在的命运、双重性的召唤、原初语言的召唤，因为所有这些归根结底都是相同的事物）的召唤的相互交织，并且，存在就像赫尔墨斯一样常常把信息传递给人们。这个循环的系统就是受到德里达批评的海德格尔邮政系统，一种通过诠释学信息传送者在原始发送本身与人们之间发送的信件。但是，海德格尔在思考这种与双重性关系的诠释学关系时，考虑到了寻找密码、最终信息以及叫作主人的存在的梦想吗？或者，它是否足以使某种更激进的诠释学完全置于这种关系之中，并且让存在之名飞升于紊乱之中，而不考虑是否存在某种被倾听的唯一的、决定性的意义？海德格尔所用的事件（Ereignis）和命运（Seinsgeschick）究竟是什么意思？或者，事件是指某个叫作主人的人？他与德里达的整个遭遇都取决于对这些问题的回答。

因此，"诠释学的"和"诠释学循环"二者作为概念都从海德格尔的词汇中消失了。剩下来的，就是终有一死的言说与它应该回应的原初表达之间的更为原始的关系——信使与信息的关系。这是在《泰然处之》中发现的同一种关系，即敞开与人之间的关系，海德格尔在在世存在的标题下首次尝试思考的关系。这是海德格尔最初、也是最后，并且是始终关注——事情——的思想。这种关系就是存在与人之间的联系，它的每一次努力都通过使思想客观化而倾向歪曲或变形（Verunstaltung, US 147/OWL 49）。海德格尔致力于寻找回到那种深刻联系的路径，并把它带到词语之中——不是关于它的词语，而是来自它言说的词语。谁的词语是否恰当不是根据它们的成功，而是通过它们对它们自己的不恰当的警醒来衡量。

后期海德格尔的所有古怪——异乎寻常的结构，诗意的、甚至是神秘的表达——包含了太多的把这种联系带到词语中的努力。人们不能摆脱这种原初的联系，不能把它置于客观性的考察中。因此，唯一恰当的"方法"——这是忠实于"方法"（meta-odos）的思之严格性——服从于那种放弃所有客观化努力的追求，以便能够重建与这种存在与人之间的原始循环的关系，从而使人的词语来自这种关系的经验，并且在它的召唤中被道说。这不是一个建立技术语汇的问题——恰恰相反——或者为这种关系找到一种最终表述的问题。毋宁说，它是一个可塑性的问题，永不停息的重新表述的问题，一种精湛技艺的问题，它寻求不可数计的方式激发这种单纯的单纯性。这一个总是逗留在途中（unterwegs）的问题，本质的东西就在途中，在那里，最终表达的幻觉和支撑点这些过于形而上学的东西被驱逐了。这是一个意识到界定和维持我们的原初关系的问题，不是为了消除这种神秘，而是为了把它作为一种神秘的东西保持，使神秘免受令人难堪的形而上学概念性的怒视。生活的困难更多地成了这种单纯的神秘。我们在后期海德格尔那里发现的这种更加古怪的诠释学的任务，就是要向作为某种神秘的神秘保持开放，这种神秘维持着我们，是科学的和前科学的生活所没有包含的力量。

　　后期海德格尔对《存在与时间》的诠释学筹划的重复，只是延续该书在运动中设定的许多方式中的一种。即便这是海德格尔自己的方式，我们今天仍然能够从中得到教益，即一个作者没有特殊的权限。由此，我现在来区分依照《存在与时间》开辟的其他两条途径，一条向右转，另一条则向左转。

伽达默尔的哲学诠释学

伽达默尔的哲学诠释学在我正在从诠释学首要本质追溯——可以这么说——走向一个更加激进地构想的诠释学——一种视域的诠释学的路途中占有重要的位置。我们感兴趣的是，确定伽达默尔从事、转变，如我将讨论的，最终限制和驯化《存在与时间》"开始和进行的"诠释学筹划的方式。

《真理与方法》关心的是传统的运动，关心在传统中发挥作用的运动（kinesis），传统传递（trans-dare）的动力学。伽达默尔想表明传统是如何传播它的含义，传递它的财富的。他描述了一种视域在其中形成和再形成的过程，在这个过程中它们相互丰富和拓展。他强调传统过程的连续性，以及传统在其中以一种持续不断地恢复和重复其古老内涵的被延伸、更新、延续的方式。

伽达默尔为当代人文科学理论（并且通过向社会和自然科学的扩展）发掘了《存在与时间》的言外之意。他令人信服地攻击了无利害的研究者能够非历史的和毫无偏见的客观化的教条。他走了很长的路来打破启蒙运动错觉的符咒，这种错觉认为，通过对偏见（Vorurteil）进行富有洞见地考察，能够得到毫无偏见的认识，这种偏见同时来自人文主义传统的严密的历史研究，和来自对海德格尔诠释学前结构（尽管这是布尔特曼首先界定的领域）观念的创造性运用。他对海德格尔"艺术作品的本源"中的主张提供了富有启发的阐述，即艺术作品不是一种审美的对象，而是一种我们在其中能够更丰富地理解我们自身和我们的世界的转变的经验。在富有挑战和争议的历史理解的论述中，他采用了海德格尔的观念，即我们能够从事历史研究，就是因为我们是历史的，并且属于我们寻求理解的这种历史。他表明，把我们与过去分离开来的区别是生产性的,而不是破坏性的,这种区别让我们把那些经典的和持久的与那仅仅是怪异的、短暂的东西区分开来。他对文本的权威性给予了引人注目的捍卫,而不是作者或最初的观众的权威性。他为对话的动力学,为扩展的动力学,实际上是仅仅通过暴露给他者而增长的认识的修正性质提供了令人瞩目的阐述。

但是,伽达默尔或许最重要的贡献,是他对亚里斯多德"实践智慧"(phronesis)概念的处理,这是在1923年的研讨班上第一次学到的东西,在那些富有创造性的岁月里,海德格尔正根据事实性诠释学重读亚里斯多德。

> 我们研究实践智慧的分析……今天很清楚海德格尔在其中发现的东西,亚里斯多德对柏拉图的善的观念的批判,以及亚里斯多德的实践知识的概念是让他如此着迷的东西。它们描绘了一种知识的模式,这种模式不再以任何方式建立在科学意义上的最终的客观性为基础。换言之,它们在具体的存在处境中描述了知识。[7]

在《存在与时间》中,理解(Verstehen)明显就是预示此在最具体地卷入世界的技能。不需要依靠任何明确的概念知识,此在就知道它究竟是什么。理解就是理解此在在其中发现自己处境所需要的理解能力,这是一种在生存自身的过程中发挥作用的具体知识。这是此在对自身事务的把握,这种理解不能被还原为公式化的知识和按照规律提供的东西。亚里斯多德反对柏拉图的善的观念,是因为柏拉图的善的观念缺乏一种产生这种知识效果的东西,即没有把握偶然的和意外的环境,这种环境构成必然是它在其中发挥作用的处境。具体处境中所

---

[7] Gadamer, *Philosophical Hermeneutics*, pp. 201—202. Cf. chap. 3. 15, above.

要求的东西是一种实践的洞见和认识，其特殊品质就是它有能力把握周围的环境要求他把握的东西。理解是特别卓越的诠释学行为——在这个意义上，理解为生存的需要提供原初的解释洞见。

因此，海德格尔对亚里斯多德的解释进入了伽达默尔诠释学的中心，为它提供了"应用"的关键概念。实践智慧（Phronesis）是诠释学行为形成之后的范式（W&M 295—307/T&M 278—293）。因为诠释学行为包含了与道德主体把普遍的图式运用于具体情境相类似的一种应用行为。经典文本的这种"无时间性"的价值，它对所有时代的价值，要求人文主义者具有某种相应的能力，去理解这种历史情境中的文本在此地此时所说的东西。这并不是说，应用就是一种把具体事物变成能够被普遍体现的可被惯例化或公式化的方法。我们可以更好地运用"创造性的占有"而不是英文所说的"应用"（application）来理解伽达默尔的观点。有如道德认识一样，诠释学判断只是在它的具体情境中才具有意义，在具体情境之外它只是某种或多或少的图式。[8] 不是像在建筑工程师人员在工作开始之前创造某种完全成型的有待完成的事物观念的设计师，道德主体只知道具体情境之外的勇敢"一般"，在具体的情境中他才被要求勇敢行为。勇敢不是某种具体的蓝图，而是一种要求在具体情境中熟练运用的图式——实践智慧。道德的真理和诠释学的知识"逃避"方法（取自他的书的标题）。有如道德知识，诠释学知识在应用中变得更加完善，而实际的建筑与蓝图始终不能完美一致。确实，在应用中，理解变成

---

[8] Aristotle, *Nichomachean Ethics* I. 7（1098a20—b10）; II. 2（1103b25—1104a10）. 另见我"Prudential Reasoning and Moral Insight", *Proceedings of the American Catholic Philosophical Association*, 58（1984），50—55; 参见 Robert Henle, "Prudence and Insight in Moral and Legal Decisions", *Proceedings of the American Catholic Philosophical Association*, 56（1982），26—30。

了它所是的东西，正如在《存在与时间》中一样，理解（Verstehen）在解释（Auslegung）中变得更加完善。

伽达默尔的诠释学是《存在与时间》的观点，即以视域的意图性和理解/实践智慧为中心的诠释学的一种富有洞察力的重复。伽达默尔极其善于捍卫那种没有被凝固为无时间的、标准的形式之流动的、灵活的传统观念。"哲学诠释学"证明了一种创造性重复的原则，传统被永无止境地再表演的原则，通过重复其古老的内涵，传统被延续、被更新，并因而被保持"在运动中"。它既是一种重复（Wiederholung）的哲学，正如基希尔所说的，同时也不仅仅是运用海德格尔、而且是运用柏拉图和黑格尔的杰出范例。

在《真理与方法》（1960）首次出版后的岁月里，变得明显的是，它对于人文科学的洞见为波拉尼、库恩、费耶阿本德、汉森、温奇、格尔茨以及其他人所共享，在自然科学和社会科学中也看到了一个具有根本意义的"诠释学"时刻。[9] 在力图阐述某种更加合理的、后启蒙运动的理性观念中，伽达默尔成了一个发言人。确实，我认为这是后期海德格尔的一个缺陷，他对座架的彻底批判并没有伴随一种选择的——非形而上学的——"理性"阐述。这只能减弱海德格尔对座架的非理性的重要划界，因为他几乎没有谈到我们如何恰当地构想科学的理性。

但是，有一些线索与伽达默尔的筹划相关。在某个关键问题上，他从海德格尔思想的更深刻、更激进的方面后退了。我以为，最终，伽达默尔仍然与作为永恒真理的传送者的传统保持着联系，他所做的只是从海德格尔的观点出发以某种方式修正柏拉图和黑格尔。伽达默

---

[9] 在这一点上，我从理查德·伯恩斯坦那里学到了很多东西（*Beyond Objectivism and Relativism: Science, Hermeneutics, Praxis*, Philadelphia: University of Pennsylvania Press, 1983）。我将在第八章详细讨论这些问题。在那里可以看到科学哲学对基希尔的著作的参考。

尔的诠释学是传统主义的，并且永恒真理的哲学被推到了它的理性极限。他为我们提供了最自由的传统主义可能形式，尽可能地进入不动的真实性的运动之中。

柏拉图说过，真理是永恒的，为了达到那些理式，我们要求我们自己之间的对话。黑格尔把理念置于时间之中，而且要求它们经过辩证的发展，它们证明它们在时间中、在历史生成的艰苦工作和否定性中的永恒价值。伽达默尔不是通过否定永恒真理，而是通过申明不存在真理的最后表达，限制了黑格尔把真理置入时间的筹划。他坚持认为，总是存在对相同真理的表达的多元性，即完全相同的东西能够做出无数的历史表达。但是，存在另一种保证我们不管传统的转变可能如何的重大、但其深刻的统一性总是可靠的方法。伽达默尔的整个观点表明了他含蓄地接受了或多或少的稳定的和客观的意义与其不停转变的表达之间的形而上学区分。[10]

对伽达默尔来说，唯一真正的问题，就是意义和真理是如何得到传送和传递的。这就是为什么柏拉图的对话概念和黑格尔的辩证法调和学说对他如此重要的缘故。这些是意义和真理传播的主要方式。他与黑格尔的一个区别就是，他争论说完全相同的事物和真理总是能够被不同地理解，没有理由说某个有限的传递者能够比另一个传递者对它所做的理解更好。伽达默尔是一个更具有平等主义的黑格尔派，一个具有良好判断力的黑格尔派懂得，绝对的事物从来就不能保证绝对的和权威的形式，每一种历史性的结构都会阻止这种绝对事物的绝对体现。如果没有这种绝对事物，那他的思想就不是黑格尔主义，而是一种对绝对不需要绝对表达的黑格尔主义。

伽达默尔想在控制中把握流动，在历史中减轻困难，在不断被

---

[10] 我也有同样的理由反对奥利里，参见他的《追问》(Questioning Back)他以解构的名义向我们介绍伽达默尔。

传递的不变的基本内容的掌控中保持传统，密切关注被本质内涵所包含的传统的转变。传统的真理从没有受到质疑，所质疑的只是它的传统、扩张、更新和不断激活的动力学。伽达默尔把逻各斯置于时间之中，把形式置于历史事件之中，不过，他用海德格尔的历史有限性要素对此做了限制。假如正如他所说，这就是一种关于有限的哲学，那么，他的"有限"的概念仍然是对立于无限的二元性形而上学，事实上，伽达默尔的有限性概念依赖于这种无限。伽达默尔为我们提供了传统的"无限资源"如何以有限而又不确定的方式传递和更新的最好的可能解释。因为这对无限性的形而上学来说是一种很好的策略——我认为伽达默尔的这个筹划相当于——坚持所有有限表达的有限性。保护和维持传统的这种无限性资源的最佳途径，就是坚持所有历史理解的有限性。

他描述了传统的连续性。但是，他并没有提出是否所有传统都开始被统一起来的问题。他从没有问在何种程度上传统的游戏是一种有力的游戏，并且传统的统一体因为它具有的力量而得到了强化。他的"传统"缺乏尼采的怀疑目光，没有福柯的谱系。他没有面对传统的断裂、致命的差异、压迫的权力问题。

在所有形而上学家的方式中，伽达默尔想在面对流动时给我们以舒适，向我们保证一切安好，在历史转变表层的下面有一种不变的、无限的精神努力。他要消除我们的恐惧，并且说，完全相同的永恒真理能够呈现许多形式，能够以不同语言表达，能够对无限的内容创造出无限的多种多样的有限表达。相同的词语表达可以跨越时代，唯一的问题就是懂得如何去倾听和"应用"它。

因此，伽达默尔被证明是另一个值得怀疑的运动（kinesis）的朋友，或许是一个比黑格尔更狡猾的朋友。柏拉图让真理与运动公然对立。黑格尔摆出一副与运动为友的样子，力图把运动引入真理，并且调和它们。通过坚持能够产生不变真理的运动的无限多样性，伽达默尔改良了黑格尔的观点。我们暂时把伽达默尔放在运动这一边，因为在某种程度上他确实如此。但是，在关键的问题上，他却放弃我们，祈求回忆和调停的教条、形而上学古老的麻醉剂，以让我们在雷电交加的暴雨中安然入睡，抑制我们的焦虑不安，并且向我们保证这是运动中始终相同的永恒真理。柏拉图和黑格尔：正是海德格尔着手解构和克尔凯郭尔希望带到痛苦中的形而上学。

伽达默尔讨论了让事物沉浸于其中的"游戏"——而且这正是诠释学必须面对这种流动的游戏——可是，由于不变真理的限制，总是使这种游戏变得安然无恙。例如，在艺术作品的分析中，根据我们进入作品开启的世界视域，不是为了把我们自己留在世界背后，而是为了把我们的世界揭示给作品，并且使之得到转变和变得更丰富，也就是说，使视域融合产生效果，伽达默尔讨论了观赏者与作品之间的游戏。我们既不能也不想重构艺术作品原来属于的世界，正如施莱尔马赫所希望的那样；毋宁说，有如黑格尔，我们把我们自身与艺术作品融合在一起（W&M 159—161/148—150）。但是，这种游戏所完成的却是一种回忆的工作（work of Er-innerung），一种让艺术作品成为我们自己的内在过程的工作，是使真正内涵转向当前的一种调停工作，事实上它相当于"视域融合"（尽管在某种程度上《真理与方法》之后才提到）。这是一种因回忆而变得安全的"游戏"。它不是海德格尔的不祥的世界游戏（SG 186—188），也不是德里达的可控制的播散的游戏。这是一种被真理和交流的动力学支配的游戏，因为词语的游戏运动存在于某种真正的对话之中。在这种游戏中，球始终处于弹跳中。

尽管伽达默尔拒绝了黑格尔的筹划的非历史性，他坚持认为理解总是历史的和有限的，但是，他提出了一种取代它的有限的扬弃筹划。他不寻求取得甚至不寻求以最终权威状态为目标的扬弃，而是寻求一种持续和不断的扬弃，一种更加谦逊和更加真实的历史扬弃，这种扬弃存在于对传统的永恒内涵的持续占有和重新占有之中。伽达默尔的事业体现了一种修正的黑格尔主义，一种由海德格尔的理解有限性分析持续控制的无限性的形而上学，对诠释学现象学家来说，这是一种黑格尔主义。融合（Verschmelzung, fusion）是调停的伽达默尔版本，并且它假定了与扬弃、记忆和内心回忆相伴而行的恰当位置——背水一战，以延缓形而上学的崩溃。

伽达默尔极其善于倾听海德格尔所言说的存在的真理，但是，他却根本没有倾听海德格尔的另一个更加激进的方面。[11] 他没有努力把握后期海德格尔因赞同界限的开放而对"视域"所做的限制以及超越（beyond）"视域"的运动。他没有看到《存在与时间》本身已超越存在并进入了存在"意义"的激进诠释学姿态，在那里，意义并不是指存在所具有的某种真实的意义，而是指关于存在产生的多种意义，这是意义构成的诠释学关键。在对《存在与时间》的那种解读中，海德格尔对存在根本就不感兴趣，更不用说对形而上学以一种持续翻新的本体论谈论的多种事物的"融合"感兴趣了。毋宁说，《存在与时间》行走在为界定形而上学而斗争的"途中"，并且讲述形而上学一直在运用它的存在/存在物框架的所作所为的故事。

在后期海德格尔那里，这个最后的问题来自"关于它"（Es gibt）的思想，它（It）赋予了形而上学的纪元，因此，他对多种多样的形而上学星座给予了什么从来没有兴趣。他感兴趣的是这种给予本身，这些时代的出现和流出。这就是事件之思，这就是让存在进入时代并让它们在那里展开的发生。"思"从没有被任何时代或它们的融合或结合所"带走"。它不允许自身去思考任何称为主人的人，或者主人

---

[11] 我也反对尼科尔森，参见他的《观看与阅读》（*Seeing and Reading*）。参见我的评论［*Research in Phenomenology* 16（1986）］。

之名的融合，或者用一系列"有限的"名字为存在本身的"无限性"不断地重新命名。

　　正如我们刚刚看到的，海德格尔把诠释者描述为倾听双重性、差异性消息的人，即倾听所有时代的本体论扩张被开启的方式。在后面的章节中，我将表明更为激进的构想，海德格尔所关注的，不是具体的存在发送所扩展的实际的形而上学网格坐标，而是关注作为这样一种扩展的形而上学的解读，从中看到存在在一个特定的时代星座中被传送和表达的方式。海德格尔想让这种后退产生效果，不是像形而上学所做的那样从存在物到存在，而是从存在到调—停（Austrag），在存在与所有时代的存在物之间进行区分。相应地，海德格尔在"形而上学的存在—神学—逻辑本质"中对黑格尔的批判也同样适用于伽达默尔。有如黑格尔，伽达默尔对扬—弃（Auf-hebung）感兴趣，走上——可以这么说，走向其进步的、尽管是有限的阐述和展开意义上的传统的进步，扬弃在各种时代的传送中揭示自身同时也遮蔽自身。伽达默尔的思想是历史的，但它不是存在—历史的，不是根据命运、存在的向后传送所做的思考。[12] 伽达默尔的思想是历史的，但不是划时代的，因为它没有看到任何给定时代的存在命运（Seinsgeschick）的纪元。伽达默尔仍然处于传统之中，他把传统看作一种不可逃离的事实性，但是，他认为没有必要彻底思考在传统中发挥作用或者在游戏中的传统。[13] 他所关心的是传统给予了什

---

[12] 伽达默尔从相反的角度批评海德格尔放弃历史转而支持存在历史（Seinsgeschick）（*Hegel's Dialectic: Five Hermeneutical Studies*, trans. P. Christopher Smith, New Haven: Yale University Press, 1976, p.109）。

[13] 在这一点上，我认为海德格尔会站在哈贝马斯批判伽达默尔仍然受传统限制的方式一边，从内部锤打他的墙，尽管他几乎不会同情哈贝马斯本人求助于一种先验的立场。海德格尔和德里达对传统都采取一种批判的但非先验的关系（Habermas, "A Review of Gadamer's *Truth and Method*", in F. Dalmayr and T. McCarthy, eds., *Understanding and Social Inquiry*, Notre Dame: University of Notre Dame Press, 1977, 335—363）。

么——让它保持生命、传递语词,并教会我们倾听——而不是关心给予的过程本身,传递的去蔽本身的事件,以及作为传统的事件。他没有寻求影响某种特定结束的思想或作为一种整体的划界,一种他抱怨而海德格尔从尼采那里获得的姿态,确实,他甚至想知道海德格尔是否至少在这个问题上还力图把传统看作一种不同于黑格尔努力的总体化的整体。[14]

在伽达默尔看来,问题就是传统表达的内涵,就是他要带到一种综合的融合中的柏拉图、亚里斯多德和黑格尔思想的形而上学内涵。问题是这些哲学家要说的是什么,我们应如何倾听它。但是,对海德格尔来说,这个问题不是任何具体的形而上学或者形而上学观点的融合,而是形而上学本身的发生、时代的发生、调停或者双重性的发生,它开启时代并给予它们以时代的扩展。海德格尔对柏拉图、亚里斯多德的真理没有兴趣,或者对通过把我们时代暴露给它们的时代、把它们的时代暴露给我们的时代,从而我们如何丰富我们的真理没有兴趣。他想思考真理—事件本身、真理与非真理的发生,这就是去—蔽(a-letheia)所意指的东西。伽达默尔对真实的去蔽(alethea)感兴趣,对此地此刻真实的并为我们的应用做准备的东西感兴趣,不是对去—蔽,不是对遮蔽与去蔽的事件感兴趣。

对海德格尔来说,最终——我必须证明这一点——唯有形而上学纪元的出现和消失、真理事件的发生、时代的到来、开启或者林中空地的事件——而不是填充所有时代的内涵或开放中的封闭视域。因此,海德格尔用一种比伽达默尔允许的更加激进的方式,把我们暴露给困境、时代的游戏、它们的运动与流动。海德格尔为我们提供的

---

[14] "我们必须承认,这样一种历史的自我意识并不比黑格尔的绝对哲学更包罗万象(*Hegel's Dialectic*, p.110)。

不是形而上学的伟大"经典"体系所拥有的永恒真理的舒适，不断地向我们诉说，给我们以安慰，为我们提供方向和引导。他认为，所有的麻烦都开始于柏拉图，在黑格尔那里达至巅峰，并在座架中暴露在我们的面前。海德格尔相信的不是永恒的真理，而是真理的事件、去—蔽、永无停息的流动和无常的历史性。可能存在——在充分激进化的海德格尔那里，人们已经怀疑他讨论的存在之真理——像指路明灯一样照亮我们黑暗时期的黄金时代。只有时代的黑暗游戏。它是无时不有、无处不在的黄昏地带（Abend land）。我们总是而且处处被暴露给这种游戏。这至少是我将证明的被忽视的海德格尔的一个方面。[15]

但是，伽达默尔对形而上学的这种解构没有兴味。他的思想是在根本上的传统界限内运转，尽管他对放松它们的死亡之控制有很好的判断力，并且给予它们历史的、语境的灵活性。他为我们提供了一种根本上保守的观念的最自由的可能版本，他允许运动和游戏但不能中断传统的永恒真理，或者不能带来太多的麻烦。他是一种没有事件绯闻和时代游戏的海德格尔主义。伽达默尔提出了一种更为保守的诠释学，一种更加温和的重复，一种《存在与时间》诠释学筹划的连续，从根本上说，它仍然依附于回忆和调停的形而上学，并且磨钝了破坏和解构的锋芒。伽达默尔的哲学诠释学被差异（différance）哲学的鸿沟隔离开来了，在某种意义上，这种差异哲学是另一种、但也是更为强烈的后海德格尔的同胞兄弟，我们现在就转向这种哲学。

---

[15] 这是对海德格尔的一种看法，需要从德里达的角度对海德格尔进行一定的重新解读，并对"新的开端"的概念进行批判。参见第四至七章。

德里达的诠释学"解构"

德里达是关于流动的特别出色的哲学家,用德勒兹的话来说,他是一个随时准备付出代价用运动和生成哲学严格要求的哲学家。德里达的每一件事物都证明了一种对生成的尼采式肯定,以及德里达首先想保持的是不可压制的游戏的天真。"在场的形而上学"(对他来说是一种多余)是根据它与运动和生成的对立,根据它"束缚游戏"的持续努力来界定的。因此,德里达要遵循《存在与时间》发起的筹划的终结(根据最后几页,它只是"在途中"),把存在作为在场置于问题之中,把形而上学在存在—神学—逻辑秩序中、在永恒在场的体系中稳定、奠基和中心存在的渴望连根拔掉,让存在从"在场"的时间性中获得它的线索。为了这个目的,德里达从尼采那里寻求解构的能量,尼采把形而上学严厉地批判为宣告生成有罪的金字塔主义和生命的木乃伊。确实,尼采/德里达的批判是如此的冷酷无情,以至于最终瞄准了海德格尔本人。

在一篇发表于1964年论犹太作家埃蒙德·亚布斯《问题之书》的文章中,德里达区分了"拉比"[16]与"诗人"。犹太人就是这部书的民族,这部书是上帝传递下来的,石碑上镌刻着律法,解说传统的唯一功能就是解释这部书,它有助于传递,而且这样做是为了尽可能地忠实于原书。在一个围绕神圣的书写组织起来的民族和文化中,诗人的书写是世俗的,杂草就生长在破碎石碑的缝隙间。就像犹太人自己,诗人被看作永远处于流放中的嫌疑犯。

---

[16] 拉比(Rabbi),指犹太人中的一个特别阶层,既是老师也是智者的象征,接受过正规犹太教育,系统学习过《塔纳赫》《塔木德》等犹太教经典,担任犹太人社团或犹太教教会精神领袖或在犹太经学院中传授犹太教教义者,主要为有学问的学者。——译者注

> 起初是一种诠释学。但是,由于共享的解经必然性,解释的必要性,被拉比和诗人进行了不同的解释。原初文本的视域与解经书写之间的差异,导致了拉比与诗人之间不一致的差异。从本质上说,原本的解释开放性是指总会有拉比和诗人。这是对解释的两种解释。(ED 102/WD 67)[17]

正如海德格尔指出的这原本是诠释学的神学目标(US 96—97/OWL 9—10),因此德里达把诠释学的冲动看作"希伯来的"(rabbinical)。诠释学来自从属于某个原始文本的宗教,并且把自己想象为谦逊的评注、说明。就像善良而忠诚的仆人一样,喜欢所有他律的东西,接受外部的、原始的指导,它想变得清澈透明,最终使它成了可有可无的、多余的东西。另一方面,诗人却是放肆而自主的,是亡命之徒。它不会向神圣的首创点头哈腰。如果他进行解释,那一定是用一种更为宽泛、更为自由的、反诠释学的方式解释,诗人缺乏希伯来诠释学的虔敬。总是会有拉比和诗人,与诠释学相联系的诠释学和夺取自由的解释,即,对解释的两种解释。[18]

两年后,在一篇众所周知的论列维-施特劳斯的论文中,德里达说列维-施特劳斯分享了希伯来语的直觉,尽管有他的西方种族中心主义的去中心化思想。但他寻求原始的、本土的和"自然的"东西,他仍然相信原始的纯真,原生态和未被触及的原物。列维-施特劳斯

---

[17] 对德里达著作的拉比背景的有说服力的描述(Susan Handelman, *The Slayers of Moses: The Emergence of Rabbinic Interpretation in Modern Literary Theory*, Albany: State University of New York Press, 1982, pp.163—178)。

[18] 应该指出的是,德里达不认为在解释的不同解释之间存在一种明确的和可判定的断裂,在这篇文章中要继续说(ED 428/WD 293)。因此,人们不能从一边跳到另一边,把前面的东西留在后边。相反,人们总是陷入在系统中,人们从中极力摆脱自身,并且在两个选择之间摇摆。

驱逐欧洲种族主义，只是为了在另一种原始文本中把它重新中心化。

> 一旦转向缺席的源头的这种丧失的或不可能的在场，这种中断了直接性的结构主义主题因而就变成了悲伤、否定、怀旧、负罪的卢梭式的游戏思想的一面，而另一面则是尼采式的肯定，是对世界的游戏、生成的纯真的快乐的肯定，是对没有过错、没有真理、没有起源提供某种积极的解释的符号世界的肯定。（ED 427/WD 292）

德里达炫耀了他对这种起源的谦逊的尊重——这种原始而纯正的——用一种尼采式的对所有派生的、多元的、被同化的事物的纯真肯定，这种肯定终结于原始与派生之间的真正区分，从而使"真实的世界"、原始的东西最终成了一种寓言。而这就把我们带到了拉比和诗人的面前。

> 因此，存在两种对解释、结构、符号与游戏的解释。一种寻求破译，梦想着破译某种逃离了游戏和符号秩序的真理或起源，它作为一种流亡经历着解释的必要性。（ED 427/WD 292）

诠释者是一种正在渴望故乡的流亡的人。就像康斯坦丁一样，他抱怨回忆的多愁善感，被流放的解释者满怀希望地梦想一种无拘无束的真理，解释在那里给完美和直接的接触让道。诠释学的目的就是回到原初，把它完整地、没有歪曲地传递给当下。它的任务就是打开某种密码，破译某种被隐藏的真理。

> 另一种［解释］，则不再转向起源，它肯定游戏，并力图超越人和人文主义，超越那个叫作存在的人的存在，这个贯穿于形而上学或存在神学历史——或者换言之——贯穿于他的整个历史的存

在——梦想着完全的在场、让人心安的基础、游戏的起源和终结。

（ED 427/WD 292）

这另一种解释是尼采式的对自由的符号游戏的肯定，是一种不恭敬的、诗意的、反神学的[19]、反诠释学的解释之解释。它否定所有的深度意义、所有的隐秘真理，甚至否定真理本身。它否定存在任何起源，起源无非是语法诱惑的语言学错觉。在某种起源之物的缺席中，解释不再是派生的、异质的、处于流亡中的东西，因为起源与派生之间、自然与文化之间、自律与他律之间、本土与放逐之间的差异均已被打破。这另一种解释的解释懂得，真理就是一个女人，就是一个酒神，她甚至不相信真理，她因而甚至不相信她自己。[20]

在这种解释的解释中，没有任何东西是解释的起源，因而原始文本的消息与诠释学的信息传递之间的真正差异消失了。书写与阅读彼此陷入了圈套。每一个文本都与其他文本相互呼应，"起源"不过就是"注释"。解释的任务就是保持颤栗，在游戏中保持永无止境的符号与文本的镜面游戏，警惕形而上学不要随心所欲地对待文本——通过束缚游戏、重新中心化这种体系、固定这种流动、破解这种密码、再度引入了渴望起源的怀旧病。这不是一种纯粹的否定行为——警惕在场的形而上学。首先，解释是对生成的纯真的肯定——从来没有任何始源的、原初的、未被曲解的东西，没有东西生来无辜。这另一种解释放弃了在家与放逐的区别，肯定了全球的纯真，肯定了游戏和圆

---

[19] 罗兰·巴特说："书写是一种反神学的活动——因为拒绝固定意义就是拒绝上帝及其本质——理性、科学、法律。"(*Image, Music, Text*, trans. S. Heath, New York: Hill and Wang, 1977, p.147)。

[20] 这就是德里达针对海德格尔所探讨的论点（*Spurs*, pp.52—53）。

舞——"因为所有的快乐都需要永恒。"[21]

因此，如果说，在伽达默尔那里存在某种特定的对《存在与时间》首先表达的重复哲学的保守扩展，那么，在德里达那里则出现了一种完全不同的声音，一种更为狂野的尼采式语调，一种不是回复而是更为放肆和旋转自如的重复的哲学，一种其怪异行为足以让康斯坦丁本人瞪大眼睛的重复。如果说，伽达默尔致力于疗救和恢复海德格尔的重述，那么，德里达则要解放海德格尔的破坏和解构的主题，把形而上学的界限推到它的极限。

对德里达来说，甚至海德格尔本人——就其仍然卷入某种本体论的筹划而言，也虔诚地俯身于神圣的（Seinsgeschichtlich，存在历史）文本——牵涉到形而上学，以及对主人之名的梦想。海德格尔被束缚在诠释学框架之中，仍然是真理怀旧病的受害者——假如没有恰当的真理，假如真理仍然是一种去蔽。海德格尔追求一种原初的经验，一种深刻的真理。他并不怎么明白尼采所说的，真理就是一个女人，尼采并不相信权力意志，更何况相信存在物的存在和永恒轮回就是它的本质呢。那是被乡下姑娘给骗了。"差不多。"[22] 因为德里达总是犹豫要把海德格尔装进海德格尔比任何人都想划分的封闭之中。德里达第一个说，解构只能从海德格尔的质疑所开启的空间中首次设定的自我开始。德里达和海德格尔：正是在他们之间开启的空间中，在他们的相互作用中，"激进诠释学"产生了。

这是怎么与《存在与时间》之后的诠释学站在一起的呢？在"左翼"，是对形而上学和诠释学梦想的不虔诚地、诗意地越轨，为了保

---

[21] Nietzsche, "The Drunken Song", *Thus Spoke Zarathustra*, trans. W. Kaufmann (New York: Viking Press, 1966), pp. 317—324.

[22] 参见对"presque"的重要运用（*Spurs*, pp. 114—115）。

持游戏中的流动而快乐地付出生成的代价。在"右翼",则是哲学诠释学的神学敬畏。在"中心",则是这个创立者,海德格尔本人从事的《存在与时间》的重复,我们不能保证,我们应该承认他的权威性。有如尼采/德里达,海德格尔已经完成了传统的封闭,但是他加入了主动遗忘回归、回复和回忆事业的关键时刻。

至于我们,我们充满了疑问。德里达的姿态是什么?它的目标和结果[end(s)]是什么?它能够被实现吗?直面流动是否比面对上帝更有可能?直面流动本身是否将会成为另一种梦想?德里达的筹划宣告了诠释学的最终结论吗?我们正在耐心提出的"激进"诠释学筹划,将被证明只不过是另一种同谋、另一种阴险的"扬弃"吗?"激进诠释学"是流动的一个更加狡诈、比以往任何时候都更机灵的伪装,并随时准备寻求机会剥夺游戏的朋友?有可能存在某种超越"诠释学"、超越诠释学"首要本质"、超越寻求意义和稳定性的诠释学的诠释学吗?一种检测解构批判能力的诠释学?可能存在一种恰恰与德里达相反的、非形而上学的但又确实来自"形而上学崩溃"的诠释学,一种忠实于流动,不压制恐惧与颤栗的诠释学?关于海德格尔,德里达是正确的吗?甚至海德格尔也没有达到他自己要克服形而上学的要求,为了克服它本身对安宁和舒适的形而上学残余的渴望,以及让生活变得容易的海德格尔的筹划,需要解构吗?

这些问题进入了当前研究的中心。它们要求对德里达所影响的诠释学筹划的重大越界进行更细致的考察。激进诠释学的问题必须经过诠释学"解构"之火的锤炼。

第五章

重复与符号的解放：德里达论胡塞尔

我从德里达对胡塞尔令人惊奇的重读开始，它成功地向我们呈现了胡塞尔的另一幅面孔，并且让他参与了更富有批判性的事业。我不是把德里达的工作看作是对胡塞尔的一种攻击，而且对胡塞尔最深刻倾向的一种解放。我看到德里达并不是在尽力摧毁和抹平胡塞尔的现象学，而是把它自身解放出来。总之，我不是把德里达看作激进诠释学的敌手，而是认为他完成了诠释学必然出现的突破，为它提供了暴风骤雨。

在德里达的手中，胡塞尔的"预—示"（Vor-zeichnung），我们在第二章讨论过的意向性对象的预先追溯，变成了一种更加激进的探索，并因此产生了效果的原—追溯。对胡塞尔的这种重读是可能的，不是因为它拒绝了构成的观念，而是因为把它的焦点从意识转到了符号学，从主体转向了符号。而且，正是因为这种转变，我们才遭遇到了另一种重复的运作，而且是另一种德里达式的提问方式：即重复是否可能、并如何可能。我们从没有远离康斯坦丁的问题。

在场的文字学还原

胡塞尔有两个方面的存在，它们就存在于德里达进行他的现象学重读的缝隙之间。第一个方面是"构成"的哲学、意义产生的哲学以及构成的对象哲学。对此，胡塞尔根本没有离开超验生活的劳作。现象学的工作是通过作为悬置自然信仰以及随后把对象还原为超验主体性的时代（epoché）来进行的。胡塞尔的另一个方面就是给与的哲学、直觉接触的哲学、事物本身自身在场的哲学。在这里，现象学的工作受自我在场要求的一切原则之原则的指导（正如我们已看到的，这种原则冒着流于表面价值的危险）。第一方面来自某种批判的必要性，它劝诫我们没有什么东西是想当然的。第二个方面则求助于想当然的、给定的自我在场的修辞学。

德里达在这种批判的必要性与被他看作形而上学的松散的东西之间开启的范围内干活。他对胡塞尔的"解构"——像所有的解构一样——并没有导致完全的破坏，而是导致了一种批判性的重读，一种不同的解读。借助于胡塞尔的一面来游戏他的另一面，把批判的哲学毫无拘束地置于给与的形而上学之上，解构产生了一种对胡塞尔现象学的创造性重复。

对德里达来说，胡塞尔对还原的发现，同时也是对哲学基本操作的孤立，以及这种还原要求提供基础和确定性在场的破灭。还原就是以哲学的批判力量之名，一定要超越纯真无邪的东西和已经构成的产品。没有它的帮助，哲学就不能向前迈出一步。确实，解构本身就是还原的某种特定重写，德里达并不是要努力抓住还原，而只是想抓住要领，看看它究竟能走多远，他的批判工作事先没有被在场和完成的目的论所颠覆。因此，他想继续胡塞尔设定在运动中的东西，与胡塞尔一道工作，而不只是与他对抗，以拓展还原的事业——即更加冷酷无情地对待这种还原。因为在胡塞尔本人那里，现象学的警惕满足于在场、直觉、自我在场——而这些很明显是要被质疑的主要的东西。完成的目的论减弱了胡塞尔的成就，导致他丧失了某种更为激进的还原的洞见，我们可以这么说，这种激进的还原洞见就是一种符号学或文字学的还原。

胡塞尔敏锐地感觉到了构成世界的偶然性和变异性，他完全理解，需要一种把稳定性带到流动中的构成／重复工作。但是，由于他渴望把重复还原为再—现的形而上学的在场，让他的批判性直觉遭到了伏击。在克尔凯郭尔那里，真实的重复总是向前移动，产生它所重复的事物，而回忆却是一种向后重复的糟糕的重复，它从失去的东西开始，当在场完美的时候，同时满怀惆怅地回望。现在，德里达对胡塞尔的重读表明，两种重复之间存在一种可以比较的区别（OrG 104—105／102—103），这种重读密切地对应着两种解释：诗意的和希伯来的。存在一种后来的重复，它就是先验在场——我们可以说这是一种向后移动的重复的形而上学观念的再生产。这种重复对立于那种向前移动的重复，它是先验的在场及其产物，因此，作为一种解读，它可以自由地按照它解读的东西来生产——我们可以说这是一种批判的重复观念。根据德里达，胡塞尔发现了这种更为激进的重复，但是，他总是把它置于一种在场的形而上学的严密监控之中。因此，解构的目标，就是要把胡塞尔自己的最激进的发现，从胡塞尔束缚它们的牢笼中解放出来。作为现象学的解放，解构是一种重新解读，它与胡塞尔一起解读，同时针对胡塞尔而解读。

在我看来，德里达最早的工作最好被理解为一种左翼胡塞尔主义（同时也是左翼海德格尔主义），它捍卫胡塞尔的批判观点而反对他的形而上学观点，明确地鼓吹胡塞尔发现但同时也压抑了的东西。胡塞尔总是拒绝把意义和"客观性"看作从天上掉下来（topos ouranios）的天赐之物（manna）（ED 233/WD 157）。意义从不会从天空掉下来（tombées du ciel），而是构成的（cf. pos, 18/9；39/27；ED 233/157）。认为对象是现成的，会莫名其妙地进入我们的包裹，是一种天真无知。不过，德里达认为，胡塞尔突然停下来设定产生这些结构的构成性活动。他满足于在一种自我在场的主体性中为它们奠定基础。德里达把现象学推得更远，推向文字学的还原，他甚至把"意识"的自我在场看作一种构成的效果。

尽管胡塞尔发现了生产性重复的原则，但是他想把现象学安然置于在场之中，并且把重复当作一种次要的再—现排除。在违反了它自己的批判性要求中，现象学坚持要极力"拯救在场和还原符号，所有的重复力量都伴随着它……""它存在于效果之中——确定的、坚固的重复和表现的构成效果之中，存在于消除了在场的差异之中。"（VPh 56—57/SP 51）

在我称之为德里达的文字学的还原中，客体与主体二者都是构成的产物、综合与重复的效果，是德里达用"符号"或"踪迹"所指的系统的重复性效果。他争论说，这不只是对抗胡塞尔，而且与胡塞尔一道，在胡塞尔本人最具有探索性和批判性的分析基础上，分析那种达到"不可比拟的深刻"的东西（VPh 94n/SP 84n）。超验主体性，有如超验客体性一样，是一种稳定的意义统一体，是一种从流动本身锻造出来的综合的混合物，它本身就可追溯到某种更激进的重复，可追溯到踪迹的系统。确实，所有最荣耀的形而上学词语——不仅是客体与主体，而且存在、真理和历史——都同样是构成的效果。

然而，这正是现象学选择停息的地方，并且放下了它的批判性警惕。现象学满足于在安全的、深信不疑的、没有疑虑的、重复的构成性效果中生活——"assuré, rassuré, constitué"——对产生和生

第五章　重复与符号的解放：德里达论胡塞尔　　175

产这些效果的构成性重复体系毫无察觉。现象学培育它自己的一种自然态度。其敏锐的警觉行为针对的是形而上学设定的措词：在场、显现、感知、直觉、主体性（VPh 3—4/SP 4—5）。现象学满足于自我显现和自身在场，而不是把"显现"和"在场"带到超验差异（différance）的标杆面前。

因此，德里达对胡塞尔的重读是由颠倒在场和再—现的重复原则的规则引导的："现在的在场来自重复，而不是相反。"（VPh 58/SP 52）例如，某物"是"把某个客体或主体呈现给重复产生的这个范围。存在物与重复成正比。在形而上学中，一方面，相反的镜像总是被接受，某种东西在其所"是"的范围内是可重复的。元—物理学原则已经支配了我们从柏拉图到胡塞尔对重复的理解——并且一再地，直到现在，只有克尔凯郭尔提出了抗议的声音——把存在规定为在场和把重复规定为存在的表现的原则，元—物理学被一种更为激进的胡塞尔/德里达的非在场的"构成价值"的原则（VPh 5/SP 6—7）推翻了，因为在场就是重复的一种功能。因而最终，在场与表现之间的整个二元对立将被取消，德里达将寻求另外的方式去书写和命名那种不是某个名字或概念，但总是已经是二者的生产性的东西。

故而，至少作为一个开始，这有助于理解德里达把"差异"当作胡塞尔构成的重新书写和某种更激进的批判版本，当作某种更加激进的还原的结果，这——也只是作为一个开始——是我们这里正在把它叫作"文字学还原"的东西。正如德里达所说，他"要询问什么东西先于超验还原"，质疑"超验还原的可能性"（ED 251/WD 167），从而通过先于超验生活的东西进入代表一种死亡的领域。

德里达与胡塞尔的斗争与符号的作用有关，他总是做重复的事情。在他对胡塞尔领地的第一次清扫中（OrG），他坚决主张，没有符号，胡塞尔就不会有超验历史的观念。因此（在 SP 中），他变得更为大胆，并说，没有符号，胡塞尔甚至不会有超验的、独白的内在性观念。但是，最终我们坚持认为，符号使他感兴趣并不是重复的作用，而是它们的自由游戏（free play）。因此，我将用德里达的解放或符号的"解放"来总结这些评论。而且，我正是在这里来固定德里达的笔尖的（the pointed tip of Derrida's pen）。[1]

超验历史的重复工作

在某种程度上，对德里达本人来说，他通过选择"几何学的起源"就使事情变得容易了。因为他已经选择它来证明超验的、先验的历史的整个筹划都内在地依赖于语言和符号，实际上，胡塞尔本人对这个问题非常清楚。但这当然最好，因为没有什么东西比证明形而上学已经如此糟糕地求助于它所排除的东西更能让德里达感到满意的了。因此，被胡塞尔从超验领域排除了经验的、自然的语言，也被他要求去做一种超验的工作，因此必须要求至少有临时签证以便进入超验的领域。正是通过推动内在于（包括于……之中）与外在于（从……排出）超验领域之间的这种转变，德里达产生了他第一次，而且在我记忆中是他最清楚、最具有范例性的解构工作。这也导致了这篇论文中另外一种重要的解构要求，这种要求是胡塞尔不可避免要承认的作为超验工作效果的推迟或者延迟。我们想到了克里马科斯《哲学片断

---

[1] 罗道夫·加什对于理解德里达与胡塞尔的关系问题特别有帮助。参见他的 *The Tain of the Mirror*（Cambridge：Harvard University Press，1986），关于强调德里达对胡塞尔解读的其他作者，参见 Irene Harvey, *Derrida and the Economy of Différance*（Bloomington：Indiana University Press，1985），以及 John Llewelyn, *Derrida on the Threshold of Sense*,（New York：St. Martin's Press，1986）。参见我对这三本书的评论，"德里达，一类哲学家"（*Research in Phenomenology*，1987，17）。

的非科学的最后附言》中讽刺性地预测的那种正好要完成的体系，在几个星期之后，我们能够期待着传送最后的、迷失的碎片！

《几何学的起源》中的重复有两种意义。第一种指几何学理想被构成的历史意义发生的生产性过程——对此，德里达坚持主张没有符号的帮助它就不能前进一步。第二种指重新激活第一个几何学者的基础行为的再生产过程——对此，德里达表明它所采取的相反的每一步骤都牵涉到延迟。下面我们依次考虑每一点。

一、一种超验的、先验的历史（我们能从第二章中想起的一种意义—历史）所追求的是观念形式的历史生成——在几何学的情形中——必须提出与"几何学观念结构相符"的原则。在几何学用一种叙事的形式被构造的范围内，这种方法是历史性的，在它与异常清晰的规律、而不是与第一个几何学者实际上如何发挥它们的作用的经验历史形成有关的范围内，这种方法则是先验性的。正如我们已经表明的，德里达感兴趣的是，胡塞尔根据"可重复性"（Hua VI 370/*Crisis* 360）以及根据语言而且最终是根据书写的可重复性所做的理想化解释。在对胡塞尔的形而上学的解读中，可重复性直接与观念的客观性成正比。客体享有的观念性层次越高，其经验可重复性的范围就更广，对象的观念统一性越完善，其经验的重复就越多样。但是，在德里达的重新书写中——我们可能没有忘记，这也是胡塞尔文本中的另一个主题——这种形而上学的公式是作为一种批判的公式被反向书写的：重复的力量越强大，取得的观念性层次就越高。在这种批判性解读中，可重复性被重复所取代，观念性构成了重复的功能——一种遗传的功能。

一个具体的表达——如英语单词"狮子"（lion）或者德语单词"狮子"（Löwe）——具有某种特定的观念性。不论是在口语还是在书写中，不论用方言还是用标准的英语说，不管是草率还是优雅地书写，也不管是用打字机打出来还是在荧光屏上展示——不论它多少次被生产出来，它总是同样的单词。很明显，在这种批判性的看法中，正是这种重复或复述产生了表达的统一体，并且使单词成了它所是的东西。现在，适用于体现在自然语言中表达的东西，也适用于意义或含义，适用于那些用"lion""Löwe""leo"等表达的所共同意指的狮子本身。

观念性的最高层次是绝对观念——几何学对象的观念性，就是说它绝对摆脱了经验的限制（狮子的含义来自实际的经验），毕达哥拉斯定理存在但只有一个，不管被怎样重复不同的重复，也不论是被欧几里得重复还是被数个世纪对欧几里得的所有注解所重复。这样一种观念与某种具体的自然语言或一般的语言没有关系。它是绝对自由的。因此，我们从一种表达的观念性移到了一种意义的观念性，一种事物的理想状态的观念性。而且，就是这种最终的、最高的观念层次提供了历史可能性的条件、超验历史性的基础，以及科学传统的基础（OrG 56—69/66—76）。如果说，伽达默尔把传统的条件置于保持重新倾听和重新阐述的或多或少的统一意义之中，那么，胡塞尔则要把它置于一种单一的理想统一体之中，他认为，"西方"从根本上说是一种科学的统一体，而不只是一种文化的统一体。

现在，胡塞尔认为，这样一种观念性可以通过语言获得，尽管从根本上说，它独立于语言。为了实施他的重新书写，德里达悄悄地进入这种断裂之中。观念几何学原理（纯粹的在场）作为一个原理问题，它本身是独立（de jure）于语言的。但是，作为一种实用的事实，如果没有语言，实际上也没有任何方式可以把这种原理从共同体的某个人传递、传送和再—现给另一个人。这种在场先于再—现的在场，或者这种表现产生了这种在场？对胡塞尔来说，不是这种观念而是这种观念的交流需要语言。

既然德里达在这里获得的特别优势是胡塞尔选择讨论的超验历

史，当然交流和传统就是其必要的构成部分。假如真的有什么几何学的"科学"，那么，第一个几何学者心目中的原初的创始行为，必然超越了他的经验界限，以便建立拓展空间和时间的几何学者共同体。因为几何学的真理提出了一种没有限制的超越空间与时间、文化与时代的界限的真理要求。在《笛卡儿沉思录》的语言中，无论按照自我逻辑构成的什么东西，仅仅借助于主体间的构成，即通过使之成为一种公共的对象，都获得了完全的客观性。但是，这要求第一个几何学者的原初创始行为被提升到超越他的自我生活的具体性，并且在主体间的共同体中给予普遍的有效性，这是一种没有语言就不能实施的运作。因为前语言的自我是独立的。

> 没有这种纯粹和本质的可能性，几何学构成就不会是不可言喻的和独立的。因此它绝对是与某个实际的个人的心理生活联系在一起的，是与实际的共同体，确实是与那种生活的具体时刻联系在一起的。（OrG 70/77）

现在，胡塞尔的辩护提出了一个重要的问题。德里达没有完全正确地说，没有语言，意义就会被限制在个体的心理生活上，因为胡塞尔确实允许一种个体的但仍然是超验的自我，以使前语言的构成确实能够成为某种密切相关的观念性，但是它不会与经验的（或心理的）个体、超验的独白式的内在性相联系。在这种假设基础上，真理仍然是独立的，但是它不会被心理化。胡塞尔仍然可以坚持几何学真理的地位，但他承认，没有语言，它就会被剥离传输的手段。它失去的只是手段，而非它的理想地位。[2]

---

[2] 我这里的邮政形象是很重要的。事实上，这项工作在《几何学的起源》中是有促进作用的，参见《几何学的起源》（OrG 36/50）。

但是，德里达是非常正确的，因为他所需要的东西就是证明没有语言和符号，超验历史就没有可能性。因为，如果真理被限定于某种超验但仍然独立的自我中，那么，就不可能取得胡塞尔所要求的充分的、绝对的观念性，就不可能产生超验的历史。并且，这也就是为什么《声音与现象》最终成为一本更有趣味的书的缘故。因为它致力于表明符号的必要性处于超验生活的中心，内在于独白领域本身，因而切断了超验现象学留下的唯一退路。

因此，胡塞尔不能把语言当作外在于超验历史的东西排除掉。语言不只是某种外在的表达或者某种已然构成的意义的外在化（Äusserung）。恰恰相反，现在语言被用来服务于构成本身，"提供"——组成（构成）、为（增补）构造——主体间构成的必要的可能性条件，这就是产生胡塞尔科学传统的东西。符号在超验历史中不是没用的，恰恰相反，它们有根本性的工作要做。形而上学的胡塞尔想当作外在的东西排除的东西，就是批判的胡塞尔视为内在的和必要的东西。胡塞尔召唤他所排除的东西，他从他宣布多余的东西中寻求帮助。语言就是对这种在场的"增补"：它一开始看起来像一个临时演员，最后却在作品中发挥主角的作用（而且不只是配角、替身演员、一种复制品）。语言在做超验的工作并委派某种生产性的工作——与胡塞尔《观念》（I）第124节中的评论相反。

与此同时，这样一种超验的产品不仅要求语言的承认——第一个几何学者的徒弟共同体和他的直接追随者——而且要求在几何学书写传统中不容置疑地建立更严格的书写。因为，正是在书写中，超越最初观众限制的语言力量被提到了最高的水平。借助于书写，对象的观念性被如此完美地建立起来了，以至于脱离第一位作者的死亡和表达的原有共同体而存活下来。在这里，观念与重复达到了它们最大比例的完美。

当然，我们上面已经讨论过那种被置于运动中的危险和危机的逻辑。因为在书写中，真理是以一种"虚拟"的状态被传递的，它等待着读者的生命激活行为，它将在后代人的手中得到"重新现实化"。文字中积淀的这种真理把真理暴露给危险，开启它将被失去、被遗忘、被埋没的可能性，邮件会遗失。因此，真理屈从于某种"文字灾难"（graphiccatastrophe）的危险：文献可能被丢失、被盗窃、被烧毁或者（今天）被突如其来的电火毁坏。更微妙的是，创始行为本身的意义可能被丢失，以至于符号被毫无生命地传递，就像我们不再理解的僵死的和沉积的结构。当然，这明显是影响现代性基础的"危机"。

这便引导胡塞尔提出了一种形而上学的重复，"重新激活"和重新恢复这些理想形式的第一次诞生的原初创始行为的生命。因此，两种重复的操作出现在几何学的场景中。首先，创造性的、生产性的重复——一层层地建立起来的科学的进步——包含着接受传递下来的东西就好像它是从天上掉下来的相应的危险。其次，复制性的重复，这些创始行为的重新—现实化，明显地要导致对第一次涉及的恐惧的抵抗。这两种重复相互协调。第一种是生产性的但冒着危险，第二种是复制性的和拯救性的。在危险中生长着拯救。复制性的重复必须把我们从真正成功的生产性重复已经沉积的危险中拯救出来。这种危险是积极的，是拯救的重新激活。第一种是向前的，并使进步成为可能，第二种向后的追溯，是记忆的、回忆的、救苦救难的。

二、由于引入第二种重复，一种开放的回忆性重复，德里达的讨论转移了。针对第一种生产性的重复，他坚决主张没有符号是不可能的。针对第二种复制性的重复，他坚持认为这根本就不可能。

胡塞尔的原初创始行为与其重新激活之间的明显对立，把他引进一种困境，这种困境正是，传统如何被想象为运动的，意义是如何得到传播的，所有事物是如何各行其道的。德里达说，因为重复有两种可遵循的方式，重复某种传统和"回忆"（在黑格尔的"回忆"的意义上）它的起源的两种方式，即收集信件。在这里，再一次碰到了诗人和拉比，但是，这次却伪装成了詹姆斯·乔伊斯和胡塞尔。一个采用一种生成性的多义性，探索每一个词语和命题中所有掩埋的潜在性——现实化跨越自然语言的联系——所有的和声与联想都"汇入"而不是"约束"这种"迷宫"领域。

> 另一种努力属于胡塞尔：从方法上把经验语言还原或耗尽到这个点上，意义明确的和可翻译的要素实际上是透明的，为了回溯和再次把握它的纯粹起源，一种没有实际历史总体性的历史性和传统性将会自我产生。（OrG 104—105/102—103）

实际上，两种立场都涉及一种困境。假如人们追寻完美的单一性的路径，正如胡塞尔想要的，假如最初的几何学者，确实，假如所有类型和所有时代的科学都以一种严格的明确的方式解码他们的创造，还假设后来的工人完全忠实地重新制定和重复了他们的产品，那么就不会有"传—统"（tra-dition），因为没有任何东西曾经发生过变化。倘若某个陈述得到了绝对明确的表达，它就会变得如此的平淡无味，如此的没有深度，如此的缺乏精微玄妙，以至于在它可能被传播的时候，它缺乏足以激励历史进步的启发性和繁殖力。（正如克尔凯郭尔抱怨的，在形而上学中，不会出现任何新颖或奇迹的东西。）另一方面，无拘无束的乔伊斯的多义性会以相反的方式导致传统的不可能，由于一切都随风飘散，就没有什么东西能够被传递，"它重复的这个文本"将是"莫名其妙的"（OrG 105/103）。乔伊斯需要向明确性让步，或者他将冒着总体贫乏的危险。（假如有些事情是针对今天的德里达说的，那么就值得记住它会约束乔伊斯的重复，并且他认为这不可能让传统流传下去。）

我们可以从胡塞尔仅仅对某种特定事实的多义性的必然性的让步入手。但是，明确性仍然在原则上是追求理想的、无限的理念，即便实际上是不可能取得的。明确性是历史多义性的目的和视域，是它追求的任务，是它针对的目标。因此，它总是准备就绪，让这些传递性的东西漂移——后来德里达把这叫作播散的漂移——在控制中。

但是，德里达认为，形而上学这种向匆匆过客招手的姿态，根本就没有做任何他所要做的事情，充其量是一场梦，在最坏的情况下是一种糟糕的信仰。[3] 复制性的（形而上学）重复（再激活）追求的是一种不能获得的理想，而只是它拒绝表达的东西，甚至当它宣称意义的转变依赖于其意义产生的东西时，也是如此。即使它承认它所追求的重复是不可能的时候，它也实践它所否定的重复。因此，胡塞尔的筹划被一种"延迟"的经济学所占据——对德里达来说[4]，这就是差异（différance）的两种重要意义之一——即一种不能简化的延迟，一种众所周知地成功完成它所要做的事情的不可能，一种力图通过事实与法理的区分来拒绝的不可能。

因此，胡塞尔的研究者沉湎于没完没了的考古学—目的论来回循环，不断地退回到永远后退的开端，不断地引诱着一种永无终点的后退的目的，陷入在一种失去的开端与一种无限遥远的理想之间（OrG 141/131）。形而上学从来没有严肃地对待过历史（OrG 123/116），它

---

[3] 这是我的表达，而不是德里达的。我并不是说，德里达同意这个观点。关于德里达和萨特的更多讨论［Christina Howells, "Sartre and Derrida: Qui perd gagne", *Journal of the British Society for Phenomenology*, 13（1982），26—34］。

[4] 在《差异》这篇文章的一段著名的话中，德里达解释说，差异（Différance）利用差异化的空间感和延迟的时间感，与法语词 Différance 而不是英语词 difference 所具有的多义性保持一致，参见（*Marg*. 3/3）。在《几何学的起源》（OrG 171/153），德里达用 différant 和 Différence 这个词，大写传统的拼写。

总是把自己转变为它自己的形象，把它置于理念的监禁之下。这就是为什么现象学如此依赖于"视域"概念的原因：视域在过去的范围内包含着未来，阻止所有真正新颖的东西发生，把失败归结为向来如是的东西。视域就是一种未来"总是—已经—在那里"，它确保开端与结束、考古学与目的论、判断力与目的论之间的协调一致（OrG 1123/117）——假如只作为一种无限的、不可能实现的任务。

所以，甚至就在语言和书写属于重复的第一种意义的时候，一种根本上的非直觉的原则就属于第二种意义。可能并不存在这种观念（Idea）的现象学。它从没有呈现，它从来就不是一种可能直觉的对象。现象学的在场从来就没有被传递，而只是被许诺，它只是在失去的起源与不可能实现的希望之间摇来摆去，自始至终利用它想驱逐的那种工具。对最初的几何学者来说我们来得太迟，而对已经实现的科学来说我们则来得过早。我们不能独自构造理想，不经过书写的危险我们完全不可能构造它。不冒延迟和迂回的危险，在场就不能呈现自身。当下——现在（maintenant）不能保持自身，只能永远给延迟和差异（différance）让道。

在德里达那里，绝对失去了它的天真，倘若我们讨论某种超验的——德里达正乐于这么做，与他后来叫作"原先的意义"的东西联系在一起——那么，根据没有任何东西始终是牢固的、完全的在场，超验的就必然是针对自身意识的那种差异或区分，对意识与其自身的本原和目的进行区分的每一步骤都依赖于符号。只有用这样一种区分的、差异的意识，以及德里达所说的"那种也许总是在'超验的'概念中被言说"的东西，事物才使它们呈现出来（OrG 171/153）。

胡塞尔想通过把本源和目的重新表述为康德意义上的观念而挽救它们，从我们用某种沉沦才能区分的东西中提出迫在眉睫的目标。另一方面，德里达建立了这种意识结构的界限，把它们看作结构上的必要性，而不是偶然发生在纯粹意识本质上的实际的偶然事件。对德里达来说，它们确实成了创造性的原则。几何学、艺术、哲学，所有的历史构成，都通过某种创造性的重复，通过一系列创造性的理解，通过改变的重复以开辟自己的道路。这是让所有运动进入传统的唯一路径。假使胡塞尔的再激活是可能的，那也将是不可欲的。因为它让传统中止了。这种再激活越是完善，这种产品就越是缺乏生气。

意识"总是已经"被区分，这就是为什么德里达说这也许就是超验始终意味的东西的缘故。差异不是外在的、偶然的东西，而是从一开始就栖居于事物中的先在的东西。没有任何东西是或者曾经是纯真的、完整的和未被区分的。向前重复的重复不会许诺它不能坚持。它不会用尚不存在或已不再存在的东西做某种超验的辩解，制造进入超验意识结构的借口，说我们已经"处在真理之中"。它认识到这个"不"是被权宜建立起来的东西，即它不只是我们这个月的第一天就想废除的暂时麻烦。它认识到我们被卷入流动之中，不是通过"不"的破坏，唯一要做的诚实的事情，确实是唯一要做的事情，不论诚实与否，就是奋力向前。确实，对所有这些东西它甚至不会觉得不舒服。它充分理解通过这种重复所改变的东西，我们确实能够取得进步，差异不是让那些心怀无限任务的人感到羞愧的有限暗示，不是让人闷闷不乐的超验面具，而是所有事物曾经取得成效的唯一途径。

符号的无用性与重复的用途

正如我们已经指出的，德里达的争论并没有切断现象学的逃离路线。它可能仍然坚持在纯粹性中被构成的理想性，至少没有求助于单一性限制的语言，求助于语言的同源意识和超验意识只能作为一种权宜之计，以便跨越时间和空间表达的理想性。"在几何学的起源"中，德里达能够证明超验历史对语言和书写的依赖性，但是，他在《声音与现象》中有某种更艰巨的任务，这表明超验意识本身所要求的语言方式甚至就在其同源的内在性之中。

德里达已经表明，没有语言，或者如他现在所言，没有"符号"，理想性就根本不可能得到表达。他已经证明了主体间性的构成依靠语言，现在，他必须证明一般的构成对符号的依赖性。在这里，德里达的争辩采取了最极端的形式，而且解构把它的洞见放在了超验生活的真正本质上。也许，这就是他后来把《声音与现象》描述为最具有价值的著作的缘由。(《立场》13/4)

因此，此时，德里达将把目标对准内在时间意识以及与其邻居们的那种交易，并且证明两者都求助于——反对现象学自身的愿望，它的欲说（vouloir-dire）[5]——差异的构成性价值，其中，这种反常的德里达现象学就是超验所意指的东西：

> 如果不是来自内部的竞争，通过它自己对时间化和主体间性构成的描述，现象学似乎对我们来说是饱受折磨的。在与这两种描述的决定环节联系在一起的事物的最深处，我们把不可还原的非在场看作为某种构成性的价值，而与它在一起的是某种非生命、非在场或者生存当下的非己所属，一种不可简化的非原始性。（VPh 5/SP 6—7）

虽有这种亲自在场的修辞学（与形而上学），胡塞尔实际上根据距离、差异和非在场对内在意识的时间性和其他意识进行了说明，然后在我

---

[5] 德里达使用这种法语表达，这实际上意味着，人们愿意或者想要说，作为个人主体意图的一种恰当的意义表达，而不是作为通过他运用的话语结构限制作者的东西（Marg. 185ff/155ff）。

们看作在场的东西的生产中被赋予了某种决定性而且确实是构成性的作用。因此，差异是在这种阅读"一种构成性价值"中被给与的：即似乎对我来说，这就是德里达式的、被解构的胡塞尔、胡塞尔反对自己、胡塞尔解放自己的焦点。

这种效果更进一步挫败了《几何学的起源》中的胡塞尔的争论，更确切地说，是通过颠覆"起源"这个概念本身。在处理《几何学的起源》时，德里达坚持认为，应该坦率承认，被胡塞尔形而上学地伪装为"康德意义上的理念"的延迟原则，并且使之成为作为差异原则的意识结构的组成部分。现在，这种争论也被赋予了一种更加激进的转机。他认为不仅起源是无限运动的，而且从来就不存在具有任何真正起源的事物。重复总是已经在发挥着作用。实际上，重复对第一个几何学者就发挥了作用，并且所有的事物都是如此。重复不是一种判断（Urstiftung），而就是一种重复（Wiederholung），一种创造性的重复或者把某种已然建立的符号系统重新组织成为它们把自己插入其中的东西。他赞成起源的非起源性质，以及重复对目的的遵循或重复的东西的优先权。

德里达的研究集中关注胡塞尔《第一研究》中的主张，即个人生活中的"指示符号"是"非常无用的"。[6] 这种主张表明了两种符号之间即表达与指示之间的关键不同。符号是代表其他东西的任何东西。一种表达就是一种具有意义的符号，这种意义仅此一例，就是人类的语言本身。表达是内在固有的意义符号。另一方面，指示是经验的指针，是指从符号到所指，它们本身不具有某种内在的意义。它们

---

[6] 我在《胡塞尔和德里达的符号经济学：从无用到充分运用》一文中对这个论点进行了研究（*Deconstruction and Philosophy*, ed. John Sallis, Chicago: University of Chicago Press, 1987）；我也同意用一种新的、更具有符号学性质的现象学来讨论解构。

之间有一种纯粹的经验联系，以至于在这种指示者的经验基础上我们积极地转向被指示者。指示确实对理解它们的意识具有意义，但它们不是内在的意义。烟"指示"火，但它并不"意味着"火。

这并不是说表达不能获得某种指示功能。它确实就只是这种传播功能：表达就其自身的表达而言，就是在个人生活范围内给意义以表达，并通过运用各种自然语言的指示符号来传递或共享。现在，单个的自我进入了主体间的生活。"意义"从本质上说发生在超验的独处之中，发生在某个人"独自私忖"时自己认同自己的自言自语之中。但是，当某个人进行交流的时候，某种意义之外的东西及其表达就会发生作用，而这就是索绪尔可能称之为某种特定的图像或声音材料的东西。因此，一个经验的世界就在指示的作用中具有了意义，而不仅仅是表达的意义。在交流中，自我通过寻常的符号、世俗的工具——空气和纸张中标记的声音与书写、时间和空间中的踪迹——这不属于语言表达的还原本质——与其他的人分享他的精神生活。在交流中，意义不仅仅是被表达（赋予语言的形状），而且也进入了世界，给予一种物质性的实体（图像或声音）。

德里达敏锐地指出，这种区分明显地预示了胡塞尔在四分之一世纪后对《笛卡儿沉思录》第五部分中的自我领域（Eigenheit）与人们只是前表象地把握的他者领域之间所做出的区分（VPh 42/SP 39）。表达的纯粹性发生在自我的领域，而在交流中表达则冒险进入害怕伴随着遗忘、伴随着死亡而失去意义的世界。

但是，当我们做"内心的独白"的时候，难道指示符号不是进入了独自的领域吗？胡塞尔完全否定这一点。他坚持认为，独白生活的纯粹性由于指示符号排除了污染。在这种排除中，德里达看到了形而上学的焦虑，看到了驱逐它的他者和对立面，把它的他者和对立面变成流亡者的焦虑姿态。胡塞尔认为，所有这样的心灵与自我的对话严格意义上讲都是想象，都是某种纯粹的"伪装的"想象。人们不会"真正地"与自己交流任何东西。这是因为内心领域的指示符号完全是无用的，没有目的的。我们不会运用它们，因为我们不需要使用它们。

德里达争辩说，主体间领域的"真实"交流与独白领域的"想象性"交流之间区分，正是某种不发挥任何作用的更加形而上学的装置。真正的交流实际上不是真实的、富有效果的交流。认为在交流中人们会毫不掩饰地接触，完美无间地心心相交，是一种错觉。相反，"真正的"交流是一种符号和中介的功能，因而为混乱所困扰，被暴露给误解以及无法交流。它陷入了"表现"（而产生了相似、形象、想象）的媒介之中，与所谓的内心生活的想象性对话完全一样。"真正的"交流就像"内心的自言自语"的虚构一样，可以成为一种生产性说明的工作。

重复与表现切入了符号的真正木质，而且永远不可能在它们之间区分出某种原始的与表现的因素（VPh 56—57/SP 51）。当人们做出某种仅仅是真实对话的意象时，他不能把他与他者的交流看作真实的和富有效果的。一种内心的自言自语并不就是真实对话的形象，因为能够首先保证某个对话的所有东西将是真实的和富有成效的，因为它也是一套能指，任何东西都可能出错（用奥斯丁的概念说，"未奏效"，即被误解）。所指从不表达事物本身。它们总是某种差异的系统中、重复的系统中的占位符（placeholders）。总之，外在的交流为虚构和混乱所困扰——与内心交流完全一样，它可能提出某种引导下一个问题的新东西。

胡塞尔认为，不需要把某人自己的内心生活指向他本人，因为"正在讨论中的行为本身正是我们此刻经验到的自身"（LU,§8）。根据内在性、根据他自己的自我呈现所界定的意识，总是已经存在在那里，此时此刻一种精神的行为发生了。没有必要用符号把这种行为表现给自身，没有必要进行内心领域的超越，没有必要有自我与自己交流的精神体验，因为意识已经就是真正的经验流（Erlebnisstrom）。此时此刻，意识就在那里。行为与我们对它的意识之间甚至没有眨眼间的介入。没有任何东西把纯粹的意识媒介与自我分离开来。

但是，这就是胡塞尔根据他的内在时间意识拒绝说出的一种意识观。因为在那里，胡塞尔表明此刻完全不是此刻，不是一种简单的统一体或纯粹的自我同一。关于符号无用性的整个讨论基于或者落到此刻的未被分割的性质中。"自我呈现必须在某种时间呈现的未被分割的统一体中产生出来，以致没有什么东西需要借助符号的作用揭示给自我。"（VPh 67/SP 60）但是，胡塞尔本人证明了这种绝对的即时性，对时间"流动"中体现的意识来说是不可能的。用胡塞尔自己的概念来说，这种即时的"当下"只是某种更大的结构的一部分。在他看来，"当下"必须不断地与"当下"混合（VPh 72/SP 64），以便能够在更广更丰富的意义上构成（constitute）、增补（supplement）"现在"。可以把即时的当下与更宽泛的、更富有想象的"现在"区分开来，它是当下的某种潜在的记忆力的产物。因此，想象力意义上的现在不是原始的，而是由某种更进一步的操作（综合、差异）产生的东西。所以，即便是记忆力也是一种狭义上的修正，仍然是"鲜活的现在"，我们"生活"于其中的现在，因而它也是现象学特许的现在，是一种效果、一种产品、一种相互交织的文本、一种综合以及与文本性结构相互渗透的成果。想象力意义上的在场是记—忆、表—现、重复的效果。重复并没有通过使它再次出现而重复在场，而是首先把它生产出来。重复并不是后来才出现的，它并不往回重复。恰恰相反，它总是已经准备就绪，生产着那些天真地栖居于重复产品中被形而上学称之为存在、在场、所是的东西。

但是，这样一种理论颠覆了意识的自我同一性，这是胡塞尔为了使意识在精神行为消逝的"相同时刻"呈现给自身所要求的自我同一性：

> 如果瞬间的停顿是一种神话……假如自我呈现的在场不是单纯的，倘若它是以一种原始的和不可还原的综合被构成的，那么，胡塞尔的整个讨论就会在它的原理上受到威胁。（VPh 68/SP 61）

如果胡塞尔承认，人们的反思瞬间与人们对瞬间的反思即"刚刚消逝"的时刻之间存在区别，那么，他也就埋解了这种让步究竟会造成多大的危害，并且他要采取措施控制它产生的后果。他坚持认为，原则（法则）上，在"记忆"与"再现"之间存在某种区别。当人们听到某个曲调的时候或者一串单词或者观看某个移动的客体的时候，"被给与"的东西，我们所经验的或者"生存于其中"的东西，是某种综合的统一体，这种统一体是由某种核心的源点构成的，或者当下是与即刻消逝的和即刻待定的瞬间联系在一起的。否则，人们不可能听到一个曲调，而只能听到一系列非连续性的声音。当下在正在演奏中的曲调获得的即时消逝的时刻，不同于幕间休息前所演奏的记忆中的那种曲调。记忆（或者原始记忆）在在场的元素中保持自身，而不会停留一会儿，在"想象"意义上的现在保持它的位置——当下被记忆和预存复合、丰富和增强了。然而，再现（或者平常意义上的记忆）与过去有关，与不连续的心理序列有关，再现具有一种属于它自己的统一性，而且它现在已经结束。

因此，意识被呈现给自身的瞬间，就是包括自身内的记忆的瞬间，而不是时间流后面的某种后续的时间。即刻获得的东西因而参与了即时在场的确定性和预言性，它对立于仅仅是第二记忆的相对可信性。因此，在自我反思中主体向自我的回归，不会受到反思瞬间与瞬间的反思之间如此之小的间隔所威胁。因为反思的自我在即时获得的当下中把握了自我，即在更宽泛或更丰富意义上的安全性的现在之网中把握了自我。

但是，对德里达来说，孕育意义上的现在，有点像老话中所说的孕育的意思。刚刚消逝的东西与消逝了一会儿的东西之间原则上的差异是什么？假如这些就是我们用以判断这些问题的标准，那么胡塞尔本人确定的标准，就是在场、即时性、直觉性、预言性吗？某个瞬间从根本上或普遍性上不能被描述为只是"轻微地"消逝。这不是一种本质上、范畴上、性质上的差异——一种类型的或原则上的差异——而是一种数量上、实践上的差异，它是由记忆之流中的连续当下的相对位置所决定的。因此，记忆和再现是一般呈现的短暂的不同情况，根据它们不同于当下之点的相对位置，胡塞尔为它们做出区分的这种论证就失败了。

然而，如果这种所谓的鲜活的现在就是记忆或重复的效果，假如由于非在场被侵入了核心，那么这就是符号要做的事情，而这就是德里达论证的核心问题。"非在场与他者内在于在场这个事实，摧毁了自我联系中符号的无用性的论证"（VPh 74 / SP 66），因为符号的作用就是代表另一个（für etwas），取代他者的位置，代替当下不在场的东西。符号就是发挥取代、抑制、租赁位置的作用，就是延—伸和滞—留的作用。符号就是为记忆提供补救的药物。它们使意识更加强大，更为持久。符号有助于使它们维系在一起，它们是意识（conscire）综合统一体的纽带。与胡塞尔的符号无用论相反，德里达发现符号被运用于内在时间意识的中心。它们在意识产生客观性的超验意识的最原初层面上发生作用，无论是意识流中的内在对象还是意识流之外的超验客体。没有前语言层，没有赤裸裸的自我与自我接触的自我意识的私人领域。没有符号的配合，就没有意识构成纯粹意义（Sinn）的自我的私人领域。不存在无中介的自我同一性，这种自我同一性排除了把自我行为告知自身的必要性。恰恰相反，意识的内心生活是一种由流动的时间构成的间隙与缝隙构成的流动，它需要通过综合的工作来进行不断地修补，对德里达来说，这就是符号的作用。德里达并不是想否定自我意识或自我反思的发生，而是指它永远都以无中介的方式发生，不需要求助于符号。对他来说，反思就是一种中介的和有限的过程，同时通过把它限制在它发生的能指系统范围内使之成为可能。[7]

在证明了自我意识和自我在场依赖于重复的运动之后，胡塞尔坚持重新把他者性置入更大范围、更加丰富地被理解的在场之中。在非常专横地暴露了栖居于在场的他者性之后，胡塞尔试图掩盖它。把记忆与再现统一起来的东西——胡塞尔总想区分它们——就是重复，德里达说，重复就是它们"共同的根"，而且是一种更加原始的构成。

> ……最一般形式的重—复可能性，即最普遍意义上的踪迹的构成——不仅是当下的纯粹现实性必须栖居的可能性，而且必然是通过它引入的差异性运动来构成它的可能性，这样一种踪迹是——如果我们能够运用这种语言，而不是在我们的进程中直接否认它的真实性或者删除它——比现象学上原始的东西更加原始。（VPh 75/SP 67）

---

[7] 德里达在"Limited Inc. a b c"（q）中把这一点说得很清楚 [*Glyph*, 2（1977），192—198]，他并不否认意向性或参照物或自我意识，而只是否认形而上学的主张，即除了符号的作用之外，自我与自身、自我与他者的自我存在、或者与其对象存在有某种直接的联系。因此，无法逃避这些结构容易出错和失火的脆弱性，这是首先使它们成为可能的真正需要建立的条件。重复既是一个能动的条件，也是一个限制的条件。把这个观点与塞尔进行交流是有趣的，既因为它是在重复概念的基础上主题性地组织起来，同时也因为德里达在他的观点表达中很少有更清晰、更慎重的表达（更不用说在整个作品中发挥作用的兴奋游戏了），塞尔最近又补充了一个反驳。参见《颠倒的世界》（*The New York Review of Books*, October 1983, pp. 74—79）。

这种更加原初的重复运动，就是胡塞尔用他的内在时间意识形式的图式所阐述的重复运动，这是胡塞尔通过当下进入记忆，用以追溯延伸运动的变化图或流动表（PIT, §10§43）。这就是无限的可重复性的形式，它表明重复是某种心理统一性成为可能的方式。内在时间意识的流动就是构成被呈现的东西之在场的系统。这就是为什么德里达说重复"比在场更古老"的原因（VPh 76/SP 86）。

对胡塞尔来说，自身内的独白生活，自我的意识生活，当人们只是"思考自我"的时候，就是一种不受世俗和模糊的干扰的纯粹语言表达领域。在他看来，一种"表达"不是某人向他人表达事情，而是意识向自己表达关于某物的某种东西。因此，其表达的能力完全在于赋予某种前语言的意义（Sinn）一种语言的形状或范畴。这就是为什么胡塞尔认为表达的作用完全是非生产性的缘故（Ideas I, §124），用语言的意味简单地给已然构成的意义打上印记，不会给它增添任何东西。[8] 表达是非生产性的重复。因此，意味（signification）的范畴与意义（meaning）的范围完美一致。德里达否认存在这样一种优先于不纯粹的、经验的、陈述的语言所指的游戏，存在这样一种摆脱了它们的影响的领域。恰恰相反，与胡塞尔的论点相反，我们能够表明，意义（Sinn）的范畴事实上就是语言意味的范畴功能。

德里达认为，胡塞尔怀有这样一种错觉，因为他毫无批判地接受了作为某种纯粹而透明的媒介中的"纯粹声音"的古老形而上学概念。我们用某种非空间的、非尘世的、没有受到世界污染的声音来思考我们自身内的事情。纯粹的表达就是用这种保持沉默的内在声音，进行无声的重复工作，在内心的自言自语中实施沉默的重复行为。好了，意义在这个寂静的房间里，在这种内心的时间流中间被锻造，并

---

[8] 胡塞尔在《观念 I》而不是在《逻辑研究》中对意义和含义进行了区分。

因而成了理想的统一体（与独白领域相关的理想性）。这种声音的特殊品质就是它能够消失，即刻让位于它的意向性对象，好像根本就不存在声音。这种声音一旦说出，就能够以"绝对接近"它本身、以完美的自我感受被听到："我的词语是'生动的'，因为它们似乎不会离开我：不会不属于我，不会远离我的呼吸，它就我在目之所及的地方。"（VPh 85/SP 76）这种声音即刻让位于事物本身，似乎根本就不存在声音。声音接近于言说者，我的词语似乎没有离开我，没有离开我而进入世界之中。这种内在的声音抹去了它自身的在场，并且导致了在纯粹媒介中操作的思想幻觉。在内心的独白中，我们对自己说话，但我没有书写自我。书写是一种不可还原的世俗的操作。声音是比书写更加纯粹、更加理想的东西。这种貌似真实的声音的自我在场，它一旦被说出就被即刻接受，可以恰当地用法语"我理解/倾听自己"来表达。倾听自我的言说，似乎将在 种绝对的自我接近的媒介中，发挥减少所有世俗事物、消除所有世间危险的作用。

在德里达看来，声音高于书写的这种特权，这种"语音中心主义"，就是一种超验—现象学的错觉，就是对那种声音是以某种方式摆脱了"书写"元素的形而上学的轻信，它认为声音就栖居在言谈和思维的内在性之中（VPh 92/SP 81—82）。从根本上说，胡塞尔主张的声音的透明性仍然是天真的，如同所有的天真一样。这就是还原的任务——在这里是文字学、符号学的还原——就是要通过显而易见的符号作用彻底根除这种天真，因为符号并不是无用的。正是这种天真让胡塞尔认为表达不是生产性的，语言是透明的。再有，因为胡塞尔文本中存在着批判的和形而上学的主题之间的张力，这种语言的还原从来就没有怎么成功，它依然是不稳定的，"因为一种基础性的主题正在从内部搅扰和抗议这些传统区分的安全性，因为书写的可能性栖居于言谈之中，它本身就是在这种思维的内在性中发挥着作用。"

（VPh 92/SP 82）

更加天真的胡塞尔已经被更激进的、富有批判性的胡塞尔所颠覆，胡塞尔清楚地证明在场是一种构成性的产品，因而原始的东西将要落在踪迹的手中。因为在场的生产需要记忆的工作，反过来也要求符号的工作，德里达补充说，从现实性上看，"胡塞尔毫无疑问会拒绝吸收这种记忆的必要性和符号的必要性。"（VPh 74/SP 66）

语音之中存在的书写的可能性，以及它对语音中心主义的驱逐，就是所有意识都依赖于符号系统的运用，它包括内在时间意识本身。意义（Bedeutung）不是某种纯粹的前语言的意义（Sinn）的非生产性镜像。因为没有任何意义不是由产生它的符号系统构成的统一体。[9] 即便是最内心的独白也已经经过了语言的历史——文化范畴的渗透，无处不发挥它们的不可见的影响，在我们的思考中"探索"意义的整体。声音运用一种特殊的能指链，通过其方法建构和表达世界。语音已经被结构为一种表达，已经被一种范畴化和综合范畴化的系统侵入和区分。这不足以说思维"不能逃离"能指链，它必须学会容忍符号的干扰，仿佛语言是一座牢笼而不是一间"房子"，仿佛差异只是一种限制的条件，而不是一种能动的条件。能指链首先使思维成为可能，并因此而"解放"思维。

正是按照差异的能指系统对世界的这种追溯和前追溯，德里达把它称之为"原—书写"意义上的"书写"，或者如人们可能说的左翼

---

[9] 可以简单地说明德里达的观点。假如有人邀请一位根本不同的民族语言群体的成员——比如说列维–施特劳斯的南比克瓦拉印地安人——把他们的意义（Sinn）的基本范畴制成表格，那么我们无疑会发现，尽管他们的意义会完美地与他们的含义表聚合，它也会与我们自己的事物的框架非常的不一致。人们会想到福柯引用的博尔赫斯的来自中国百科全书的例子，关于这个问题，福柯对"思考那种东西的完全不可能性"进行了评论（Foucault: *The Order of Things*, p.xv），但胡塞尔认为这些差异是可以超越的（OrG, sec. VIII）。

胡塞尔主义的、超验的书写。原书写在声音中发挥的作用，正如狭义上的书写发挥的作用一样，确实，在这个问题上，两者之间的差异不再具有任何重要性，它只不过是能指"物质"中的一种经验的差异。由此，我们在第二章已经讨论过的胡塞尔的"预先—描述"，一种前—描画，就被德里达当作一种超验的原—书写来重新书写。声音已经被书写栖居，不是因为人们在说话之前学会了书写，而是因为在其平常意义上，言谈和书写两者首先都是由于原—书写、由于一种能指的差异系统而成为可能，从根本上说，它就是一种迭代性和重复的系统。在原—书写中，抽象来自能指的语音或图像的物质，目的是为了集中于时间或空间中的追溯系统的更深刻的形式性，无论何种类型的标记系统的更深刻的形式性。德里达要孤立那种形式，并且在孤立它之后释放它。而这就是我们现在要转向的这种解放的性质。

重复与符号的解放

在德里达看来，不是符号已经发挥了作用而是它们发挥作用的时候，它们的有用性就被建立起来。对他来说，最重要的不是这种作用而是它们的自由游戏。因此，在他证明了既赞同又反对胡塞尔的符号有用性之后，德里达着于符号的释放和解放，把它们从胡塞尔强加给它们的"先验的语法"（本身就已经是一种"大胆的"解放）的限制中释放出来。按照这种解构的逻辑，符号的解放就是要表明，符号是如何被胡塞尔本人已经设定在运动中的主题所解放的。这样，《声音与现象》的论点就在解放的姿态中达到了高峰，它标志着德里达工作的整体，而不仅仅是他对胡塞尔的解释。

正如我们已经看到的，重复（repetition）、再现（representation）、

复制（reproduction）中的"re-"不是次要的，不是作为一种先前在场的再—现（re-presenting），而是首先作为一种可能性的能动条件，作为一种可迭代、可重复的符号的符码，它产生在场（感知的对象、观念的客体，以及确实是每一种可能的意义统一体）。因为重复发挥可能性的超验条件一样的功能，我们可以把这叫作"原始的"重复，除非这种分析的关键没有解除某种原始的东西的观念，假如这意味着某种纯粹在场的东西，那么它也得到了或多或少不恰当的复制。重复作为一种解放的起源，正如康斯坦丁所愿意说的，它就是一种向前的重复。

德里达通过"起源的增补"来解决这种有点儿谜一般的情形。这意味着这种起源，这种类比的现象学给与的第一手经验，事实上是有缺陷的，是需要帮助的。观念的客体、感知的对象、所有的个人都不是被充分给定的，它们不是从空中完完全全地掉下来的。毋宁说，它们需要通过差异的增补这种生成的、生产性的工作。"因为在场由于其原始的自我缺陷，这种增补的差异是间接地可替代的。"（VPh 98/SP 88）这种增补，不是某种次要的增加物、附属品或者额外的东西被增添，实际上它首先是在场的生产，可以说是被增加到原始的东西之上的事物，补充在起源中被忽视的东西。因此，德里达探索了"增补"这个词的模糊性，根据它所意指的（1）在其上增加某种东西，或者额外的、仅仅是对某种已经丰富的东西的补充，这是通常的形而上学意义上的增补，（2）它补充被忽视的东西，给出某种必要的补充，没有这种补充，本身有缺陷的东西就不能存活或起作用（就像人造器官、肢体、生命支撑系统一样）。德里达正在探讨的"增补"这个词的两种意义之间有一种波动，或者更恰当地说，他所思考的东西与形而上学玩了个把戏，就在它鬼鬼祟祟地唤起这种增补时（第二种意义上），它设想它已经还原和排除了增补（在第一种意义上）。这第一种"不可判定的"（药物、处女膜等），德里达将在《播散》中展开更充分的讨论。现象学引以为豪宣称的"原始在场"领域需要帮助，需要增补的替代，不是最终的少量额外的补充，而是根本性的可能补充和补偿，它是现象学渴望的可能在场。现象学认为，就在它需要增补帮助的时候，它就还原和排除了"再—现"。

这就是为什么德里达最珍惜胡塞尔的发现的原因——这必定与胡塞尔的正统观念截然相反——它就是没有直觉的意向的可能性，即未完成的意向的可能性。胡塞尔不仅看到了表现性的意向能够在它们的对象的缺席中发挥作用，而且这就是它们的基本功能。他明白人们不看也能说话，人们没有事实也能说话，的确，人们不需要避免矛盾也能说话。为了成为声音，为了成为"结构良好"的东西，声音只能通过语言构造的纯粹形式法则联系起来，通过语言意味（Bedeutungslehre）的理论组织起来。即便声音脱离了对象、事实或者一致性，它仍然能够保持完好的声音。

实现（Erfüllung）是依情况而定的，它不属于德里达所说的符号的"结构必要性"。用胡塞尔的话来说，这种实现是为了分离不变的结构而可以被改变的一种变体。符号在结构上必要的东西是取代、代表另一种东西的能力，保持缺席的东西的能力。符号的这种整体品质、显著的力量和生产性，很明显就是它们在其对象的缺席中起作用的能力。如果我们总是充满着缺席，符号就确实是无用的。相反，如果符号必定与实现相联系，我们就不能进行交流，除非我们在讨论中取代了对象的在场，否则它就会毫无限制地耗尽语言构成客观性的能力，使观念的客观性和科学传统本身成为不可能。[10]

---

[10] 这就是《第四逻辑研究》的重点，它论述纯粹语法的观念。同样有趣的是，海德格尔的教授资格论文论述了《第四逻辑研究》。参见我的"Phenomenology, Mysticism and the 'Grammatica Speculativa': A Study of Heidegger's 'Habilitationsschrift'", *Journal of British Society for Phenomenology*, 5（1974），101—117。

因此，在场、直觉的主题以及如此支配胡塞尔文本的实现，都来自胡塞尔从外强加的一种形而上学的目的论。它们体现了他征服语言理念的一种外在的目的。它们埋葬了鲜活的符号结构，这种结构是被他的还原所揭示的，是在场的意识形态中的结构，由此它抹去了语音和符号的真正独特的东西。

> 在其对象的在场中，言说的语言抹去了它自身的原始性或者使它融化了，特属于语言本身的结构，当它的意向切断了与直觉的联系时，便允许它完全独自地起作用，在这里是消解。（VPh 103/SP 93）

因此，在开启了语言的独特结构之后，胡塞尔再次在形而上学的限制中把它联系起来："胡塞尔描述并且在同一时刻把声音的解放作为未熟悉的东西抹掉了。"（VPh 109/SP 97）

按照德里达的看法，正是这种摆脱了直觉实现甚至真理和客观性的符号的解放和释放，把它们从形而上学的限制中解放出来，并且释放了差异的游戏。当它们从直觉中解放出来并允许产生它们自己的效果时，符号和踪迹就是它们所是的东西。胡塞尔看到了这一点，而且他不同于德里达观点的最引人注目的成就之一，就是为那些来自实现的意图、来自真理——内容的意义形式的激进自由开创了不断进步的还原。

> 这种概念的总体独创性在于这样的事实，即它对直觉的最终服从并没有压制那种可以叫作语言的自由、言谈的率真的东西，即便它是虚假的和矛盾的。人们可以不知不觉地说话。针对整个哲学传统，胡塞尔表明，假如它提供了某种不是立刻就扮演知识规则的规则的话，在那种情况下，声音仍然是真正的声音。（VPh 100/SP 89—90）

即便他没有在场的对象，正如我真实地谈论有某种距离的时间或地方一样，声音仍然是完好的声音（形式完美）。即使我谈论的只是我想象中已经参观的地方，如澳大利亚的某个地方，它仍然是完好的声音。即便它是虚假的，即便它是明显矛盾的、不合情理的，如"圆就是方"，它也坚持完好的声音。完好的声音既不需要完成，也不需要真实，甚至不需要一致。

但另一方面，胡塞尔失去了勇气。尽管纯粹逻辑语法的筹划有"魄力"，但是，胡塞尔取消了他的还原，中断了纯粹符号形式的分离和解放。现在，他乞求律法，先验语法的规则，不合乎情理地划出一条界线，把它与绝对的无意义、纯粹的无意义（Unsinn）区分开来，排除了如"绿色要么是要么不是"和"咒语"（abracadabra）这样的表达。这些表达的粗野的非语法性标志着言谈的最终崩溃。凭什么理由呢？它们不是一种我们可以用其他的相同形式取代它们的形式，直觉可以会有效果。"圆就是方"这样的表达是形式完美的，因为考虑到这种恰当的替代例子，它可能产生真实的和直觉的东西。但是，对德里达而言，重要的是要把外在的需要引入能指，使它们服从于另一个领域的规则，服从于直觉的规则，即其特殊结构就是它不需要直觉而发挥作用的能力。由于对形而上学在场的渴望，胡塞尔的批判性的还原冲动被中止了，它甘愿受在场的规则支配（VPh 110—111/SP 98—99）。[11]

可是，德里达要在胡塞尔中断的地方继续下去，扩展这种解放，坚持摆脱形而上学要求的能指的根本自由。为了使"绿色要么是要么不是"在所有与它相关的游戏中得到不受约束的表达，让它生产它的

---

[11] 为胡塞尔辩护而反对德里达的观点［J. N. Mohanty, "On Husserl's Theory of Meaning", *Southwestern Journal of Philosophy*, 5（1974）, 238—244; J. N. Mohanty, *Edmund Husserl' Theory of Meaning*（The Hague: Nijhoff, 1969）, chap.2］。

效果，让符号产生的彗星尾巴跟随着它，让它引发不受知识限制的意义模式，让它释放逻各斯而不被直觉和客观性所俘虏，德里达要开放能指的游戏。因为"绿色要么是要么不是"产生了不确定的新的效果，而且，这明显就是由于它的可重复性的力量。它能够被重复，因而能够被另一种语言，如法语的说法（"verre est où/ou""绿色要么是要么不是"）所改变，在这种重复中，它着迷于一系列新的相互关联的事物。它能够被重复，因而能在一种新的语境中（在某种逻辑游戏中，比如说用颜色编码的地方）被改变，在那里，重新语境化的可能性是无限的。确实，与胡塞尔的目标相反，德里达促使我们去发现一种原则上不能产生效果的符号学线索。

不是用先验的语法规则，而是用可重复性、可复述性、重复的纯粹形式来揭露"形式性"（德里达这里使用吓人的引号：VPh 110/SP 98），它存在于比这种理性的语法更深的地方，并且确实成了它的可能性条件。重复就是生产和改变，就是不断地更新。重复是一种不可压制的创造性和新颖性的原则，不产生、不改变已经产生的东西的重复是不可能的。即便"准确地重复相同的东西"，也是在某种赋予它新的意义的新的语境中重复它。但是，与胡塞尔不同，德里达并不认为所有的东西都因此而变得悲伤。恰恰相反，这是释放——这就是以何种方式"科学进步"的问题，难道不是吗？——因而没有什么东西退步。重复是一种可重复的踪迹的"系统"（我们仍然需要吓人的引号），正是它的可重复性使它首先产生意义成为可能，并使停止改变任何被产生的东西成为不可能。这种重复是系统性的自由，是一种乔伊斯式的而不是胡塞尔式、诗人的而不是拉比的自由。而这就是他所赞同的唯一的"解释"意义：解释就是重复，解释就是做和重做。假如解释总是包含一种诠释，那么这就是一种生产性的、可改变的和重—读的诠释。

这就是德里达的观点——它的尖笔的笔尖——把这种解放设置在运动之中。他把能指从存在、真理和在场中解放出来，不仅通过证明它们是构成的效果，而且通过肯定能指超越它们的创造力量，用不是通过存在和在场联系的方式生产的能力。确实，这不是与先于它的东西断绝了关系的绝对创造行为。相反，作为一种改变的重复，它总是与它的重复（repetendum）相"联系"，既在一般意义上要求开始于重复，同时也在特殊的意义上受到重复的具体限制的影响。重复的自由就是要挖掘每一种潜在的关系，每一种相关的联系，每一种语音的、图像的、符号学的和语义学的联系。每一种存在于能指中的无论什么类型的关系，以便在其所有的生产性、创造性和自由中阐述重复的力量。（在英语中，乔伊斯总是这方面的最佳例子。）德里达想表明，在符号中追踪的东西不是镶嵌在石头里的东西，而是已经进入了能指的系列相关事物之中，带着联系的线索伸向每一个方向，而且这些联系不能被切断和排除——既不被作者的意图、先验语法的规则，也不被形而上学图谋阻止运动的任何其他工具所切断和排除。

在关于世界的可破坏性的著名讨论中，胡塞尔本人瞥见了这种生产性的深渊和不可抑制的重复，正如我在第二章指出的。在这里，胡塞尔似乎认识到了这种深刻的游戏，这种不可控制的流动，假如它最终被胡塞尔本人置于形而上学的控制中，那么，它就是德里达要大胆利用和培育的东西。他正在讨论被"完成"的需要限制的系统偶然性、激进的可变性，它们已经被嵌入了那种依赖于在场完成的立场的所有意图之中。世界毁灭的讨论反过来导致了超验主体性的不可还原性——在"无可比拟的深度"的讨论中——它本身就被还原为真正不可还原的内在时间流。德里达在一个长注释中单独讨论了内在时间，但是，他没有推翻世界的可破坏性，尽管似乎在我看来这两种文本都属于他对胡塞尔的重新解读。

世界的可破坏性不仅是一种表面的破坏,只为某种更深刻的经验重组扫清道路,而且是一种根本性的破坏,世界因此而不复存在(Hua, III.1 91/*Ideas I* 109)。世界的秩序是一种偶然的问题,并不维系于比过去经验更深刻的任何东西,不能绝对保证它能够免于破坏。这是胡塞尔最具有卡夫卡风格(Kafkaesque)的因素、最富有想象力的变化,它旨在表明不可控制的变形的可能性。不足为怪,德里达最近把注意力转向了卡夫卡。有一条把他从胡塞尔引向卡夫卡的道路。

但是,假如世界不能免于无限的跌落,那会怎么样呢?任何东西都不是绝对的,即都不能阻止变化吗?假如所有世俗的东西都不是绝对的,那就只能转向意识。但是,甚至意识本身也成了一种流动,因为还原、自我生产的超验绝对,也不是真正绝对的,而它本身就是由"最终和真正绝对"的东西在更深的层面上被构成的(Hua, III.1 182/*Ideas I* 193)。自我统一体是被构成的,是在时间流中作为内在时间的必然凝结和临时密集的东西被生产。不仅超验客体,而且时间流本身的内在对象都是被生产的,并且,可改变的效果都是在内在时间里,而且由内在时间产生的,因而是由某种必然激进的重复/变化过程产生的。

在《声音与现象》结尾处的一个重要脚注中,德里达指出了所有胡塞尔概念中这种最激进的东西,在那里,他强调了胡塞尔的意向的激进性的同时,也强调了胡塞尔力图包含"在场的形而上学范围内所具有的这种分析的不可比拟的深度"。这种深度分析所释放的东西,被直接包含和纳入实体和主体的形而上学的范畴稳定性之中:它是绝对的,不是相对的,是主体,而不是客体。

> 这不是偶然的,他仍然把这种不可命名的东西指示为"绝对主体性",即指示为一种作为实体的以在场为基础而构想的存在物:一个在构成某个主体的实体的自我在场中的自我同一的存在物。

这种最具流动性的过程被稳定化、具体化了。因此，胡塞尔发现的东西需要被释放出来。

> 一旦我们以差异为基础而不是相反来构想在场，这种"绝对主体性"的规定也会被抹去。主体性的概念先验地并一般地属于被构成的秩序。（VPh 94 n1/SP 84 n9）

"终极的"和"原始的"的东西——即叫把分析封闭在形而上学括号中的语言——是某种必然的非衍生的重—复，拉开内在时间本身的过程，就在自身中具有了符号的结构，取代并且占据了不断流动的结构。因为空间在产生了主体性和主体间性的同时，也产生了理想性和客观性。那种空间化，就像时间化一样，即一种非衍生的重复过程，就是最终的生产性的东西。

> 这个外部的、属于自我的时间就是它的空间化：它是一个原—阶段。这个阶段，作为一个现在与另一个现在本身的关系，即作为某种非衍生的再—现产生了总体上作为"参照"、作为"为某物存在"的符号结构，而且激进地禁止它的还原。不存在构成性的主体性。构成概念本身必须被解构。（VPh 94 n1/SP 84—85 n9）

相应地，这种"终极"不能被还原为它的某个产品的维度——如"绝对""主体""存在"或"在场"。因为那样它所产生的每一种东西都在流动中获得了名称和稳定性，它本身不能具有一个名字。它就是产生名字的力量，因此，如果它真的被命名，那么它就有如"书写"和"增补"或者如差异的旧词新义一样，具有古赞美诗的味道。所有这些都是人们举着手的方式，并且说，它本身既不能有名字也不能有概念。

在德里达的笔下，世界的解（建）构的命题意味着，无论何种意义统一体都是以自然语言被构成的，无论假设什么规范化的形式经验，无论我们的实践接受什么样的直觉化，所有这些都同样是脆弱的、可变的、偶然的。它们都不是从天上掉下来的，它们是在结构上容易破碎的东西，无论怎样它们都倾向于接受。显而易见的事情就是，德里达播散的野性在胡塞尔关于心理序列偶然性的冷静讨论中并不是没有共鸣。

在这种播散漂移中有一件事情，德里达把它比作不可还原的现象学"剩余物"，比如内在时间流，是自我的一种差异链。正是差异使组合和联想的链条与相互交织的不可还原的多样性中的能指的无止境的链接成为可能。对胡塞尔来说，不可还原的东西就是内在的时间流。这是德里达重新书写为不可还原的非衍生的再—现的间隔化，即重复的完全开放性（open-ended）、组合可能性的多义性（plurivocity），囊括和控制这种漂移的不可能性，无穷变化的不可避免性。

现在，在某种层面上，德里达认为，这就是与这种漂移一道生存并应对这种漂移的事情，以至于海德格尔会称之为我们的"平均的日常性"的东西，可以继续它的未被搅扰的平淡乏味。毕竟，真理是必要的——也就是说，我们需要虚构。[12] 假如不驯服游戏的野心，不施加规范性，没有停止流动的某种措施，我们就无法发挥作用。德里达

---

[12] 这就是为什么德里达写道，他不是一个怀疑论者，从某种意义上说，他认识到尼采和实用主义对真理的需要是一种必要的虚构。"我们必须有真理"（Il faut la verité），见《立场》第 79—80 注释 23/第 104—105 注释 32。罗伯特·马格里奥拉为德里达所描绘的幻境在这种虚构之光中消解了（*Derrida on the Mend*, West Lafayette: Purdue University Press, 1984）第一部分。对于德里达在这个观点上的恰当评价（Christopher Norris, *The Deconstructive Turn*, London & New York: Methuen, 1983）。

并不反对求助于这种实用的虚构。他的关键问题只是提醒我们注意依附于所有这些虚构/真理的不确定性的共同作用，提高我们对它们的构成的、偶然的本质的警觉层次，以免我们如此地习惯它们，从而忘记它们就是虚构——尼采对真理的界定——并且开始把只是重复的偶然效果、流动的暂时稳定化的东西当作是"自明的"。我们不能把我们对这些"真理"的需要误解为某种原则上判断或建立规范性的东西。[13]

因此，德里达让我们随时准备应付他自己的"文字学焦虑"，它打破了常规性的平静表面和平淡的日常性，以便揭示超验差异的暗中操作。德里达善于暴露令人不安的偶然性、压抑不住的流动，它们与这些符号动物的表面有着密切的关系。他对陷入某种新的自然态度提出警告，那就是语义学上的天真，对符号的天真，对它们所起作用的天真，以及对它们的游戏的天真。他坚持一种适当的文字学还原，这种还原表明，无论获得了何种古老威望和不可更改的尊容都具有可重新书写性。他质问根深蒂固的权威、牢固建立的权力、假装牢固的权力、伪装在场的权力。他祈求有血有肉的人。正如他喜欢说的，这种权威不会从天上掉下来，它们是偶然的结构、构成的产品。他对产生苏格拉底式的效果感兴趣。

但是，德里达比这走得更远，而不仅仅是应付这种流动和认识这种实用的需要，以提出我们围绕世界旋转的方式。他敢于面对流动。从根本上说，他不想驯服它或者只是容忍它，而是断然地庆贺和培育它。胡塞尔发现了流动然而压制它，德里达却要释放它，允许它拥有全方位的自由。假如第欧根尼想拒绝来回踱步的埃里亚学派和绝对奋

---

[13] 罗蒂说,拥有一种"直觉"就是要知道如何玩一种语言游戏的问题（Richard Rorty, *Philosophy and the Mirror of Nature*（Princeton: University Press, 1979）。

力向前的康斯坦丁,那么,德里达则要用一种狂欢的(Dionysian)舞蹈、用狂热歌曲的节奏拒绝他们。这种鲜明的德里达姿态,超越了所有的实用主义,它总是解放的、释放的、欢庆的。德里达没有保持沉默的声音,他保持的不是胡塞尔而是尼采的声音。它是查拉图斯特拉之歌,是查拉图斯特拉的牧羊人的嘹亮笑声,因为查拉图斯特拉在为自己歌唱。

德里达对胡塞尔的出色重读提出了一个激进诠释的问题。它有效利用一种新的、更加文字学的焦虑,这种焦虑遵循古老的结构法,即穿越日常性的被沉淀和常规化的结构,让我们从舒适的结构向下面的深渊运动。这确实是德里达称之为"诱惑"的重要性,这种诱惑撼动和中断了我们宁静的安逸。正是在这种诱惑的策略中,我看到了一种新的事实性诠释学,一种对生活的困难保持警醒的诠释学——符号和交流的生活。而且,在我看来,正如在克尔凯郭尔那里,在德里达那里也存在一种"颤栗"与"重复"之间的交流,对德里达来说,重复的工作总是在恐惧与颤栗的边界发生。在重复中,我们被剥夺了永恒在场的错觉,被抛弃了安逸的错觉,被暴露给撼动(ébranler)。

现在,正是在这种去错觉的工作,这种摆脱了安逸的形而上学的解放中,我确立一种深度诠释学的要素,也就是说,一种打碎了错觉符咒的诠释,让我们醒悟到这种深渊,这种我们被卷入其中的流动。我们会说,这种警觉具有产生某种更深的自我遭遇和自我认识的效果——除非我们已经被剥夺了这种话语。因为我们把"自我"理解为一种暂时镌刻在流动中的自我,我们已经认识到那种遭遇从来就不是正面的,从来就不是赤裸裸的和面对面的,而总是以符号为中介,这种自我认识不会让事物停息,而是让它们更加激进地进入游戏之中。但是很明显,我称之为"激进"的诠释学总是乐于坦白,甚至乐于放弃安逸，不带错觉、不用乞求地生活——它懂得即便没有错觉的生活，也不是一种纯粹的状态，不是我们可以溜进去而不会被后面的门夹着我们的燕尾的领域。我称之为激进诠释学的东西，正是包含着随时面对这种焦虑和诱惑，随着准备被撼动，随时迎接差异的开放性。

　　德里达本人仍然——正确地——怀疑这种构想，即便这种构想把自己称之为激进诠释学，因为构想导致它们停息和稳定。他愿意使用从来没有包含"诠释学"的古老的名字。这是应该的。因为德里达的工作之一就是要警惕形而上学对意义和稳定性的渴望，形而上学渴望超越自然，超越游戏和流动。在谈到诠释学时，德里达说："清晰明白的阅读风格，实践一种持续性的揭露，至少某种类似的东西不需要领域的打破、替代或改变就能进入意识。"（*Marg.* 151/126）诠释学是拉比的而不是诗人的事情，是胡塞尔的视域解释而不是乔伊斯的事情。诠释学总是存留在作为解释的相同基础上。它不准备面对断裂、非连续性、破坏。它与运动的交流总是被限制在不改变领域的确定运动中，其结果或多或少从一开始就在考古学与目的论的一致性中得到了保证。在德里达看来，诠释学就是另一个伪君子，它引导我们参与他们关于变化、生成和运动的讨论，但最终却把它出卖了［sell it down the（Heraclitean）river］。

　　一切本该如此。因为，假如能有一种更加深入解释的诠释，一种更激进的诠释，那么，它就不可能被转变为最近的哲学立足点，形而上学历史中最新的立场。因为它根本就没有立足点和立场，它不想超越自然、超越流动，这样一种诠释只能发生在活动和运动之中，而且它要求对"维持"自身的存在保持永不歇息的解构警惕，它不会在第一站就下车，不会从生存的后门溜走，正如克尔凯郭尔所说的。因为没有什么东西能防卫自身，没有任何东西阻止它要求自己的权威性，阻止它以自己的权力立场建立自身，阻止它严肃地对待自己。倘若

"有"这样一种诠释,那么它就不会紧随其后,或者与之并肩而行,而只能在解构分析之中、并且通过无休无止的解构分析。为了到达流动的另一面,激进诠释学并不经历结构的时刻;毋宁说,解构批判属于其根本的构造。

但是,解构的工作不是工作,而是游戏。这就是德里达的笔尖,并且这就是他对激进诠释学的"贡献"。我们必须理解,德里达对诱惑和焦虑的所有讨论都从属于酒神的响亮笑声和勃勃生机。他没有被严肃的精神所束缚。他让超验现象学的群集页面与解构的力量一起暴露。他神秘地带着能指跨越先验语法的边界,把它释放出来,并在它自己的领域内产生效果,而不顾及直觉和客观化。无论什么样的诱惑和颤栗都在这里翩翩起舞,无论什么样的焦虑都在这里学会了放声大笑。但是,当他把注意力转向海德格尔时,他就会发现一种同时是解构的和纪念的、断裂的和平静的文本,并且将证明这是一种更具有决断性的遭遇。

播散:超越逼真的还原

阅读胡塞尔所召唤的解放,在《播散》一书中(1972)成为一种实践,这是一部开始转向格雷戈里·乌尔默所说的"应用文字学"时期的著作。[14]《播散》具体地证明了能指链中的漂移、滑动和不稳定性。它超越了逼真的还原,那种还原为意义的还原,走向了一种更为激进的意义的还原,一种能指的文字学解放,这种解放把还原变成了它自己的自由游戏。因此,假如伽达默尔意义上的诠释学表现为跨越

---

[14] Gregory Ulmer, *Applied Grammatology: Post (e)-Pedagogy from Jacques Derrida to Joseph Beuys* (Baltimore: Johns Hopkins University Press, 1985).

不同时代的意义交流、意义传递和重新占有的方式，那么，播散则是一种诠释学的毁灭，一种对其"邮政"设施与和谐传递的破坏。通过意义特权的还原，播散意味着释放所有迄今被压抑的能指力量。确实，如果胡塞尔的先验语法允许它为所欲为，那么，我们就

> 必须把违反这种认识语法规则的所有诗意语言都归属于绝对的无意义，并且不可还原为这种语法规则。在非推论性含意（音乐、一般的非文学艺术）的形式中，以及在"咒语"或者"绿色要么是要么不是"这样的表达中，存在着不指向任何可能客体的意义模式。（VPh 111/SP 99）

对形而上学来说，由于语义特权这种内在固有的承诺，"绿色要么是要么不是"就是一种无意义（Un-sinn）的、只是某种完全无法意指的、语义学的失败，因而不会对此有进一步的兴趣。但是，对德里达来说，这种不符合语义或语法规则的失败，体现了一种重要的还原，它打破了逻各斯—自然态度的符咒、作为理性的逻各斯天真信仰和逻各斯中心主义的符咒，各种类型的声音和图像关系都在这种能指链中发挥作用，就像在列维斯·卡洛尔、詹姆斯·乔伊斯以及 E. E. 卡明斯这些作者那里一样，可以找到相当的兴趣。胡塞尔的例子实际上能够还原为文字学的形式，释放迄今被压抑的能指的潜能。因此，"播散"是按照语义主义的方式进行的，胡塞尔开启了一种还原，但他没有把它贯彻到底。胡塞尔的还原既对立于文字学的语义学的播散，也对立于诠释学。（因为它剥夺了种子/播种的联系，那种自身为纯粹语音的东西与不是语义的或词源学的东西之间的关系，"播散"这个词说明了这种播散的漂移。）

从元—物理学（它要"超越"能指的物质进入所指的意义）的

观点看，德里达系统地探索了语言的所有"表层"，词语之间的所有可能的图像、声音、节奏、精神分析的联系。他想探索每一种联系，追踪一个词语与另一个词语的每一种可能关系，而不考虑某种挑衅的意义还原的意义。因此，从这种观点上看，播散就是一种由于意义的还原使词语的表层成为可能的"声音现象学"（*Diss.* 287/255），这是一种词语形式的还原、文字学形式的还原。语义主义不会否定德里达的这种精湛技艺、这种令人目眩的文字学敏捷性，他确实就是他选择要玩这种游戏的主人。

但是，德里达要颠覆语义主义这种自鸣得意的确信，把假定的意义优先性置于问题之中——然后认为它能够包含德里达通过把它们设定在表层的现象学中产生的效果。播散不会受到语义主义的保护，因为文字学的还原表明，意义不过是众多的差异效果之一，确实是一种被我们的形而上学成见赋予了特权的意义。它就是意义的特权，因而也是语义主义判断播散成为问题的播散的权威。

德里达批判了 J. P. 理查德（《马拉美的想象宇宙》）对马拉美的语义主义解读，理查德把马拉美当作象征主义（运用利科尔的隐喻和象征理论）、当作控制马拉美多义性的一种尝试的解读。对理查德来说，马拉美是"联想"的天才，批判家必须辨别他的"规则"，但是，德里达则要把马拉美从诠释学释义中解放出来，并且用它们全部的播散能量把他的文本释放出来。我们不能通过把它还原为节奏和诗行的特殊使用来限制马拉美的多义性。恰恰相反，马拉美向我们展示了作为文学本身可能性的普遍化意义，即普遍地产生文本效果的意义（*Diss.* 309/277）。（而且，这种多义性没有给作为纯粹意义领域的"哲学"留下任何空间，它免去了文本性，因为哲学也不过是一种书写的形式。）[15]

---

[15] 参见 Rorty's "Philosophy as a Kind of Writing: An Essay on Derrida", in *Consequences of Pragmatism* (Minneapolis: University of Minnesota Press, 1982), pp. 90ff.

恰如利科尔和当代诠释学理论家所认为的那样，即便在语义学力图保护自身的时候，力图保持连续性的时候，播散也用多义性理论产生一种语义学的断裂效果。文学的阅读一直被语义学的规则所支配。由于本质上的形而上学理性，它假定，由于整个能指链是有机构成的，并且从属于这种构成，这样就存在支配一个文本、某种单一的统一意义的"主题的"统一体。在更古老的看法中，这种语义学的统一体被赋予了作者的整体意图。在其更现代的形式中，在"新批评"和伽达默尔、利科尔的诠释学中，它被赋予了文本本身所产生的意义系统，因此，意义系统超越并超过了原始作者和原始读者。对德里达来说，这意味着对语义主义的一种限制，它允许对文本做更深入的挖掘。无论哪一种观点，主题批评的任务都是要寻找这根金线，寻找这种有生命的、统一的中心。

按照语义学批评，对照、渐强、高潮和结局，节奏、意象、比喻，都只不过是服务意义所使用的各种工具。每一种东西都被一种高明的体系结构、一种解决所有对立的辩证法以及整体的修复平衡所支配，这就是"现象学、诠释学、辩证法的主题论工程"（*Diss.* 281/249）。假如人们承认不能完成这个无限的任务，文本最终躲避这种总体化的筹划，那么，语义主义赋予它的无限的深度、它的丰富性、利科尔所说的"意义的剩余"就不是播散的漂移。正如第四章指出的，有限性的诠释学概念总是被设定在有限/无限两极的另一端，以至于它事实上不承认限制，事物正在失去控制，然而，一种无限的超验论点却用一种神秘的秩序操纵着所有的事情。这正是德里达要用一种"文本"意义重新书写的诠释学有限性概念——即我们专注于一种约束、一种用无所不在的线索结织的文本织物。播散对有限性的否定——它拒绝这种形而上学的有限性——就是在文本效果不可控制的多元性意义上对无限性的肯定，它能被印刻在德里达所说的"题词本身的超验空间"的空白中、白纸上，那就是原—书写、"差异性—增补的结构"（*Diss.* 285/253）。

诠释学（语义主义）假定一种控制多义性的相似统一体，最终，差异由于同一性而变得安全，和谐支配冲突。主题论是哲学批评发挥的一种暴力，对形而上学理性来说，它让书写和文本性从属于意义的规则。

> 确实，马拉美为词语固有的可能性所吸引，理查德正好强调了这一点，但是，这些可能性主要不是也不完全就是身体本身的、肉身个体的那些可能性，"生灵"神奇地把意义统一起来，把意义变成声音，这是一种表达进入身体或者再度印刻于身体的游戏，在这种游戏中它再也不能控制其结果。（*Diss.* 286—287/255）

能指不是意义的体现，意义的外在表面和容器，而正是产生其效果之一的意义的力量。而且，它不是一种力量，而是一种在文本（而非某种深层的形而上学）的无限性中偷偷溜走的复杂交织的结构。

这样一种无限性意味着，一个文本中的差异游戏摆脱了控制，进入了一种不可摆脱的联系迷宫之中，除非形而上学的暴力把这些联系当作不相干的、外在的、微不足道的、不能赋予支配意义的东西简单地切断或排除。语义主义修剪文本的边缘，给它整齐而清晰的边界，对它进行设计并加上框架，以至于其边缘没有任何东西可以书写。这种暴力就在于，通过把声音和图像的联系作为偶然的东西排除掉，使意义具有高于每一种其他差异系统效果的特权。意义的特权一旦成为问题，文本就被解放了，文学便摆脱了形而上学，我们就能够享受因差异、差异的可重复的符号而成为可能的、永无止境的文本效果的自由游戏。我们已经解放了重复。因此，如果人们把自己置于能指之间的缝隙、褶痕、处女膜之中，我们就能自由地享受无止境的新词语的产生、新链接的快乐、可能的新观念。正如德里达在最近的采访中所说的："我喜欢重复。"[16]

诠释学运用"多义性"概念所产生的结果必须由"播散"来检验（Diss. 294/262）。对于诠释学的相似统一性，德里达反对播散的困境，书写"套层结构"（Diss. 297/265），这是一种永无止境的漂移、不可控制的滑动、迷宫般的联系、能指与能指的相互交织。对于那种宁静的意义统一体，德里达反对精了、精液、熔岩、泡泡、牛奶、泡沫、精白酒类的不可控制的流溢（Diss. 298/266）。对于多义性的意义统一体的诠释学占有，德里达反对这种种子的播散、精液的丧失、分散的排放、交媾的中断，对于诠释学的意义解释，播散的快乐存在于自由的游戏中。

很明显，播散是一种生产性的重复，这种重复对立于复制，它通过不同的动作反复进行，诠释学的重复想通过发现比控制所有链条更高的意义基础以逃避游戏，并束缚游戏。[17] 不同于那些向后重复的重复，播散改变、修改、转变、链接、越过、转移——即便当它理解这是一种总是在前给与的基础上实施的操作时，它也是一种重复。

解构是某种类似于奥古斯丁时间的东西：即使我们知道它是，我们也不能明确地表达它。因为在我们的明确表达中——因此我们必须假装抽出了德里达的主题统一体——诠释学 直分离性地对立于播

---

[16] 参见凯瑟琳·大卫的采访（*Le Nouvel Observateur*, September 9, 1983）。英译见《德里达访谈录》[载 *Graduate Faculty Philosophy Journal*, 10（1984），31—45]。

[17] 关于《播散》一书论重复的一些关键段落（*Dissemination*，140—141/123，155—156/135—136，165/143—144，172/149，194—197/168—171，217—218/88—91，324/292，328/295，405/365）。对重复的最近的表达，参见理查德·卡尼对德里达的采访（*Dialogue with Contemporary Thinkers*, Manchester: University of Manchester Press, 1984, pp.112—113）。

散，而且诠释学已经被证明是一种不可容忍的暴力。但是诠释学使播散成为真正的真理，成为文学和文本的意义（通过一种完美无瑕的、分离的三段论、可决定性的本质！）。播散是由自我指涉的悖论开发的一片沃土（它既不真实也不虚假，但假如它是真实的，那么它拒绝自身）。但是，我认为，德里达知道穿越这片沃土的路径，知道爆炸物排布的模式，并且懂得如何在两者之间游走。他运用尼采的女人—真理（woman-truth），女人不会自己愚弄自己，她自己的真理就是懂得根本就没有真理，甚至没有女人的真理。播散不是终极的真理或意义，恰恰相反，"播散的准—'意义'是不可能再被重新链接、重新整理的意义的统一体，它停止所有反思的步伐。"（*Diss.* 299/268）然而，播散不是多愁善感地抱怨真理的丧失，抱怨从更高世界的沉沦，毋宁说，播散开始于肯定"总是已经被分裂的意义产生。播散——事先让它流溢出来"（*Diss.* 299—300/268）。播散所主张的，既不是真理也不是真理的丧失，既不是教条主义也不是怀疑主义。它断言真理就是一种文本的效果。至于播散本身，它只是一种文本的实践，它从来没有把自己当真。相反，它是把那些要求真理和意义统一体的人拉下马的高手。它是一种书写、一支尖笔、一把短剑，常常把形而上学和预示世界末日的骑手拉下马。它并不断言真实，但警惕那些声言真实的人。

但是，倘若播散具有一种准意义，那么它就意味着是一种准诠释学，一种后形而上学的诠释学，一种失去了天真并且不再相信任何意义统一体的诠释学吗？这就是激进诠释学的问题。显然，这个问题的回答，确实这个问题的恰当提出，依赖于对德里达重读海德格尔的细致研究。因为，只有当我们认识到，这不但把胡塞尔推到了边缘并且破坏了他的先验语法——我们随时准备面对，《存在与时间》已经告诉我们，要把语言从逻辑和语法中解放出来——而且也似乎昂然离开了海德格尔本人，德里达的穷凶极恶的破坏才会惩罚我们。假如"意义"和"真理"被置入播散的漂移之中，倘若"存在"就是一种"效果"，那么，海德格尔的筹划留下来的东西是什么呢？假如我们被德里达的暴风骤雨造访之后，那"存在"、存在的"真理""去蔽"，或者"存在的共有"以及人或者"人"的，或者所有关于原始或原初的谈论的"意义"问题能够留下什么东西呢？难道我们发现我们自己处于康斯坦丁·康斯坦提斯的位置上？他宣称的重复对他来说已经太多并且他不能够处在重复的位置上？也许，所有这种把语言从逻辑和语法中解放出来的谈论，只是一种勇敢的词语，然而，这种射击一旦发出，我们便无处可寻。

第六章
赫尔墨斯与来自存在的消息：
德里达与海德格尔

德里达对海德格尔提出的这个挑战，可能还不是更根本的。他对海德格尔致力于"克服形而上学"的概念提出了怀疑。海德格尔挑战了形而上学思考存在物的存在的无能，因为它停止于存在物而没有进一步讨论"存在"或者存在的"意义"，或者后来的存在之"真理"、去蔽，或者更后来的使存在和存在物成为它们自身的事件（"占有的事件"）。[1] 但是，对德里达来说，这是一种不能还原的天真烂漫。存在、意义、真理和正确所有这些都是被产生、被构成的效果，在德里达看来，海德格尔简单地把诠释学的场景从某种胡塞尔的或超验意义上的"意义"转向了"存在"，导致了德里达在《马刺》中所说的"存在诠释学"，一种存在之意义的诠释学，而非胡塞尔意义上的诠释学。但是，这仍然停留在差异效果的层面，而没有进行文字学的还原。如果海德格尔在《存在与时间》里批判了超验视域的诠释学观念，那么这只是通过还原的方式让诠释学挖掘得更深一些，从而使主

---

[1] 像 Dasein 一样，我不想翻译 Ereignis，它正迅速成为一个不可翻译的专业术语。

体性的批判存活下来。诠释学试图通过它所"依靠"的"存在意义"的筹划方式来规定"存在之意义",它被具有更少主观性,并由于这个原因被更加深蒂固的诠释学所取代,这种诠释学接受上帝发来的消息,给凡人书写急件和书信,揭示存在的意义,在一种存在诠释学的邮政服务中传递赫尔墨斯的谦恭有礼。

因此,德里达的批判,针对的不仅是制止超验视域的诠释学的操作,而且针对停止赫尔墨斯的工作。德里达颠覆了存在的"意义"或"真理"的观念、声称对存在的经验具有特权的原始纪元的观念、跨越时代传送"信息"(通信)的观念、原始发送者(事件)与特权接收者(人)的观念、遗忘一段时期之后某种特殊消息还会安全返回的观念。德里达的批判切中了这个核心:胡塞尔和海德格尔、早期和后期海德格尔、视域诠释学与赫尔墨斯信息接收、符合论的真理与去蔽的真理、超验主体与作为存在需要之场所的人的特权(存在的邮件的特权接收者)。在播散的暴风骤雨中,存在的消息被散落到东南西北风中。播散延伸着通向"存在""意义"和"真理"的路径,以及延伸到如此强调海德格尔文本特征的亲近、统一体、自我、根性、起源和原初性的相伴特权。对德里达来说,海德格尔仍然与在场的形而上学共谋。

"几乎。"[2]"我们不会把海德格尔的所有文本囚禁在某种封闭之中,这种文本比其他任何文本都具有更好的界定。"(*Marg.* 147/123)海德格尔的文本不是不含混的;我们不能让它受诠释学的控制。它被另一种更具有深刻挑战性、深刻解构性的倾向所破坏,在与存在诠释学的持续张力中起作用的是一种"重大突破",是以整体限制形而上

---

[2] 德里达在两个不同的场合,在对海德格尔的解构式批判中,他用"几乎"来拉近距离,因为他认识到海德格尔文本中的另一个母题(*Marg.* 75/65;*Spurs* 115)。

学为己任的一种激进质疑,它警惕形而上学的花招,把我们暴露给困境、游戏、流动。再有,德里达没有把海德格尔的事业贬低为最后的形而上学,而是释放它的批判能量,把它从它自身中解放出来,通过以海德格尔反对海德格尔的书写让它获得自由。

德里达把自己的筹划、在场的形而上学的解构归功于海德格尔。形而上学限制的观念、解构支配所有事物的逻辑和语法的想法,不仅是尼采的也是海德格尔的。他不是以书写的东西反对海德格尔,而是继续和拓展海德格尔的工作,把对在场的批判激进化,宛如他以自己的方式进入了海德格尔本身,由此,让海德格尔保持在超越形而上学渴望在场的途上、路上、途中,即使这意味着要放弃作为在场形而上学部分标志物的亲近性和去蔽。

存在的真理、存在的命运,原初的开端和新的开始,座架与四重整体(Geviert)都是新的、更加微妙的伪装方式,它们超越了某种先验的语法,控制着能指的游戏。海德格尔的筹划是一种更加深刻而巧妙地潜入解构筹划的形而上学,人们甚至倾向于误导这种判断。为了使解构筹划以所有播散的、酒神的能量释放出来,德里达的计划是让它自己解释自己。

因此,在本章和下一章,我想把德里达的文本交给海德格尔,让它们相互纠缠——海德格尔纠缠德里达,德里达纠缠海德格尔——从而使他们的文本相互交织,彼此相互干扰,各自证明对方的干预符号。我用这种方式提出从德里达的立场重新书写海德格尔,导致了从海德格尔的观点重新书写德里达,这是一种双重的重复,一种生产性的双重交叉,一种重写的交叉传播,让它们直接进入我用激进诠释学所指的中心。

我将用包含四个问题的过程阐述这种相互交织:(1)德里达对存在诠释学的批判;(2)海德格尔的末世论诠释学;(3)德里达对作为

明信片形而上学的末世论的批判；（4）概述海德格尔末世论的"去神话化"。下一章，我将通过呈现海德格尔/德里达的交织效果继续这种讨论，我把这叫作"冷诠释学"。

海德格尔的存在—诠释学

德里达的差异概念具有一种深刻的尼采式刺痛。德里达对海德格尔制造的许多麻烦都来自尼采对真理的批判——生命为了它自己的需要和自我提高设计的一系列虚构。因此，德里达用尼采的虚构理论融合了索绪尔意义上的符号学效果的观念，从而无论被赋予了"真实"特权的什么东西，都不过是差异产生的一种虚构。这就是尼采惩罚海德格尔的符号学，他对作为符合的（adequatio）形而上学真理概念的批判，是以作为去蔽（aletheia）的更深刻的真理来实施的。但是，很明显，在德里达—尼采的框架中，符合和去蔽共享着作为构成效果的相同命运。德里达宣告了对海德格尔的愉快（多么不得体呀！）的复仇，因为他把尼采批判为最后的形而上学家，一个宣称存在的真正名字就是权力意志的人。笑声就是针对海德格尔错过了查拉图斯特拉的玩笑。尼采不相信任何事情，包括权力意志。意志也是一种虚构。海德格尔错过了这个关键点——或者更恰当地说他被它刺伤了，被尼采的笔尖掐在了令人尴尬的地方。

海德格尔的问题就是他对性没有给予足够的重视，他始终错过了尼采真理的性的主调（*Spurs* 109）。当然他从没有谈到弗洛伊德——不过弗洛伊德最终也得进入诠释学，一种并非存在中心的诠释，但它确实是一种菲勒斯中心主义（phallo-centric）的诠释学。"假如真理就是一个女人——那又会怎样呢？"[3] 好了，直截了当地相信真理，对那些最终看起来像笨手笨脚的高级妓女一样的哲学家们来说已经够糟糕了（*Spurs* 55，59），用暗自发笑无能地调戏一个女人，带着真诚的诠释学深度真理的渴望沉重地呼吸。

形而上学家与诠释学者缺乏品味。他们只向在直接攻击的成功中获得的真理发起侵略性的、勇猛的进攻。他们从不了解真理的嬉戏的、令人陶醉的方法，不了解她在远处的诱人的身影和样态。她们在他们的面前摇晃着真理本身诱惑他们——当哲学骑士们向前冲的时候，他们所能做的就是克制她们的笑声。她具有一种神秘，但她不是一种诠释学的神秘。

> 因为，确实，倘若女人就是真理，她至少知道不存在真理，真理在这里没有地盘，没人给真理一块地盘。她就是女人，明显是因为她本人并不相信真理本身，因为她不相信她是何种存在，不相信她被相信是何种存在，不相信她不是这样的存在。（*Spurs* 53）

真理就是不存在真理，而且她本身就是一个不能立足于她自己的游戏的虚构、设计、艺术、诡计、错觉和装饰的动物，她诱骗人们相信她本人具有一种本质和真理（*Spurs* 67）。因此，德里达让尼采的性别歧视形象旋转起来，并从中得出了一个可能会让尼采大吃一惊的结论：性别的差异就是一种虚构，一种理所当然毫无所指的强迫的、社会的暴力。这种酒神般的女人甚至不是一个女性主义者，因为一个女性主义者也要强化性别的差异，不过是以一种相反的模式。女性主义

---

[3] Nietzsche, *Beyond Good and Evil*, trans. R. J. Hollingdale (Baltimore: Penguin Classics, 1973), p.12.

者也相信真理——她们需要的是对立于男人真理的女人的真理。她们同样缺乏品味。（*Spurs* 65）

真正的品味意味着什么都不相信，意味着怀疑（*Spurs* 57），意味着不是习惯于少数真理而是许多真理。确实，甚至不存在某种"品味"，而存在就是许多品味，各自适应它们必须服务的情况。我们创造我们所需要的许多品味。有品位意味着随着改变的情况而改变，发明所需要的东西，创造没有什么不可改变的东西。把它从唯一的真理、唯一的意义的错觉中解放出来。把它从教条主义和诠释学两者中解放出来，并采取一种书写的策略（*Spurs* 95），这就意味着用尖笔书写，用短剑书写，以阻止形而上学的帆船，因为它试图在大海的风暴中保持稳定的航程。

但是，就在我们思考德里达—尼采将要夺取海德格尔的最后形而上学家的胜利之时，德里达却掀翻了桌子。两种文本——不管是海德格尔的还是尼采的——都不是清晰明白的。我们不能被两者中任何一种置于诠释学的控制中，因为尼采遭受了形而上学的故态复萌——我们被停止在了海德格尔的某种激进的时刻，正如海德格尔也似乎随时准备超越真理一样。

尼采的文本中至少存在三种女人的概念（他全都喜欢）：（1）作为谎言和错误的女人，男性真理的对立面；（2）作为基督徒，作为危险诱惑的女人，带着虚假的期盼和来世真理的残酷幻觉诱骗男人。[4] 这两种概念都是男性至上主义的、菲勒斯—逻各斯—中心的、贬低女人形象的，把女人置于曾经被阉割的，曾经阉割过的男人真理的经济学圈套之中；（3）最后，存在什么都不相信的酒神般的、女人的真

---

[4] 德里达指的是《偶像的黄昏》（*Twilight of the Idols*, trans. R. J. Hollingdale, Baltimore: Penguin, 1968, p.40）。

理，她是能够产生我们所需要的虚构真理的未被驯服的力量。只有在这第三种概念中，"女人被看作和被肯定为一种肯定性的力量，一位化妆女、艺术家、酒神。"（*Spurs* 97；cf. 87—91）在这里，既没有女性主义也没有反女性主义，既没有阉割的女人也没有被阉割的女人，既没有善也没有恶，没有真理也没有错误，只有无止境的、自由的挑逗、舞蹈的游戏，为每一种场合进行艺术虚构的编织者——胡塞尔阅读中有如能指一样的人物，他逃脱了纯粹先验语法的边界，并且实践着生产性的重复。

没有对这种模糊性的诠释学决断，没有支配这种文本和掌控这种文本的方法。即便尼采本人也有点儿失落（*Spurs* 101）。女人是不可判断的，是一种药、一种治疗法/毒药、一种增补/替代、处女膜，她服从于我们不能束缚的"一种不可判断的摆动"。但是，另一方面，这种风姿的多样性就是这个点、这个尖、这个笔尖，德里达和尼采文本的这种酒神般的刺。

没有尼采文本的真理，没有男人和女人的真理，因而也没有探测真理深度的诠释学。存在满足人们需要的许多真理，有太多的、过量的真理（*Spurs* 103）。没有性别的差异，没有精神分析的诠释，没有存在历史的诠释，没有任何种类的不容更改的同一性，没有严格区分的和可判定的本质，没有哪一种东西保持它们的恰当边界。这个女人宣告了诠释学的终结：

> 女人的问题悬置了可判定的真实与非真实的对立，并且开创了划时代的引号规则，这些引号是为从属于哲学可决定性系统的每一种概念而强加的。在这种规则下，把文本真实意义视为理所当然的诠释学筹划是不合格的。阅读摆脱了意义的视域或存在物的真理……（*Spurs* 107）

但是，根据这种摇摆不定的不可判断性的相同规律，我们不能考虑封闭海德格尔文本的著作。海德格尔确实是一个深刻的诠释学家，不是弗洛伊德式（伽达默尔式[5]）的那种，而是存在—历史这种类型的诠释学家。他是伟大的形而上学体系中传递下来的东西的一个解读者；他能够跨越时代，倾听正在发出的词语（Word），海德格尔是被提升到了第二种权力、存在自身真理的权力的诠释学家。差不多："海德格尔的阅读，通过其轨迹的近似总体性，勉强维持在（存在物的）真理问题的诠释学空间中。"（Spurs 115）在这种近似的总体性中，几乎完全但不十分完全近似。海德格尔的文本，正如尼采的文本一样，没有悄悄地进入座位。这个问题没有被固定，就是因为他没有明确地论及性别的问题。海德格尔可以用其他的手段提出他的方法。因为海德格尔的文本中没有某种使我们停顿下来的东西，因此一种突然的开放取代了存在与真理。

> 每当海德格尔认为存在物的问题涉及属性、居有、占有（特有、独具、发生，特别是事件）的问题时，这种裂隙就迸发出新的东西……然而，海德格尔的思想秩序常常被在占有过程中印刻真理的倾斜运动迷失了方向。（Spurs 117）

158

存在某种特定的超越存在与真埋的运动——取代存在中心的、真理论的（aletheological）质疑——一种超越真理、超越存在的真理和真理的存在的运动。即走向事件（Ereignis）。德里达还是会说，这没有什

---

[5] 从一种存在—历史诠释学的角度看，伽达默尔的诠释学仍然处于19世纪诠释学的影响范围内。伽达默尔并没有试图去思考在传统中发生作用的命运，这是被传统所掩盖了的东西。他置身于传统之中，并努力享受它必然提供的东西。

么新鲜的东西；它已经出现在《存在与时间》中了。

我们正在靠近德里达与海德格尔的接触点，那个点——已经存在于《存在与时间》中——甚至以这样一种方式把存在与真理置于问题之中，以至于它们开始限制和反对别的东西，某种"超出"存在或存在的真理的东西。但是，一方面，德里达改变了他的方向。受他全神贯注于限制这种本性的误导，德里达认为，《存在与时间》对"真实性"（Eigentlichkeit）的分析是在这种讨论之前——而不是，如我在第三章指出的是存在的"意义"和双重筹划的问题。它的存在中的存在物以及根据它的意义的存在的问题。正如我们已经看到，因为《存在与时间》中的"意义"不是在某种传统的意义上被理解，不是要么作为意义要么作为含义，而是作为独一无二的结果（woraufhin）、作为某种形而上学称之为意义的组织参照点来理解的，从而使《存在与时间》的"诠释学"已经行走在超越形而上学叫作存在、意义和真理的途中。根据那种解读，即便是"本性"的概念也受到了海德格尔的限制。再有，德里达变得高昂起来："尽管这个过程似乎被一种价值或者某种根深蒂固的本—性偏爱所吸引，但是，它愈发真实地导致了这种本性的困境结构"（Spurs 117）。尽管海德格尔始终思考存在与事件，但他却始终如一地停止在一种超越存在、基础、在场和真理的运动之中，跌落在非—占有的深渊中。

> 真理、揭示、阐明不再由存在之真理的占有决定，而是被投入作为非真理、掩盖、掩饰的无底的深渊之中。存在的历史成为一种除事件的高深莫测的过程外，没有存在物，没有存在物发生的历史。深渊的性质必然是性质的深渊，一种事件的暴力不需要存在而降临。
>
> （Spurs 119）

通过超越存在的运动，因而超越规定存在意义、后来规定其真理的整个诠释学筹划，海德格尔似乎觉察到了酒神的伪装，意识到了真理与非真理的游戏、虚构的生产、酒神的真理。那好吧，也许海德格尔真正理解了女人。他看到了事件中的归隐（Ent-eignis），所有揭示中的伪装，德里达称之为"le coup de don"，因天资而妩媚，因给与而带走——德里达说，这就是"女人的本质断言"（*Spurs* 121）。

> 这引导我们提出，倘若作为非真理、作为占有、作为占有的占有的真理的深渊，倘若这就是尼采所说的品味的形式和女人不存在，那么，宣言就变成了滑稽模仿的伪装。（重点号为作者所加，*Spurs* 121）

因此，我们被德里达恰当地引向了"时间与存在"，海德格尔在那里提出了"赠品"（Gabe）和"它给出"的给与物，因为它给予时间和存在，因而躲避每一种视域，因而也躲避所有可能的存在诠释学或存在现象学的视域。

假如那是真的，那么海德格尔对尼采的批判就被置入了问题之中，不是因为德里达，而是因为海德格尔自己。假如海德格尔也知道，每一种真理总是已经被非真理所颠覆，正如他所想象的，尽管他或许没有认识到，然而他却知道，意志对尼采而言是一种虚构，尼采不仅相信它——运用这种形而上学的虚构——而且又并不相信它——无非是把它看作一种虚构。

海德格尔似乎首先是一个从马上摔下来的哲学家/诠释学家，如今做出更仔细的考察以了解不恰当对恰当、非真理对真理的渗透。他懂得真理本质的深渊。他知道深渊的本性成了本性的深渊。因此，假如海德格尔的真理深渊不是德里达所说的"尼采风格"，那么，海德格尔就根本没从马上摔下来。

既然这是一种重要的"假如",那我将在下面尽力确定它的现金价值。海德格尔的深渊（Abgrund）与德里达的无底洞（abime）之间是什么关系？海德格尔的真理的无本质、归隐与德里达的酒神伪装之间是什么关系？去蔽中的遗忘与德里达/尼采的能指游戏"相同"吗？从存在超越到事件的运动与使存在成为一种差异效果的文字学还原"相同"吗？存在的"撤退"与事物本身的溜走（VPh 117/SP 104）"相同"吗？

要回答这些问题,我们必须进一步探讨德里达在这里提出的问题：在海德格尔那里,对存在的意义和真理进行了置换,对诠释学提出了质疑,这与本体论诠释学发生了断裂吗？海德格尔与赫尔墨斯（另一同属的种类）有关系吗？他从诸神、从存在的命运那里得到了消息吗？

在我看来,找到答案的最佳方式就是转向阿那克西曼德的残篇——对此,德里达做了一些讨论（*Marg.* 24—29/23—27）——在那里这种深度诠释学全面展开了。如果尼采是存在的历史的最后人物,一种技术本身的真正本质被揭示的终极（eschaton）,那么,阿那克西曼德则是这条路线作为起点（terminus a quo）的另一端,首先产生于米利都学派的系列调度的开端,而且我们现在仍然接收他的信号。是该仔细地考察海德格尔的邮递的、书信的和末世论的诠释学的时候了。

末世论循环

邮递原则是消息承载的原理,因而也是所有诠释学的原则。赫尔墨斯,作为传递诸神消息的信使,是所有邮递员的第一人,是后期海德格尔赋予赫尔墨斯以诠释学能够具有的唯一可能意义。"现在只有一个上帝能够拯救我们",他说,那就只有赫尔墨斯传递的消息。现在，德里达想表明，正是这样一种书信服务总是已经被混淆，并且被抛入了混乱之中：信件被丢失，消息被误解，无论真正的传送者还是真正的收件人都无法确认。如果西方的历史就是这种存在发送（寄送、历史，从动词"寄"到送或邮）的被收集的和集合的历史，那么，邮政原理的混淆就像存在自身的传递服务一样混乱。

按照海德格尔的信政原理，存在在开端以某种原始的方式，一种突然闪现的方式传送自身，它照亮古希腊的乡村，而随即消失，在后来的一系列传送中只留下自身的踪迹。这种踪迹变得如此的微弱，以至于我们现在处于末端，处在末世，以原始事件的某种极端遗忘等待着一种新的发送，它重复第一次并且开创一种新的并恢复元气的系统。海德格尔的邮政原理是末世论的：通过一系列逐渐的擦除和更加微弱的呈现[6]，一种原始的消息被赶入了极端的遗忘，通过一种相反的逻辑，产生一种新的消息。这样一种末世论——以开端压倒和超过结束的方式——从根本上就是诠释学的，因为它要求破译后来传递的拯救消息的天赋。它需要解读踪迹和重塑长久遗忘的起源的能力（Marg. 25—27/24—25），要理解最久远的古老的东西是如何传递正在到来的东西，以便我们能够看到转变为某种新的开端的结果。

这正是海德格尔在他对阿那克西曼德的解释中所获得的东西。与阿那克西曼德的联系，就是这个卓尔不群的漫长距离的哲学召唤，因为正如阿那克西曼德所说的，那就是我们从古希腊思想家那里得到的最早被记录的消息，而我们则是最后倾听到它的人。但是，为什么要为这样一种古老的消息而烦恼呢？难道它就是要看看我们能否真实地

---

[6] 在《发送：论解释》（Sending: On Representation", trans. P. Caws and M. Caws）中，参见 *Social Research*, 49（Summer, 1982）, 322—323，德里达说，因为后来的时代是第一个时代的派生的、减弱的、更隐蔽的版本，事实上它们被看作某种原始在场的"再现"。海德格尔因此采用了传统的再现思想的传统形而上学逻辑，由此他想撇清自己。

解释如此古老的消息的诠释学挑战吗？可能把这种召唤还原为一种技术的一诠释学的盛宴，既没有物质也没有重量（GA 5 325/EGT 6），对事情没有关系。把它还原为一种哲学一心理学技术的操练，看看我们能否进入一个很久以前生存在米利都这个地方的名字叫作阿那克西曼德的男人的头脑之中（GA 5 328/EGT 18）。

在海德格尔看来，这种消息的权威性（GA 5 325/EGT 16）与它的年代或其作者的癖好没有任何关系。我们的兴趣就是在阿那克西曼德与我们之间拉出一根线，重点不在于这根线的长度，而仅仅是编年一历史的距离。更准确地说，这个问题的提出，是因为先前的对后来的，尤其是最后的东西提出了要求，因而这不仅仅是一种言说，而且是一种要求。它不只是什么随便的召唤；它是一种中断我们习以为常的劳作一天的对话的优先召唤。因此，它不是关于长距离的召唤，而是在另一端有一种权威的声音的召唤。事实上，人虽然很远，但声音却惊人地亲近，现在它正向我们言说某种即将来到的东西（"in das Kommende hinausspricht"），或许是当今的某一天（我们既不知道日期，也不知道时刻）。

这意味着消息可能根本就不会到来，而那就是为什么阿那克西曼德在召唤的原因：发出一种预兆/提示，让我们注意某种需要倾听和听从的东西。他想让我们思考，重新唤起某种我们常常会忘却的东西。我们已经保持阿那克西曼德的唯一言说，但是它却包含着双重的消息。因为它告诉我们的不仅是它在开端怎样——它是一个距离遥远的召唤——而且或许某一天什么东西即将会到来。这种言说的力量，这种声音的权威性，就在于这些是相同的事情。相同但并非同一。阿那克西曼德的召唤从一端延伸到另一端，以至于它看起来像一种远程通信。然而，问题的结果不是目的而是终极。不是一种线性的目的，而是某种更加模糊的、嬉戏的循环的末世（eschaton）。

问题的末端不是一种远程线性的目的和完成，不是累积的西方传统潜能在那里获得了它们的完满——而恰恰相反。它是一种伟大开端的倒空（而非填充）、消费和耗竭。末世，意味着我们已经到达了传统的潜能已被消费的顶点，而问题是我们是否还愿意坚持这个死胡同，或者这种末世是否会彻底翻查自身并且成为某个新的开端的出发点，开放着迎接即将到来的东西。而这就是阿那克西曼德召唤的关键，它要求我们的力量：我们重新回想起这种决断，标示我们已经到达的决断关头。

末世—论不是目的—论。目的论是形而上学，是一种规律支配的过程，成功的种子在这个过程中开始播种，在那里，理性的种子从开始就种植了。目的论把我们与历史的偶然性、绝路和迂回的道路隔离开，就像康斯坦丁所抱怨的，黑格尔对事件的处理是一种欺骗行为，黑格尔是兜售虚假的时间货币的商人。在目的论中，开端是微弱的，进步是稳定的，而结果是伟大的成就和基督再临，是一种扬弃。但是，末世论则是一种游戏。在末世论中，开端是伟大的，是闪光的巨大迸发，是照亮整个乡村的闪电。但是，它如闪电般即刻消失了，而后，它的记忆被暗淡、被抹去了，直到最后，经过一系列没有人可以预测的转变，存在的只是黑夜，只有西—方（Abend-land）。

我们处于整个地球的最巨大的转变的前夜之中，以及地球被悬浮其中的时代之中吗？我们站在那个预告另一个黎明的前夜之中吗？……傍晚的领地只是现在才出现吗？这种傍晚的领地压倒东方和西方，并且超越欧洲成为一种新的原初的命中注定的历史的处所？……我们是我们所是的迟来者吗？但我们同时也是一个全然不同的时代的黎明的先驱，这个时代已经把我们的历史的历史学表现抛在了后面。（GA 5 325—326/EGT 17）

这不是一个通过科学的历史探索、通过仔细地计算过去的可能性以测算即将到来的东西的问题。历史计算系统地破坏我们与未来、与某一天即将到来的东西的真正关系。它完全无视正在跨越时代被发送的即将到来的消息、真正的消息，系统性破坏邮寄中即将到来的东西（GA 5 326/EGT 17）。

因此，在目的论的远程通信与末世论开端的倾听之间存在着本质的差异。当前的时代是一个深奥微妙的历史探索的时代，最发达的历史意识的时代，正如有着最发达最精致的国家和国际通信系统的时代。为联系过去和当下的事物，我们可以随意支配最发达的技术。但是，正是在这样一个时代——海德格尔把它叫作"历史主义"时代，因为我们是最精明的历史研究者，因而能够最好地重构过去——我们变成了聋子，并且无视那跨越时代传递下来的消息，无视真正的存在的消息："通过无线电和通过一瘸一拐跟随其后的报纸对全世界的通信进行技术组织，是历史主义统治的真正形式。"（GA 5 326/EGT 17）

报纸传递词语比无线电慢。无线电落后于电视，电视通过卫星让我们处于一种尴尬境地，让我们目睹发生在另一半星球的事件。电视的目光在福柯描述的圆形监狱的完成中逐渐成了全方位的视看。这是一个如何快捷和如何有效地终端连接终端、目的连接目的的问题，那就是究竟什么东西宣判了报纸的死刑，而且，现在似乎要宣判图书的末日。目的一论，就是最有效地来自终结并走向终结的科学。在远程通信中，目的论到达了它的巅峰，而末世论的线索也已经死亡。远程通信的技术增长越是发达，我们就越成为存在消息的聋子。末世论传递的消息的明晰性，与远程通信的技术组织化成反比。技术通信系统的噪音，淹没着存在发出的消息。

在末世论中，最开始的东西不是慢慢成熟为结果的种子，而是一种闪光，在最终熄灭之后，它能够再次闪现，并把黑暗变成光明，把傍晚变成一种新的黎明。在目的论中，最后总是跟在最先的后面，跟在漫长的成熟过程后面；但在末世论中，最先能够超越最后，而且带着不可预期的意外。假如那早先的东西超越了所有后来的东西，假如那最早的东西完全超越了最后的东西，那又会怎样呢？那么，我们会处于一种末世论的方式之中，能够倾听某种新的东西，某种新的开端的萌动。而且，这就是所有末世论与目的论之间最具有决定性的差异。当目的论达到了目的的时候，它就得到了完成、满意、和平、宁静。但是，在末世论中，终极就是转向一种新的开端，一种亮光的新的闪现，一种新的邮政服务的开端。由此，海德格尔回答了他自己的问题："因此，那作为曾经发生的东西，曾经在我们的命运的黎明中发生的东西，最终可能，即可能在长期隐藏的存在命运的出发中出现。"（GA 5 327/EGT 18）

开端还会在末日出现，并且超过末日。而这就是末世论所意味着的东西：当我们以这样一种方式被迫进入末日的时候，开端能够超过它，从而使末日自身旋转，反转自身，并且成为一种开端。告别和开端，离开并重新开始合为一体。因此，整个存在的历史累积的财富全部汇集在反转的微明瞬间之中。本身的终极只是一个终点，一种可能性的延伸，一种绝境的危险。但是，一种末世—论意味着开端超过终结，即所有庇护和隐藏在开端与终结间隔之间的东西都汇集在一起，并推动终结超过自身，越过和胜过它，并提前开始一种新的开端。整个存在历史最终的完全聚集就是存在的末世论。

> 存在物的存在就会聚在其命运的终极性之中。迄今的存在本质消失了，它的真理仍然被掩盖着。存在的历史被聚集在这种启程中。这种启程中的聚集，正如迄今在存在本质最远端的聚集，就是存在的末世论。作为某种命定的东西，存在在本性上就是末世论的。（GA 5 327/EGT 18）

164   在目的论中，从种子到成熟的形式存在一种线性的发展。在末世论中存在一种循环的反转，开端在这种反转中超过终结并使反转提前发生。因此，末世论思想很明显就是在早先的东西中再次看到即将到来的东西的能力。当我们先前的东西超越了后来的东西之时，后来的东西便重复和复述向前的东西。"如果我们按照存在的末世论来思考，那么我们将来的某一天必须等待在某一天即将到来的东西中曾经属于早先的东西。今天，我们必须学会用自身的概念沉思前者的黎明。"（GA 5 327/EGT 18）

超过就是重新拾起，再次拿起。海德格尔重复的循环性出现了，现在从忧虑和时间性的循环存在（并且意味着诠释学循环）转向西方历史、存在历史的循环存在，转向存在的循环发送，末世论循环中存在消息的循环。海德格尔并没有放弃循环；他把它重新印刻在存在的历史之中。循环就是重复的模式，这是一种存的消息被发送的模式。正是通过学习书写在循环中的东西，我们才能破译它的消息，因为这样，我们便能看到最后，真正最后的、最末端的最后到来的东西，即将返回到最先的东西，不是以某种线性的重现——这会是愚蠢的——而是以某种我们不能预测的重新发送的形式。

在末世论中，开端赶上终结，并把一种终结推向终结；在目的论中，终结完成着开端，并把终结推向开端。在末世论中，开端越过终结从而驱使终结超越自身。最末端就是随后转向某个开端的点，正是凭借这样一种末世论的循环，作为最大危险的这种最末端，同样也是拯救的所在。末世论的这种循环性解释了海德格尔的拯救与危险汇聚的观点。我们被循环所拯救。而这确实就是论阿那克西曼德的论文的注解中所总结的："还有救吗？当且仅当有危险时才有救。当存在本身达到终极，并且来自存在本身的遗忘反转自身时，才有危险。"（GA 5 373/EGT 58）

因此，末世论中的言说、聚集中的交谈提供了一种反转的逻辑，一种开端在其中延长自身进入遗忘的运动，然后改变自己成为一种新的开端。而这种末世论的逻辑——这是一种原初的逻各斯，而不是形而上学的方法—逻辑、目的或存在逻辑——同时，就是一种拯救的历史，一种危险被倒转、黑夜被变成白天的方式，它就是这样一种方式，通过倒转自身的终极的优雅，通过末世论循环的优雅，通过不同于拯救我们自身的方式的重复的循环，我们能够被拯救。

这就说明了阿那克西曼德的召唤向我们提出的要求。它是一种意味着要把我们从末世中拯救出来的召唤，避免终结会成为终极错误的命运。阿那克西曼德有一种紧迫的消息要传递，并且已经向我们发出了一种紧迫的召唤，尽管它的到来是以单线电话的形式，一个很快就发完了信件的使者，或许在一场大火中失去了。我们没有完整的消息，而只有断简残篇。但是，我们能够认出我们确实拥有的东西，如果我们关心存在的发送，认真地解释那些消息，那么那些消息就是重要的，为走出死胡同提供一种选择，一种逃离"危险"的拯救，而那些就是海德格尔的诺言。人们需要诠释学的符码，循环的符码——它教导我们通过向后阅读来破译、按照重复的规则阅读，根据所有向前同时也是相反的运动——以便破译这种拯救的消息。[7]

超越邮政原理

康斯坦丁对这种末世论会皱眉头。他会怀疑，在关于即将到来的东西的回忆性的、后退的运动的所有这些话题中，在关于这种新的黎

---

[7] 对于"两个开端"的相当详尽的描述，参见《全集》第45卷（GA 45）。在《应用语法学》（*Applied Grammatology*）中，格雷戈里·乌尔默从新的通信技术问题的角度对德里达进行了解读。

明的讨论中，有一种对过去时光的怀乡病。他会怀疑它一切都开始于失去，重复依靠为其辩护的人来完成。似乎亚伯拉罕因为主没有让他把事情做完，他知道了存在某种法律，或者约伯知道他不会被恢复，并且主不会让他把这件事坚持下去。那样做会让事情变得太容易，而不是恢复困难。而且那会破坏重复、颤栗、震动。

对德里达来说，这种末世论也仍然是目的论的更微妙的变化，一种元—目的—逻辑的元—物理学（a meta-teleo-logical meta-physics），一种围绕自然和流动的例外的诱惑方式。整个事情的设计都是为了把流动置于规律之中，不是被置于一种坚固的目的—逻辑律，而是一种更加温柔而诱人的循环律，那毕竟是形而上学已经设计的最让人安心的意象，所有意象中最具有柏拉图性质的意象，它把所有运动推翻。这是一种不诚实的姿态，由此，我们允许事物尽可能猛烈地向前推进，与此同时，也一直把它们绕回去。与其说所有不断深化的黑夜就是等待即将到来的黎明，不如说没有更好的办法束缚游戏，没有更好的方式能够再保证我们自己面对流动。终极重复着本原，复述着可能性，正当一切都是黑暗的时刻，确实是在最黑暗的时刻，拯救我们，正当黑夜西沉到最低点的时候，我们转身看到了新的黎明的终极。存在一种消除人们的夜半恐惧的思想。因为它对主体主义、存在中心主义的所有克服，仍然是一种中心主义的形式，仍然是一种慰藉。太阳仍然以太阳中心主义升起。柏拉图主义始终是反光仪。

末世论意味着人们用一只耳朵倾听支配终极的逻各斯。但是这种聚集在一起的逻各斯，并没有远离统一体和总体化的形而上学，没有远离存在—逻辑和目的—逻辑的逻各斯，如海德格尔所喜欢认为的那样。所有东西都表现出德里达所说的"某种目的的统一体或者更准确地说'命运'、存在的统一体"[8]，一种末世论的统一体，在这种统

---

[8] "Sending", p.321.

一体中，完全相同的东西以一种原始状态的形式发送自己，然后以或多或少被擦除的形式持续发送自身，最后只留下自身的踪迹。末世论是一种更高级别的、被否定了的形而上学的形式，是被置于更高位置的形而上学；它不是对形而上学的克服，而是一种更高级别的形而上学，不是对人道主义的限制，而是某种更高级别的人道主义（*Marg.* 148/124）。因为，毕竟，人们讨论形而上学、存在—目的—逻辑、哲学的终结时，人们自身究竟站在何处？人们究竟在哪里离开那样的话题？实际上，人们就是为了在某种总体化的清除中环顾流动，人们在哪里离开、逃离流动？人们如何离开形而上学，以便封闭它，在它周围画上一个圈，产生它的闭合效应？

最近，哪里有正常的讨论这种末世论的、天启式的语调的思想——所有关于这种终结和那种终结的讨论？目前，存在着太多的"天启式雄辩"，太多的诠释学家认为他们看到了即将来临的世界的终结。

> 我告诉你们真相；这不仅是此地的此种终结，而且是并且首先是彼地的那种终结，历史的终结、阶级斗争的终结、哲学的终结、上帝的死亡、宗教的终结、基督教和道德的终结（这是最严重的天真）、主体的终结、人的终结、西方的终结、俄狄浦斯的终结、地球的终结、当今世界的毁灭……以及文学的终结、绘画的终结、作为某种过去的事物的艺术的终结、精神分析学的终结、大学的终结、菲勒斯中心主义和男性中心主义的终结，我不知道别的东西。（*Fins* 464/Apoc. 80）

现在，除了此处这种饶有兴味的自我批评之外（德里达也有他的天启式时刻；他力图用人和逻各斯中心主义的终结的讨论以超越海德格尔），海德格尔被明确地列于这些天启式的诠释学家之中。

> 假如海德格尔认为形而上学或存在神学的克服，就像与之不可分离的末世论的克服一样，那么，他是以末世论之名来完成的。他几次谈到思，在此不同于哲学，即思从根本上是末世论的，这就是他的诺言。（*Fins* 465/Apoc. 81）

天启式的表达必须有一种看到正在发生的事物的深刻本质的洞察力，破译从头到尾清除的能力（当它进行清除的时候它站在何处？），需要紧紧抓住动词意义上的存在（Wesen），它是始终到来的在场，现在正走向终结。它必须看到一种原始的首要的可能性被耗尽，看到它已耗竭自身，完成了它所有的运动，现在无处可去，这并不是说它不会无限地坚持下去。末世论预设了诠释学——即深度的诠释学，它与上帝保持热线电话。

然而，没有告诉天启论在何处开始和终结自身。有时天启论是已经看见光的预言家和幻想家（Schwärmerei）；有时他们是理性主义者、启蒙运动者（Aufklärers），这时，他们看见的光是理性之光。而有时，就像海德格尔一样，他们是思想家，认为消息是存在在伟大的形而上学信件中发送的。确实，即便告知关于天启的真理，宣称天启论的终结，也是天启论的、雄辩的。而且，把它进一步复杂化，天启论也不具有一种简洁的、可决定的本质。因为有时候天启论也做一些善事，就是当它公然反抗规定哪些消息可以或不可以发送的邮电局长的时候。因此我们很高兴拥有天启论瓦解的疯狂声音，在公共线路上发送邮电局长想要审查的东西。

天启论认为它们拥有一种理解拯救我们的消息，一种具有确定的发送者和目的的消息。而德里达想要超越这种邮政原理，就他自己来说，不是借助于跳过它，而是指出它本身为什么总是没有结果。（他没有解构任何东西。邮件原则结构自身，而他的工作就是把它指出来——更准确地说，是指出黑格尔把"思辨"运动看作事物本身的运动的方式，这是现象学家们清楚地见证了的。）这种邮政原理运用一种目的—逻辑系统：在一种发送与目的的系统中，逻辑（消息）是从目的（telos）发送到目的（telos），从发送者到接收者。但是，倘若这是德里达在胡塞尔和奥斯丁的阅读中针对"有效交流"提出的论点，假如他不得不讨论可重复的和可改变的能指链的差异和干预，假设他不得不讨论播散，那么，邮政原理就是一种梦想。

即便当约翰表明世界毁灭本身的时候，埃洛因[9]给了耶稣一则消息，耶稣把它传给了约翰。但是，耶稣用一个天使——安琪儿（angelus）、信使——传递消息，其结果也是在一种非常复杂的传递中混淆了说话者与消息。就像在《明信片》的封面上一样，有人总是在正在说话的人耳边小声说话，以至于我们不知道我们听到的是谁的消息。关于世界毁灭的真正的天启问题就是这样一种方式，即它表明在任何交流中语言与消息的断章取义的混淆（*Fins* 470—471/*Apoc.* 87）。目的的原理被出现的差错混淆了，而邮政原理则变成了目的地误差（destinerrance），消息变得狂放不羁。

末世论实践了一种"传导的暴力"，它总是想拯救我们，把我们引导到某个地方——走出黑暗进入光明，摆脱遗忘恢复记忆，跳出座架来到四重整体（Geviert），来吧，主耶稣。来吧，超越存在，进入事件。但是，假如这种"传导的暴力"能够被破坏，那么，这种"来吧"就会被释放，就会被转变为一种邮件的自由游戏，一种没有规定目的或固定本源的漂移，一种总是已经重复的重复，不需要最初时间

---

[9] Elohim（埃洛因）是在犹太教《旧约》用来表示"神"的古希伯来语，Elohim 是单数 Eloha（埃洛哈）的复数表现形式。Elohim 这个词的原意是指"来自天上的人们"。——译者注

和最后时间的目的之间的延伸。

> 也许你会禁不住把这叫作灾难、大灾难、世界毁灭。此时此刻,很明显被宣告——作为允诺或者恐惧——一种没有启示的世界毁灭,没有异象、没有真理的末世,它没有消息(因为"来"本身本质上就是多数)的显露,没有消息的地址,没有目的地,没有发送者或确定的收件人,没有最终的判断,没有任何末世论,而只有"来吧"这个语调,它的真正的差异,一种超越善与恶的启示。"来吧"并没有宣告这样那样的毁灭;它已经回荡着一种肯定的声调;它本身就是启示的启示。"来吧"就是一种天启。(*Fins* 477/Apoc. 94)

但是,如果我们用这种东西来检验海德格尔,如果我们把事件从它传递某种自我同一的消息的工作中释放出来,其结果就是命运的一种自由飞扬,一种海德格尔没有准备好的事件的纯粹游戏。那么,言谈就不会辛劳地收集跨越时代的消息,然后以一种分解(Austrag)(ID 132—133/65)传递它,让它出生、足月、最终发布,传递一种到达终极的消息的最后表达,并且在至关重要的颠倒和开始新的邮政服务的分娩中,彻底翻检自身。

> 现在我们的启示是:无论是在去蔽的言谈中,还是在发送消息的共同目的地中,这个目的地将保证在规定的肯定性中产生事件的权力"来吧",都不再有作为善恶集合的天启论的任何地盘。(*Fins* 477—478/Apoc. 94—95)

与容忍这种差异相反,海德格尔要使这种差异产生,成为一种分解,一种新生活诞生的传递。对德里达来说,唯一的启示就是一种"没有天启的启示"。

邮政系统以不同的形式出现。在胡塞尔那里，一种完全以其理想性构成的理想的和可重复的消息，跨越时代被发送，由不同的传译而产生，被不同的复制者复制、复印、合成和分发，然后委托给职业化的训练有素的信使。印刻在奠基行为中的书信被传递和完善，因为它是以小心谨慎的、含义明确的包裹形式被传送。但是，接收这种邮件需要一种回复，需要传送一封回复的信件，需要一种回信的责任，由此我们保持与信件原作者的联系。在伽达默尔那里，关心的是传递和交流的动力学：它总是相同的信件、相同的事情（Sache）或相同的信件内容，它保持不断地被翻译为新的东西，并且以新的语言传递，以至于我们知道这种信件是如何应用到我们身上的。因此，假如胡塞尔经营的是一家考古—目的论邮局，那么，伽达默尔利用的则是一种实践—目的论邮政系统：我们等待着邮件的教诲，等待来自电话线另一端关于我们如何行动的声音的指导。

但是，在海德格尔那里，一种末世论—逻辑的邮政原理在起作用：一封原始的邮件被发出，充满着原始力量的词语，不过它立刻消失了。唯有它留下的踪迹、撕裂的碎片，直到最后，正当我们思考时，它全然进入了忘川。我们意识到这个邮政原理，意识到末世论的密码，它告知我们与形而上学相反的书写方式，循环回到自身。因此，原初的消息被重新获取、恢复和重复。我们时刻准备着迎接新的黎明、第二次的到来、新的开端、拯救的力量。正当原初的消息到达我们之时，我们的回信也已经到达目的地。

在海德格尔看来，我们站立在一系列被扭曲和危险的在场信息的末端——从本质到座架——它反过来提出了"思"的任务，追思的任务。这要求一种深度的诠释学，它懂得如何向后阅读，如何相反地阅读，因而在词语中和在技术作品中阅读拯救的信息，从而把它变成一种拯救的消息。思懂得如何破译；它知道拯救就是向后表达的危险。对德里达而言，知识不会使思想成为更少形而上学的，不是因为它所有的天启的、末世—论的形式。

德里达反对他自己，对海德格尔的这种解读已经被海德格尔所取代。难道这种邮政原理没有包含海德格尔事先已经限制的一种技术形式、一种通信技术的作用吗？难道我们不是在根据技术来努力思考存在的历史，这种存在所采取的一种形式吗？然而，它不是德里达而是海德格尔运用的邮政话语，他用发送、天命和印迹（Prägung）这些词语来言说。而这不能被理解为一种"隐喻"，除非是在德里达于海德格尔那里看到的隐喻的"灾难"意义上，即在那里主旨和媒介的作用是相反的（假如海德格尔说，语言就是存在的居所，这意味着居所是根据存在来思想，而不是根据栖居于居所中的存在[10]）。因此，假如事件是一种邮政系统，这并不意味着我们必须根据信件传来思考存在的历史，而是根据命运的信件传送来思考存在的历史。对德里达而言，这意味着事件在海德格尔那里占有某种位置，在德里达自己通过原书写意义上的书写中占据某种位置，这就是所有的转移、隐喻、对应和交流在其中发生的环境。而德里达的观点就是，这种核心的过程单位在交叉的线路迷宫中已经被壅塞、被搅乱、被离心，被抛入了混乱之中。

---

[10] 参见"Le Retrait de la métaphore", Poúsie, 6（1979），103—126; Eng. trans., Enclitic. 2（1978），5—34，德里达在其中分析了海德格尔的隐喻意义，并回应了《保罗·利科尔对"白人神话"的批判》(The Rule of Metaphor, trans. Robert Szerny , Toronto: University of Toronto Press，1977，pp.280—295)，这是德里达对海德格尔最复杂的处理之一，他在书中特别提到了 Entung 的概念（with-drawal, ent-ziehen, re-trahere, re-trait)，在我看来，这是海德格尔思想的一个关键点，在那里，存在、真理和意义都被赋予了"奠基者"的作用，正如我将在下面所讨论的。

> 如果这种邮政的（技术、立场、"形而上学"）以"第一"消息发送，那么就不再有"形而上学"等等（对此我还会说并且以不同的方式说），甚至不会有"消息"，而只是没有目的的消息。因为要把不同的时代、电台、决定，总之整个存在的历史整理为一种存在的目的，这或许是前所未闻的邮政陷阱。甚至没有任何单一的邮件或消息，存在的只是许多的邮件和信息。（CP 73—74）

即使把"形而上学的历史"看作一种"存在的命运"，从而把它封闭在统一而未被区分的"形而上学"本质之中，也仍然存在于形而上学的筹划之中，并且束缚游戏、驯服流动。它把它组织成一种历史，并且把历史集中于某种命运——当只有这种复数和多数的消息在每一个不同方向飞扬时。[11]

在这样一种历史中，它就是在所有事物的座架上被书写的消息。当天的明信片有一副令人讨厌的大烟囱伸向天空的画面。但是我们的诠释学家知道密码，他知道如何反向解读，能够从中发现另一种可能性——就像那些玩纸牌戏法的人一样，以不同的角度拿着牌展示不同的场景。座架会被转变成四重整体，"马丁从弗莱堡给我们发来了最美的明信片"（CP 74）。那会把邮政技术时代带向终结。那将代表邮件的终结、过程的终结、所有信使的终结（CP 37）。每一种事物都将溜进一个新的开端。但是，对德里达而言，那只是一种在场的梦想：当前的末世论。

对德里达来说，没有存在的历史，没有（作为某种统一的本质

---

[11] 这也是《发送》（318—326）的论点，关于海德格尔和德里达的"Es gibt"的更多论述（*La Vérité en peinture*, Paris: Flammarion, 1978, pp.313, 320—321, 391, 425）；我本人的《从右讲述左：诠释学、解构和艺术作品》[*Journal of Philosophy*, 83 (1986), 678—685]。

的）形而上学，没有倒转的指导逻辑——只有差异的自由游戏。只"有"差异、邮政代理、接替人员、延迟、丢失的信件。只有通过把邮件回复到信件的正在返回的信件，在没完没了、毫无希望的错综迷宫中通过恢复邮件本身已经返回的邮件：没有任何信件到达它的目的地。人们甚至不能书写这些消息的历史，因为历史、传统和传递都是邮政游戏的构成效果。对一种历史的渴望就是末世论的、形而上学的、世界末日的渴望。

这是不是在一种存在的"历史"或"命运"中，一种把它封闭起来的伟大的末世论集聚中，聚集着游戏的先验语法逻各斯或末世—论逻各斯，这样，我们便回到了能指的解放的问题，逻各斯的规则还原为符号游戏的问题。德里达的文字学还原处处准备着尝试建立漂移的规则，把这种漂移置于某种支配范式的控制之中，甚至以"拯救"我们的名义。

那么剩下的又是什么呢？我们被完全切断并轻松地进入混沌世界和混乱之中吗？恰恰相反，在保持德里达卷入的这种解放的工作之中，这种邮政的还原释放了自由的循环，对明信片上的信息的公共阅读取代了信封中和胶水密封中的隐藏起来的信息。恢复邮政原则意味着我们不再等待邮件，好像它包含某种特别发送的私人消息。邮政还原释放了符号的自由循环、自由重复，并非必须回答某种形而上学的或者元形而上学的原则和起源。而这将走向自由的文学、自由的书写、自由的思想、自由的科学，走向所有你所需要的自由。

就在上面引用的文本后面，德里达增加了一个附加的评论："而这种运动（它似乎对我来说同时离海德格尔很远也很近）。"（CP 74）这是永远循环的"几乎"，德里达从来没有失败地把他的文本置入海德格尔的文本中。海德格尔使这种能指的游戏服从于存在历史的规律，并且仍然与形而上学共谋：几乎共谋。海德格尔错过了酒神般的女人：

几乎错过。海德格尔的思想按近诠释学轨迹的总体性:几乎接近。

存在一个超越末世论的海德格尔,一个后—末世论的海德格尔吗?一位后—邮政的海德格尔吗?一位没有做出末世论发送的海德格尔,他不希望一种末世论的传递,没有经营一种存在—历史的投递服务吗?"解构"并不意味着破坏的批评,而是释放另一种阅读。

> 在重新召唤作为出现于在场之间差异的存在与存在物(本体论的差异)之间的差异中,海德格尔提出了一个命题,一种命题的体系,我们不能继续作为批评来使用的体系。这会是愚蠢的结果;毋宁说,我们要尽力而为的是,回到它的力量被激起的这种命题。(*Marg.* 24/23)

因为海德格尔并没有写:

> 事件生成(Das Ereignis ereignet)(SD 24/TB 24)。给予游戏,因而才有游戏(Es Spieled, weil es spielet)。(SG 188)

在这里,我们看到了一个海德格尔,一个更加朴实、更为基本的海德格尔,超越了末世论、超越了邮政原理。这个海德格尔超越了诠释学吗?或者,这确实是一直许诺的"激进诠释学"吗?

去神话化的海德格尔

我一直坚持海德格尔关注的问题、事情,不是存在而是超越存在。存在一个超过、越过或者限制存在的时刻,这个时刻从《存在与时间》讨论存在的意义开始就一直存在，并且明显地出现在如存在的"真理"（尽管是模糊的）、"开放""林中空地"中，首先是出现在"事件"这种表达的后期著作中。海德格尔想超越存在，思考那种让存在发生或出现的东西。在这个问题上，存在某种特定的形而上学的封闭。而且也正是在这个问题上，形而上学意义上的"存在"和"真理"成了某种非原初的东西。

而且，也正是在这里，我看到了海德格尔与德里达的连接点。因为，在赞成给与/产生存在的东西的存在的限制中，存在与真理成了德里达意义上的"效果"。尽管德里达对海德格尔的更早讨论倾向于忽视这个问题，并且认为海德格尔似乎直接从事有关（相反的是超越）存在的话语，从《马刺》开始，德里达就不再这样处理了。如我们已经看到的，在《马刺》中，德里达指出，海德格尔思想中的存在与真理规则存在着某种缺口，某种去科学，或者超越它们的迸发。"每当海德格尔把存在的问题归因于属性、恰当、占有（特有、独具、发生，特别是事件的问题时，这种去科学就产生了新的东西"（*Spurs* 115—117）。

思考事件就是超越存在，思考给与或承认存在（和真理）的东西，并把它看作一种效果。而这，德里达正确地指出，已经存在于《存在与时间》之中："它在这里的入侵并不标志着海德格尔思想秩序的断裂或转折点。"不过，德里达自己脱离了正轨："因为在《存在与时间》中，真实性（Eigentlichkeit）和非真实性（Uneigentlichkeit）的对立正组织成生存论分析"（*Spurs* 117）。因为它不是组织生存论分析的东西，而是组织、滋养和指向相关存在的理解，而这就是"所向"（Woraufhin），在筹划"所向"。德里达允许他对这种属性限制的偏见，他对真实性的批判在这里拦截他，并且错过了他自己开启的问题。然而，我想留在这个轨道上，继续探讨这个问题，以便体现海德格尔某种更激进的观点,超越存在诠释学、超越末世论循环。德里达批评海德格尔的"怀旧病"和"某种纯粹母系或父系语言的神话,某种失去的或天真的思之故乡"(*Marg*. 29/27),由此,这允许我们把这种更加基本的海德格尔称之为"去神话化的海德格尔"。只有这样,才有可能让海德格尔与德里达面对面坐在一起。在第三章中,我已经强调了《存在与时间》做出的存在与存在的意义之间的区别,如我所指出的,它更容易让人们忽视"首要的"与"次要的"筹划之间的不同。首先,海德格尔说,存在物被投射到它的存在上;这就是一种基本的、首要的筹划。它在其存在(Vorhandensein)或上到手头(Zuhandensein)或在此在中被筹划。因此,他根据那种存在的"意义"再一次并且更具有决定性地被筹划。让我们再一次解读来自《存在与时间》的相关文本:

"意义"指什么?……意义就是某种在那里保持自身的东西的可理解性——甚至那种东西没有明显地和主题性地呈现在眼前。(SZ 323—324/BT 370—371)

意义并不完全就是理解的对象,通过理解所理解的东西,而是在其中所理解的东西被悬置、被维持。意义不是一座监狱,而是一种"维持"。意义保持被理解的东西,给它一个支点,它的可理解性就能够围绕这个支点组织自身。因此,就某种在它的如其所是的可能性中被构想的东西而言,"意义"指某种基本的筹划"所向"(SZ 324/BT 371)。这是因为,存在物首先是在它的存在中被筹划的——"首要的筹划"——即它是某种被理解的东西。但是,它是因为我们在这种首要的筹划中(首要的筹划"所向")指向了某种参照中心,某种特定的支点或者组织点,从而我们能够有权要求认识被理解的事物的"意义"。意义使存在的筹划成为可能，反过来，意义也使存在物的呈现成为可能。意义总是与使成为可能有关（SZ 324/BT 371）。不存在两种筹划，只有相同筹划任务的两个阶段：第一，存在在那里被投射到它的存在物上；第二，我们在那里决定维持和保持在一起的筹划的理想。

海德格尔从事的构想不是存在/存在物的二元对子，而是一种三元的、三重的表达，它根据（1）要被理解（筹划）的存在物；（2）该存在物的存在，为它提供其视域的框架；（3）该存在之存在的意义，在其存在中的存在物的筹划"所向"。由此，海德格尔区分了存在物/存在的意义；被筹划的/它的筹划/筹划"所向"。

因此，形而上学的历史问题，便不是它没有存在的问题——确实，所有的人都发现在那儿——但它忽视了迈出第二步。形而上学没有认识到，这后退的一步就是两步——首先，从存在物到存在，然后，从存在到它的筹划"所向"。所以，形而上学天真地发挥作用，忽视了隐藏的"所向"，即使这是存在的理解养活和培育了自己所依靠的东西。

> 对存在者的所有存在的经验……都是以相应的存在者的存在的筹划为基础——这些在每种情况中都或多或少是透明的。但是，在这些筹划中隐藏着一种筹划"所向"；存在的理解就从这种"所向"中吸取自己的营养。（SZ 324/BT 371）

这种对"存在的理解"或多或少是明显的，但是不那么明显的东西，以及需要研究的东西是，滋养存在的理解的"所向"。因此，《存在与时间》的"诠释学"任务，它的存在的"意义"问题，就不是提出一种存在的新的筹划，而是根据被组织的各种形而上学筹划发现被隐藏的所向。诠释学问题不是本体论内的而是原本体论的问题，正如在最后的马堡讲演中所说的：[12]它已经是针对形而上学，以及人们在形而上学中发现的存在的筹划。

因此，提供一种相互矛盾的存在/存在物区分不是海德格尔的问题，尽管他有时暗示它是（而当他这样做的时候，那是海德格尔仍然处于形而上学之中）。他没有提出一种更高的超越它的矛盾性的存在的理论，正是因为他总是不变地谈论存在物，因而从没有成功地跨越存在/存在物之间的这条线、这道沟。恰恰相反，他寻找这道沟本身，形而上学画出存在与存在物之间这条线的方式，所有形而上学区分存在/存在物所遵循的规则。海德格尔并不想卷入这种争斗，进入一种争夺最后的、最新的"存在"的命名之中。很明显，那是德里达所正确批判的、我要去神话化的存在—诠释学筹划。海德格尔想悄悄地、不易被人察觉地绕着这些争论的边缘移动，弄明白在竞争中规划不同入口的规则。

他不是对"消息"（筹划）感兴趣，而是对传递服务（所向）的性质有兴趣。他没有在惯常的意义上寻求"存在的意义"。因为，在惯常的意义上，意义指向的是首要的筹划，指向如上到手头和存在这样的规定。而这正是占据形而上学的历史的东西——有如《现象学的基本问题》所描述的各种"世界观"（Weltanschauungen）。毋宁说，海德格尔的视域诠释学姿态所指的是，要弄明白在生存中保持和维持所有这些筹划的东西。在《存在与时间》里，海德格尔已经退出了形而上学的竞争。他已经在讨论形而上学，要求超越形而上学。他已经走在不是通向存在而是超越存在的途中，正如他在《现象学的基本问题》中所说的（GA 24 399—400/BP 282）。

---

[12] GA 26, *Metaphysische Anfangsgründe der Logik*（Frankfurt: Klostermann, 1978），pp. 197—202.

这意味着《存在与时间》中的"诠释学"这个词容易被误解。因为，在其直接的意义上，它暗指存在诠释学的筹划，即《存在与时间》继续突破并提出迄今迷惑了形而上学历史的存在的真正意义（在惯常意义上）。因此，《存在与时间》分析的目标将会突然发现别人都忽视了的存在的"意义"（在那里，"意义"具有内在本质或存在构造的含义，例如首要的筹划）。在那种解读中，人人都想知道海德格尔知道而别人忽视了的重大诠释学秘密是什么，而且因为海德格尔没有提出这个秘密，或者说不存在说出他知道的秘密的语言而受到批评。存在诠释学就是隐秘的诠释学。

但是，事实上，意义，以及由此产生的诠释学，都具有不同的、非常技术性的、不平常的"所向"（Woraufhin）的意义，意义的制造者和生产者组织意义或视域并塑造它们。它不是惯常意义上的意义本身，而是在直接意义上建立意义的一种元—意义。在海德格尔这个意义上关注"意义"的范围内，他正走在超越形而上学意义上的存在的"意义"的途中。

175 《现象学的基本问题》中提出的四个"命题"，都是形而上学的、存在诠释学意义上的意义，它们不同地把存在规定为本质/生存、立场等。海德格尔只对排列这些命题感兴趣，在格子上把它们展示出来，翻检它们看看是什么东西安排了它们的存在的概念。他的关键问题不是要提出第五种命题。当他说时间就是存在的意义时，这不能被假定为一种竞争的命题，不能把它看作海德格尔本人关于存在的形而上学意义；它是一种关于形而上学理论如何成型和如何被设计的元—命题，即借助于时间，当下在那里被赋予特权的规定。

从这个观点看，真实性与非真实性之间的区分，在生存论分析中就不是重要的东西。德里达对这种区分的攻击，尽管目前看来是正确的（指出这种区分被隐蔽在自我在场的语言中），但归根结底表明在很大程度上这是不相干的。[13] 首先，德里达认为，海德格尔组织了这种生存论分析是错误的（*Spurs* 117）。关于真实性/非真实性区分的重要的东西是，它是一种时间的区分，它根据时间或者围绕时间得到了表达或安排。这就是说，它的意义是时间性的。人们能够表达它的唯一方式，是按照此在时间化自身的两种不同方式来表达的。这种区分在于指出此在存在的"意义"就是时间性：它将要存在的各种方式就是时间化的方式。关键的问题不是，一个比另一个稳定的问题，把一个东西看作正确的而另一个不正确的问题。在《存在与时间》中，真实性与非真实性是时间化的方式，即德里达的时间化方式的"效果"。它们二者被德里达称之为"意义"的效果，例如，此在的时间化被效果所取代。这是德里达忽视了的一个关键，但它也是人们在《存在与时间》中能够看到的一个关键，只是因为有了德里达，才首先开启了对海德格尔的这种去神话化的解读。

形而上学从事拟定存在/存在物命题的构造事业，描画存在/存在物的蓝图看起来应该是一种什么样的草图。形而上学描绘本体论的网格，其目的是为了把事物框起来，保护它们，围绕一个固定的中心安排它们，把它们建立在可靠的基础上。海德格尔的关键不是要卷入他本人的竞争网格的事情之中，而是要提出超越它的问题，并且弄明白在所有这些工作中什么东西在发生。

这些年来，海德格尔的意图变得越来越清晰，即使存在论诠释学意义上的海德格尔保持着干扰，但仍然保持着文本鲜活的模糊性。我们从没有十分确信，"诠释学"是否具有破译形而上学所用方式中的存在意义的诠释学意义，认识到能有使所有其他形而上学框架相形见

---

[13] 德里达认为，Eigentlichkeit（真实性）是根据自我在场、自我同一、自我占有，即 le proper 来界定的，并且它取决于柏拉图对原始与沉沦的区分（*Marg.* 33ff. /31ff）。我要指出的是，事实上，如果更仔细地重新书写，它便意味着运动。

绌的秘密，或者它是否具有这种去神话化的、解构主义的、元—本体论的意义，尽力理解存在的观点所取得的形式和得以组织的方式。我们从来不确信，诠释学是否意味着一种破译的本领，它能胜过所有其他的或者某种更严格的筹划——从所有存在论诠释学的竞争中撤退——领会形而上学中正发生的东西。不足为怪，这后一种意义特别的不寻常和新颖，以至于太容易被忽视。

马堡时期之后，海德格尔放弃了谈论存在的"意义"，因为这个词是如此不可避免地属于形而上学的传统，尽管他对这个词的使用进行了革新。但是，当他谈论"存在的真理"时——以一种意味着离开主体主义的姿态——他以某种不同的方式使事情变得复杂化。因为"存在的真理"更加有力地暗示了存在论诠释学的谬见，尽管是非主体主义地。因为这似乎是说，存在（或曾存在）某种突然降临给早期希腊人的必定成功的、清楚明白的存在揭示，此后便从眼前消失了，让我们留下来等待它在存在论诠释学的重返中第二次到来。"存在的真理"意味着其他的观点——不完全是世界观但却是存在观（Seinsanschauungen）——没有真理，而是缺少某种东西（"正确性"），它们不知道这个秘密，它们讨论遮蔽、遮盖物，然而，海德格尔却保持从他居住的托德诺堡到早期希腊人的热线（在那些草屋的画面里，我们能够看到因为这些电线在山上留下的切痕），知道某种别人不知道的东西。

但另一方面，在《全集》中存在着大量的旁注，它们把".存在"标注为事件和作为去蔽的存在之"真理"，强调着"遗忘"，来自根深蒂固的遮蔽之显现领域的发生。[14] 在这里，依我之见，这是后—末

---

[14] 参见对"The Anaximander Fragment"的旁注以及《全集》第 5 卷中《艺术作品的本源》（"The Origin of the Work of Art"），另见 Vier Seminare（Frankfurt: Klostermann, 1977, pp.73, 82—87），海德格尔根据存在的意义（meaning of Being）、存在的真理（the truth of Being）以及最后的存在的拓扑学（topology of Being）区分了他的发展的三个阶段，其中的关键词就是 Ereignis［这是赋予并因此设定存在（Being）与真理的东西］。

世论的、后—邮政的海德格尔，解释了末世论—诠释学的海德格尔。这是重新书写存在论诠释学的元—本体论诠释学。

最后，考虑到海德格尔拒绝把去蔽翻译成"真理"的重要性。真理是某个时代中的事物的形状，它们的存在中的存在物被经验塑型和构造。它是某个时代里所有事物被书写的现象显现。当海德格尔把作为实体真理的存在物之真理与作为本体论真理的存在之真理区分开来时，并不意味着某种更加强烈的存在论诠释学，它想在存在本身而不是存在物的表面获得一种外观，它想破译存在的隐秘意义。但是，去—蔽（A-letheia）——带连字符——超越这种本体论诠释学指向了别的东西，某种更加解构的东西。去—蔽意味着过程，通过这种过程，事物（存在物）出现并成为在场（存在），从古希腊到中世纪到现代这种过程的持续发生。在这些时代中，存在着大量的"真理"〔在真理（Wahrheit）这个意义上〕，所有这些真理—事件、去—蔽事件，正是真理发生的方式，真理作为去—蔽的"效果"，都被赋予了一种德里达式的扭动。在它们的存在中作为存在物去蔽的真理，存在物之存在的去蔽，是一种通过去—蔽而成为可能的形而上学内的事件。确实，远不是超越形而上学，而存在的真理就是构成形而上学的东西。[15]

当托马斯·阿奎那根据实在（esse）来规定存在时，它就是阿奎那理所当然认为的真理（作为真理）形状，是它在 13 世纪发生的方式。阿奎那当然知道存在/存在物的区分，并且接触到存在的真理（作为实在）。但是，他并没有想到去—蔽：他没有看到正在发生的东西，没有看到他所说的东西在它的时代作为事物发生、成为存在

---

[15] 罗伯特·伯纳斯科尼对 Aletheia 的讨论很有帮助，参见（*The Question of Language in Heidegger's History of Being*, Atlantic Highlands: Humanities Press, 1985, pp.15—28）。

[动词意义上的存在（wesen）的方式]。他没有感觉到古希腊、基督教和中世纪的存在规定有如此之多的去─蔽的展开方式，如此之多的存在物的显现方式，并且假定了一种具体的词汇和语言。[16]

按照这种方式来理解，真理和存在之真理就是效果，去─蔽的派生的发送。对海德格尔来说，这不是事情而是去─蔽这个意义的存在之真理。存在之真理的问题仍然内在于形而上学，就像《存在与时间》停止了存在的"首要筹划"一样。然而，什么是去─蔽呢？无论它是什么，为了不严重误导任何人，它都不能翻译为真理，就如《存在与时间》中的"意义"不是通常意义上所具有的意义一样。去─蔽是指持续的、历史的、时代的过程，由此，事物从遮蔽中出现并成为去蔽（unconcealment），以不同的形状和方式，以不同的构造和历史冲层，而去─蔽本身则没有任何印迹。它不特属于、也不特定于任何一个时代。这样做根本就没有任何意义。因为时代就是它的效果，它就是时代出现或发生的过程。它不是一则消息而是一般的邮政服务。它不是任何特别的秘密或隐藏的真理，除非它令人尴尬地接近我们，以致我们始终忽视它，由于它的情境难以让人察觉，我认为，这种亲近的观念与在场的形而上学没有任何关系，我们要调整德里达的步伐。

因此，真理、甚至希腊人的去蔽（aletheia）经验[如果人们不用连字符，那只是把它看作古希腊的真理这个词，而不是作为一种挑衅的和非常不寻常的概念，就像"所向"（woraufhin）一样]，容易在某种隐藏的秘密的存在论诠释学意义与产生各种可能的"存在之真理"的解构的诠释学意义之间导致混乱。"存在的真理"听起来像诠释学

---

[16] 我在《海德格尔与阿奎那：论克服形而上学》（*Heidegger and Aquinas: An Essay on Overcoming Metaphysics*）一书，特别是第五章中对此做了详细阐述。

的秘密，像我们一直在等待的隐秘真理。但是，去—蔽则意味着超越所有这些隐藏的秘密和长期等候的主人之名，以便借助存在的时代之名的排列取得形状，以及用本质、存在和其他的本体论宝藏这样的主人之名命名的力量，去决定那个过程。

我们一旦弄明白了去—蔽，我们就会明白，当德里达在《马刺》中谈论海德格尔的存在论诠释学和他被酒神女所欺骗时，德里达的脑子里只有第一种"真理"含义。那就是所有真正的真理和存在的去蔽。但是，它确实不是作为真理过程的真正的去—蔽，它在我们后面将更详细讨论的"游戏"中偏离了真理之时代形状的发生。借助去—蔽，海德格尔表示，存在许多的真理，就如它所要求的时代一样多，不是太少而是太多，它们出奇的多。他通过使用去—蔽，他没有伸出双手眼巴巴地等待存在的真理，而只是指向这许多真理出现的发源地，以一种可以如德里达所说的产生各种形而上学效果的原书写的方式。

但是，德里达认识到某种别的东西酝酿在海德格尔文本中是值得信赖的，即根据事件，存在着对真理的某种特别的限制。遗憾的是，他允许他的特殊偏见进入穷追不舍的路途，而事实上却把它自己甩掉了。事件不是指温床意义上的占有，所有恰当的和属己的座席。它意味着产生属己的事物，让事物传递为它们自己、为它们在不同时代的恰当形状，赋予事物（存在物的存在）一种从不与差异分离的脆弱的同一性，这是它们在这个时代里享受的东西。它本身超越正确与不正确、同一与差异的区分，因为它承认所有这些差异。它给予拥有和未被拥有的东西——因此可以翻译为"使—拥有"（en-owning），赋予拥有——这正是《存在与时间》中此在的"时间化"给予真实性与非真实性二者的方式，认为它们作为效果。依我之见，德里达开启了对海德格尔的这种阅读，但另一方面他自己又忽视了它。

所有这些在"差异"的问题中都已炉火纯青。在马堡时期,"本体论的差异"似乎像一种直接的存在论诠释学筹划。形而上学的历史就是众多不能超越存在物并看到存在与存在物之间差异的故事。形而上学每一次都试图规定"存在",它都提出某种存在物(物质、形式、意志、精神等)。然而,在《存在与时间》中,开始认识存在之意义规定的工作才真正切中要害,才真正超越存在物,真正成功地把存在规定为存在,而不是某种或另一种实体。它就是存在论诠释学的洞察力问题,超越迄今俘房形而上学家的领域的问题,以便通向真正不同于存在物的存在。

但是,随着海德格尔思想的发展,越来越清楚地是那不是他的筹划,即这种存在论诠释学筹划不是这个事情(Sache)。他对超越存在物而成为它们的存在、成为不是—某种—存在物(not-a-being)的存在不感兴趣,这是不同于存在物的存在。那是形而上学一直在做的事情。所有伟大的形而上学家都在某些非常明晰的情况中做了存在/存在物的区分,正如阿奎那区分了存在(esse)与有(ens)一样。这暗示阿奎那不知道这种本体论差异,暗示他没有思考作为存在(esse)的存在(esse),没有思考存在区别或不同于有(ens),是滑稽可笑的。他一直在做。而这正是阅读海德格尔的托马斯主义者立即反映的东西。

但是,这不是海德格尔力图寻找的东西。他关心作为差异的存在与存在物之间的差异,关心差异之间的"与",关心在不同的形而上学时代中差异是如何开启的。他要通过存在与存在物的区别思考这个过程,它们在某个给定的时代是如何被扩展的,从而开启了具有那个时代特征的林中空地,那个时代事物所取得的形状,事物被区分的方式。在某一处,他谈到了分—解(Aus-trag),在字面上可以翻译为古希腊词 dia-phorein,具有穿过或跨过的意思。他使用了

"auseinander-zueinander-tragen"这样的表达，其中，分—解就是一种速记，意义在彼此之外和彼此相向传送。因此，分—解就是区—分的能力，它在彼此之外承担存在与存在物，让它们彼此分开，即使在它们彼此相向的时候，它们也这样被联系在一起。在这样做的时候，分解（Austrag）开启不同的范围，这种范围体现那个时代给予的存在物被组织的特征。当然，存在许多这样的范围，它不是海德格尔的工作所认识的最后的而且最好的一种范围。他的工作是思考那种展开的过程，那种他一直用区—分（Unter-schied）和分—解这些词力图决定的差异化过程（正如在《存在与时间》中，他那样奇怪地谈到"坚持"和保持存在物之存在的筹划"所向"一样）。[17]

他在寻找一个词，这个词对他来说所起的作用，就像差异对德里达的作用一样，也就是把一种首要的、原始的差异与属于同一/差异二元对立的差异区分开来，也就是差异作为一种效果。他的"差异"并不是指存在之间的任何本体的差异，乃至存在与存在物之间的本体论的存在。而是它开启的本体论差异、差异中的区—分。因此，海德格尔对一种存在论诠释学的差异没有兴趣，这种差异已经超过了其他形而上学到那时为止所构想的东西。他所关注的是区—分本身的一种解构诠释，能够说明它们激发的本体论和本体论差异是如何具有如此之多的分—解和区—分效果。

这就是为什么他在与日本人的对话中，说了他已经放弃了"诠释学"这个词之后，海德格尔指出保持世界的一种方式就是根据差异来思考的原因所在。在这个问题上，海德格尔是在说，他所关心的不是赫尔墨斯传递的实际消息——赫尔墨斯从阿那克西曼德到现在一直来

---

[17]　ID 132—133/64—65；cf. US 25—26/202—203. And see *Heidegger and Aquinas*, pp.147—158.

回传递的许多存在之"真理"。被解构的诠释学观点不是沉迷于解读赫尔墨斯传递的消息的实际内容。毋宁说，它存在于与"双重"的某种特定诠释学关系之中，在两种方式中选择一种——存在/存在物、在场/呈现——折叠，把这种双重作为一种双重来思考，维持它本身的样子（US 122—126, 136/OWL 30—33, 40；见第四章）。在直接的意义上，诠释学关系与消息没有关系，而是与消息发送和消息制作有关（正如在《存在与时间》中意义不具有直接的意义，而是与具有"所向"的意义—形成的作品的意义有关），这就是德里达对存在论诠释学的批判所忽视（和开启）的东西：不是指向消息而是指向媒介、通知、传送、双重、差异本身的诠释学关系方面。

这个后—存在—诠释学的、这个后—邮政的海德格尔，偶尔也会在海德格尔的文本中突然变得清晰起来，明确说明不存在特许的存在之意义或"真理"，没有任何传送享有高于其他传送的权力；不存在任何特别传递给弗莱堡的秘密信件。他说，不可能存在对西方时代的历史进步的评估。

> 我们不仅缺乏允许我们评价某个形而上学时代与其他任何时代相比较的完美的标准，也缺乏判断这种评价不存在的权利。柏拉图的思想不比巴门尼德的思想更完善，黑格尔的思想不比康德的思想更完好。每一个哲学时代都有其自己的必要性。我们必须完全承认一种哲学就是它所是的方式。（SD 62—63/TB 56）

早在1938年，海德格尔就告诫我们，不要给亚里斯多德和牛顿的物理学排序，它们各自具有自己时代的必然性和整体性，那种比较是不可通约的，就像给埃斯库罗斯和莎士比亚的诗歌排序一样，是愚蠢的（HW 76—77/QCT 117—118）。存在的历史如其所是地展开。这就是人们唯一能够说的。理念、本质、现实性、思想之物与广延之物（res cogitans et extensa）、时代精神（Geist）、权力意志（Wille-zur-Macht）——这是如此之多的已被提到的主人之名，如此之多的作为已被筹划的效果的"存在"方式，如此之多的已被发送的消息。不存在更喜欢这个而不喜欢那个的问题，或者说不存在把它们排序的问题，不存在非此即彼地等待保守秘密的信件发送的问题，不存在主人之名的问题。它只是一个留心所有邮政时代、时代—邮政系统本身起作用的给予与发送的问题："事件生成"（das Ereignis ereignet）这个问题首先在"时间与存在"中变得很清楚，海德格尔在那里告诫我们不要把事件看作一种主人之名。

> "存在作为事件"：原来，哲学根据存在物把存在思考为理念、潜能、现实性、意志——而现在，人们可能思考为事件。以这种方式来理解，事件就是指对存在物的一种转变的解释（等于一种存在—诠释学），如果这是正确的，那它就体现了一种形而上学的连续。（SD 22/TB 21）

因此，事件能够被还原到解释的层面，一种对存在的解释，海德格尔进入诠释学、形而上学竞争存在的主人之名的解释；确实，他会成为真理论的赢家。但是，他的问题是要让自己从这种存在论诠释学竞争中摆脱出来，通过划分它的边界，"终结"这种进行中的存在论诠释学命名。因此，存在的真理就会成为没有真理、没有享有特权的存在之意义，从而也就没有享有特权的时代。存在就是去—蔽、持续不断给予和接受跨越时代的在场、持续不断的重复，或者反复地依次展开形而上学的框架。

但是，另一方面，对海德格尔来说，这也可能意味着克服"存在的遗忘"？那证明是对这种事物状态的一种必要的"提醒"，一种必要的苏格拉底认识，即不存在主人之名、主人的语言或主人的时代。唯一从遗忘中解脱出来的东西就是醒悟到遗忘。

> 一方面，开始于《存在与时间》中的思是从存在的遗忘醒悟——一种被理解为回忆的某种从未被思之物的醒悟——但另一方面，作为这种醒悟，不是一种存在之遗忘的不复存在，而是把自身置于其中并站立其中。这样，从存在的遗忘到存在的遗忘的醒悟就是醒悟着进入事件。（SD 32/TB 29—30）

这种"醒悟"就是我们在末世论的、启示论的海德格尔那里认识到的去神话化的"新黎明"的观点。我们没有认识到新的一天，没有认识到一个超越座架的新纪元的黎明之光；毋宁说，我们睁开双眼所看到的事实是，我们生存于一种存在之名中，一种被假定的、被给定的、依情况而定的、历史的构造中，而西方的历史只是这些消息的星座。这就是所有的东西。我们并没有取代西方的黑夜，而是对它保持觉醒，在夜半时分觉醒。

> 以存在的遗忘形式体现的这种形而上学撤回，现在显示自身为遮蔽自身的维度。但是，现在这种遮蔽并没有遮蔽自身。毋宁说，思之注意力关注着它。（SD 44/TB 41）

它不是被克服的撤回——任何时代及相应的形而上学确实是这样发生的；它是构成存在的历史的东西——而是那种撤回的撤回。现在，这种撤回本身被认识为它所是的东西。唯一留下的"真理"就是去—蔽，对从纪元到纪元的真理/非真理过程的认识。

这种存在的真理被去神话化。存在之历史被证明是一系列存在的消息。

> 形而上学是存在被铭刻之方式的历史，那就是，从事件来看，从发送者取代被发送消息的撤回历史来看，从流行的让存在在场的历史来看。（SD 44/TB 41）

存在以在场的形式被包裹——让存在物呈现——而思的事情就是思考让在场本身呈现。物超越所有的呈现/赠与，如果它们掩盖了作为一种礼物发送的在场的思想，并且有效地进入了不同的时代，即，假如它们掩盖了整个邮政过程，而保存在我们从邮件中接收的包裹后面的遮蔽之中，它可能就是毒药（Spurs 121）。

在对海德格尔的这种一丝不苟的、解构的解读中，现在变得清楚的是，"末世论"的整个筹划，如此完好地被封存在阿那克西曼德残篇的引导性段落之中，属于存在论诠释学的筹划，并赋予了某个特定的时代、某个给定的消息以特权，德里达把这叫作思之故乡的神话。末世论遭受着一种形而上学—诠释学的错觉，认为有一种形而上学意义上的存在的意义或存在的真理，它曾经向人们许诺过一种享有特权的时代，它已经消耗了，而思的任务就是回复和重获它。当思必须回到和重获某种已失去的原初性时，它取决于一种形而上学的循环和形而上学的重复概念，取决于必要的统一性的形而上学命定的假设、天命的道说。但是，根据海德格尔本人的概念，从不可能存在某种原初的时代、特权的意义或存在的真理。

没有任何真理形式拥有高于其他的真理的特权。我们没有立足点和权力做出这样一种判断。思所关心的是去—蔽的过程，从根深蒂固的遗忘（lethe）显示间歇时期的时代之发生，对此，没有任何人拥有掌控诠释学的钥匙。不存在任何已被遗忘的东西以及思想（Denken）能够找到存在的主人之名。不是主人之名，而是我们拥有无名的去—蔽（连接号打破了它名义上的统一体，它所发挥的作用就像德里达的 a），它不能被翻译成任何语言，就像 différance 只能是法语一样，A-letheia 只能是希腊语。去—蔽意味着无—名，它指向来自所有形而上学主人之名的东西，所有假装它们已经掌控存在物、发送（分—解）的名称。而这适用于希腊人；他们也没有主人之名。他们怎么可能呢？他们不是带着决定性的观点和惯例生存于时间中吗？他们不是有事物的安排，有解释事物的框架，不是所有的事物都要求去—蔽吗？他们从来没有说去—蔽、从来没有用连接号连接它，从没有让它成为一个非词语，从没有力图用海德格尔的、用我们的元—形而上学的海德格尔的书写去—蔽的方式去书写它。

因此，形而上学的终结，意味着希腊特权化（以及希腊特权化）的终结。希腊人也不可避免地把去—蔽当作正确性（orthotes）。

> 真理的自然概念并不意味着去蔽，也不在希腊的哲学中。它经常而且无可非议地指明，去—蔽这个词仅在 verba dicendi 中，在陈述句中已被荷马使用，因此，是在可靠性的正确性意义上而不是在去蔽这个意义上使用……
>
> 在这个问题视野中，我们必须认识到，去蔽，在场的开放意义上的去蔽，原初只是作为正确性、作为再现和陈述的正确性来经验。不过，对于真理的根本转变的断言，即从去蔽到正确性，也是站不住脚的。（SD 78/TB 70）

而且，即使希腊人所经验的东西，也具有一种特别非凡的微光，一种闪光，一种微弱的审美光辉，一种前客观化的去蔽性（US 132/OWL

38），像所有其他人一样，他们也仍然生活在被给定的和认可的东西之中。

只有作为开放性要求的去蔽才被经验和思考，而不是它的所是本身。（SD 78/TB 71）

这种去蔽性作为林中空地在去蔽中出现；但这种林中空地本身，作为事件，在任何方面都没有被思考。要进入这种思，这种未思（事件）意味着：更原初地追问希腊人所思的东西，在其真实性的起源中领悟它。这样来领悟它就是希腊人自己的方式，然而，说到它所领悟的东西就不再是希腊人的，永远不再是希腊人的。（US 134—135/OWL 39）

但是，这种思考林中空地的无能，超越给定的东西进入给予本身的无能，不是人类的错误，因为"自我遮蔽、遮蔽、道说都属于去—蔽"，不是仅仅作为某种补充，而是作为去蔽的最核心（SD 78/TB71）。道说是如此原始地属于去—蔽，以至于希腊人自己也仍然处于未思之中，包括他们的去蔽这个词本身。希腊人也沉湎于时代的撤回，并且与柏拉图的真理学说相反，我们不能具体地归咎于柏拉图。去—蔽总是而且已经从视线撤回。因此，有必要以"越过和超过希腊人"的方式去经验"去—蔽"。我们不仅必须超越存在，而且我们不得不超越希腊人。而有了这种许可，我们就能超越末世论的海德格尔。

比例、理性、思想、感知是什么意思？基础、原理，尤其是一切原则的原则是什么意思？假如我们不以一种希腊人的方式把 aletheia 作为去蔽来经验，从而超越希腊人把它思考为自我遮蔽的开放，这能被充分地规定吗？（SD 79/TB 71）

注意两个步骤：首先我们以一种希腊人的方式思考去蔽；我们从希腊人作为显现去蔽的真理经验、希腊人微弱的审美经验开始，这就是他们对真理的特殊的经验。由此，我们探讨了特属于它的希腊语言的特征：在这里，希腊字母的第一个字母能被表达为一种首要—私人的——谁会阻止我们呢？我们知道没有语言警察——因而整个词语都能作为一种去—蔽、不遮蔽被重复和改变。我们认识到这个词语，超越所有词源学或语文学的要求，进入一种去—蔽过程的思考之中，以它自己的方式取得希腊人自己从没有或将会有的某种东西。

我们的去神话化的海德格尔没有赋予希腊时代以特权，没有宣称它不是一个时代，而是探索希腊语言所暗示的特殊性，以提出不再是希腊人的看法。海德格尔用希腊人的东西来探讨，是因为他发现它们的语言是如此的富有暗示性、如此的成熟，因为他特别擅长于用饶有兴味和创新的方式重复希腊人的词语，正如其他人善于重复圣经、柏拉图或道家的词语一样。可以用其他的方式做相同的事情，例如用梅斯特·艾克哈特式的德语，或者乔伊斯的方式。不存在享有特权的思之故乡或母语。在相同的方式中，差异发掘了法国语言的特性，它暗示了德里达所追求的原书写。其他的自然语言必须找到它们自己的方式，挖掘它们自己的特性。克尔凯郭尔似乎用丹麦语超越形而上学，取得了相当的进步。而海德格尔则用德语一直在做这样的事情。使克尔凯郭尔、海德格尔和德里达引人注目的东西之一，就是他们具有用他们自己的语言做这种事情的能力，而不仅仅是讨论它，如我们这些人所做的那样。

海德格尔在希腊词"去蔽"中发现了一种可以展开的折叠，一种帮助他言说某种希腊人曾经没有想过或说过的东西的特性。通过海德格尔的重新书写，A-letheia 已不再是一个希腊词语，不再特属于某个时代，因而不会赋予希腊人任何特殊的权力或特权，就像海德格尔的德语或德里达的法语不会赋予它们任何特权一样。

确实不存在特殊的存在论诠释学的意义或存在的真理，不存在用特殊的自然语言谈论它，不存在所有东西很久以前在其中发生的特殊的时代，不存在亚瑟王宫殿，相应地，也不相信存在一个在其中所有一切都将重来的未来时代。末世论就是形而上学，不是普通的古老的形而上学，而是非常惊奇和迷人的形而上学，一个由天才讲述的让我们着迷的传说。但是，当我们觉悟到它的时候，我们抓住的只是被夹在门缝上的燕尾，它正试图悄悄溜出自然和运动的后门出口。

在这种程度上，海德格尔仍然是最好的形而上学家。倘若我必须从理念、本质到座架的所有形而上学体系中选择的话，倘若我必须挑选一个地方并且居住下来的话，我会选择神话般的早期希腊人首先思考并且还将再来的"四重"（Geviert），倘若我们幸运的话，会在第二次的到来中[Come! Viens!（来吧!）]。德里达是对的："四重"就是海德格尔曾经发送的最美好的明信片（CP 74）。但是，我会带上我的去神话化的海德格尔，如果你乐意的话。

邮政的形而上学失灵了。不再存在重获一种跨越时代发送的原始消息的问题。目的论和末世论的不同，只是在于它们用以传递信件的方式。目的论使用常规线路并且做常规的发送，而且我们知道我们期待的邮递员是谁。末世论则更加变化无常，更具有游戏性，因此，我们既不知道邮件将在何时发送的日期，也不知道具体的时间。然而，在两种情形中，都存在一种原始的消息被跨越时代地传递，一个统一的命运在传送一个独一无二的消息。这第二个且更激进的海德格尔知道，消息就是不存在任何消息，不存在享有特权的存在之意义，不存在来自米利都学派的特殊引导。关键是要放弃邮政期待，超越对信使的等待，停止等待带有获胜名字的信封、存在的主人之名。当我们降服于存在具有特权的意义或真理的错觉之时，当那种错觉破灭之时，我们被带到了思之问题的恰当之处。那就是我们的暴风雨。

海德格尔说，道说就是去—蔽的核心。道说意味着起源的自我遮蔽，但是，在那自我遮蔽中存在一种掩蔽和保持（SD 78/TB 79）。遮蔽保持安全，提供一种安全照顾的处所。因此，思的任务就是保护遗忘的隐蔽处免受摧残和破坏的形而上学之光，在它的神秘中保持撤回。形而上学对事物发起全面的出击；它是一种对人的概念性方面发挥作用的力量，而且对人道主义的批判意味着遭遇它的伪装和权力意志。形而上学的历史有如此之多地被形而上学把事物置于其网络中的图谋故事，因此要警惕被认识权力、被知识力量征服的事物。而且，如果末世论的海德格尔力图通过恢复已失去的爱奥尼亚光辉，以超越形而上学，那么，后—末世论的海德格尔就要更加冷静地认识到事物之本质的、根本的遮蔽——即所有存在的东西都是来自谁也不知道的地方的消息。

真理就是不存在任何真理。但是，对海德格尔来说，这就是要求某种敬畏和尊重神秘的情形，因为这是对控制自身的东西的开放性，对他想用泰然处之这个词命名的所有东西的开放性。海德格尔的工作所具有的决定性的结果，就是深刻地赞赏事物的不妥协，在目的论和末世论要求的意义中拒绝真理。对他来说，思意味着退出这些形而上学的雄心，并允许我们进入去—蔽的自由游戏之中。

拯救的消息就是不存在任何拯救的消息。这是没有真理或天启的启示，是一种只有一系列消息以及看起来像一场大灾难的启示（*Fins* 477/94）；它至少是一种危险。而在此，在没有天启的启示这个问题上，我们在海德格尔与德里达汇合和交织之点留下了标识。

但是，这种标识也是两条道路的分叉点。对德里达来说，这是在酒神欢庆和重复的自由游戏的隐喻中，作为解放和肯定来经验的时刻，如果不存在形而上学要求意义上的任何真理，如果形而上学的真理死了，那么，能指就已经被解放，自由地进入了超越语法、逻辑和存在—神学—逻辑的本质要素之中。但是，对海德格尔来说，这就是在敬畏、开放和泰然处之的隐喻中经验的时刻。在两种情形中：其一，让踪迹、记号、能指顺其自然，一种为了释放所有类型的话语的分解；其二，让自身成为在场顺其自然，让时代发生。在两种情形中，游戏：差异的游戏，这是赫拉克利特式的孩子王的游戏，他毫无缘由地游戏着各个时代。因此，正如德里达在《马刺》中所猜测的，即便海德格尔警惕酒神女，这种警觉也是以一种不同的、非酒神的隐喻发出的，它确实是一种调停的宁静的隐喻（康斯坦丁和所有想思考流动的人都发现的担心）。因此，我们对海德格尔和德里达筹划的双重跨越仍然还没有完成。

第七章

冷诠释学：海德格尔/德里达

冷诠释学

我们已经让德里达悄悄地溜进了海德格尔的团体。我们已经让德里达的解构分析释放了海德格尔的末世论——释放作为一种伟大的开端、一个众神光耀和庙宇闪烁的时代的早期希腊神话，释放再一次到来的故事。我们已经让海德格尔去神话化、去末世论化。但到目前为止，德里达走着自己的路。可是现在，双重交叉的逻辑已经开始。德里达这个渗透者被渗透了：诠释学的解构被暴露给解构的诠释学：一种悲剧大结局的颠倒。

让所有解构的力量发挥作用的东西是什么？对存在和真理的这种限制完成了什么？德里达的回答必然是：没有什么——你想要什么呢？不仅形而上学而且海德格尔的末世论也终结了之后，我们现在要做什么呢？无事可做——无论你想做什么。这不是虚无主义，而且它闻所未闻。我们已经从一个主教那里听到了它。圣奥古斯丁第一次言说过它。"爱神才可随心所欲的行。"所做的一切都不是要把解构想象为它好像是一种哲学程序，以便按照一系列有序的步骤产生决定性的结果，好像是一种新的世界观。解构警惕所有这种程序化的危险。解构并不意味着要为自己创立让我们安身立命的最后形而上学。恰恰相反，解构意味着把我们抛进寒冷之中，要我们摆脱哲学的舒适，让整体颤栗，恢复事情的困难。我们放弃所有寻求一种相互矛盾的形而上学或者用德里达的概念说，一种反形而上学的要求。在完全赞同差异之后，我们放弃逢凶化吉的需要。

到此为止，德里达得到了一切。我们该让他思考已经被完全渗透的海德格尔。但是，这一切只是让他进入海德格尔圈套的部分情节，一种准－诠释学的圈套。我们给予他越多，我们让他渗入海德格尔团伙的程度就越深，我们就让他参与得越广。我们给予德里达一切：深渊；能指的镜像游戏；存在、意义、真理和正确的限制；不可决定性；播散；诱惑（尤其是诱惑）。但是，德里达会把这看作突如其来的礼物（le coup de don）。

现在，我们成为什么？它们被播散之后，留给"我们"（"we"和"us"）的是什么？那是不可决定的。它产生的不是一种确定的效果，而是一种保持移位、模糊、不可能破译的效果，决不屈服于要固定其本质的诠释学。这必然是诠释学的终结。确实，它是——如果诠释学要求一种固定的研究问题、固定的意义。"我们"已经丢弃了那种诠释学；它本身就在讨论之中。我们不知道在"解释我们"的问题中我们下一步会转向哪里（*Marg.* 147ff/123ff）。但是，主教谈到这个问题时也说："我使我自己成了问题。"（Quaestio mihi factus sum）

这种不可决定性在做什么呢？它不是回答我们的问题，而是让它们骚动，归根结底，它的任务就是切断问题去做属于它们"本身"的这种运动。不可决定性就是把问题置于问题之中。提问就是思想的运动，运动这种思想的工作是不能停止的（亚里斯多德会补充说，"仅就它不能停止而言"）。提问就是逗留在途中的方式。不可决定性让我们保持在运动之中，让我们忠实于流动，在自然中堵塞逃离的路线，不允许我们爬进窗户（形而上学）。不可决定性把我们移交给意见，在差异性的相互交织的迷宫中精神恍惚，没有立足之地，站在不断移动的、滑动的地面上。它让我们在颤栗中、颤抖中失去平衡。

我们究竟成了什么呢？马丁要问，我们怎么发现你呢？我们该如何做呢？我们成了我们自身之谜吗？人们想象一下苏格拉底在他的反诘中产生的效果。首先，对如此错乱、无礼、不尊重的人表示愤怒和气愤。而另一方面，在一种不留神的瞬间，在广场数小时的噪声和喧闹之后平息下来，变成一种冷淡的认识的颤抖。毕竟，他是对的。我们真的不知道什么是虔敬，我们一直在谈论它，并且指责苏格拉底亵渎了它。或者说正义，尽管我们呐喊着反对不公。我们不知道如何界定一种善良的状态，或者如何产生一种善良的状态。苏格拉底必定极度困难地感觉到了。他不断地以一种没有天启的启示讲述雅典人的真理，让他们感到不安。他始终在协调他们，却导致了某种令人困惑的行为，他发现所到之处有一些协调的努力，却把这种状况变成了他们自己的利益，从而导致了哪里都没有知识或美德的后果。不安、困惑正在被一种冷诠释学的颤抖、搅扰所震动。那就是苏格拉底的工作，它所产生的效果。

怎么发现你呢？不安、离心、恐惧（ängstlich）。如果你被苏格拉底激怒，你会怎么样呢？让你不能在何为本身所有与何为要求之间，虔诚与不敬、善良与恶劣之间，公正与权力之间，甚至在苏格拉底与诡辩论者之间做出判定。[1] 这种困境把你抛进了不可决定性之中，剥

---

[1] 这就是为什么德里达批评尼采的原因，参见 *The Ear of the Other*, ed. C. McDonald, New York: Schocken, 1985, pp.28—29。正如理查德·伯恩斯坦最近在（转下页）

掉你的舒适，并且让你不能安然入睡。

如今，正是在这种苏格拉底的效果中，在这种认识的冷颤之中，苏格拉底对我们表达友善，我们确定了某种特别的诠释学效果，一种诠释学的要素，一种把克尔凯郭尔与尼采、海德格尔与德里达联系起来的东西。这是当某人经常讲述真理时所产生的效果——那种真理就是酒神的，那种真理本身就分享着这种美酒，那种不存在真理的真理。它不同于形而上学希望引诱甜美梦想的那种麻醉的真理，这种真理让你彻夜不眠。它是在人们轻松自在的时候、人们不束缚游戏、不停止流动、不讲述让我们睡得更好的睡眠故事的时候所产生的真理——有些人力图使生活变得困难。这些基督教—柏拉图主义者总是担心他们的睡眠，查拉图斯特拉如是说。基督教—柏拉图主义、形而上学：超越运动和物质，进入美妙的梦乡。谁能够带着这些焦虑和骚动安然入睡呢？扬弃就是一种无声的寂静，康斯坦丁如是说，然而重复却制造一种喧嚣。约翰尼斯·克利马科斯说，许多人都会因为所有要求于他们的东西在一眨眼间放弃基督教，除非它提供这样一种安然死去的方式。更美好的睡眠。

冷诠释学不相信"真理"（Truth）——它拒绝所有这样的大写——传统中隐藏和储藏的某种东西正呻吟着把它传递给我们。冷诠释学已经失去了它对此的天真无邪，并被流动、被游戏、被滑动弄得辗转反侧。它理解意义就是一种效果。这不是我们追求的一种诠释学，针对我们的意志、针对我们的欲说（vouloir-dire）对我们所进行的惩罚，我们情愿不做。正当我们开始认为一切安好，所有震颤都已

（接上页）《严肃的游戏：雅克·德里达的伦理政治视域》（"Serious Play: The Ethical-political Horizon of Jacques Derrida"）（未发表）一文中指出的那样，尼采不能摆脱他所产生的政治影响——也会给德里达带来麻烦。人们怎么才能把德里达从他在"追随者"中产生的一些非常诡辩的影响中解放出来呢？

过去的时候，它在未曾预料的瞬间乘虚而入。德里达的效果就是让我们保持恐惧，随时准备摇晃，准备应付困难和流动。我们把公共马车的号角放在桌子上，就像康斯坦丁那样。正当在场的诠释学要让我们相信存在物与存在相连、真理丰满完整、诠释学或末世论的循环之时，冷诠释学开启了一种深渊。海德格尔的连字号在真理的丰满领域刺了一个孔。

人们在这里可以谈论某种特定的诠释学真理。我猜想——如果不是大写我们用连字号连接的"去蔽"。这就是尼采已经说过太多的会杀死你的真理，即精神的力量能够按照人们所需的真理"变长、变暗、变甜、变钝和变假"的程度来衡量。冷诠释学知道，这就是尼采奉献给受难者的知识，他把他们叫作"知识的被选人"，他们几乎为知识而献身，这种知识把他们带到"遥远的、恐怖的世界"。[2]

当然，谈论天启式语调的终结和真理的自杀产生了它自己的英雄般的和启示论的声调。这就是为什么德里达本人不会说我们所说的、不会书写我们所写的关于诠释学真理和冷诠释学的东西（尽管他确实思考了弗洛伊德，CP 407）。他警惕天启式—诠释学的腔调。他的恶魔总是让人望而却步，他的辩证法总是否定的，他的实践总是破坏性的。德里达，这个运动的哲学家，总是持续停留在运动中，保持一个移动的目标，漫游在大街上，怀疑所有的企图，有如我们估计我们正被带到什么地方的企图。他不得不轻装上路，不需要保护财产，不想与权威交谈，不想执行意见、超越分歧。他不想停止邮件的永恒运动。苏格拉底必须比任何人都能喝酒。我们不能让他喝醉，然后只是

---

[2] 《超越善与恶》（*Beyond Good and Evil*, no. 39, p.50; no. 270, pp.189—190），另见我的《三种僭越：尼采、海德格尔、德里达》["Three Transgressions: Nietzsche, Heidegger, Derrida", *Research in Phenomenology*, 15 (1985), 61—78]。

按照他所认为的真正公正来书写。酒后吐真言（in vino veritas）仍然属于真理的形而上学。因此，我们必须冒险对他说出来——然后把我们的言说托付给流动。

在这种冷诠释学中，在这种来自颤栗的颤动的诠释学中，我们看到海德格尔盯着德里达的肩膀，在他的耳边私语。海德格尔渗透这种操作，用思想的沉默攻击苏格拉底的对话主义者，在播散的风暴中寻找一种不起眼的诠释学要素。在海德格尔的颠覆性的影响下，这种动漫式的、不可控制的能指的镜像游戏遭遇到了一种深渊，一种在瞬间我们被无声地冲击的黑暗深渊。德里达着手解构所有秘法家和理性主义者，解构所有宣称要见到光的人。海德格尔在他的耳边低声说，把所有形而上学置于怀疑的符号之中，就是用掩盖遮蔽自身的东西的方式，保护它免受刺眼的强光，它们是启蒙者（Aufklärers）或幻想（Schwärmerei）之光。

海德格尔用一种诠释学的时刻渗透德里达——一种启示的而不是肯定的诠释学——一种我们承认我们沉浸于其中的游戏的时刻，一种向弥漫于我们的神秘开放的时刻，它就是这种昏暗和神秘的游戏，即我们用说明性诠释学方法的武器、肯定的诠释学设计的工具、制造商的面纱，例如施莱尔马赫的诠释学制造的面纱，力图完全避免、束缚、支配、"变长、变暗、变甜、变钝和变假"的游戏。冷诠释学用它的笔尖刺穿这种面纱，敲击它的风帆（*Spurs* 127，139）。施莱尔马赫、狄尔泰、伽达默尔的诠释学制造面纱；作为无面纱的冷诠释学，不是真理，而是深渊，而是去—蔽本身。

我们尽可能明显地让海德格尔对德里达玩戏法，在邮政系统破坏之后，海德格尔在德里达耳边悄声说"事情本身"（die Sache selbst）。但是，那不是邮政原理要传递的超验所指、包裹的货物和本质吗？根本不是。随着邮政原理的破坏，我们在它的悄悄离开中经验到了事情的力量，它逃避所有这些控制装备、任何被设计的包裹和传递它的技术、每一种力图统治它的力量。在明信片的自由循环中，我们看到了事件的真正传递、邮政消息的真正发送。对海德格尔来说，事情不是存在，如形而上学理解的那样，不是传统储存的财富，如伽达默尔理解的那般。它甚至不是——在这里，我们用海德格尔反对海德格尔来书写——它不可能是末世论转向，而只是事件本身、它的运动本身、时代展开中的开放的运动。事情没有物，没有某种东西的最高在场，没有我们等待着返回的长期漂流的消息，一个主人之名接着另一个主人之名的过程，就像火花一样飞升，并随即消散。而这就是在占有的瞬间、被领会的瞬间运动吸引我们的力量，以至于我们受控于一种它们的所有扬弃的主人之名的符咒，或者与它们对立的符咒，并且被吸引到竞争之中。对海德格尔来说，自由和顺其自然意味着防范这种情况，意识到在西方语言和形而上学中保持展开的过程，并且持续吸引我们。

但是，我们还不知道事情本身悄悄溜走？（VPh 117/ SP 104）既是又不是。在能指的不停劳作之外不存在意义或含义、客观性或理想性、存在物或存在。在联系我们与事物的文本链之外不存在任何事物——也就是说我们不能接近任何事物。参照总是已经被遵—从所渗透，被滑道所绊倒，被严重地歪曲，足以让我们相信我们没有赤裸裸的联系，没有原始的直接的在场的呈现。没有能指，事物本身就彻底溜走，白白地被浪费掉，但是有了它，我们就与它有脆弱的联系，永远不能确定我们自身。当德里达反对胡塞尔说，事物本身不断地溜走，他同时也在解构赤裸裸的在场的梦想，开启一种文字现象学和对胡塞尔的一种新的解读。德里达争论的不是没有任何东西被呈现，而是由于重复产生的被呈现的东西，这种重复本身需要符号的努力。确实，假若没有符号，就不会有记忆，事物就确实会溜走。事情本身——赤裸裸的在场——溜走。还有善的光辉。这是针对胡塞尔说的。但是事物本身，被符号传递的世界总是在闲逛——这就是说他。符号既调解又阻止、既指向又延迟，而且在一种纠缠的文本运作中发生。以至于它们在同一个时间歪曲我们与事物的联系，并以某种不可取代的方式把我们置于与"他者"的联系之中。事物本身——一种完全无缝的在场——取代结构的产品而渐渐下沉。

但是，这意味着德里达的评论成了与史蒂芬·格奥尔格相同的观点："词语无能之处，无物能够存在"。词语无能之处，例如缺乏能指的游戏，事物本身就确实会溜走。海德格尔说，正是"词语""留住"了事物与词语之间的关系，让它们存在（US 176—177/OWL 73）。词语让事物保持：解读德里达的保持（US 187—188/OWL 82）。在语言的联系中，事物出现，逗留一会儿，然后减弱。事物本身总是偷偷地溜走——假如符号无用。词语无能之处，事物本身会自动溜走。

因此，德里达的笔尖不是要分割意向性理论，而是要稍稍偏离胡塞尔意向之箭的方向，让我们知道它并不是穿越没有任何阻力的空无的旅行，而是被后退的风力扭曲和击打的旅行。达到这个目标只有一种方式，而失去它的方式却有许多（*Ethica Nic.* 1106 b 28ff）。意向性的射箭术，就像美德，是难的，而解构的问题就是恢复生活和意向性的困难。[3]

归根结底——德里达、海德格尔、克尔凯郭尔、胡塞尔的观

---

[3] 德里达在接受理查德·卡尼采访时，非常清楚地纠正了对其著作的这些误解，见《解构与他者》（"Deconstruction and the Other", *Dialogues with Contemporary Continental Thinkers*, ed. Richard Kearney, Manchester: University of Manchester Press, 1984, pp.107—125），另见我的《胡塞尔和德里达的符号经济》（"The Economy of Signs in Husserl and Derrida", *Deconstruction and Philosophy*, ed. John Sallis, Chicago: University of Chicago Press, 1987）。

点——就是要承认事物本身的难以捉摸，抓着它的游戏，而不是抛弃它（无论它可能指什么）。这就是冷的、诠释学的真理，存在真理的真理，没有控制事物的主人之名。

然而，正如我们所说，这种相同的冷真理在德里达和海德格尔那里是由不同的隐喻提出的。在德里达那里，它采取的是一种解放的形式；在海德格尔那里却是一种沉思的形式。德里达的解放意味着欢庆，积极参与到舞蹈之中，并享受着进入所有表达的事物的游戏中。而且，德里达把他对形而上学的解构带进了超市，带到了广场之中，赋予它一种伦理政治的利刃，使它成为一种抗议的实践。正是以存在论诠释学真理的名义，邮政警察才在其大学内外从事他们的工作。每一种良好的邮政服务都有它的武装护卫、它的安全措施，以保护它们的货物、它们的秘密、它们的有价值的包裹、它们的被包裹的价值。德里达擅长破坏这种权力要求，抵制它们的权威，擅长击败它们的主张，并让它们进入游戏之中。他待在城市里实践着一种欢庆和解放的隐喻。

海德格尔从来没有看到这种被形而上学限制的伦理政治学的利刃。他从来不是一位优秀的苏格拉底，他尽可能多地待在城市和广场之外。海德格尔在相反的路径用一种沉默的、宁静的和显赫的隐语实践着他的冷诠释学。

但是，即使在这种相互交织的网络、德里达和海德格尔线索的双重交叉中区分这些趋向也是可能的，我用激进诠释学所指的东西也在不可决定的共谋和混淆中保持它们。我不想把它们相互隔离，以免人们开始相信他本人的权威。

市场里的解构

在《立场》中，德里达认为他的著作是一种"独一无二的和差异性的'操作'"。他也把它描述为一种"未完成的运动"(*Pos.* 11/13)。解构是进行中的、未完成的工作，它不是一种立场而是一种实践，不是一种理论的观点或立场，而是一种始终在实际操作中的活动。在德里达看来，声音和书写两者都是行动，言语行为和文学行为都被设计以产生持续不断的言语表达效果。解构是在取代倾向于固定的东西的破裂中的运动。现在，如果我已经感受到这种文本操作的效果，这种笔尖的力量，那么，我会说整个事情就是一种解放的工作、一种解放的策略或实践。解构不是某种关于自由的理论话语，而是一种以解放的名义执行的文本操作。它开始于胡塞尔论文的先验语法规则的能指解放，然后转化并生成为一种解放的筹划，它致力于从所有压迫、规范化、正常化以及排他性的话语中解放出来。它意味着导致自由的写作、自由的言谈、自由的文学和自由的科学，学院内外的自由。

有如福柯，也有如今天的许多哲学家，德里达关注权力、权力的效果、权力的使用和滥用。他感兴趣的是，他所说的书写的权力、权力的书写、权力的话语和话语的权力，它的排除、它宣称的异常能力，它压制、标准化、褪色和贬低的能力。[4]解构分析的工作就是针对首先是去中心和播散的目标的权力的集中化。

解构从作为一种文学和哲学解读的方式开始——除了其他的事情外，人们批评被大学强化的哲学与文学的学科分离。因此，它从开始

---

[4] "Scribble (*pouvoir/écrire*)", introduction to W. Wahrburton, *L'essai sur les hierglyphes* (Paris: Flammarion, 1978). Eng. trans., "Scribble (writing power)", *Yale French Studies*, 58 (1979), 116—147.

就具有某种惯例化的意识。传统哲学的部分天真的和自然的态度认为哲学的惯例化，是某种没有在被干扰的哲学操作中设定的中立的、无伤大雅的东西。在《人的终结》一文中，德里达开篇就说："每一种哲学讨论会必然具有某种政治的意味。"（*Marg.* 131/111）文字学还原的部分作用就是把大学设置的中立性信条置于疑问之中。从那里，解构的分析扩展到对所有惯例的解构权力的一般化分析，即便它对大学保持一种特别的兴趣，也是如此。它关注在任何地方所发现的权力的集中化：在统治范畴、西方形而上学的对抗图谋和文学批评中；在安置形而上学和文学的教育体制中；在普遍安置大学的社会体制之中[5]。

在这种联系中，德里达在哲学教学研究小组（GREPH，即 Groupe de recherches sur l'enseignement philosophique）中可能是最著名的发言人，这个小组致力于在法国教育中保持哲学的地位。GREPH 成功地阻止了吉斯卡尔政府 1975 年为把哲学从法国的国立高等学校或大学预科、公立中等学校的最后一年清除出去的提案（哈比计划）。确实，GREPH 力图在课程体系中扩展哲学的作用，并且在基础学校层面追求哲学的观念。对根深蒂固的权力来说，哲学是危险的和颠覆性的批评。它在适合于产生效果的社会体制中没有任何明显的目的。哲学的取消将排除统一话语的障碍，排斥不同的意见和分歧。在其目的是在为了生产

---

[5] 这些问题在采访中，当然也在文本本身里表达得很明确。关于"人的终结"的评论 1968 年在纽约发表，并且接着而来是严厉谴责美国越战当时的财政困难（*Marg.*, 131—115/111—114）。论拉康和弗洛伊德的文章包含了对性别歧视和"男性逻各斯中心主义"（phal-logo-centrism）的严肃批判。德里达把列维–施特劳斯的一个最伟大的成就视为种族中心主义的界限以及对西方欧洲与其"他者"的暴露。在"白人神话"中，他说，形而上学和逻各斯中心主义是白人的，不仅仅是因为他们的冷漠的概念性，而且因为他们是欧洲白人（*Marg.*, 254/213）。对 limited Inc. a b c 的部分讽刺就是呼吁警方执行正常话语（*Lim Inc.*, 78—79/250—251）。德里达的书写用了一种解放的修辞，我认为，这是对他的政治议程的一种讽喻。

训练有素的职业技术人员的国家教育体制中，哲学是无用的。德里达认为，如果没有了哲学批评，统一的政治和技术权力统治就不会被打破。在这个问题上，他有一个就如消息传递一样的"座架"概念。[6]

这就是为什么德里达对在公共媒介中提升哲学也非常感兴趣的原因。德里达作为1979年帮助组织索邦会议（Les Etats generaux de la philosophie）的主要发言人，他谈到了哲学和新的信息技术中包含人文科学的必要性。运用"媒体的力量"传播公共文化是必要的，这种公共文化充斥着没有批判力的哲学内容。人文科学已经把自己与这些新的发展隔离开来，因而只能消除它们对公共事务的影响，不知不觉地让一种退化的力量结构在现代生活中扩张它的影响。[7]

作为与GREPH共事的结果，1983年德里达受邀组织大学哲学国际协会，它的目标是为了对核心的社会和政治问题进行跨学科和跨专业的讨论提供论坛。德里达想限制学科的人为划分、这些"学科"强化的体制性排斥以及学术机构合作的体制排斥——一个学科排斥另一个学科的干扰，限制专业标准化的排斥性质、限制对所有非专业的排斥。解构的这种不恭敬和偶像破坏的一部分，很明显就是要挑战规范性学科，这些学科已变得自生自灭，它们彼此孤立，并与整个社会隔绝。大学将表达对"人的权利"（追随人文主义的批判！）问题范围的

---

[6] 参见对德里达的采访（*La nouvelle Observateur*, chap.5, n.17），对德里达著作的体制维度的更多了解，参见乔纳森·卡勒《论解构：结构主义之后的理论与批评》（Jonathan Culler, *On Deconstruction: Theory and Criticism after Structuralism*, Ithaca: Cornell University Press, 1982, pp.156—180）。在《马克思主义与解构》（*Marxism and Deconstruction*, Baltimore: Johns Hopkins University Press, 1982）中，迈克尔·瑞安将德里达直接纳入马克思主义政治纲领。但请注意，德里达对"马克思主义"的谨慎态度（*Pos.* 53ff./39ff.），我要说的是，德里达和福柯都属于非马克思主义的左派。

[7] Jacques Derrida, "Philosophie des Etats Généraux de la philosophie", in *Etats Généraux de la philosophie*（Paris, 1979）; and Ulmer, *Applied Grammatology*, pp.13—16.

广泛关注。它将仔细察看"独裁主义、身体和心理的拷问、器官移植和基因工程、人类权利、政治与宗教的关系",以及"恳求"今日哲学的其他问题,并且让它颤栗。[8]军国主义、性别主义、独裁主义、严刑拷问、种族中心主义、种族偏见、学院当权派——这些都是解构分析的具体目标、"在场的形而上学"的具体体现。

德里达是一个对已有权威、即我们用英语所说的"当权者"进行批评的伟大而富有天资的批评家。而这样一种给人以启示的表达,意味着来自(或者伪装来自)存在的权力,就像在场一样。德里达特别擅长表明,这些从地面(它们没有)架设的只是伪装的权力、看起来是的权力以及所是的权力,它们都从属于运动。它们是生成的权力,它们已经成为,并且迟早会遭受痛苦,遭受末日的来临。德里达要系统地表明,每一种如此建立的权威都是一种效果、一种产品,都不是从上天掉下来的。他要表明,借用胡塞尔的词语,在结构意义上被硬壳包裹的社会—政治权力的世界的"毁灭"。

这就是为什么在研究德里达时我赞同苏格拉底的类比的原因:破坏策略的实践者的观点——他的风格/尖笔——就是要揭掉伪装的面具,挫败知识的断言,正如苏格拉底没有避免诡辩论的伪装一样,德里达也没有避免审美主义和无政府主义的荒唐。有如苏格拉底,德里达的恶魔不是肯定性的。我们没有必要鼓励在政治程序、形而上学全景或诠释学流程图中去建构一种体系、去安排事物。确实,它总是以这些总体化名义观察警察所做的事情。血液总是以存在、上帝或真理的名义,特别是借"国家"之名流淌。为了上帝和祖国(pro deo

---

[8] 该学院成立于1983年10月,在德里达的领导下,由Jean-Pierre Faye、Felix Guattari和Michel Serres 协助成立,参见Charles Vial, "Paris, capitale de la philosophie", *Le monde*, 1983, pp.9—10。

et patria），形而上学的建构，就像穷人一样，总是与我们在一起。但是，苏格拉底的作用就是让我们对这些体系保持诚实，提醒我们注意它们的偶然性和可变性，让警察三思而行，或许首先是思考。与此同时，它对提出革命框架，然后按照统治话语来阐述没有什么好处。因为这些框架因此而被同化和被消磨了。解构的任务就是坚持质疑统治的话语，通过撕裂它，暴露统治话语的脆弱性和张力。

从这种观点看，从苏格拉底的实践观点看，从破坏所有把自己与批判分离的根深蒂固的权威的观点看，同时从意味着对体制批判的分析观点看，德里达的思想具有某种优于海德格尔的"答谢"（Denken）的地方，它离开自己的装备不知所措地解释它的政治含义。人们只需要阅读1966年《明镜》对海德格尔的采访就能明白这种挫败的意义，人们试图从海德格尔那里体验到"思想"的社会或政治后果。

> 《明镜》：……我们政治家、半政治家、市民、记者等，我们不得不不断地这样那样地决定。我们必须尽量适应我们生存于其中的体制，我们必须尝试去改变它，必须寻求小小的改革机会，甚至还更小的革命机会。我们希望得到哲学家的帮助，即便只是间接的帮助，某种迂回曲折方式的帮助，而现在我们却听到：我不能帮助你们。
>
> 海德格尔：而我不能。

现在，这不是德里达自己进入的死胡同，毋宁说，他把海德格尔对形而上学结构主义的批判，当然包括对政治安排的批判变成了解构的策略。海德格尔对《明镜》说：[9]

---

[9] 《只有上帝能救渡我们：〈明镜周刊〉采访马丁·海德格尔》["Only a God Can Save Us: *Der Spiegel's* Interview with Martin Heidegger", trans. Maria Alter and John D. Caputo, *Philosophy Today*, 20（1976），279—280，281，283]。

就我所见，个体不是因为思想，从某种立场把世界作为整体来把握，从而他能够给予实践以指导，尤其是在面对问题的时候为思考本身发现一个基础。只要他自己严肃地面对伟大的传统，他就会提出太多的思考而不能考虑给予指导。但这会出现什么权威呢？在思的领域，没有任何权威的断言。

但是，无可否认，对德里达来说，这正是解构策略的出发点，一种揭露局限性、限制权威以及每一种树立自己权威的断言的批判性的——苏格拉底实践。这是因为德里达认为并不存在权威，而且不存在绝对的权威，权威总是值得怀疑的，它们无异于它们所产生的结果，权威是偶然的"效果"，权威的占有不能离开它们的有用性而生存。

人们常常把德里达的这种批评事业描述为"寄生性的"。但是，德里达的批评观，明显地是要证明每一种宣称自己是主人和生存实质的东西都是派生的，并具有从属性质（*Marg.* 382—390/321—327）。我从德里达那里知道，在尝试性的设计与它们的断裂之间存在一种未解决的辩证法，一种有节奏的选择。前者是必要的虚构、使用的必要性——我们可以相信，它将来自那些不是不情愿提供他们的公正定义的人——而后者（断裂）则使它们保持诚实。我认为，德里达没有为更好或者更坏的虚构提供标准，他确实描述了决断应该达到的条件。他认为，事情可以用非常像罗蒂（按照欧克肖特的说法）所说的人类对话（但是没有罗蒂的资产阶级解放论魅力的错觉）的方式得到解决[10]——经由一种持续不断的争论，在这种争论中，修辞学的力量相

---

[10] Rorty, *philosophy and the Mirror of Nature*, pp. 389—394; cf. Michael Oakeshott, "The Voice of Poetry in the conversation of Mankind", in *Rationalism and Politics*（New York: Methuen, 1975）.

互撞击，并且让它们的偶然性达成共识，这就是苏格拉底和德里达针对分散和愤怒的观点提醒我们的作用。处理方式由最具有吸引力的有用洞见、最具说服力的观点来决定，有时由那些有经验的人，有时由那些有新观点的人来决定，有时很不错，有时却是灾难性的。这一直都是如此。

德里达事件的结果不是混乱和无序，如人们通常所认为的，而是自由和开放的争论。德里达的许多目标就是要暴露那些把统治话语特征化的顽固和排他的倾向，从而使争论变得公正。学生、妇女、黑人、同性恋者、智障者、所有少数族群、"菜鸟"（=恋人）、非职业人士、非专业人士、犹太人、天主教、无神论者、科学家——所有的人都以不同的方式、在不同的时间被完全剥夺了"常规化的"话语的参与。只有在那些遵守支配范式的人之中，事先构想的争论才是可能的。只有当我们开始尊重那些拥有意见的人，这些意见才是严肃的。解构极其善于表明，骰子是怎样被灌铅的，游戏开始之前它如何被束缚的。解构致力于在游戏中保持游戏，保持游戏的公正。假如它不公正和不自由，游戏就不是游戏，而是一种伪装的必然形式。

德里达证明每一种话语和实践的偶然性，所有话语退化和排斥的能力，所有声称权威的东西的可变革性。当然，他同时也被指出留给我们决定在无限变化的话语和实践中应该如何选择的问题。对德里达来说，决定只能在开放的争论中、在公共的论坛中、在集会中才能达到。他并没有提供决断的程序和可决定性的标准。这样的标准是平庸的、事后的、呆板的，或者更糟糕，是退化的，无论如何与真正的选择或发现没有任何关系。相反，他对这种不可决定性的共同效果提供了一种苏格拉底式的警戒，这种不可决定性的共同效果与我们决断的所有事物和令人烦恼的不公正的实践、排他性的话语相关。他没有提供标准，而只提供了一种公正游戏的条件。他赞成异体受精，在那里，问题将由争论而不是由专业化的权威和权威的专家来解决，通过许多不同观点之间的异体受精的对话来解决，这是学院最重要的目标之一。他不赞成保护性的一般的、学科的纯洁性，不赞成方法，反对在决定公共重要事务上的职业妒忌。在决定公共政策问题上坚持"科学的严密"和"严格的方法"，就是向职业的、权威的精英敞开大门，接受负责任地提出的参与性决议。

因此，正如我在下一章将希望表明的，沉浸于所有事物中的游戏的意义与非理性主义没有关系。恰恰相反，我没有看到一种理性的感官能够离开这种游戏的认识而得到发展。

由此，与海德格尔相比，德里达的最大优点来自这样的事实，即他是一个巴黎的知识分子，而不是一个黑森林里的人（Schwarzwalder），他要产生的是一种解放的效果。海德格尔没有必要缩小这种范围、这种"思想"的解构效果。这对《明镜》采访所传达的"思想"内涵应该不是无所助益的，它具有德里达所实践的解构批判的深刻性和切入点。形而上学的批判不仅能够在存在的划时代的语汇层面上实施，而且能够在具体的政治和体制语汇层面上进行。它应该得到体制和实践分析的检验。它应该能够证明所有现存安排的可变性。每一种现存的城邦（polis）都需要，也应该有挑战权威者，应该有解构分析的苏格拉底螫针，无论它喜欢还是不喜欢。[11]

---

[11] 有关德里达最近在市场上的例子，参阅《理性原则：学生眼中的大学》["The Principle of Reason: The University in the Eyes of Its Pupils", trans. C. Porter and P. Lewis, *Diacritics*（Fall 1983），3—20］；以及《全速前进，七枚导弹，七封信件》["NO APOCALYPSE, NOT NOW", trans. C. Porter and P. Lewis, *Diacritics*（Summer 1984），20—31］；《种族主义的最后遗言》["Racism's last Word", trans. P. Kampf, *Critical Inquiry*, 12（1985），290—298］。另见对"种族主义的最后遗言"的两位批评者的尖锐反驳［*Critical Inquiry*, 13（1986），140—170］。

乡间小道上的诠释学

但是，如果说海德格尔缩小了他的形而上学批判范围，那么德里达则把它变成了市场，甚至把它搬上了电视，这并不是说我们应该覆盖乡间小道而用州际高速公路取代它。我始终对双重交叉感兴趣：通过德里达扰乱海德格尔，借助海德格尔扰乱德里达，总是通过强调他们的交叉点——对作为效果的存在和真理的限制。我说，那种限制产生了两种不同的结果——一种典型的德里达的、解构的、破坏性的和欢快的；另一种典型的、海德格尔的、解构的但是调和的——两者即使不同但都是深刻的、解放的。我要说的是，两者都不能相互分离，必须把思想家拉到集会中，必须让苏格拉底离开城市，即便只是在周末。

把存在和真理限定为效果，限定为发展和传递的结构，它要求逗留一会儿，然后沉没，就是要认识流动，认识所有事物遇到的游戏，以及在其中被追踪的所有形式的时间性和偶然性的性质。对德里达来说，这导致了大学内外的舞蹈和自由游戏的隐喻与自由能指的游戏的隐喻。海德格尔提出了这种隐喻的另一个方面，他称之为"高危险"的游戏——譬如说，宁静和简单性中的深度游戏。在两种情形中都不是束缚自由的问题。在两种情况中，人们都想在游戏中保持游戏，但是这种游戏的隐喻、这种游戏的共鸣和回响是不同的。我所关注的不只是在某种扬弃的时刻把它们相互连接起来，而是要看看，当其中的一方严肃地考虑自身时、当其中的一方排斥另一方时，其中一方倾向于支配另一方时，它们相互之间的颠覆。不是扬弃，我要让这二者相互竞争，不让它们停息，相互保持在游戏之中。再有，假如把这描述为一种辩证法，就让它成为一种否定的辩证法，它的关键就是不得安宁或者无处躲藏。这样，人们就提出了张力并深化了我这里所说的激进诠释学的共鸣。

我所用的激进化模式的诠释学，所指的是始终愿意在游戏中逗留，与流动在一起，最后一刻也不会逃离。根据我的解读，激进诠释学就是运动的哲学。在德里达对海德格尔的真实性观念的批判中是反讽的，德里达认为，他必须反对海德格尔而捍卫亚里斯多德的运动（*Marg.* 66—72/57—62）。他非常正确地指出，在亚里斯多德作为运动测量的时间概念中，运动特别抵制形而上学的在场/缺席的二元体系。运动是当它仍然处于潜能时的潜在的存在行为。运动中的存在既不是（运动中趋向的东西）也不是（运动出发点上的东西）。亚里斯多德的时间和运动避开了形而上学的范畴，悄悄地越过两者进入它的缝隙之中（*Marg.* 70—72/61—62）。现在，海德格尔明显是因为他提出的那种卓越性（见 GA 61）而获得了他的第一教职（1924年，马堡）。再有，正如我们已经看到的，这也是克尔凯郭尔最喜欢的一个观点：一个古代本体论没有压制流动，而是为亚里斯多德的流动定义找到了忠实阐述的地方。在希腊形而上学的最重要的位置上反抗自然的裂缝就是亚里斯多德的运动。

并且，远不是要取消海德格尔《存在与时间》的"真实性"所意指的东西（此时此刻，我们结合托马斯·希恩在一段时间里阅读海德格尔时提出的影响），[12] 德里达实际上就是要对此做出解释。真实性

---

[12] 参见托马斯·希恩的这些开创性论文 "Heidegger's 'introduction to the Phenomenology of Religion'", *The Personalist*, 60 (1979), 312—324; "Heidegger's Interpretation of Aristotle: Dynamis and Ereignis", *Philosophy Research Archives*, 4 (1978), 1—33; "Topic: Excess, Access, Recess", *Tijdschrift voor Philosophie*, 41 (1979), 615—635; The "Original Form of Sein und Zeit: Heidegger's Der Begriff der Zeit (1924)", *Journal of British Society for Phenomenology*, 10 (1979), 78—83; "On Movement and the Destruction of Ontology", *The Monist*, 64 (1981), 534—542; "On the Way to Ereignis: Heidegger's Interpretation of Physis", in *Continental Philosophy: Prize Essays*, vol. 1, ed. John Sallis (Pittsburgh: Duquesne University Press, 1983), pp. 131—164。

是此在在运动中保持自身的努力，尽管在场的压力急于迫使其存在的运动停止。不是与所有围绕它强迫在场的东西交往，而是使此在与其作为可能性的存在、存有可能性（Seinskönnen）的存在保持在一起。当海德格尔说在向死而生中，此在必须在培养作为可能性的死亡可能性时（SZ/BT §52），他完全是在解释亚里斯多德的运动定义：（时间化的、被抛的、筹划的）潜能中的存在行为，就其时间化范围而言，它就处于它的潜能之中。就我们处于趋向它的范围而言，死亡不能被当作某种已实际发生的东西来把握，更一般地来说，此在的存在不能根据在场和缺席的范畴，而只能通过把此在置于它的可能性、它的能是中来把握。死亡作为一种未来的可能性，既非在场也非缺席——那只是形而上学任意支配的存在范畴——而是在无限可能性中的摆动不定的东西。真实性在于保持那种非确定性、那种可能—谁—知道—何时（possible-who-knows-when）、也许很快、或许现在、那种如履薄冰的感觉的生机，没有任何保证，只能在游戏中坚持游戏，在游戏中坚持暴露给深渊，不限制它，也不镇定它。就其是一种可能而言，向死而生意味着向可能开放；它意味着在运动中坚持。

　　无论你喜欢不喜欢，正如德里达坚持认为的，我们不考虑欲说，包括德里达的欲说——由于他在游戏中坚持游戏，在运动中保持运动，德里达在海德格尔曾经意指的唯一意义上涉及了一种"真实性"的筹划。他没有抹去真实性的筹划而是重新书写它，因此，它意味着没有固有的东西（真正自我呈现的、稳定的、自我同一的东西），而只有运动、进行中、保持运动、不允许运动和游戏衰退的工作。德里达把这叫作摇摆、焦虑，使整体颤栗。让我们指出——通过唤起"《存在与时间》的注释"，并尽可能颠覆性地重复一种德里达的姿态——"忧虑"意味着"焦虑"。在对忧虑寓言的一个注释中，海德格尔说："早在斯多葛派那里，忧虑（merimna）就是一个牢固地建立的概念，它在新约中重新出现，在拉丁圣经中成为'焦虑'（sollicitudo）。"（SZ 199 n. vii/BT 492 n. vii）然后，海德格尔告诉我们，他是根据亚里斯多德来阅读奥古斯丁阐述的忧虑这个概念。真实性意味着不安宁、不平静、不自在、骚动、不平衡（甚至跑步时向前跌倒）、抵抗稳定性和牢固基础的错觉。真实性意味着向前—跑（vor-laufen），向前跑，让此在跑。确实，这里是一种更加德里达式的颠覆，恳求法官多尼斯，意味着贿赂、"勒索"一个法官！而这就是我们的德里达的双重交叉，实际上就是让他与一种诠释学时刻颤栗的摇落。

但是，另一方面，又不能把这叫作真实性，它是用形而上学的语言讨论的。相反，把它叫作一种动力学，一种原动力学。依我看，在这种原动力学中存在一种诠释学的时刻，一种我们重新恢复、发现和回复，并让我们惊恐的时刻。在这个时刻，一种认识的颤动——这就是颤栗的纪元——仅有我们（非）自己产生共鸣，留给我们时间性的无言，经受另一种毛骨悚然的冲击，一种克尔凯郭尔的颤栗。正是在这种颤动、这种颤栗中，我设定了一种冷峻而不舒服的诠释学，我认为，这就是必须详细解释的海德格尔和克尔凯郭尔的特殊价值。

海德格尔的后期著作保持了这种颤栗并且准备迎接这种颤动，确实，不是在《存在与时间》的存在主义强调中，而是根据存在的历史和纪元的游戏。而且我总是发现《根据律》（1957）——德里达用以表达大学问题的相同文本（n. 11）——对海德格尔这方面来说是特别合适的文本。[13] 海德格尔在这里说，存在的运动——我们把这解释为海德格尔的事件——抵制所有更高的规则。他在别的地方写道，事件不能被说明，不能被理性化或理智化。"何物仍能被言说？唯此：事件

---

[13] 尤其参见本人《海德格尔思想中的神秘因素》（*The Mystical Element in Heidegger's Thought*, pp. 47—96 and 245—254）。

作为事件传递。"("事件发生"SD 24/TB 24)每一种观念或根据的相似物对它来说都是外在的(SG 185)。因此,海德格尔认为存在是无根的、是深渊。然而,这并不是说,思由此就变成了一种虚无。恰恰相反,它变得与如此这般的存在(与赋予存在的东西)相一致,如与作为游戏的存在、与存在的游戏相一致。而那种游戏的无根性与沉浸于那种游戏中的人自身发生共鸣,他发现自己存在于危险之中(SG 186)。但是,何为游戏以及我们如何思考游戏呢?我们几乎没有准备按照它的"神秘"来思考游戏,相反,我们倾向于像德国唯心主义者那样来思考游戏,例如根据自由与必然的辩证法,因此,这种游戏仍然在形而上学的框架内。然而,思考游戏而不把它同化为形而上学的范畴,而是要探寻事件本身的意义,事件的遮蔽与去蔽、封闭与揭示的历史运动的意义,去一蔽展开自身的方式。这就是构成西方历史的纪元序列的游戏,我们被卷入这种游戏并处于危险之中。这不能根据某种理性规则、根据某种可描述和预测它的运动的微积分来测算——我们还可以补充,无论赞成还是反对海德格尔,都不能通过任何末世论来测算,这种末世论认为它懂得运动的循环规律。它只能用"终有一死"来表达,用那些"栖居于死亡边缘"的人来表达(SG 186—187)。因此,我们被带到了死亡的错综复杂的问题之中,它曾经被过于形而上学地描述为真实性的问题,而现在被重新书写为原动力学。在游戏中保持游戏的方式,就是在游戏中保持死亡,保持人的终有一死性,保持在运动中趋向死亡(把死亡作为一种可能性培养)的运动。然而,这能意味着什么呢?

在某种程度上,这意味着承认,当死亡控制和统治事件(Ereignis)、游戏并把它们还原为规则的时候,我们便碰到了一种死亡。当我们经验到我们的形而上学巧智消失之时,我们就成为终有一死的人。按照海德格尔说法,成为终有一死的人也意味着——你走上了乡间小道,而不是鹅卵石街道———一种强化的世间存在感，一种强烈地来自、依赖并且回到"大地"的感觉。而这确实就是为什么我们被叫作"人类"的原因，根据我们刚刚引用的关于"忧虑女神"的寓言（SZ/BT §42）："而因为现在你们对它的（＝人的）名字存在争论，就把它叫作'homo'吧，因为它是由〈泥土〉（humus）造成的。"

只有死亡才能够测度这种不可估量的东西，测度这种游戏。这并不是说死亡掌控着游戏，而是恰恰相反，在终有一死的经验中，你理解了任何人都不能掌控游戏，游戏是不可估量、不可测度的，我们沉浸于我们不能解开的特别复杂的文本性结构中。用德里达的话说，不能支配某个文本、不能控制其中发生的所有事情的经验，就是这个意义上的"终有一死"的部分。这就是为什么海德格尔谈论"游戏的神秘"的缘故。

现在，"神秘"就是德里达始终潜入的那些词之一（*Diss.* 300—301, n. 56/268—269, n. 67）。他不想把这种播散的游戏称为一种否定的神学，[14]被当作某种隐秘存在的症候，让我们所有的人都投入彼此的怀抱之中。他并不想把播散集中于某种神秘的、缺席的事物本身上，因此束缚播散的游戏，让它在家睡觉。而我表示赞同。我并不是在试图让苏格拉底喝得大醉从而发现他真正思考的东西，我们并不试图为了存在之家而驯服德里达。

然而，假设这种神秘就是游戏本身、去—蔽、在西方历史中展开的遮蔽与去蔽的神秘，假设这种神秘不是隐秘的上帝（deus absconditus），而是人的本质沉湎于其中的崇高而危险的游戏呢？这种

---

[14]《哲学的边缘》(*Marg.* 6/6, 28/26—27; ED 217/WD 146)。关于德里达和否定神学的讨论，参见我的论文"Mysticism and Transgression: Derrida and Meister Eckhart"，*Continental Philosophy*, 2 (1987)。

游戏既不遵循准线性的目的论,也不遵照循环的末世论的法则。它不带为什么而游戏,它只是游戏。它游戏,它只是游戏(Es spielet, weil es spielet)。它不给人以任何安慰;确实,它就是最使人不安的危险的源泉。不可能存在在场的形而上学的问题,而只是存在形而上学历史中展开自身的游戏问题。来自赫拉克利特——对克尔凯郭尔、尼采、海德格尔和德里达来说出类拔萃的流动的哲学家和一个隐藏的英雄的残篇中的评论——海德格尔(在一篇因其重要性值得完整引述的文本中)写道:

> 存在的命运:那是一种孩子的游戏,玩一种棋盘游戏;王国——例如本原的、创造性的、支配的根据、存在物的存在——属于某个小孩儿。存在的命运:游戏的小孩儿。
>
> 相应地有伟大的小孩儿。那个最伟大的,通过他的温和的游戏,那个国王似的小孩儿就是人和他的生活带来的游戏的神秘,他的本质就押在这种神秘上。
>
> 这个小孩儿为什么游戏?世界游戏的巨孩儿被永恒纪元(aion)中的赫拉克利特看到了?
>
> 这个"为什么"的问题沉入了游戏之中。这个游戏没有"为什么"。它游戏的时候游戏。它只是游戏:最高和最深的游戏。
>
> 然而这种"只是"就是全部,是一,是独一无二。
>
> 没有根据就无物存在。存在与根据:相同的东西。存在作为根基没有根基,但是作为命运游戏的深渊的游戏,迎合我们的存在和根基。
>
> 现在的问题是,是否和如何,倾听这种游戏的运动,我们与它一起玩,并加入这种游戏之中。(SG 188)

存在与根据——真理与正确——就像正在传给我们的球，以一种游戏性事件（德里达把这叫作"效果"）的方式传递给我们。形而上学始终在传递给我们的这种多样化的本原——本质、理念、实在等——就是小孩的玩具，他的涂鸦、他的绘画、他的玩具。形而上学就是孩子王制造的效果。没有隐秘的舒适、没有隐秘的保证、没有牢固的担保隐藏在这种游戏之中。游戏具有游戏的小孩的不可能性，存在告一段落的问题体现的不确定性。但是，在这种游戏中存在某种冒险的东西，某种争议的东西，以至于这种游戏是崇高而危险的。争议的问题就是我们是谁和我们是什么——我们被置入游戏之中，我们被剥夺了形而上学"解释我们"的资源——以及我们是否和如何加入这种游戏的运动之中，我们是否会借助严肃的形而上学保证压制它，力图通过技术的权力意志征服它，或者如海德格尔在此所说的，学会与它一起玩，并在游戏中保持它，拒绝它停止，拒绝束缚它。

海德格尔没有谈到意义的"播散"，但是他有一个相当的非形而上学的对等词，叫作"无根"。形而上学的历史就是如此之多的主导和支配意义的构成历史，如此之多集中于实体的主人之名，给予一种本原，并由此等级化。历史意义的构成不是由某种黑格尔式的必然性或者由任意的怪想，而是由遮蔽和去蔽的纪元游戏支配的。形而上学意义上的"意义"、本体论上的"存在之真理"、它所赋予这些基本词语的"正确"意义，都是效果、效果的历史、去—蔽的历史。对海德格尔来说，存在的历史就是特定的基本词语、基本权力之名、"主人之名"的历史的游戏——如逻各斯、理念、现实、行为、对象性（Gegenständlichkeit）等——对此，海德格尔说：

引用这些时刻仍然只是一种列举的评论，与洞察全部存在命运的各个纪元和洞察这些纪元像苞芽一样出现的方式相去甚远。这些

> 纪元永远不可能来自对方并被迫进入一种连续过程的发展方向。然而存在一种从纪元到纪元的传统。但是，这个传统并不像把它们联系起来的线索那样穿越这些纪元；毋宁说，这个传统从命运的遮蔽中浮现出来，就好像从这些相同的本源涌出不同的溪流一样，滋养着一条条无处不在的溪流。（SG 154）

纪元突然涌现，就像突然让道一样。它们共同的东西就是它们由此浮现的"全部的存在命运"（volles Seinsgeschick），而不是一种逻辑上可推导的过程联系。它们出现——如同枝头的苞芽，不可预测却具有某种特定的自然性——而且弥漫其过程，确实构成着和规定着时代，随后便消失。不存在这些基本语词的任何根基。即使它们让自己成为本原、原理、根据和基础，它们也不过是某个特定的时代围绕存在被理解而组织起来的试金石和要点，正如福柯喜欢说的，围绕这一点，某种知识就会形成。但是，它们摆脱不了纪元的游戏、转变和变化的游戏、纪元重复的游戏，它们在形而上学的历史中发挥作用。这只能说是某种特定的历史的倾向性、成熟性。

海德格尔所说的"全部命运"是什么呢？这对海德格尔来说最终具有一种末世论意义，并且遵循末世论循环的规则。他认为，这正是早期希腊人首先传递自身的相同命运，并且命中注定——也许，这种游戏就是黑暗的和不确定的——要返回，按照末世论分娩和重复的动力学，在一种命运的更新、一种重大的颠倒中，我们被迫进入的终结将改变自身，并成为一种新的开端。而且，尽管我把末世论看作一种新形而上学概念，它赋予形而上学循环和整体效果以特权，但是，在这个意义上总是"存在""相同"的东西，即事件，传递着存在、基础和真理，传递着一个接一个的本原，既不是按照必然性，也不是按照任意的狂想。事件与自由游戏一起游戏，没有为什么。循环的规则就是一种"为什么",海德格尔本人力图强加给它的最后的"为什么",最后一点儿乡愁和希望,如德里达所说的。没有为什么而让纪元游戏,就是让它们甚至从这种循环、这种末世论的循环命运中释放出来,完全让纪元在一种自由的重复中发生。因此,"全部的命运"意味着"充分的游戏"。

要思考的问题不是这些历史意义的构造,每一种以它自己的方式构成的"存在之真理",不是通过西方历史存在命运一直传递给我们的方式所返回的邮件,而是它们被传递的过程。思的问题就是那个过程,一种完全释放的存在的传递和命定——命定在那里确实摆脱了所有宿命必然性的意义。思的问题就是存在历史、事件、游戏:传递、开放、去—蔽的游戏。思就是把这种游戏作为游戏,与这种游戏一同游戏。思之任务不是被任何具体的历史构成所吸引,而是要让步伐退后,在具体的历史意义中领悟一种撤回的给与,从而经验这种给与—撤回本身,经验其自身。

对海德格尔来说,这就是最高警觉的时刻。它正是"存在与时间""研讨班"中讨论的"觉醒"的时刻(SD 32/TB 30)。这是人们经验历史构造偶然性的时刻,人们对更深刻的运动保持警惕的时刻,事件/去—蔽的时刻。那时,也只有到那时,人们才领会到支撑事物的概念性—再现性思维的脆弱性和不安定。严肃地对待概念思维,假设它免除了游戏,就会遭受吸收、领会的错觉,这种错觉认为,只有当游戏把握它时它才把握着游戏,认为它能够支配文本、纪元和终有一死本身。

这种认识就是海德格尔所说的释放泰然处之(Gelassenheit),它同时意味着从再现主义和意志中解脱出来,释放到这种游戏的神秘中,并控制后退。对海德格尔来说,对事物的泰然处之始终是对神秘开放。[15]神秘就是在概念把握、历史意义和概念性范围下面、后面、上面撤退的东西。神秘就是逃避理性、技术、本体论、神学（甚至末世论）诡诈的东西。而且因为他把这种游戏经验视为神秘，而不是滑动，海德格尔对此的反应就是谦逊、沉默、单纯的语调，就是对我们的必死性的某种特定的深刻领会的语气。

因此，我对海德格尔求助于四重的神话学、他的美丽明信片的解读，不是解读为某个失去纪元的回忆或者某种第一个开端和某个新的开端。我们知道，每一个开端都已经是一种重复，都总是充满着遗忘。毋宁说，他求助的四重就是人们曾经在这种游戏中发现自身的经验，人们曾经认识到存在的不过是纪元的游戏。"终有一死"的生命——在"大地"上——隐含在世界—时间的游戏之中，它同样是我们的生命的时间——就是海德格尔最崇高的诠释学成就，最高的或许最深刻的诠释学时刻。问题不是纠缠于把这种时间设定在某种特权的时代，它曾经拥有或某一天会到来的时代。相反，海德格尔求助的四重是一种警觉的时刻，对历史意义偶然性保持警惕的时刻，以及向后退的神秘开放的时刻，向纪元在此中形成的开放的时刻。

泰然处之，是对支配我们的世界发挥作用的统治力量的一种越界。它就是人们意识到多方面努力的地方，它无所不在地用这样那样的权力体系来把握事物——同时也是形而上学的和社会政治的体系。泰然处之，就是对这些权力体系进行特定的干预，它释放它们的控制，让事情顺其自然，让终有一死顺其自然，让它们自由。泰然处之就是自由。它不是某种古代黄金时代的特权，也不是对未来的允诺。它是一种平静的干预，它无处不在，它拒绝统治权力把它们的权威体

---

[15] "Die Gelassenheit zu den Dingen und die Offenheit für das Geheimnis gehören zusammen"（G 26/DT 55）.

系化。海德格尔说，当他不再以这样那样的方式，在更大或更小的范围内以末世论的态度思考时，对我们来说泰然处之就是可能的（G 15—16/DT 46—47）。这是一种微小的干预，为我们开启事物，给予我们一种非形而上学地经验事物的滋味——而且互为彼此（海德格尔始终惦记着这一点，关于彼此）。而且他也许能认识到。或许其他的人会理解事物的精神。或许一个微小的裂缝就能够成为一个使整个体系破裂的缺口——假如这个词展开的话。再有，或许电视和发达的电子传播形式将扩展这个消息（海德格尔会对此感到恐惧吗？），这种没有真理和显现的世界末日的消息。或许有一种微小越界会无所不在地扩散，或许不会。

终有一死的人是那些理解了运动的人，那些对永恒的城市不存幻想的人，那些已经放弃永远不屈不挠的人，那些不死死抓住存在物和在场的人。他们从他们的有限性的领悟中获得了一点点温存，从命中注定的时间和传递它们的方式的领悟中得到了一点点谢意。他们拥有一种出生与死亡、生病与茁壮成长的节奏感，一种从孩童到成年到老年的节奏感，一种白天黑夜、季节转变、岁月迁移的节奏感——所有这些都来自与时间的接近。他们理解他们的范围的有限性，他们对生命持有的断裂性[16]、事件的不可预见性、判断的不可靠性。他们领悟到，我们都是相同黑夜的同胞姐妹兄弟，由于我们的必死性而紧紧联系在一起（尽管这不是海德格尔探讨的一个关键）。他们理解——这

---

[16] 对人道主义的批判部分应该对所有的生命开放，而不仅仅是对人类的生命开放。在《现代启示录》(*APOCALYPSE NOW*) 中，德里达的评论不仅针对人类物种的未来受到核威胁的危险，而且也是针对相当多其他物种的危险（第 20 页）。这些考虑在基督教的传统中已经被顺带地认识到；圣·弗兰西斯就是最好的例子。解放神学家列奥那多·波夫也是一个弗兰西斯派和圣·弗兰西斯研究的作者（Saint Francis: *A Model for Human Liberation*, trans. J. Dierskmeier, New York: Crossroad/Continuum, 1984），泰然处之（Gelassenheit）延伸到让事物留在广义 Gelassenheit 范围内。

意味着在何处忍受、把自身暴露给何处、意识到何处——事物的无根：所有事物都被卷入了海德格尔带着他对希腊的衷情述说的某种特定的遮蔽与去蔽的游戏的偶然性中。

终有一死的无根性，意味着我们生存于纪元的潮流之中——从理念和实在到对象性和技术——它讲述了可能是别样的故事。我们与这种用决定性来处理这些纪元原理的错觉保持距离，这种错觉严肃地伪装自己，认为它们的把握是牢固的。我们认识到它们的运动的游戏，它们的游戏的运动，在它们之中发挥作用的给与与撤回。我们首先认识到了我们属于我们没有开启的运动，我们依靠我们没有支配的力量，我们从我们没有理解的权力中获取我们的生活。我们领会了开放性——这同时意味着优雅，因为人们懂得它总是与馈赠和给与有关——我们领会了一种短暂感，因为人们懂得撤回的力量。某些人、某些事，不论是不是耶和华，总是给与又拿走。总是给与又收回。我们学会了认真对待流动，对待出现又消失，对待支配运动的神秘力量。

德里达没有如此这般地进行讨论。他不信赖对理解的所有谈论，不过这是一种用带连字符连接和从属于灾难性颠倒的理解。他害怕驯化他的工作，使他变得安然无恙，消除他的苏格拉底针刺，而这当然是以一种解构的策略进行的。假如他尽力如此温和地观察事物，解构就会成为最后的形而上学，他就会为某种东西辩护。这就是为什么人们必须阐述这种忧虑的诠释学时刻的缘故。人们必须坚持，这是一种颤栗的诠释学，没有慰藉，它是人们遭受的一种理解，我们不是在寻求帮助，而是让事物变得困难。

德里达的解构工作导致了一种文字学的勃勃生机，它拥抱多样性、重复、变化。海德格尔的解构工作导致了一种沉思的宁静，它不能对所有事物在其中被席卷的游戏保持足够的警惕，但是它被席卷的力量所震惊，并在游戏的深刻意义上达到顶峰，在那里，终有一死的人展开命运的时光。

  我所说的激进诠释学,既不会让海德格尔也不会让德里达的姿态占得上风,也不会相信他们的全部权威,而是以一种诡计多端的方式——据说,赫尔墨斯也是一个密谋者,而且我们知道,忧虑意味着行贿——总是用这个颠覆另一个。正当思全神贯注于严肃的宁静、它开始严肃地对待自身时,播散才会带着它的破坏性的笑声突然认识到这个场景。即便如此,思跟随播散回家,在歌唱和舞蹈结束之后,穿越城市的街道,看看它到底会不会摘下它的面具。

第三部分
诠释学筹划

第八章
走向后形而上学理性

应对流动与诠释学筹划

在形而上学"终结"之后，我们现在该做什么？在赋予了海德格尔和德里达如此多的东西之后，人们如何着手自己的事情？如果人们用一种孩子王和崩溃的原理讨论问题，科学如何可能？再有，如果古老的东西发出如此多的信息，如果没有形而上学基础，什么可以成为行动的指南？倘若没有主人之名，倘若没有太多的真理，究竟是什么东西成就了科学与伦理学、思想与行动、理论与实践（假如我们能够做这样的区分）？如果流动就是一切，而语言、历史的结构无非就是我们在涨潮间隙设法刻记的沙滩上的书写，那会怎么样？此刻我们知道什么？我们应该做什么？我们能够指望什么？我们是谁，谁不能说"我们"，谁把我们与自己区分开来，我们（非我们）自己？

激进诠释学培养了一种对所有社会、历史、语言结构的敏锐感，一种对它们的构成性质、它们作为效果的性质的领悟能力。因此，现在对我们提出的问题就是，在这样一种概念中，我们是否被抛向了狼群，我们是否必须简单地放弃作为形而上学严肃性的另例的"理性"

观念，无论什么——科学、伦理学和一般社会事务中的东西。

我在这些总结性的章节中要讨论的是，尽管没有任何方法能够逃离狼群（置身于这样的危险的是人类的部分状况），但是，我们没有理由被它们吃光。我们正努力恢复生活的艰难，而不是让生活变得不可能。远不是削弱"理性"的观念，我认为，一种后形而上学理性的激进诠释学问题，是比形而上学迄今提出的更加合理的理性。理性不会因形而上学的崩溃而被毁灭，而是把它从形而上学的偏见中释放、解放出来，形而上学的偏见倾向于思考比它本身更少的东西，并且事实上使它变成了某种比狼群更加危险的东西。因此，我要以不同的方式重复或书写"理性"所意指的东西，重新描述它，而不是抛弃它。我想表明，理性不是那些以理性的名义言说它的人的个人发明。"理性"已经具有一种不同于"上帝"和"国家"的命运：一些最严重的暴力就是以理性的名义实施的。而且，我对非理性主义的兴趣并不多于对无神论的兴趣（除非后者在替代本体—神学—逻辑的逻辑学中作为一种效果策略）。

重新描述"理性"所指的是什么以及把它从形而上学和教条主义中解放出来的工作，正开始得到理解。胡塞尔要把理性从笛卡儿以来支配所有理性讨论的演绎模式中解放出来，并且用直观模式取代它。对他来说，理性就是一种显现系统，一种经验与直观证明之间的相互联系，它构成了秩序井然的科学以及先验生活的基础（*Ideas I*, Part IV）。先验现象学就是理性和形而上学想要的一切，但是它没有无意义的无根的理论化构造（*Cartesian Meditations*, §64）。最终，通过解除对它（海德格尔反对）的先验自我判断，排除不需要的直观补偿（德里达反对）的符号的自由控制，胡塞尔的解放终结于新的理性对直观的屈从，这种直观以一种新的方式与理性联手。

这种解放与伽达默尔力图沿着亚里斯多德的实践理性重新思考理

性一道呈现了一种更为明显的诠释学转向。[1] 在伽达默尔看来，理性是从方法的控制中被解放出来的，并成了一种具有可塑性的、更加灵活的和自发的应用能力，或者，也许更确切地说，一种规范的占有，它充其量只是对新的和事先未曾预料的怪异情境的一般图式。与（更加笛卡儿主义的）固定的技术规则不再有任何联系，理性沿着更加古典的共同感（sensus communis）、实践智慧和良好判断力模式以及谁"认识路"的敏感力模式被重新构想，他的判断因能在具体事务中做出决断而变得更加敏锐。没有任何手册指导这种判断，这种可以被书写的手册不过是具体研究者的流动智慧的了无生气的概要，关于方法的论著在新的事件转变面前只能无言以对。

伽达默尔观念的原创性在于，他坚持实践理性和科学理性都需要根据实践智慧（phronesis）来理解。这一点在伯恩斯坦的《超越客观主义与相对主义》中以一种特别富有成果的方式进行了探讨，该书致力于整理从康德到现在的后经验主义的科学哲学洞见。但是，从激进诠释学的观点看，对这样一项工程有特定的限制。实践智慧的诠释学概念预设了一种现存的图式，一个已然准备就绪的世界。它的好处就是应用或挪用某种预先存在的范式。但是，在图式危机、世界崩溃、海德格尔所说的时代断裂出现的关键点上，究竟发生了什么？因此，实践智慧本身也被置于危机之中。因为那时它不再是一个拥有应用技巧的问题，而是知道应用什么的问题。由此我们发现我们自身被突然中断。全部"崩溃"（康斯坦丁）被请求给与（德里达）。现在，这种情景正处于我们需要描述的究竟什么会在"理性的"关键点上，因

---

[1] 除了《真理与方法》(*Truth and Method*)，参见《作为一种理论和实践任务的诠释学》("Hermeneutics as a Theoretical and Practical Task", *Reason in the Age of Science*, trans. Frederick Lawrence, Cambridge, Mass.: MIT Press, 1981, pp.113—138 and 47—48, 72, 91—92)。

为它正处于我们不再依靠实践智慧的关键点上,我们需要一种超越实践智慧的理性。当作为总体的情境不被组织,视域被歪曲,整体在颤栗,事物被断裂,被去中心,被播散之时,正如他们在巴黎所说的,技艺和技巧以及这种情境所需要的所有感觉都在那个关键点上崩溃了。因此,人们进入了神秘的海域,进入了没有标记的路途。这就是一切,就是路径,寻找自己的出路,移动—方向—改变(Be-weg-ung),运动,正如他们在黑森林中(Schwarzwarld)所说的(亚里斯多德就把它称之为运动)。

海德格尔说,这种游戏既是"最深的"——因为结构就铭刻在流动上——也是"最高的"——因为假如游戏是一种自由,最高和最好的智慧,人们就能够选择最好和最后的立场(SG, 188)。尼采可以容忍的一个上帝就是大笑和舞蹈的上帝,海德格尔的一些最佳篇章与四重的游戏有关,与人们能够在歌唱和舞蹈之前找到一个上帝有关。然而,困难是世界对事物的游戏几乎没有信心,太多地依赖于限制、权威和惯常的结构,而这就是为什么我们处处被信条和准则、生活的规则和方法的原则所束缚的原因。事实是自由游戏的倡导每一步都遭到抵制。它们被怀疑为无政府主义、虚无主义,被怀疑为知识、社会和道德的不负责任。那些在他们的上帝面前跳舞和游戏的人,总是不得不通过真实信仰的捍卫者来躲闪射向他们路途的神学子弹。不同能力的自由游戏是由审美标准的需要来核查的。无论人们如何劝告我们喜欢这种游戏,却总是有那么些人被这样的解放所吓坏,总是有那种人坚持要知道决定那是什么的标准是什么。

接下来,我要从承认那种把事物牢牢钉死的企图必然是徒劳无益的开始为一种"理性"观念辩护,最后我想说,科学、行为、艺术和宗教信仰通过一种自由的和创造性的运动走它们自己的路,它们的动力使各种关于方法的话语受挫。但是,我并不把这看作一个否定的开始,作为一种理性的失望,而是作为唯一真正的明智或者合理的理性观点。今天,理性的难题,就是它已经成了规训的工具,而不是自由的标志,并且理性当它发挥作用时,它便丧失了效用。

按照费耶阿本德"反对方法"的观点,那些应该指导科学研究的基本"原理"(arché)就是"怎么都行",例如"无政府主义认识论"中对原理的怀疑(费耶阿本德很好地理解了解构的第一步就是颠倒的策略,颠覆流行教条的策略)。而且,既然无政府状态有时意味着暴力,因此,他重新阐述了他作为"达达主义者"的立场。[2]

> 一个达达主义者不会伤害一只苍蝇——更不用说一个人了。一个达达主义者完全不为任何严肃的事业所动,当人们停止微笑的时候,他就闻到了小人的气息,并且想当然地认为态度和那些面部表情暗示了某种想说的重要的东西。人们相信,一个达达主义者值得过的生活,只能出现在我们开始轻松地对待事物的时候,出现在远离了数个世纪累积下来的意义深奥却已经腐烂("探索真理""公正的辩护""热情关注",等等)的我们的言论之时。即使在那些变化和实验似乎不成问题的领域(如基本的语言功能),一个达达主义者也随时准备开始愉快的实验。我希望读了这本小册子后,读者会记住我是一个油头滑脑的达达主义者,而不是一位严肃的无政府主义者。

这就是达达或德里达[德里-达达(Derri-dada)]?很难看出这种差异。或者它就是尼采?这种"快乐的实验"不是属于"快乐的科学"吗?无论如何,费耶阿本德在这一点上提供了恰当的联系。但是,像

---

[2] Paul Feyerabend, *Against Method: Outline of an Anarchistic Theory of Knowledge* (London: Verso, 1975, 1978), p.21, n. 12.

费耶阿本德和德里达这样轻率而具有煽动性演说的作者很容易被误解。有更加慎重表达他们观点的方式——尽管慎重但并不总是最佳的策略——正如奥古斯丁的语录中所说的："dilige, et quod vis fac",即你若有爱,便去做你所愿意做的吧。[3]（从来没有人指责奥古斯丁是无政府主义。）奥古斯丁所指的是,倘若心中充满着爱,人们所做的每一件事都源自于爱,因此既没必要、也不可能具体表达什么就是人们应该或不应该做的事情。确实,人们一旦被迫去表达爱人之间的责任,爱也就没有了。

现在,我认为费耶阿本德的"quod vis fac"（怎样都行）开始于一种"dilige scientiam",即爱科学（怎样都行）。探索每一个地方,质疑每一种东西,对所有的假设都有兴趣,在好的科学的探索中不遗余力。首先,当所做的事情——事实（die sache）,要求可塑性、创造性、柔韧性,要求与事物一道游戏的能力时,不要被僵硬的标准和方法论限制所蒙蔽和伤害。总是从第一感觉"方式"开始做你的事情,从正在做的事情的感觉开始,处处都能产生相同的结果——上帝之子的自由、赫拉克利特的孩子王的自由、尼采弟子的自由、科学探索和研究之子的自由。

理解人类事务的真正障碍在于倾向于相信我们所做的东西——无论在建立科学理论还是在具体的伦理生活中——认可顽固不化的成规和不可改变的规则。正是这种认为人类生活是受规则支配的主张,使得诠释学——这两种诠释学,在其"第一本质"和更激进的意义上——走出了困境,投入到斗争中。诠释学与这种观念对抗,即人类生活最终能够被表达为清晰明白的规则,能够或者应该发挥一种决断

---

[3] 关于这个文本的出处和评论（Etienne Gilson, *The Christian Philosophy of Saint Augutsine*, trans. L. Lynch London: Gollanz, 1961, pp.140—141）,包括注释50。

程序的功能，不论是在科学理论的建立还是在伦理学中。诠释学游戏的一个重要部分就是要解构、要打破那种神话。

但是，更为重要的是要表明，这样一种观点并没有把我们扔回无政府状态和混乱——尽管有的时候少量的混乱是一种良好的策略，而且我认为那就是激发费耶阿本德和德里达的东西。但是最终的颠倒让给了替代。反对方法论主义就是要超越理性主义/非理性主义的争论，解放某种更加合理的理性观念。我们对方法论的成见需要被更深的方法认识所取代，这是"我们追问事物的方式"（SG，111），这是使我们趋近物的方式。对"方法"的关心具有明显的现代科学性质——或者我们应该说科学哲学家？——使科学屈从于方法（US178/74），以至于方法相反地支配服务、限制解放，明显地不能让科学如其所是。

在其最好的意义上，例如在其"恢复的"海德格尔的意义上，方法就是增补，通过它，思能够追问手头之物；它是一种懂得它自己的方式的敏锐，特别是方法不能被事先阐述的时候，当它不能用明确的规则表达的时候。方法就是保持在进行中、在运动中，即使当它无路可走的时候——重复向前重复。另一方面，方法论主义者认为，假如科学、艺术、伦理学和宗教不是由规则支配的，那么它们就只不过是奇谈怪论。方法论主义者大体上是那些不可预测的东西的死对头；他不相信那些游戏的人，那些劝告我们去爱和去做我们愿意爱和愿意做事情的人。因此，它向我们表明我们研究的结论，即比之方法论主义者误入歧途的渴望，这种游戏的诠释学能够为更加敏锐地理解人类事务提供准备。通过剥去我们对纯粹持续在场的错觉，剥去让我们确信支配事物的明白晓畅的方法论错觉，激进诠释学并没有让我们徘徊不前，而是给予我们知识之树生长的某种空间。

在本研究的下面三章里，我力图阐述这意味着什么，更具体地说，也就是要表明我们是如何"与流动相关"的。这样做，我是想说，在这个领域中，规则和标准需要是特别迫切的，而且在那里，我们自己对流动的思想是最有可能导致灾难的：科学和伦理学，我将为我这里所说的理性的后现代概念辩护（第九章）。最后，我会通过海德格尔所说的"向神秘开放"，尽力概述我的"激进诠释学"观念，由此将表明，我们对科学和伦理学的反思事实上一直是导向性的（第十章）。这样的话，我们将解决康德的三个问题：我能够知道什么？我应该做什么？我能够希望什么？

像所有的作者一样，我要提出这样的措施，即我是这个文本的主人，在这三章中有某种进步，它们不断地接近某个结论。因为它们在"不可测度"的方向上运动，这意味着要尽力捕获它躲避、它战胜的领域。在世界被固定为科学结构的对象，并因此赋予它某种形而上学的地位之前，它是更原初的物理现象，即流动，不能被压抑或限制或包含在科学结构的界限内。在伦理生活被行为规则之网束缚之前，存在着其他个人的先在神秘，他超越了我们认为我们所了解的他们，并且要求我们的尊重。最后，我们将遭遇到神秘本身，事物和我们自己（我们的非自我）两者中的不可测量的深度。于是，我们被突然中断。在我看来，这就是诠释学要引导我们去的地方：不是得出某个让人舒适的结论，而是走向一种雷鸣风暴，不是走向封闭，而是走向揭露，走向不能测量的开放性，在那里，我们失去了呼吸，被停止在我们的轨道上，至少是瞬间地，因为，它总是属于我们留在途中的状况。

科学、理性与游戏

难以处理的情况是科学，尤其是自然科学。正是在这里，谈论游戏和流动极有可能出现麻烦，极有可能看起来不负责任。然而在我看来，这里很明显的是，人们可以提出把游戏放回理性中，列举反对强硬的、规则控制的理性观念的最佳案例。确实，我会说形而上学理性概念出现的伟大突破，是在对实证主义者的科学理性概念的界定中发现的，这是由托马斯·库恩1962年出版的《科学革命的结构》提供的。这本书是一系列文献中的关键文献，重新塑造了我们的科学思考中的概念，它可以追溯到卡尔·波普尔的著作，它包括费耶阿本德、拉卡托斯和米歇尔·波拉尼等人的著作，尽管波拉尼不属于这个学派，并且从事完全独立的工作。[4]

遵循这些发展的大陆传统的哲学家们已经认识到，这些思想家塑造的理性概念都非常相像，而且确实有助于说明《存在与时间》和梅洛-庞蒂《知觉现象学》中未发展的理性概念。海德格尔与后经验主义科学哲学家之间饶有趣味的比较也已经开始出现。[5] 在这方面，最

---

[4] 在我看来，伯恩斯坦的《超越客观主义与相对主义》(*Beyond Objectivism and Relativism*)是对这部文献最中肯和最有帮助的论述。但请参见 W. H. Newton-Smith, *The Rationality of Science* (London: Routledge and Kegan Paul, 1981)，对从波普尔到现在的整个运动有一个很好的描述。另见波拉尼里程碑式的著作 (*Personal Knowledge: Toward a Post-Critical Philosophy*, corrected ed.; Chicago: University of Chicago Press, 1962)。

[5] Theodore Kisiel, "Heidegger and the New Images of Science", *Research in Phenomenology*, 7 (1977), 162—181, "New Philosophies of Science in the USA: A Selective Survey", *Zeitschrift für allgemeine Wissenschaftstheorie*, 5 (1974), 138—191, "Scientific Discovery: Logical, Psychological, or Hermeneutical?" *Explorations in Phenomenology*, ed. David Carr and Edward Casey (The Hague: Nijhoff, 1973), 263—284, and "The Rationality of Scientific Discovery" in *Rationality Today/ La Rationalté, Aujourdhui*, ed. Theodore Geraets (Ottawa: University of Ottawa Press, 1977), pp. 410—411. See also Joseph Kockelmans, *Heidegger and Science*, Current Continental Research, no. 207 (Washington: University Press of America, 1955); Joseph Rouse, "Kuhn, Heidegger and Scientific Realism", *Man and World*, 14 (1981), 269—290; and Robert Innis, "Heidegger's Model of Subjectivity: A Polanyi Critique", in *Heidegger: The Man and the Thinker*, ed. Thomas Sheehan (Chicago: Precedent Publishing Co, 1981), 117—130.

215　有趣的文献就是伯恩斯坦的《超越客观主义与相对主义》。撰写这部著作的哲学家，轻松自如地在大陆和英美哲学家与科学哲学之间移动，伯恩斯坦的著作运用伽达默尔的诠释学作为欧洲大陆传统的参照点，对这种方式做了引人注目的表达，由此，这种原本各自分离的发展开始聚合起来。

在本章中，我将继续这种讨论，不是根据伽达默尔和《真理与方法》启发的诠释学，那是伯恩斯坦的策略，而是按照我这几页中一直探讨的后期海德格尔和德里达所启发的"激进的"诠释学。有如伯恩斯坦，有如相近的其他所有人，我的出发点是《科学革命的结构》，它为当前的争论确定了概念。这本杰出的书引发了它自身的革命，为提出理性问题面对流动哲学提供了一种恰当的手段。对于所有这一切，库恩想说的是：要表明"常规"科学与"革命科学"之间的区别。或者在常规化与越界之间、固定的学科框架与那种框架的违背之间、常规化的权威（权威的常规性）与其断裂之间给它一种解构的扭转。

库恩的书提出这样的问题，在何种程度上，对流行的思维模式的挑战不可避免地会被看作"非理性的"，或者相反，在何种程度上，理性超载了流行的思维模式。而且他表明，科学没有取得进步，没有保持运动，没有沿着自己的方向，除非这些挑战不仅周期性地对流行的常规提出问题，而且成功发动了它们的宫廷政变，现在，这里的政治隐喻就不只是一种隐喻（从来就不是这样）。讨论中的宫廷就是统治权威的政治框架，即大学和科学"职业"。因此，库恩的著作一个更有趣的特征就是，他对"理性"和"科学"劳作的政治和体制状况所具有的敏感力，这也让德里达和（甚至更）让福柯感兴趣。

库恩认为，对科学活动性质更平常和普遍的误解之一，就是培根的以一种理论自由和"不带偏见"的方式收集事实的观念，由此，一种理论便会逐渐出现。但是，那种事实收集很可能会导致一团乱麻，而不是推动科学发展（SSR 16）。当科学受到某种理论、某种特定的正常事物概念指导时，事实收集就能以最富有成效和创造性的方式进行。理论引导科学产生几乎不用怀疑的事实，没有理论就似乎没有什么意义。事实就是人为的—事实（arti-facts）。只有在它们所属的"理论之网"中，事实才成为事实，正如海德格尔所说的那样，因为某个实体是什么，只能处于存在理解的视域内，它在这种视域内被理解，不可能有"赤裸裸的事实"（SZ 363/BT 414）。有趣的是，正当英美世界获得这个认识之前，遭受实证主义的黑暗时代之时，从胡塞尔的《逻辑研究》以来，感知的解释性质就成了大陆思想的一个基本主题。

在讨论"范式"时，库恩旨在强调，科学的事业是在问题解决（类似海德格尔的科学和理论总是具有它们的惯例的观点）中围绕某种模式或范例运用而组织的活动。科学训练新人是通过把难题解决的模式案例提交给他们，最优秀的新科学家是那些在运用和丰富这些范例中最高明的人。他们擅长运用，而不是擅长掌握理论概念（SSR 47），因此，他们的（人为）事实就是一个艺术的问题。因此，在库恩看来，基本的概念群、理论的网络就植根或隐含在范式之中；它没有被展示出来，或者没有被明显地研究出来。范式"体现"理论（SSR109）。因此，海德格尔所说的"基本概念"的"视域筹划"，对库恩来说，就是植根于某个范式的运演中，以至于科学家能够更有效地掌控这些概念，而不是反思性地掌握它们。这需要对具体问题的要求有一种确定的洞见，它抵制构想成为明确的规则。事先表达这种规则并由此而可以把范式运用于具体的问题，即通过把它们还原为规则使范式"理性化"，是永远不可能的。而这就是为什么库恩认为波拉尼"卓越地提出了"这个思想的原因，即"科学家的成功依赖于'隐性知识'，即依赖于通过实践以及不能明白表达的知识的需要。"（SSR 44, n.1）

但是，根据伽达默尔提出的那种懂得如何运用实践智慧来表达这一点也是可能的，这是围绕伯恩斯坦观点而组织的关键。实践智慧是在抽象中被枯竭了的知识——倘若你力图以某种规则来表达它，那么它就变得活力全无，就像说，勇气就在于它既不是鲁莽也不是懦弱一样——并且只是在运用中才获得结构，实践智慧"懂得"两者在实际上的差异。它甚至可以用德里达的重复理论来阐述：一个具体的实验实践开始得到理解、获得通过、反复重演，具有不断累积的成熟、改造和扩展，直到那些懂得重复这个实践的从业者的共同体被建立起来，此时一个范式就形成了。

然而，对激进诠释学来说，真正饶有趣味的案例不是被常规化，而是越界，如"革命"科学，即，当所有的技能——比方说，所有的实践智慧——所有的实践科学家都无所适从的时候，尽管他竭尽全力，某些谜题仍然如此顽固地抵制解决，以至于科学家开始谴责范式而不是自己，谴责科学史中的那些关键点。既然这是一个保守的过程，库恩认为，那这样就非常好，以免科学被每一种心血来潮所迫害。科学家们很不情愿质疑他们的范式，因为经验已经表明，许多谜题常常屈从于范式的力量。库恩极力主张这个观点，我可以补充说，人们会震惊地看到那些抛向他的非理性主义控告。[6] 但是，科学家有时候面对的，不仅仅是一个谜的难题，而是一种真正异常的反例，一种出乎预料的结果，它完全不能按照范式来说明。这就是科学的"危

---

[6] Imre Lakatos, "Falsification and the Methodology of Scientific Research Programmes", *Criticism and Growth of Knowledge*, ed. Imre lakatos and Alan Musgrave, Cambridge: Cambridge University Press, 1970, p.178. 该书包含了一系列对库恩（波普尔、图尔明和沃金斯）的批评性回应，但费耶阿本德为库恩"辩护"，说科学确实至少并且事实上甚至比库恩的观点更不合理，库恩在本书结尾的"对我的批评者的反思"中认为这种批评是"模糊不清"的（第264页）。

机"时刻，而且这种危机将持续到一种掩盖异常的新范式被提出来。在《存在与时间》中，海德格尔说，一种科学所达到的水平是通过它对这种危机具有多少承受能力来检验的（SZ 9/BT 29）。换言之，如果科学想有任何"举动"的话，那么，常规科学受到并且需要受到革命时期的撼动。

问题是：生活在这些革命时期会是什么样子？这就是我认为实践智慧中有其暴风雨的关键所在。[7] 实践智慧只能在某种现存的框架、某种已经建立的范式内发挥作用。从根本上说，这是在这个词的最好意义上的保守观念，即它懂得如何保持某种东西的活力，在变化的环境中更新它，但总是在已建立的秩序界限内。实践智慧需要某种稳定的范式、某种多多少少牢固的秩序。亚里斯多德是在一种基本稳定的城邦中来设想实践智慧的作用，而不是在革命冲突的时期。实践智慧就是能够让我们勇敢地面对，例如新情境的德性。它是通过实践、通过摹仿谨慎的人的行为而慢慢获得的。但是，假设城邦本身被分裂了，变得派别林立，那么各自都会有自己关于什么是谨慎的人的看法。假设城市在冲突中被去中心化了、被破裂了，会怎么样呢？假设那是一个混杂的城邦，居住着雅典民主人士和斯巴达好战者（还有中国的聪明人），他们各自说到对上帝和城市的爱，说起要履行他们的市民责任，但是他们各自都有完全不同的观念和实践，以至于人们不知道所谓的勇气究竟是哪一种？如果对于谁是谨慎的人存在冲突的看法，那么实践智慧就不能起作用。如果他们不懂得要效仿的是哪一种谨慎的人，假如有太多的谨慎的人，城邦的年轻人（原文如此）就不

---

[7] 伯恩斯坦也对伽达默尔提出了类似的批评（*Beyond Objectivism and Relativism*，pp.150—165）。实践智慧（phronesis）假设我们有一个共同体，但是，如果城邦（polis）腐败我们该怎么办？此外，伽达默尔从来没有谈到使城市腐败的权力行使和统治的问题。

会在实践智慧中取得进步。而且革命科学的状态、范式冲突的状态,就像不懂得谁是谨慎的人的状态。

当库恩用"不可通约"这个术语来描述这种实践状态时,他遭遇了他自己的暴风雨。他所指的是竞争的范式缺乏某种共同的、外在的尺度,一种双方都可以求助的中立的第三方,它们都能尊重的权威。范式涉及它们本身已经开启(犹如"筹划")的领域,因而它们松散地(不是严格地)自我确认,例如它们倾向于确认自身,形成证实它们自己的权力的数据,解决它们所要解决的难题,以及避免它们不想碰到的问题。另一方面,新范式的提倡者已经学会了用不同的方式观看世界,在新的框架中设定事物,哥白尼"范式转变"就是这种框架中最直观明白的例子。海德格尔会说,它们在其筹划方式中产生了"改变"(SZ/BT§69b)的效果。没有两种范式都可以求助的共同的元理论,因为它们的观点影响整个科学理论网络。也没有任何它们可以求助的共同的、中立的事实,因为,正如我们已经看到的,事实总是它们所属的理论的人为事实。因此,不同范式提倡者之间的争论目标不同。各自有其构成好的科学的标准,各自坚持平等的"合理"观点。进入狼群之中。[8]

现在,人们可能认为存在某些元范式标准,通过这些标准可以对这些范式进行相互间的判断和直接比较——如准确性、一致性、广延性、简单性和丰富性。[9] 但是,尽管每一个人都愿意接受这些"标准",但库恩争辩说,它们在解决冲突时完全是无效的。确实,它们

---

[8] 罗蒂在重读巴拉明·伽利略的案例时为这个论点提供了一个突出的例子,他否认我们可以指责贝拉明的非理性行为(*Philosophy and the Mirror of Nature*, Princeton: Princeton University Press, 1979, pp.328—331)。

[9] "Objectivity, Value Judgment and Theory Choice", *The Essential Tension* (Chicago: University of Chicago Press, 1977), pp.320—339; See p.322—333。

相互冲突，以至于我们只有通过牺牲丰富性才能获得准确性。一种方式在某个方面会更好，但在另一方面则未必。最终，科学家们不得不选择那些对他们来说更重要的标准，在那里更能集中地体现他们的劳动。结果证明，这些标准并不是一成不变的准则，而是具有非常高度的但没有实际用途的科学"价值"。每个人对这些价值都有相同的看法，而不必同意要做什么。

如今，从表面看来，该书看起来像实践智慧一样能够解决另一种情境，正如伯恩斯坦所说的[10]，这似乎是一个懂得如何运用这些高级价值的问题，但是我并不接受。因为这些价值并不具有亚里斯多德的德性的确定性。它们是非常空洞的一般化，更像说爱上帝这样的口号，每一个人的非常不同的劝说都会在我们假设的混杂城邦中重复，而不像相对确定的德性图式。在科学中求助于这些价值作为解决某个争论的决定性程序，就像告诉一个年轻的希腊人怎样成为一个好公民一样，而此时，他的问题是，他应该更像一个雅典民主人士还是更像一个斯巴达战士，或者一个中国智者。

即使诉诸"证据"也是不公允的（他们会在巴黎说，"在滑动中"），因为一种新的范式不会纯粹根据证据被采纳。证据不是某种"给定"（一切原则的原则从来不起作用！），因为某个人眼中的重要证据在另一个人眼里却并不重要。再有，支持一个新的、有希望的、

---

[10] 伯恩斯坦的《超越客观主义与相对主义》(*Beyond Objectivism and Relativism*, 54—55)。尽管伯恩斯坦怀疑我们多么地期待实践智慧（参见本章注释7），但他一直迫切地要求制定更为确定的标准，为决策提供依据（155, 157—158）。但正是在这一点上，我坚持认为，我们必须承认这种游戏，因为导致实践智慧失败的东西正是标准的无效性。只有在一种自由的争论之后我们才发挥它的作用，而不是一瘸一拐地跟在事实的后面，用一种逻辑去重构当时赢得胜利的种种行为的理由。只有后来，在已经形成了新一轮的常规科学之后，实践智慧才能够再一次赢得一席之地——在新的范式的熟练应用和推广中，在新手的训练中。

富有启示的假设，通常比支持流行观点的证据更为微弱。根据科学家的观点，在这种激进的转变中正在进行中的东西，就是科学家的直觉、敏锐的认识和信念，他们倡导新的观看事物的方式。作为实践的科学家，他们所有的职业洞察力告诉他们，旧的范式已经失效，未来存在于新的方向，存在着更有前景的探索，即将来临的工作来自新的而不是旧的范式。新范式的确凿证据只有后来才出现，在它成了被接受的观点以及常规科学的指南之后。

有鉴于此，真正信仰的捍卫者很快就要降临到库恩身上，因为他把科学扔向了狼群，把它变成了一个非理性选择的问题。但是我要说，当它必须证明理性是由什么构成的，当它被扔回到它自己的资源和洞见，当它没有方法论的指导，或者没有运用和挪用某种已建立的范式而必须开辟自己的道路之时，库恩描述了一个理性能够得到最好检验的情境。这条道路不是在此时而是在发展中形成的。此时，理性被迫切断自己的路径，打破已形成的习惯，以一种激进的、开创性的范式思考。我会说，在这一点上，理性被置于与手头事物的游戏之中，它沿着这种道路移动，被有效地置于运动中。就此，没有测绘出的现成路径，存在的只是某种科学理性的自由游戏，某种旧体系维护的可能性的自由重复，某种旧迹象的创造性转化——我们甚至说，只是构成旧体系的迹象的一种释放。我们到达了那个让老的范式颤栗的关键点，一种新的构想出现在它的摇动、颤动之中。我们把这种范式转变叫作一种改变的重复，一种创造性的、生产性的重复。（德里达应该把科学作为写作的主题。）

在常规科学中，新手把这种范式熟练地运用于日复一日的科学研究问题。在革命科学中，范式在颤栗，它意味着科学研究就是提出质疑。没有任何指南，对科学本身，对富有成效的探索和难题解决来说，它绝不是追求看起来最好的东西。没有可以依靠的规则，处于成败关头的不只是具体的范式而就是科学本身。"什么是关键"——这就是游戏和比赛的语言。[11] 科学史上最具有创造性的时刻明显地出现在成规老套"变松"之时——出现在"人类怪僻、错误和困惑"的异常的危机时刻。

> ……新的范式突然出现了，有时在夜半时分，在人的思想深深地陷入危机之中。最后阶段的本质就是——一个人怎样发现（或发现他已发明）一种给予现在收集的所有数据以 种新的秩序方式——此刻必然是神秘莫测的，并且可能永远如此。（SSR 90）

库恩提供的一种归纳就是平常出现在年轻科学家或者职业新手上的那种洞见，因为，这些人"由于实践优先于常规科学的传统规则，更少束缚，可能会看到那些不再限制可玩的游戏的规则，并且构想另一套可以取代它们的规则"。（SSR 90）

现在，不论这种神秘莫测的、夜半时分做出的决断是什么，它都不是亚里斯多德的实践智慧。实践智慧是年长者的德性，而年轻人只有实践智慧的开端。实践智慧是一种深思熟虑的过程，而不是夜半造访的结果，是观看事物方式的新突破的结果，它最有可能出现在年轻的、没有经验的人身上。实践智慧不会一瞬间突然出现，而是通过经年的训练慢慢培养的。当正常的科学工作处于危险边缘，最好的思想变得松弛，独立地置身于与他们所面对的问题游戏的游戏中的时候，科学危机的时刻就是某种特定的自由游戏的时刻。不可通约性就出现在科学纪元之间、纪元游戏的瞬间（海德格尔）、福柯的断裂之处。

---

[11] "……科学进步中的中心事件——使游戏值得玩下去的和值得研究的游戏——是革命。"（Kuhn, "Reflections on My Critics", p. 241）。

按照库恩的观点，科学成功的解释部分在于它对新手们所发挥的巨大权威作用。年轻的科学家不怎么受理性证据的指导，正如我们喜欢认为的，而更多受他的老师和课本的引导（SSR 80）。而且，这些教师不会为科学的规律提供证据，而是根据他们的想象重新书写过去的教材来提供可以被忠实模仿的和应用的模型（SSR 136—143）。这意味着革命的科学家不得不应付大量的压制、专业拒绝以及被颠覆的恐惧（SSR 5）。或许，这就是库恩最具有巴黎气质的时刻：常规科学的繁荣在于其权威的实践，但是，对库恩或德里达来说，这并不是拒绝常规科学。我们需要真相（Il faut la verité）。科学繁荣是因为强加给它的范式暴力（这是巴黎人的一种表达方式，即科学共同体是围绕它所相信的范式而组织的），以及因为范式加强给世界的暴力（巴黎人谈论概念框架的方式，一种观看事物的范式）。但是，德里达同样会坚持，偶然性，一种揭示事物的方式，不能声称绝对的地位或豁免变革。尼采说，科学也是一种解释。因此，对偶像破坏来说，对科学范式的打破者而言，对那些拒绝已接受观点、怀疑常态的人来说，科学中必须总是存在空间。这就是罗蒂喜欢德里达的地方，这就是他为什么倾向于同样看待德里达、库恩和海德格尔的原因。颠覆性对常规性而言具有结构上的必要性，也就是说，一直被常规化的东西只是依情况而定的符号组织。这种符号组织的有效性对其成功负责，但它具有很明显的偶然性，因而总是容易被颠覆。

在对于颠覆常态这个问题上，德里达更接近费耶阿本德，而不是库恩。费耶阿本德捍卫他所说的反归纳主义，他认为，很明显，要检验已被接受观点的优点，包括神话、流行的迷信传说、古代宗教、巫术和通灵术等，并不是每一件事情都得由数据、由每种必须考虑的相反而错误的前提来显示。确实，这就是为什么费耶阿本德认为常规科学是一种神话的原因；科学从来没有堕落到这样一种独裁主义的状态——这也是德里达的播散和去中心所暗示的一个观点。如果库恩认为,确实存在"常规科学"被平静地稳坐其位并且人人都相信的时候,那么,德里达派则会怀疑那是一种简单化(正如怀疑海德格尔的时代纪元一样)。另一方面,如果库恩认为常规科学在破坏中比在保守中受到了更多的欢迎,那么德里达不会反对这个观念。[12]

库恩愿意不戴形而上学的有色眼镜解读科学史,甚至体现在他对待"真理"的态度上。在库恩看来,从一种范式到下一个范式的转变并没有体现理性的增长,因为它可能捍卫其中任何一个范式都是很好的好科学。每一种立场的理性都是不同的,没有更好或更坏。那么,科学是如何进步的?不是通过逐渐地接近"真理",如果这种真理意味着科学理论之间的匹配以及与真实世界变得越来越紧密。

> 我认为,没有任何重构"确实在那里"这种表达的独立理论方法;理论本体论在其本质上的"真正"对等物之间的匹配观念,现在对我来说根本上就是错觉。此外,作为一位历史学家,我对这种看法的难以置信印象深刻。例如,我并不怀疑牛顿的力学超过亚里斯多德,爱因斯坦的解谜工具超过牛顿。但是,在他们的成功中我能够看到没有内在一致的本体论发展方向。(SSR 206)

---

[12] 费耶阿本德否认有常规科学这样一种东西,科学永远陷入库恩所认为的极权主义结构之中。即便在科学共同体内明显一致的时期,也存在大量竞争的和不可通约的范式。在科学历史的持续动荡中常规和革命不是连续性的,而是同时性的构成要素(Feyerabend's "Consolations for the Specialist", in *Criticism and the Growth of Knowledge*, pp. 197ff),尤其参见第 207—214 页。关于"反归纳主义",参见《反对方法》(*Against Method*)第 2—3 章。关于费耶阿本德的作用,理查德·罗蒂写道:"这种探究所应对的反康德描述是杜威提供给我们的,我认为它就像我们要讲述的一个关于人类研究过程的故事一样完美。费耶阿本德给它的'无政府主义'扭曲,在我看来只是一种特殊的扭曲,就像德里达给它的虚无主义扭曲一样。在我看来,杜威的核心内容是完全正确的。"["A Reply to Dreyfus and Taylor", *Review of Metaphysics*, 34(1980), 39—40]。

科学理论的有效性就是解决自然呈现给我们的谜题的力量，它们控制和预测现象的力量。从一种范式到另一种范式的转变并非来源于对自然的更深刻的洞见，而是来自解决科学家面对的谜题、应对流动的策略转变。[13] 我们需要范式（Il faut le paradigme）。

说来奇怪，与库恩相比，海德格尔对科学真理持一种更为保守的观点。海德格尔认为，所有不是自由流动即变化无常的设想的解释性筹划都具有一种"揭示"的力量，即它阐明和释放事物本身。他没有把真理视为社会共识或者范式的权力意志，而是把真理看作揭示，使林中空地（clearing）产生效果。故而，《存在与时间》里存在一缕科学现实主义之光。科学家转向齿轮的转变（Umschlag），不是变化无常的幻想转变，是对作为自然科学中被理解的存在的一种真正筹划性（projectedness）。可以用各种方式筹划性地理解世界，从对世界的谨慎关心的此在原初交往开始，延伸到最抽象的理论科学建构。在理论科学筹划领域，空气越来越稀薄，"更少原初性"，但并不是说这样的筹划就是虚构，正如德里达和罗蒂明确主张的以及库恩所暗示的那样。即便海德格尔在其后来更少天真而更多解构地对存在历史的诠释中，更加严肃地谈论科学之时，他也从没有想要否定科学在其自身的恰当领域中所具有的真理，而只是限制了它的自鸣得意及其让我们对明显的事件视而不见的权力意志。这是真正的思之问题。

总之，对科学理性的任何准确描述都必须看到，在其最好的时

---

[13] 另一方面，库恩写道："出于同样的原因，在这里或我的书中的论点没有任何一部分认为科学家可以选择他们喜欢的任何理论，只要他们同意他们的选择，并因此强迫执行它。常规科学的谜题大多数是由自然直接呈现的，都是间接涉及自然的。虽然不同的解决方案在不同的时间都被认为是有效的，但自然不能被强迫进入一组任意设定的概念框架中。相反，原科学的历史表明，常规科学只有在非常具体的框架里才是可能的……"（*Reflections on My Critics*, p.263），但他的论点的某些部分，即他对真理的看法，确实提出了这个问题，并且他是认为范式能否把握某种本质的东西并不清楚。

光——在危机和发现时刻,在革命和进步时刻——理性都需要自由游戏的时刻和智力的伸展空间,我们并不用这种游戏的讨论破坏理性的声誉;我们只是讲述关于理性的一个更合理的故事。

理性的游戏与理性的原则

但是,理性是一个更为严肃的问题。莱布尼兹赋予了它以伟大原则的形式:没有理性就无物存在;没有充足理由就无物存在;除非充足理由为理性补偿,否则无物存在。没有任何人比海德格尔更权威地严肃思考了理性原则,终身致力于理性和根据的问题、创建与奠基的问题,他甚至批评他自己首先尝试把握的理性的本质(Wesen des Grundes),指出你不能用理性把握即将出场(动词意义上的 Wesen)的东西,直到你知道它作为一种"理性的原则"(SG 48)。[14]对海德格尔来说,理性的原则是一个严肃的事情,而且有很好的理由。因为今天"理性的原则"围绕在我们身边。作为一种原则,理性是一个古老的原理,一个王子,就像所有的王室都无处不感觉到它的在场一样。它具有一种巨大的影响范围,没有任何遗漏,没有任何实体不被它提出的主张所触及。对每一件事情,它都需要理性、充分性,充足理由的表演。因此,如果理性是一种僵死的严肃的原则,我们如何能够谈论理性的游戏?

让我们更多地倾听海德格尔吧。理性的原则是非常"趾高气扬"的(SG 42—43)。理性让我们所有人都在它的掌控之中,向我们(谁

---

[14] 关于海德格尔在《根据律》(SG)中的自我批评,见本人《海德格尔思想中的神秘因素》(*Mystical Element in Heidegger' Thought*, pp.89—96)。关于作为整体的《根据律》的论点的全面描述,参见(op.cit., pp.47—96)。

是它的"主体"？）提出要求，要求我们奠基和创建，表达理性，表达对本源/国王的尊崇。海德格尔说，它不只是这种言说中发出的人类的声音，而且是存在本身的声音。在这种理性原则影响的范围内生活，被这种主张所要求，就是那些生存在形而上学最后纪元、原子时代、原子核时代的人之命运。那就是这种趾高气扬的原则展示某种特别力量的地方。因为原子时代标志着对待实际存在物——以及存在自身的最后、最极端的情况——根据理性作为理性控制的问题，理性权力意志的原材料。

这种最后的、极端的理性力量和理性基础所要求的扩张就是座架的时代，它意指被聚集（Ge-）的能量，人被置于其下的累积动能，所有的推动力，由此，人们被驱使着把事物置于理性的控制之中，把事物还原为理性的原则。座架中有一种双重的"被置于"。因为人们攻击地球的方式本身就是他被这种时代信息力量"攻击"的一种作用方式。人对事物施加的力量本身就是由他自己生存于其中的力量导致的。理性原理、理性/王子、本源的原则是事件允许的。这是传送技术（Technik）的时代，传送技术计算世界的存在物的存在。对作为在场的存在、作为存在（Bestand）、作为持存中忍受的可以利用的存在来说，技术就是现时代的主人之名。正是因为存在以这样一种狂暴攻击人们的技术，我们自身才被卷入了事物的任意摆布之中。

因此，现在很清楚，海德格尔严肃地对待理性，是因为在这个原子核时代，当理性取得了原则的形式之时，所有的游戏都已经远离了理性，并且理性已经变得致命的严肃。理性的游戏被僵化为一种权威的原则。因此海德格尔确立了他自己的限制理性的任务，提出了作为现代性和笛卡儿主体之产物的理性的历史—时代局限，以便打破理性原则施加给我们的僵死控制。

"主体"需要为"客体"提出理性，只是因为主体早已停止让存在物以它自己的理由存在（SG 53—54）。倘若没有即将出现的理性，那么存在物就被宣布为无效的和虚无的，根本就没有存在物，而仅仅是一种主体的幻象。在这个理性支配的王国中，无论什么时候以什么理由主张公民权，都需要出示证件，给主体一个理由，它就是国王的代理人，代表它的利益，征收税款。但是，海德格尔想知道，如果存在背叛理性权威的存在物，逃避本源/国王控制的领域，难道就会有一种悬置理性并对"理性为什么"的不屈不挠的探索，以缓解其顽固的目的论和考古学要求吗？他从一位叛逆的神秘诗人那里得到了帮助。[15]

> 玫瑰不为什么而存在，它绽放只因它绽放；
> 它不为自己焦虑，不问是否被人看见。

显然，这个诗人是一个颠覆分子、亡命之徒、国家和国王的敌人，那些天启式的声音之一急切地煽动每一个人，律法说没有理性就无物存在，但是，亡命的诗人却说玫瑰绽放不需要为什么。

值得注意的是，尽管诗人并没有说玫瑰不需要理由或根据，但是他却说没有为什么。因此，神秘的玫瑰没有完全违背原则，就像它忽视原则以及没有寻求和提出理性一样。玫瑰打破的是表达而不是节奏——以便维持、停留、逗留在它自己的根基之中。诗人让玫瑰顺其自然，让它以自己的自然发生状态挺立和逗留一会儿。但是，顺其自然就是言说和逻各斯所意指的东西，而节奏是罗马化的、颓废的、衰落的，原始希腊经验的衍生意义，它赋予玫瑰一种背信弃义的扭曲，这种扭曲把中世纪学者和早期现代拉丁化的逻各斯置于运动之中，它

---

[15] 最近有一个新的关于安格鲁斯·西勒修斯的译本（*Angelus Silesius: The Cherubinic Wanderer*, trans. Maria Schrady, New York: Paulist, 1986, p.54）。

引导莱布尼兹（SG 67ff.）通向另一种更加有力的黑格尔传说！

因此，海德格尔把理性原则的原则暴露给他者，揭示给有勇气和胆量而不需要理性的思——这正是只通过每一种尝试都服从游动和保持完全的静止而学会漂浮的方式。这需要付诸实践，需要一点儿勇气；它既简单又艰难。诗之思就是如此。它获得了比理性更简单、更原初的世界关系；它在理性提出的要求很久之前就触摸到了事物，而且，确实如此深刻地转向了理性从未提出需要的事物。

此刻，我敢说，没有比这更激进或更精彩的对理性原则的限制。这是另一张来自弗莱堡的令人吃惊的明信片，而且我是非常认真的。我必须说，对海德格尔本人而言，对理性原则的这种限制所指的是某种具有游戏性的东西，就像从地面"跳离"：跳（satz）——因为跳是设置（setzen）的一个含义——离开地面；恰好跳离坚实的地面，进入谁—知道—什么（SG 95）。这是我们离开理性原则、理性/国王原则的范围和统治的奋力一跳。因此，如果我们降临在某个地方，那么它就是这样一个地方或环境，在那里既没有给与，也没有带走理性，根本就没有命题式的话语，因为它就是需要理性和理由的主体提出的"命题"或"要求"。如果我们跳离地面，那么我们就必然置于深渊之中，一个无根的领域。我们跳离基础的稳定性、在场的坚固性——陆地（terra firma）——并且我们降临到流动之中！流动就是海德格尔称之为游戏的无根的领域，按照亡命诗人的说法，游戏的游戏没有为什么。因此，海德格尔限制理性的原则，并通过设定范围为游戏创造空间，人们在那个范围内能够找到原则领域之外的游戏。

225 确实，游戏就是一切（SG 188）。下面、后面、周围、所有基础和创始的旁边，地面的裂痕、缝隙和缺口中，都是游戏。它是这个研究第一的、最后的和持久的思想。这一伟大的冒险，最危险的状况——在此我请求原谅，如果我临时用了一种严肃的、天启式的语

调,那么它会很快结束——就是不要过于严肃地看待理性。然而,我们刚刚说过,海德格尔终身都严肃地思考理性。确实如此,但是,现在我们可以看到,他那样做是为了跳出理性的统治以进入游戏之中。他严肃地对待理性恰好要表明,理性范围之外、法则的长臂之外存在一个游戏的领域。这是一个诗与思的领域,他永远躲避着理性化、理性给与和理性表达。海德格尔向我们表明,理性只是伪装的权力之一,我们不应该认真地把它的伪装看作普遍的世界司法。

再有,海德格尔谈到这一点时有一个非常好的理由。因为事实上,本源/国王,譬如说皇帝吧,他根本就没有穿衣服。这是形而上学历史上最难堪的事情之一。倘如我们追问理性原则自己的理性,倘若我们追问什么是理性原则的理性,倘若我们询问理性的合理性,我们得不到答案。沉默是最让人尴尬的。在无限退化的痛苦中,理性的花架子与理性原则本身暂时在一起。原则本身不能有理由(SG 27—28)。它必定是它自己的权威,必须用它自己的声音说话。它不能叫警察;它就是警察。

因而,基础原则中存在某种无根性,在毫无限制的要求我们而我们又听不到的声音中存在着空虚。在这一点上,我们必须大声说国王虚张声势,限制他的要求和权威,否定他的普遍和不称职的权威。理性的原则没有理性,但是却要我们相信他的话,即所有的事物都需要理性。但是我们不能放松神经。我们必须反抗这个国王,拒绝支付如此之高的税收。因为总是有像海德格尔和安格鲁斯·西勒修斯这样的思想家——还有其他的人,一串长长的名单(早期希腊人和德国诗人没有他们的市场),他们彻底反抗理性的原则,限制理性影响的范围。他们激发了其他的可能性,其他的思考方式。他们进行"不同的书写",并且他们似乎没有变得更糟。恰恰相反,他们变得更好;他们开创了属于他们自己的进入游戏的方式。

还有，约翰尼斯·克利马科斯曾经说过，他担心那些采取（黑格尔意义上的）"思辨跳跃"的人，因为，尽管对他们来说非常合适，但是，他们却把我们留下来面对更糟的情况。如果海德格尔和西勒修斯找到了他们超越理性原则范围的路径，开启了一种不同的思之方式，人们，还有我自己要珍惜和培育（游戏本身的范围），并不意味着我们应该让理性的原则在它自己的领域中有它的方式，在它自己的影响范围内它的权力就不应该得到制止，我们就应该让它在它自己的领地里成为完全无理性的暴君。由于海德格尔在理性之外发现了一个游戏的领域，因而他便找到了一种不严肃对待理性的理性。然而，我想让游戏渗入理性本身。我不想让这个国家，但仍然在其边界内，坚持理性本身的游戏。我想说，正因为理性是严肃的事情，我们必须使它保持在游戏之中，并且放弃逃离它的边界的思想。

这就是我在本章中一直讨论以及我在对库恩的讨论中所表达的东西。我认为，以为理性总是一种僵死的、严肃的规则统治程序和固定技术的问题，是严重错误的。如果海德格尔通过在理性自身的影响范围之外找到了另一种思的方式，从而以某种方式限制了理性，那么也有另外一种限制理性和检验其权威的方式，并且潜入其团体之中，把间谍植入它的体系之中，而且把理性置于它本身的影响范围，置于游戏中。我们要为理性设立一个缝隙（Spielraum）。我们要给理性一些空间，如我们今天所说的，给它一些自由的游戏，一些来回走动的空间。因为，这就是我的观点，理性本身，并不只是神秘的诗歌和西勒修斯的玫瑰，不能把它理解为与游戏无关的东西。当危急关头降临时，理性发现自己没有现成规则的帮助，它依靠自己，处于自由的游戏中、运动中、流动中。当科学为其安全设置的护栏和引导失败之时，当它被抛向自身之时，当它无所依傍而只能依靠自己的独创性之时，理性便完全在工作之中，这意味着它完全处于游戏之中。

我反对理性的生活可以被程式化、被还原为法律规则的观念。我打赌没有人工智能工业，至少没有人工智能工业的深度筹划，会把所有的流动性、周围环境、体现人类智慧的自由游戏还原为法律的规则。我喜欢休伯特·德雷福斯对他的营地发起的破坏性突然袭击，它表明如此简单的事情具有的难以置信的复杂性，能够解读笔记，不管印刷如何糟糕和书写如何潦草都能辨识出"相同"的特征，在所有不同的口音、语调和重读音等中听出人类的声音。人工智能的工作到目前为止只能进入流动，然后猜中纯粹流动中、游戏中模糊不清的东西。我认为，德雷福斯是对的，即，如果有一天我们能够综合人类智能，那只是因为我们找到了一种克隆人类或者相反复制人类身体的方式。而且，这种情况一旦发生，我们就会制造另一种人类，但是我们肯定不会通过数字处理器重构人类智慧。并且，那是因为我们在处理孤立的信息。毋宁说，我们是以一种格式塔学者和现象学家恰当描述的方式，以各种令人惊异的敏捷、灵巧和复杂的方式，去组织、解释、阅读、改变和构想各种模式。我们不会经历并完成一系列的规定步骤；我们不会有贯穿所有组合的可能性。我们不是在场/缺席的机器，不是可以开关的电子配电板，而是某种太过复杂的人工智能探索不能控制的流动的运动。德雷福斯这样的作家，就像打进计算机工业并在技术内发挥断裂作用的海德格尔式间谍。他局部地而不是总体地限制它的要求，海德格尔和我们大多数人都乐意做这样的事情。[16]

而现象学家所表明的人类感知和智慧，也许被梅洛-庞蒂的"模糊性"观念做了最好的概括，被德里达以及"非决定性"的"（非）

---

[16] Hubert Dreyfus, *What Computers Can't Do* (rev. ed.; New York: Haper, 1972, 1979). 看看德雷福斯在对付他们的筹划时技术人员表达的愤怒将是有趣的，假如不是可怕的话。计算机工业对这本书的反应是政治权力的极好例子，所有技术工业的批评者都反对这种政治权力：人们理解了海德格尔为什么说理性的原则"趾高气扬"。

原则"推进得更远。[17] 德里达对计算机革命的图像结构感到兴奋，为编—程（pro-gramming）、书写的新方式、电子屏幕取代书本等的所有讨论感到兴奋。然而，没有人能比德里达更好地表明了人工智能工程的局限性——不是通过任何理论观点而确实是通过他自己的书写实践来反对它。因为，如果数字处理器能够开展符号的工作，但是它却不能捕获它的游戏，倘若它能够重新制定程式和结构化的符号特征，但是它却不能探索语音、图像和语义的联系，不能把握滑动的、播散的漂移，自由的游戏。我们可以教计算机工作，但不能教计算机游戏（它只能玩规则支配的游戏）。我们可以教规则支配的所有东西、所有逻辑，我们可以像教计算思维一样教给它比例，我们可以教它本体—神学—逻辑，但是，我们却永远不可能教它如何阅读地球科学激光测高系统（Glas）（或者如何书写 Glas）。

这就是谈论我们应该捍卫理性的游戏而反对理性原则的方式，我们不应该把理性还原为理性的原则，我们不应该把"理性"这个词送给那些心中只有理性支配过程和牢固决定程序的人，他们把游戏从理性中分离出来，这是理性非常不合理的一种观点，它们把理性还原为僵死的严肃性。这就是我反对海德格尔的跳入另一个领域的想法。因为我不想把理性留给技术之手，像撤退的军队把它的士兵甩给敌人一样。

从策略上讲，允许自己的对手说他们用同样的理性进行言说是一种糟糕的想法。这把人们置于非常不清楚的地方。因为，即使玫瑰没有任何非理性的东西，没有问为什么，但它确实使它看起来有。更好的做法是渗透到理性的整体中，用库恩和波兰尼运用的以及整整一代科学哲学家所激发（并且我们不能忘记以海德格尔《存在与时间》开

---

[17] 关于梅洛-庞蒂和德里达在这一点上的联系参见 Rodophe Gasché, "Deconstruction as Criticism", *Glyph*, 6（1976），177—215。

始的方式）的方式书写科学。我们应该用德雷福斯所用的方式书写计算机，用文学批评和人类学，用整个"科学"的扩展——自然的、社会的以及人文的——那些展示在理性中的游戏之游戏的文章来撰写文章。[18]这并不只是一个书写的问题，也许甚至不是应对电视的问题。

当理性被放逐之时，理性不被不变的指南吹嘘之时，就存在一个理性生活的时刻。当理性认识到模型、范式，修补它的符号体系、开始不同的书写时，理性的作用就切入流动之中，获得对某种感知流或者问题流的一种构想性的解决。正是在这样一个时刻，理性开始一种革命——在物理学或经济学或神学中——催生整一代的非常认真的探索者。我们不是处于这样的位置，也就是说，要么跳出理性而进入另一个领域，要么仍然被限制在理性之中。这个想法就是要解放那些生存于理性控制范围内的人，把自由的变革引入理性的律令之中，重新插入甚至活跃计算思维的游戏。最好的计算不是通过计算器，而是通过自由飞翔和游戏中的计算思维来完成。倘若恰如我们所说，事物在流动中、在不可确定的漂移和滑动中，并且倘若理性顺应事物，维持与事物的对应关系（即便根据形而上学真理的经典要求），理性就必须自由游戏，必须能够有出其不意的移动，有能够转变范式、遵循非正统的暗示。理性最合理的观点就是：否定你能够撰写一本关于理性运作的手册。你必须学会与游戏一起游戏。思维就是演练的过程，

---

[18] 例如，克利福德·格尔茨的诠释学导向的人类学（*The Interpretation of Culture*, New York: Basic Books, 1971; *Local Knowledge: Further Essays in Interpretive Anthropology*, New York: Basic Books, 1983）。更多相同的文献（*Interpretive Social Science: A Reader*, ed. Paul Rabinow and William Sullivan, Berkeley and Los Angeles: University of California Press, 1979; *Understanding and Social Inquiry*, ed. Fred Dallymayr and Thomas McCarthy, Notre Dame: University of Notre Dame Press, 1977; *Social Science as Moral Inquiry*, ed. N. Haan et al., New York: Columbia University Press, 1983）。另见伯恩斯坦对社会科学的精彩讨论（*Beyond Objectivism and Relativism*, 25ff., 93ff）。

就是一种重新书写海德格尔《什么是思?》中所说的东西——只有上手的存在物才能够思（WHD 49—50/WCT 14—15）。

但是，对于理性的自由游戏，还有一点需要提出，并且这关涉保证游戏公正的必要性，例如理性的政治学。所有关于非正统和革命的讨论，很可能都会让政治家和大学管理者感到紧张，而且他们会尽快地阻止它。国王们总是有一种对付革命和宫廷政变的方式。

理性的体制化

今天，理性已经被制度化了。不允许在街上自由地闲逛。这暗示理性已经疯了或者病了，我们不得不把它甩掉（或者，也许相反，它疯了或病了，是因为我们把它甩掉了）。我一直没有认可这些暗示，禁止这些联想。我只是力图假设，今天理性被囚禁在一种体制的框架之中。就像大学一样，在某种限制环境内发挥其作用。毕竟，我们几乎不能避免体制化的生活形式。我们应该在受限制的理性与自由的理性之间有一种明确的和可判定的反对吗？难道我们不是两者都需要吗？难道在理性的体制与非体制的形式之间我们不是需要一种非判断的变动吗？一种未被注意的能够在两种生活形式之间游来滑去的双重代替？无论如何，倘若我们没有认识到理性已经被体制化了，那么就不可能有一种对理性的合理讨论。而这就是我此时此刻想要做的事情。

康德讲到了"纯粹"理性和理性的"自律"。但那是一种危险的抽象，因为理性总是已经被嵌入某种权力体系中。在很大程度上，"理性"所指的东西就是当下盛行的权力体制的一种功能，而非理性的东西就是丧失权力。体制化的理性行使权力的本质，就是它能够限制作为"非理性"的没有权力的东西。那些不赞同理性统治标准的人常常被宣布为非理性的，大致相同于那些不赞成华盛顿现行管理的人就被宣布为不爱国的人。人们利用体制的权威为自己的观念服务。而那些不赞同的人不得不证明他们并不反对理性或国家——即他们并不是疯子也不是叛徒——此时，他们只不过是反对当前流行的观念。

海德格尔和库恩两人都警示我们，要注意那种纯粹的"科学逻辑"的空洞性，它脱离了科学思想产生和争论的体制性环境；海德格尔告诫人们，要注意日益巩固的"科学的休制化性质"，它正在消除自然科学家与人文学者之间的差异，这种差异正日渐消失。

> 他成功在于研究者从事研究项目，是这些东西而不是博学的培养给他的工作增添敏锐的氛围。研究者不需要书房。而且不停地四处奔波。他在会议上交涉，在大会上搜罗信息。它与出版商签订合同。后者现在与他一起决定必须写哪一本书。（HW 85/QCT 125）

库恩则令人吃惊地表明，"专业化"和科学保守派的权威如何与科学工作，而不是跟要承认的科学哲学家有更多的关系。库恩表明，处理某种新东西的方式就是宣布它不合法，侮辱它是非专家意见和非专业，说它没有在专业界登记。人们草率地排斥它，剥夺它的声音。而且他说，在某种程度上，被学者统治的一代从来不接受新范式逻辑的劝说，而只能被年轻的拥护者熬成明日黄花。

在大学里，没有任何理性的考虑能够逃脱理性的体制化。关于理性的争论是由大学教授们在杂志和书本中、在论坛和公开演讲中进行的争论，由渴望占有、晋级和更多科研支持的男男女女们进行的争论。什么是合理的，什么是不合理的，往往是学院内部的权力功能，是学院内那些在或多或少得到认可的精英体制中拥有高级教职的人的功能，正是这些人确立了专业的话语风格和语调。他们界定"正确的问题"和这些问题表达的正确方式。他们确定选择的标准，决定选择哪些论文能够在杂志上发表，什么种类的书在最好的大学出版社出版，什么类型的投标书可以得到基金的支持，他们互相评论著作，相互讨论论文，互相邀请参加他们赞助的讨论会和研讨班，相互推荐基金资助，互相雇用博士生，互相邀请做访问教授，互相提名为专业协会中的资深主席、讲席职位和各种要职——在一种自我确认、自鸣得意的专业控制的圈子里。

所有这些在专业中都具有界定什么是或什么不是"合理话语"的作用。那些不争论这些问题的人和（或者）运用不同话语的人把他们的东西委托给——就算有——边缘化的杂志和出版社发表，委身于二流和三流的机构任教——就算有的话，他们的工作得不到基金支持的帮助。引用法国和德国哲学家的话说，在美国哲学中，它们只是在某些地方得到尊重，海德格尔和德里达的读者更可能在最著名的大学的哲学系之外找到。因此，具有反讽意味的是，这可能会让克尔凯郭尔嫉妒，在关于"理性"的争论中没有流出一点儿墨水的哲学家们，离奇地强化了理性是什么，以及人们怎样进行理性讨论的人类中心论和排他性标准。

然而，大学内部实施的权力与大学外部施加的权力相形见绌。因为大学属于技术政治的权力结构。[19]它是被不断技术化和实用化的大学所期望的社会体制的一部分，因而也属于"理性的"一部分。这个社会体制越来越处于理性"原则"的统治之下。相应地，大学被看作弥补社会技术和专业的需要——它需要科学家、工程师、会

---

[19] 在上一节，我以海德格尔对理性原则（SG）的讨论为指导；在本节中，我使用德里达的"理性原则：学生眼中的大学"（参阅第七章注释11）。

计师、计算机专家、护士、医生、律师。大学甚至是提供人才蓄水池和职业运动队的训练基地。期望它训练未来的市民，制造好的美国人（或法国人，或者无论人们需要的什么人）。大学越来越被它所从属的社会毁掉，并且越来越缺乏观念的自由游戏，这种游戏的基础、理性和实践目的不能被轻易或直接地呈现。而且，人们希望找到这种自由游戏的学科，在它们自身不被"理性的原则"蹂躏和从属于技术目的的范围内，这些学科几乎只是作为装饰或往昔的古怪标签被保留，而且因为变得极端的窘迫，如果人们简单地销毁它们，将会导致什么结果。

理性的游戏被理性的原则所束缚；大学里的理性自由运动受到大学的体制化检查。理性和大学的能量被纳入了职业准备的轨道，听命于理性原则的持续监控。大学成了常规化的工具，不断增强和提供现存秩序以及成为排除那些不认同它的人的工具。大学成了一切都以理性目的、职业目的、技术目的为中心的中心，在那里，完全没有任何"没有为什么"，所有非中心化和游戏的东西都被怀疑或者被认为是危险的，即便它是理性所必需的，而且确实就是理性的东西。甚至"人文学科"也因为给它们的课程内容提供一种"基本原理"被实用性地"合法化"了，它就是为了提供正直而干练的领导人，懂得怎么写、怎么讲、怎么分析的领导人，他们之所以有"价值"就在于掌握了技巧，并且能够"有效沟通"。人文学科也遵循理性的原则——富有成效的沟通：充足率（ratio sufficiens）、效率（ratio efficiens）。

对人文学科来说，也许还有另一个更好的依据。因为它们为安置那些不同地言说、写作和思考的人提供一种有用的场所，他们被赋予了颠覆性的、去中心化的思想，他们对现存秩序提出高水平的批评。我们让他们远离街头，让他们置身于他们的危险话语效果能够被包容的市场。而且在这一点上，德里达认为，马克思主义甚至拥有制度性的名望，而且仍然具有一种"体制内"的力量。[20] 它采用了让人尊重的大学话语风格，因而能够为大学所吸收和包容。马克思主义者大多在大学校园内周旋。

最后，大学被召唤为战争的准备帮忙。它必须为权力意志提供脑力。它提供国家需要的物理学、工程技术和计算机技术，以便维持和增加核武器军火库——而现在也许是要建立复杂而危险的激光防御系统，把核竞赛扩展到太空。大学校园里最高的、最引人注目的和最新的建筑物都是防务赞助的和为防务专用的。政府控制的基金务必确保服务国家的目的。没有任何东西是没有理由的，尤其是引导越来越危险的武器的研究。之后，就是对癌症治疗的研究，而不是暴露把致癌物疯狂地排入大气和粮食的工业权力，而且，因为自由游戏被赶出了大学，没有任何人不同意。甚至没有人知道大学的其他部分正在干什么。

不能把理性问题的讨论与"座架"（Gestell）分开，它是把我们框在里面的框架，把大学框在其中的框架，把理性框入理性原则的框架。正是这种框架使理性的体制化变得如此之危险。在《存在与时间》中，海德格尔对科学诠释学做出了敏锐而富有启示的评论：即便在最富有理论性的时刻，诠释学仍然是一种实践；它受某种特定的筹划实存存在的方式引导；它周期性地被观念视域的基本革命所撼动，科学的所有"逻辑"都只能蹒跚在事实之后；等等。在他的后期论述中，海德格尔失去了这种工作的耐心。这没有什么可奇怪的。似乎他被一种日益增长的更加危险的情境所捕获。1945 年之后，关于技术争论的所有概念都戏剧性地改变了。核武器竞赛开始了；原子动力被当作一种武器释放，而且烧焦了人类的身体。战争的观念发生了彻底的变化。四分之一世纪之后，人们可能漫步在月球上，这可能会把海德

---

[20] Derrida, "The Principle of Reason", p.16.

格尔吓得半死。[21] 今天，随着微型电子的到来，计算机的力量已经扩张到了我们的"事实性生活"的最微小的角落，伴随着不断增长的、不可限制的标准化权力和"信息"规则。

毫不奇怪，海德格尔的声音变得更尖锐，更富有启示。这里有一个末世论的合乎目的的案例，当它是一个世界里的抗议声音时，消息就在有权力的邮政局长的体制控制之中，在那里，通过公共线路发出的唯一消息就是理性的原则。他的后期著述力图打破趾高气扬的原则的消息，指出技术扩张的危险，这种技术正在改变世界以及人与世界的关系，改变我们的艺术观念和城市观念，改变城邦以及体制。即便炸弹没有掉下来，情况也同样是危险的，他说，面临着它们的"本质"危险，面临着再次来临的方式的危险，即成为技术权力的原材料。事物被人利用，是因为人自身被技术出现的方式、被其作为"座架"的本质所利用。

因此，交织着现象学技术语汇的冷静的诠释学分析，让位给了反抗的声音。他对技术世界中的技术的西方、即将死亡的东西、正在出现的东西的批判，取代了对科学本质的诠释学规定。[22] 海德格尔不再关心科学的逻辑——甚至不再关心生存论的或诠释学的逻辑，一种谱系的逻辑。科学、技术和知识都属于权力意志、认识意志、统治和控制意志、福柯所说的"知识权力"不可分割的部分。权力意志的形而上学印刻着我们的年代，标示着我们的时代，统治着我们时代的一切现象——政治的和社会的、科学的和艺术的。在一个其目的就是要把所有的个人、所有的体制、所有的人类实践都置于它的掌控之中的险

---

[21] Heidegger, "Only a God Can Save Us", p.277.
[22] 对这个问题的阐述，参见我的《海德格尔的科学哲学：两种科学本质》("Heidegger's Philosophy of Science: The Two Essences of Science", *Rationality, Relativism, and the Human Sciences*, ed. Joseph Margolis et al., The Hague: Martinus Nijhoff, 1986, pp.43—60）。

恶的独裁和总体化运动中，我们面临着被扫除的危险。它们并不关心科学和技术本身，而是关心它们导致的控制、管制和权力的偏见。海德格尔认为它们有一个共同的本质，即科学不能被技术纯化，科学是由控制和神秘的渴望驱动的，科学是知识的权力意志。它们来自一种共同的形而上学，这种形而上学表达现代技术文明的引导观念、技术本体论。

所有的问题——政治的、社会的、个人的——都被设想为技术的问题，因为需要一种恰当的行为技术。这个世界变成了权力技术的原材料——政治技术操纵和控制公共意见和政策；社会技术设定行为标准，教育技术确保学校和孩子的标准化和常规化。这不仅仅是必须服从我们的控制的本质，而且是控制教育、性、政治过程、艺术——总之整个社会实践领域的本质。核动力和生命权；权力/知识；认识的意志和意愿的意志。这就是科学和技术中即将过去的东西，在这个意义上，这就是被科学和技术的成功和威望统治的文化思想框架。而大学逐渐地委身于理性原则的权力。

海德格尔对游戏的沉思，德里达对文本游戏的生气勃勃的证明，是反抗不断增长的控制力量和权力中心化势头的解放行为。福柯和阿多诺、库恩和费耶阿本德、海德格尔和德里达都体现了对标准化、常规化和操控的限制，提供了检测警察制度的方法。他们以顺其自然的名义，以让大地与天空、凡人与众神、文学与科学、大学与城市顺其自然的方式言说，这是一门古老而艰难的艺术。倘如叫作理性的东西始终在权力的网络内运行，那么，所有真正合理的理性观念都必须包含对权力的警觉。它应该出自于一种敏锐的顺其自然，让理性自己发挥作用，倾听不同的声音，不断地把叫作理性的东西随时暴露给它的他者，把根基暴露给它认为无根和深渊的东西。

因此，对库恩可能叫作"**理性兴趣**"不可缺少的东西是，我们保持抗议、不赞同、自由游戏的生活,保持差异性写作和差异性思考、公开争论的能力。可能不存在纯粹的和无利害的理性这样的东西,没有理由问为什么竞争的利益不能公平的竞争。抗议把理性还原为原则并不是要反抗理性,而是要求它扩展和恢复到它的全部范围。这是有如对于理性体制化的一个警报声,因为我们把理性收起来了,把它放在了安全的地方,把它限制在了封闭的寓所里,既为了使它安全,也为了让现存秩序远离它。而这就是为什么克尔凯郭尔和尼采在这方面是比胡塞尔或海德格尔更重要的人物的原因。因为他们没有屈膝于大学的所谓理性的东西。他们拒绝大学维持所有事物安全的成规、时髦、话语和礼貌,这些东西不惜一切代价保持端庄得体,包括不惜付出压制一切意见分歧的代价。德里达说,克尔凯郭尔是"那些与大学不相干,甚至是敌视大学的思想家之一,[但是]对于大学的本质,他给予我们比学院本身更多的思考"[23]。在大学里,无论克尔凯郭尔还是尼采都不能幸免,不可能按照他们的意愿写作,不可能按照他们的意愿创造,按照他们的意愿讲课。

我们给理性挂满了体制的权威。我们让它成为元首、本源/国王,不仅通过使它变成一种严格的技术和牢固的方法,而且通过赋予它以政治的权威,通过创造理性的种姓、专家的指导和理性的职业实践者。原初的启蒙运动理性观念——作为对根深蒂固的权威的反抗——就这样被阉割了,以至于今天称自己为理性的东西是所有东西中最后和最危险的权威。今天,我们称之为理性的东西是那些紧紧围绕共同构成管控社会的军事、技术和工业权威之手的核心权力。

这就是为什么去中心、播散和不可决定性的哲学着手解构整体和在场的形而上学的原因所在,一种以游戏之名言说的哲学,被广泛地

---

[23] Derrida, "The Principle of Reason", p.20.

看作不仅是颠覆性的——它就是,它就是那个意思——而且是非理性的,它不是颠覆性的。事实上,它以理性的名义说话,通过提醒我们理性总是已经被嵌入了它不可避免地被控制的权力系统之中。解构反抗纯粹理性和纯粹逻辑的危险错觉,这种错觉哄骗我们无视理性总是被颠覆的真正利益。解构反对理性的"原则",反对理性的技术概念以及无限制的权威的本源。它以自由的名义言说——说话、写作和行动的自由——并且保证游戏的公正。它警告那种把它的他者宣布为非理性的理性,并且寻找那些被排斥在外的人,如麻风病人,或者被监禁的人,如疯子。

海德格尔说,理性被暴露给深渊,对根据的渴望本身没有根基,根基不能填满深渊。如果大学的政治体制被这种理性原则冲昏头脑,那么,思之"作用"就是要把它暴露给理性想压制的深渊。这便意味着,德里达写道:

> 从而准备亲自改变书写的模式、教育的方法、学术交流的程序,转变与语言、其他学科、总的体制、它的内部和外部的关系。那些沿着这条道路冒险前行的人,在我看来,不必把自己设立为理性原则的对立面,也不需要他们给"非理性主义"让道。他们可以继续出现在大学内,伴随着大学的记忆和传统,带着职业的严格要求和能力。在这里存在一种双重的姿态,一种双重的假设:确保职业的能力和最严格的大学传统,甚至同时走得更远,从理论和实践上,把最恰当的秘密思考掩饰在大学下面的深渊。……正是这种双重姿态,把不合时宜的、因而不能容忍的东西呈现给每一个国家的某些大学专业人士,他们借助可利用的手段加入强制关闭或谴责它的行列。[24]

---

[24]　Derrida, "The Principle of Reason", p. 17.

第八章 走向后形而上学理性

因此，这就是我在这个讨论开始提出的，关于一种限制的、体制化的理性与理性的自由游戏之间的区别问题的答案。它不是二者选一的问题。我们不能非此即彼。体制是事物取得积极成效的方式，并且具有暴力倾向。它们同时是不可避免、不可决定、药理学上的两种事物。没有任何东西是天真无邪的。因此，这是一个保持警惕的问题，并因而是一个发挥某种特定的双重作用、从内部实施批判的问题，承担赫尔墨斯背信弃义和诡计多端的破坏的角色问题，他对大学所做的是"内勒"。人们需要在大学内运作，以证明他按照大学的标准，以便把它暴露给大学的他者、深渊，在游戏中保持它的标准及其理性先入为主的观念，在游戏中保持理性，在理性中保持游戏。

考虑一下可供选择的事物。假设大学被降低为战争的工具，武器装备的制造者被给予他们需要的所有合同，战争顾问获得胜利，我们的（谁的？）第一打击能力变得如此伟大以至于它能够发动先发制人的攻击。让我们说得更简单点儿。我们假设，在保持与游戏哲学的协调中，某地核指挥所里的计算机芯片出现的一个错误，设计绝妙、技术完美（充足率、效率、完美率）达到了核战争顶峰的计算机网络中发送了一串不可逆转的事件。尽管如此，这个被剥夺了大多数生命物种的星球，继续重复它的太阳轨道，直到所有的能量被消耗，它变成了死气沉沉的太阳。因此，所有事物都将回到流动。理性的原则似乎将不再存在。重复，正如对康斯坦丁来说一样，对我们来说，理性将被证明是任何人都无能为力的。毕竟，游戏将是一切。

# 第九章

走向播散的伦理学

后形而上学伦理学的观念

激进诠释学所描述的基础的撤回，它抛入生活之路的困难，给行为问题带来的麻烦并不比理性问题少。我们必须面对的难题不仅仅是我们能够知道，而且还有我们能够应对。如果道德"原则"也是孩子的玩物，如果道德的基础是本源/孩子，那会怎么样呢？我们怎样做事呢？我们在哪里能够找到行为的指南？形而上学的批判包含在它清理的每一种形而上学伦理学之中。这里便提出了形而上学之后的伦理学、后形而上学伦理学的可能性问题。

考虑一下海德格尔与伦理学的情况。海德格尔把伦理学放在了它原来的地方。他把它作为"价值"伦理学做了研究性的批判，很明显，它来自主体性的形而上学。他证明了需要"价值"补充的所有存在观念的荒凉，以及不是由存在而是由"主体"签发的命令的空洞。当存在被贬低为一种客体之时，价值就变成了主体的问题。然而，如果认为海德格尔由此就彻底洗净了他的伦理学之手，那将是相当错误的。恰恰相反，海德格尔在这种贫瘠的价值伦理学中置入了一种他所谓的"原初伦常"的更深刻的思考。"在表达这个观点时,他解释了他对'存在的真理'所说的每一件事都具有直接的伦理意味"(GA 9 356—357/BW 235)。因为,存在的真理不过是指一个历史民族的"栖居"方式,即他们一辈子生活在艺术、科学以及政治安排的星座中(cf. EM 117, 146/IM 128, 160)。存在的真理意味着某个历史民族设置入对世界、众神和他们自己的理解之中。因此,他正确地坚持,"思"是一种更原初的伦理学,它为更好地思考今天围绕我们的东西,而不是任何"价值理论"的破产。

我们称之为存在的真理的东西与在家(Wohnen)/伦常之间的关系始终在沉落。讨论存在的真理构成了一种更加激进、更为原始(ursprünglicher)的伦理学话语。为了确定一种基本的生活形式,确定按照从新纪元到新纪元组织人类实践的基本形式,这种伦理学话语切断了竞争的伦理学派与伦理学观点之间的差异。因此,早期希腊人的技艺与后期现代性的座架之间的差异,并不只是两种本体论或者存在意义的解释之间的差异。它也是贯穿人的一生的两种方式,对待人类生命和人类体制的两种态度——一种以顺其自然为标志,另一种以毁灭性控制为标志。在前者,人类的生命被经验为"终有一死"的生命,它在宇宙的韵律中运动,并对宇宙的力量做出回应;在后者,人类的生命被经验为更多控制、基因工程和行为技术的原材料。

技艺与座架为哲学家和宗教家以及当今的各式各样的专业人士——医疗保健专家、律师、工程师、商业管理者等没完没了的争论提供了本体论装置。技艺与座架具有丰富的伦理意味;它们构成一种元伦理或深度伦理星座,所有狭义上的历史的"伦理学"都在其中获得其形式。具体的伦理争论总是发生在这种星座之内,因而是远离海德格尔正在思考的层面的一步(WHD 34/WCT 89)。例如,关于生命技术支持的伦理用途或者关于人工受孕和堕胎的争论,都发生在迄今仍被怀疑的控制人的生命的权力框架中，这种权力框架是由座架签发的，并且，这些争论的解决反映了人们习惯于控制生活的态度。而这种根据存在之历史的更为原初的思，则认为统治当代人的"座架"比任何可能的"价值思考"都更深刻地渗透到了伦常的问题之中。

因此，在取代流离失所的现代性伦理学、价值伦理学的时候，海德格尔提出了他自己的"原初"伦理学。原初伦理学是对价值理论的一种重要限制，它站在价值理论的对立面。指令是由存在本身而不是由人提出来的，它的任务就是要让人成为对习俗本身发送的东西具有灵敏反应的人，而不是成为一个普遍命令的立法者。但是，从激进解构工作的观点看，颠倒只是走向更加激进的替代的一个开局、一种最初的姿态。作为价值伦理学的颠倒，原初伦理学仍然处于真理形而上学的影响范围内。海德格尔的更为原初的伦常是一种形而上学的更高版本、一种末世论的版本。因为它讲述原初伦常和伟大开端的故事，它在主体与客体分裂之前，展望新的黎明，它将是一种末世论的重复，早期希腊人开始的东西的更新，它处在形而上学和所有形而上学伦理学之前。但是，我对原初的纪元和新的黎明表示怀疑。我倾向于认为，"伟大的开端"是一种好坏参半的祈福。从远处看，古代的崇高更美，而且由于人的栖居，它是一种模糊了差异的结果，每一个新纪元都是撤退和遗忘（lethe）的纪元，它确实就是纪元（怀疑/撤退）所指的东西。

到现在为止，我提出这个论证，很大程度上是根据存在的"意义"或"真理"问题，但是，这个论证本身也在伦理学中耗竭了。因为海德格尔关于存在的真理、早期希腊人的诗意"栖居"以及"座架"所说的一切，都具有深刻的伦理意味（在这种起源的而且很真实的伦理学意义上）。对海德格尔的标准批评——认为海德格尔没有伦理学——是十分肤浅的，没有看到更加中肯的关键点，即他所具有的伦理学。在我看来，海德格尔的伦理学以同样的末世论结构为标志，体现了他对存在历史所说的一切东西的特征。我与海德格尔争论的东西，不是他有没有伦理学，而是他的伦理学是末世论的伦理学，而且是一种导致一切麻烦的末世论伦理学。

因此，末世论伦理学的问题，必须联系我们一直探寻的对末世论形而上学的限制来探讨。这种限制直接让我们坚实地落在了游戏以及存在的丰富意义的播散之中。在这种解构的重新解读中，海德格尔的最不可规避的思想就存在于事件之中，它不是存在的真理（"存在作为事件"），而是赋予存在的东西，存在多重意义或存在多重真理（truths）的东西。存在的真理（truth）就是有许多存在的真理（truths）。而且，如果存在的真理是指原初的伦常，那么最终就没有原初的伦常，而只有伦常的丰富意义、历史差异的数列。因此，在这里，我想思考存在真理之播散对于栖居问题的重要性。如果形而上学伦理学被解构之后，我们同样想消除海德格尔的末世论伦理学，我们将转向何方？假如原初的伦理学也崩塌了，假如赫尔墨斯发送的信件随风飘散了，我们将转向何方，我们何时能够得到指南和方向？

我的论点是，今日行动的出发点不是来自固定的参照点和稳定的原则（如形而上学伦理学所认为的），不是来自某种原初伦常提出的标准（如末世论伦理学所认为的），而是很明显地来自原则和原初伦常的播散。显然，它来自我们开始行动的立足点和各种各样的支撑点的崩塌。如果激进诠释学要把我们暴露给流动，那么我想表明，这并不会因此而让我们陷入危难之中。恰恰相反，我将表明它事实上把行动解放出来——一方面是从征服到形而上学原则，另一方面从末世论梦想解放出来。我想表明，尽可能轻率地提出这个问题，存在一种播散的伦理学——我将表明，这也是一种泰然处之的伦理学——一种产生的伦理学，尽管不完全但明显是因为形而上学和末世论伦理学的崩溃。我要捍卫一种来自冷诠释学、没有慰藉的诠释学的伦理学，它来自海德格尔与德里达之间的有益的相互作用。

因此，在本章中，我将继续第八章开始的讨论，即致力于"应付流动"的系列反思，致力于没有形而上学障碍而与具体事物友好相处的反思。在上一章，我讨论了可以称之为某种"替代效果"的激进诠释学筹划。也就是说，形而上学的替代并不会从场景中消除旧的名称——例如一些最有名的，如科学、伦理学、艺术、宗教——但会对它们产生反弹效应，从而让它们仍然发挥作用，但是没有了形而上学的证明。把科学理性暴露给深渊，也并不意味着彻底摧毁某种方式的科学筹划本身（我甚至不知道这指的是什么），而只是剥夺了它的形而上学威望，由此也把它从形而上学的统治中解放了出来。激进诠释学没有完全把我们从一个世界转移到另一个世界，可以说没有从技术的世界和"座架"转移到海德格尔的壶里和桥（jugs and bridges）上。相反，它让我们站立在，假设稍有点儿不平衡，相同的世界中，我们拥有经验的唯一一个世界中。而正是在这个意义上，我们讨论后形而上学的理性概念，在摆脱了各种各样"立足于"科学的企图以及让它们受制于形而上学激发的方法规则之后，它把科学释放为它所是的东西，释放所有科学工作游戏之游戏的成分。在把理性的生活普遍地暴露给某种"无根性"之后，激进诠释学把它抛回其自身，它就不再是某种方法的傀儡，而是没有形而上学、方法论保证地开辟自己前行的道路。科学和理性仍然被替代，保持稍微的不平衡，失去了它们的安全性——但它们被解放了，并且被放回了游戏之中。

现在，我想根据伦理行动做出更多的相同论证。流动的思想没有对行动置之不理，它并没有让我们进入一个新的世界，跳入一个不再需要任何行动的不同领域。流动的思想仍然总是而且已经处于相同的领域，面对着行动的要求，但现在是面对一种转变的行动关系。我们现在不是带着形而上学基础的安全性行动，而是带着我们一种已经提升的被暴露的不安全性意识行动。我们不是在不可撼动的地面基础上行动，而是为了能做的事情，把行动作为看似聪明而又不是没有疑虑（克尔凯郭尔叫作"恐惧与颤栗"）的东西。我们行动，但是，我们理解我们并没有被安全地置于流动之上，即我们没有担保人和超验的高地，我们没有整体的观点。我们行动，但我们是带着对主体性限制的深度意识行动，不确定这个"我们""谁"，不确定我们的什么行为，也不确定什么更深的冲动会对我们产生作用。我们是带着恐惧与颤栗、带着颤栗感行动，各种各样的颤栗包围着我们。我们行动，是因为有某些事情不得不做。我们不是在形而上学框架基础上或在更敏感的末世论梦想上行动，而是在形而上学和末世论的边缘，在它们崩塌"之后"，在进入存在（inter-esse）过程之中，在一种同样是解放状态的播散状态之中。

因此，在本章中，我将依次探讨如下这些问题：（1）我从形而上学伦理学的末世论颠倒，开始对末世论理解的价值伦理学的批判。（2）然后对我们的末世论伦理学和原初伦常进行批判。（3）最后，我对我这里所说的播散伦理学和（4）泰然处之提出一些建议。总之，我从伦理学的播散转向播散的伦理学，从形而上学伦理学转向一种后形而上学的伦理学。

末世论伦理学：等待上帝或圣·本尼迪克特

我从伦理学中的一个末世论故事开始。德性（Sittlichkeit）、初始的伦理共同体、一种深厚的文化和社会学的团结、由共享的目标和善行结合起来的人们的患难与共，就在开始之中。这些社会成员对用神话和他们的英雄故事表达的伦常有着一种共同的理解。在这些故事中体现的是存在赋予他们的方式结构，即赋予他们的栖居方式。对这种共同伦常的讨论所采取的是一种人人都理解的恰当和妥帖的——一些比其他的东西更清晰的——描述现象学形式。争吵和不同意见只是发生在共同拥有的框架之内。但是，在某些关键的问题上，当科学的和客观化的思想出现时，理由就服从于这种文化的团结。竞争的"世界观"和"伦理理论"出现时，人人都争夺第一。这种争夺变得越来越糟糕而不是更好，不同意见扩散，立场变得强硬，便导致根深蒂固和不可解决的伦理冲突。于是，有的权威被颠覆，但又没有新的权威取代它。结果，就出现了"价值"理论。一种旧有的共享的"善行"观念或者共同的"伦常"被竞争主体提出的多元化竞争价值的市场所取代。存在与善行分离了，因为存在被降低为"事实性"，善行变成了一种"价值"。存在与伦常的遗忘便开始了。一位管理这些混乱的哲学家出现了，他认为旧的世界已经死了，他最善于用新的名义能言善辩。但是，他以新的名义批判虚无主义（旧的价值失去了力量），生命保持的价值（旧的价值必须重新评价）本身就是最深刻的、最极端的虚无主义、末世（eschaton）形式。

仍然还有一条出路。黎明前总是最黑暗的。拯救就在危险之中。在这种对初始德性的最极端的遗忘中，存在着由纪念（An-denken）、纪念性回忆思想滋养的可能性，对已失去的东西可以再发现和重复。回头看就是展望未来的最好方式。但是，对过往的可能性的恢复，对已失去的团结的恢复不是我们权力内的事情。重新联合的社会纽带的出现，以这种原初的团结为特征的共同体的恢复，实际上是一个超出所有人的能力的目标。我们需要外在的帮助，因为"伦理"范式比科学范式被切割得更深。原初的德性不能像科学革命那样仅仅通过科学发明的训练、通过年轻科学家重新理解事物的天才来设定。毋宁说，它体现了一种深度的生活形式，一种历史性的团结，它不在某个人或群体的权力范围内产生。

这就是为什么从这个观点看走出当前困境的唯一方式，就是等待一种更根本的转变、崭新的一天的缘故。一个哲学家等待上帝来救渡我们，而在大海的另一边，另一个哲学家则坚持守候一个新的、毫无疑问非常不同的圣·本尼迪克特，引导我们穿越当前末世的新的黑暗时代。在任何一种描述中，我们都等待一种新的德性的成长，以结束危机，恢复一种新的"德性"或"原初伦常"的传统（我认为这几乎一样）。末世论总是让我们悬着，等待着某个显赫人物带着救苦救难的礼物，让我们摆脱这种极端的末世论危险。

如果说这是一个有点儿油腔滑调的末世论故事梗概，我认为这是公平的。它差不多像海德格尔和麦金泰尔讲述的故事，尽管他们根本不是同道人，但是同意所有的要点：古希腊的伟大开端、现代性可怕的衰退、新的开端的渴望、怀旧、反现代主义。他们两人都从古代寻找光明和原初团结的时代；他们两人都公开指责"价值"理论，并且特别指责尼采作现代伦理痼疾的核心；而且他们两人都让我们梦想一种崭新的黎明（当压迫的力量蹂躏大地的时候）。

此时引出了这样的故事，无论如何它都要求很好地解读——谁又能抵抗一个好的故事呢？——在我看来，它需要一种解构的、系谱学的中断，一种德里达和福柯式的显而易见的后现代风格的警觉（这归结为现代的批判是否应该在反现代主义或后现代主义的旗帜下进行）。因为，末世论的故事总是以失败告终，它们把我们不满的种子种得如此之深——在古代世界的丧失之中，在原初性的沦陷之中，完全奇迹般的复兴能够拯救我们。而且，既然奇迹超越了我们个人和集体的能力，它们就让我们梦想一个崭新的黎明、一种奇妙的转变，甚至在它们依然感觉不到当前的可能性之时。

当然，麦金泰尔是我一直讲述的从克尔凯郭尔到德里达的故事的局外人，而且，他对形而上学的解构、形而上学人道主义的克服，或者任何其他大陆的新奇事物没有任何兴趣。确实，他以他自己的英美"简明性"和免于大陆的恶习、特别是免于德国存在思想家（Seinsdenker）的黑话而自豪。我这里把他与海德格尔放在一起，想必他不会认为这是一种好心好意。再有，他是这样地适合我正在提出的末世论伦理学，以至于我难以抗拒地要指出他工作中的新东西。

像所有末世论者一样，麦金泰尔开始于这种丧失；那是康斯坦丁的法则、怀旧的法则。我们不能错过"德性之后"的"之后"的末世论之环。我们"后来者"在德性之后，对德性来说太晚了、对中世纪的亚里斯多德主义来说太晚了，而对新一轮的德性来说则又太早了。但是，拯救就在危险之中；只有通过思考现代死亡，通过讲述它的故事，也许，我们会找到让基督教—中世纪传统经受打击之后重新站起来的方法，重新追随德性。因此，这个故事开始于自然科学中的一个迷人的大灾难的寓言，它是想向我们讲述这个故事，在旧的伦常传播之后，我们是如何陷入不可解决的伦理冲突和不能通约性的状况之中。大灾难就是启蒙运动，就是它为"道德"开辟一个与"法律"或"神学"对立的空间的工程，因而它们中的每一个都需要"正当的理由"。（在海德格尔看来，启蒙运动开始于"太少"，开始于认识论主体；在海德格尔/伽达默尔看来，它开辟了"美学"。）但是，它已经太迟了。只有通过提出这样的问题——如何理解从事实到价值，从主体到客体——这件丑事已经受到关注；德性的封条已被破坏而无法修补。已经死去的东西是个体与城邦之间的纽带。（自律性个体的现代观念只能以癫狂或被流放者的形式出现在古代。）在古希腊—中世纪世界，希望根据洞见和某种知识（实践智慧）来辨别人，而不是用规则来判断人和强迫人服从。如果到了要求规则和论证这一点上，那城邦就结束了。确实,在这个古老的世界中存在各种差异。在荷马时代,战士的勇敢、雅典民主人士的礼仪、中世纪的修女、圣·弗朗西斯的博爱(caritas)之间存在很大的分歧。麦金泰尔用这些肖像填充荧屏(AV 121ff),就像海德格尔的存在历史的伦理类比一样,被辉煌地完成了。但是,所有这些差异(是否有过这样的时代?)都被包含在支配一切的统一体中,人们都为这个终极目标做好自己分内的事情,并且喜欢这个终极目标。而这就是麦金泰尔争论的勇气,因为,假如古代的争论像我们的争论一样伤害得那么深,那么,它们的差异终究也是"不可通约的",他们的非理性争论以及古典世界并不比现代优越。[1] 因为,今天的麻烦就在于,这个终极目标已经消亡了,已经被各种不同的竞争目标、各种不同意志的冲突、各种不同意志主体和权力意志战争的汪洋大海取代了。这就意味着,今天的(作为一门科学的)伦理学的毛病更深地扎根于我们的社会学中、我们的生活方式中;我们缺少一种伦理学科学的范式,因为我们的具体社会实践已经变质。因此,我们处于伤痕深重的麻烦之中。我们需要在我们生活的实际内容上有一种改变,这显然是一个超出了任何个体或群体实施手段的任务。但是,假设真的如此,我们现在该做什么呢?

现在,对末世论结论来说,是"在……之后"的第二种含义以及另一个传说。我们从丧失开始,结束于新的一天的希望。我们的时间

---

[1] 在《认识论危机、剧场叙事与科学哲学》(*Paradigms & Revolutions: Applications and Appraisals of Thomas Kuhn's Philosophy of Science*, ed. Cary Gutting, Notre Dame: University of Notre Dame Press, 1980, pp.54—57)一文中,麦金泰尔批评不可测性的概念是非理性的。伯恩斯坦对麦金泰尔试图遏制这些差异的成功提出了质疑,参见《尼采还是亚里斯多德?对阿拉斯代尔·麦金泰尔〈德性之后〉的反思》(*Philosophical Profiles*, Philadelphia: University of Pennsylvania Press, 1986, pp.115—140);伯恩斯坦还指出,黑格尔的伦理(Sittlichkeit)是麦金泰尔应该接受的典范。参见麦金泰尔的回应["Bernstein's Distorting Mirrors: A Rejoinder", *Soundings*, 67 (1984), 30—41]。

类似于那个黑暗的时刻，此时此刻，就像野蛮人随时准备踩躏罗马帝国一样，某些小的共同体组织起来保护礼仪、教养和高贵的生活方式。

> 然而，野蛮人此时迫不及待地越过边界；他们已经统治了我们相当长的时间，我们没有意识到这构成了我们的部分困境。我们不是在等待一位戈多，而是另一位——无疑是非常不同的——圣·本尼迪克特。（AV 263）

在麦金泰尔的论证中，在最倾向于他的末世论渴望这个问题上，他否定了这种渴望，这是一个反讽，是一种"幸运的堕落"（felix culpa）。因为不是完全屈服于他自己的超人（Übermensch）说，一个新的圣·本尼迪克特，麦金泰尔对于在现在与某种新的第二次德性成长到来之间我们该怎么做，确实提出了一些建议。那就是转入地下，通过小型的亚文化和社团——例如卫生和教育机构，在我们等待基督降临的时候，在那里实践好的生活，在其他人被消费占有的时候，我们能够拯救我们自身。麦金泰尔转而依赖他的现代性，重新修补了实践他的亚里斯多德式洞见、现代性以及尽管规模很小的由个人组织的社团。但事实上，这离为了逃避公众而培养人们的私人美德究竟有多远？离他所谓的提升到小型共同体范围的情感主义究竟有多远？作为一个事实问题，这让人想到了德里达和福柯给追求局部的而不是全面的改革所提出的那些建议。

末世论故事里的难题就是，它们总是在故事刚刚开头的地方结束，这就是威廉法官控告约翰尼斯勾引女人的浪漫故事时发出的抱怨。当某个人对命运和启蒙运动的指责结束的时候，他却刚刚开始。大灾难之后、德性之后的伦理学命运，就是德里达称之为颤栗、移民社群、形而上学护栏和社会团结播散的东西。这确实是提出伦理学问题的好方法，而且这是麦金泰尔论证的强烈观点之一。但是，麦金泰尔并没有往前迈出一步，那是重复所需要的东西，而是相反地成为优雅的、博学的回忆性后退。因为，正如我下面希望证明的，末世论总是对旧世界的差异和暴力视而不见，就像康斯坦丁指出的视错觉一样：从足够远的地方看，即使方形塔看起来也像圆的，末世论没有明白，没有任何东西是天真无邪的，它只是差异和暴力的不同形式问题。麦金泰尔催促我们用一种暴力形式替代另一种。灾难总是已经存在，从来没有感知，没有在场——或者说没有德性。

在海德格尔那里，谁是我们记述中的主角，末世论故事有一种存在—历史的扭转。当然，海德格尔是想废除形而上学的、人道主义的伦理学的。对他来说，现代性也是一种下降、一种衰退、一种延迟，但是它已经侵入了存在历史的运动。因此，海德格尔的故事讲述得比麦金泰尔更有高度。并且他对伦理学的批判更加激进，因为他没有寻求《尼各马可伦理学》（更不用说中世纪的亚里斯多德主义）或者形而上学筹划作为"伦理学"论述的帮助。他认为，所有的麻烦都开始于柏拉图和亚里斯多德所开展的哲学伦理学筹划，因为它引导了一条海德格尔力图描绘的直接贯穿于现代主体主义、价值理论以及尼采的路线，例如伦理学的终结。这个麻烦不是开始于启蒙运动，而是开始于哲学刚刚打开它的大门，并开始摆脱它的概念工具之时。衰退、下降实际上都是伴随哲学自身而来，因此，原初的伦常只能通过诗意之思，而不是通过恢复伦理理性的古典观念而被保持。因此，麦金泰尔确实倒向了海德格尔，实际上，他看起来更多地像伽达默尔而不是海德格尔。的确，如果他能够认同欧洲大陆思想等同于《存在与虚无》（罗蒂之前的标准的英美正统，他就代表了可与英美思想即逻辑实证主义相比的思想水平），那么，他就会发现，伽达默尔是一个友善的思想家。也许，他不会在任何一个人中找到什么慰藉。

海德格尔从对亚里斯多德的激进重读开始，他力图从《尼各马可伦理学》中读出伦理学，从《形而上学》中读出形而上学，在那里，他直奔形而上学的克服。在他看来，柏拉图和亚里斯多德开始的伦理学史，最终导致了笛卡儿价值理论的筹划。在《存在与时间》里，"道德主体"及其"义务"的问题完全被取代了，因为它依赖于一种非尘世的、孤立的主体概念，这是《存在与时间》十分无情地对待的概念。我们处于不得不建立和辩护此在与其他人联系的困境之中，不过就是处于证明世界的存在的困境。这件丑事使现代性变得如此的奄奄一息，以至于连这些问题都提不出来。生存论分析的问题就是要做出一种诠释学现象学的决断（恢复亚里斯多德的实践智慧），因此，海德格尔在《存在与时间》第 74 节中用历史性的诠释学对此做出圆满的解决，这种历史性的诠释学说，事实性的、决断的此在决定要做的事情（越是颓废的时代就越呼唤时代的"责任"）就是对它所属的历史世界的作用——并没有完全远离麦金泰尔/伽达默尔的路线。[2]

所有这些都在后来对价值理论更尖锐的批判中被激进化了。如果存在需要用"价值"来增补，[3] 那么，它的构想就会以过于贫乏的方式开始。仅当人被逐出家园、被切断了与不言而喻的事物的关系、被迫证明价值的存在和约束之时，甚至当他被迫去证明"外在世界"的存在之时（EM 149—152/IM 164—167），价值的观念就出现了。原

---

[2] 有人可能会和利科尔一起，抱怨海德格尔在第74节中的修辞具有一种"英雄般"的品质。参见保罗·利科尔《叙事时间》（*On Narrative*, ed. W. J. T. Mitchell, Chicago: University of Chicago Press, 1980, 184—186）。但很明显，海德格尔采取的真正行动是为了占有和扩展人们的历史传统，而不仅仅是为了获得自我实现。

[3] 作为弗莱堡海因里希·李凯尔特的学生，海德格尔最早接触到价值理论，他一直是价值理论的批评者。李凯尔特是新康德主义价值理论巴登学派的领军人物。参见大卫·克雷尔在《海德格尔》中的注释（*Nietzsche*, volume 4, *Nihilism*, trans. D. Krell, New York: Haper and Row, 1982, p.60n）。

来，公理是指带着某种明确性出现的东西，它要求我们的尊重，由于它本身至高无上的表现（面貌、神情；SG 34），因而要求得到最高的尊重。既然存在是指自然本性，它变成了在场，并且公理是指带着至高无上的光辉出现的，那么，很明显，自然本性和公理、存在以及要求我们尊重的东西就是相互联系在一起的。因此，"事实"与"价值"之间的对立就是一种腐败，一种从原本是彼此相属东西的堕落。[4]

正当存在与时间之间的破裂凸显在现代性面前之时，这个破裂是由提出至善（agathon）高于存在的柏拉图姿态准备的。它被笛卡儿推进了一步，在笛卡儿看来，所有事物都是我思（ego cogito）的一种功能。当时空世界成为思想主体的一个客体时，价值就是意志主体的一个对象。这反过来就确定了尼采的舞台，他最清晰地看到了价值在整体上说就是价值化、意志主体的产物，他把这称之为权力意志。[5] 对尼采来说，关于价值主体性的争论是没有意义的；唯一的问题就是根据它们服务生活的能力把它们等级化，用某种健康或病态的价值取代客观价值与主观价值的争论。但是，"重估一切价值的尝试"，《权力意志》的副标题，用生命肯定的价值取代生命否定的价值，在海德格尔看来，这是尼采最严厉的限制（EM 151—152/IM 166—167）。因为，即使对基督教—柏拉图价值的重估也仍然被卷入了价值思考的形而上学网络之中。

---

[4] 在《性史》(*History of Sexuality*) 第 2 卷《快感的享用》(*The Use of Pleasure*, trans. Robert Hurley, New York: Pantheon, 1985) 中，米歇尔·福柯认为，对希腊人来说，美好的生活是为了使自己变得美，让自己像一件艺术品一样闪光；这使得海德格尔的"去蔽"在伦理学上发挥了作用。

[5] 海德格尔和麦金泰尔对尼采的看法非常相似。参阅 AV 109ff. 以及海德格尔的《尼采》(*Nietzsche*, B. II, Pfullingen: Neske, 1961, 141—256; Eng. trans., *Nietzsche*, volume 4, *Nihilism*, 96—197. See also GA 9 349/BW 228)。

> ……在形而上学中，存在把自身贬低为价值。在那里存在着证明，即存在一直没有被接受和认识为存在……然而，倘若价值并没有让存在顺其自然，没有让它成为其自身所是的东西，那么，这就意味着，克服首先是虚无主义的完成。（GA 5 259/QCT 104）

因此，对海德格尔来说，上帝之死并不是指尼采所意味的东西，作为最高价值（summum bonum）的上帝失去了所有的价值。毋宁说，它意味着存在本身被贬低为一种价值，因而在其真理中被否定了。这并不意味人们不再相信上帝，而是意味着那些相信上帝的人、神学家把他（Him）看作一种价值，一种价值主体的对象。这是对上帝的亵渎，及其自身颠倒的无神论。因此，这便是"欧洲历史中的最近三个半世纪"的人道主义，在期间，"人被提升成了我思的我性（I-ness）"，它抹去了存在的视域（上帝之死）。"地平线不再放射自己的光辉。"（GA 5 26/QCT 107）确实，形而上学的思考是残忍的东西。虚无主义意味着存在本身在主体的自我设定中被摧毁了。认识论和价值论是与主体性的现代本体论相一致的。

人们要想找到一种更加美好的日子，就必须回到柏拉图和亚里斯多德之前的时代。哲学伦理学的筹划，正如我们在柏拉图和亚里斯多德那里所发现的，是思正在衰退，是根深蒂固的科学、学科划分病的一种信号。"索福克勒斯的悲剧——提供了这样一种完全允许的比较——与亚里斯多德关于'伦理学'的演讲相比，在它们的传说中更多地保持了原初的伦常。"（GA 9 354/BW 232—233）

> 倘若伦理学这个名称，在保持与伦常这个词意一致的基本意义上，现在应该说"伦理学"思考了人的逗留，那么，把人的原初要素当作人的存在绽放一样来思考存在之真理的思，其本身就是原初

的伦理学。（GA 9 356/BW 234—235）

因此，有一种比所有形而上学伦理学能够获得的对人的栖居更原初的思考，一种对伦常的更原初的思考。这种原初的伦常就是指终有一死的人栖居于其中的世界，天空与大地、神与人本身的四重世界。在这里，人们生活在与世界的原初联系之中。在这样一个世界中，不存在自然本性与习俗的对立，毋宁说，人从自然本性中、从存在中获得他的良机。

> 仅就人而言，存在绽放为存在的真理，属于能够来自存在本身的存在，那些方面的分配必须成为人的律法和规则。在希腊人那里，分配就是命名，习俗不仅是律法，而且更本源地是包含在存在发送中的分配。（GA 9 360—361/BW 238）

习俗不仅意味着规则，而且意味着分配（Zuweisung），分配或派给我们的东西。并且，这个派给被包含在对存在的探寻（die Schickung des Seins）之中，包含在存在被指定、被分派、被发送、被分配——或者被派送——给我们的方式之中。因此，伦常意味着人们的历史存在采取的形式，存在本身的运动分配给我们每一个人在世存在中的方式，意味着这种历史存在施加给我们的要求。因此，我们每一个人所从属的最原初的联系，就是我们每个人所具有的与赫尔墨斯发送给我们的历史生活形式的联系。

否则，所有的律法都只是人类理性编造的某种东西。比制定规则更根本的，是人在存在的真理中找到他逗留的方式。这种逗留首先产生我们能够持存的对某种东西的经验。存在的真理为所有这些

行为提供持存。(GA 9 361/BW 238—239)

没有比存在本身的持存更伟大的"持存",例如,我们在其中发现我们自身的存在纪元或历史星座,人们被置身于其中的历史场景。这不是一种由人——人的社会行为、纯粹理性的立法——而是人在其中总是而且已经发现他自己——构造的纽带。并且,对住所、对人们历史地栖居方式的最原初的思,就是海德格尔称之为"原初伦理学"的东西。[6] 这是我们不仅仅是人类理性动物的唯一希望。如果引导人们方向的东西不是植根于比人更多的东西,那么,他们就"只是人类理性编造的某种东西"——最终将导致尼采的作为权力意志产物的"价值"。

行动,就是与具有历史目标和渴望的历史连续性一起行动。习俗的力量就历史需要施与个人,保证他在那个社会中的地位的(麦金泰尔),应答他那个时代的存在的召唤(海德格尔)。我想知道,这些观点之间是否存在现金价值差异。在两种情况中,它都意味着与原初的历史共同体有节奏的和谐运动,经验着它的世界,它的诸神,它的社会网络。唯一的差异就是,麦金泰尔认为,所谓这些东西都是交叉的,不仅在希腊神庙中,而且在中世纪的本笃会修道院里(事实上更合适),也都是如此。两者都认为,麻烦开始于这种历史性的团结被扰乱之时,海德格尔是从哲学思考本身来思考,而麦金泰尔则是置于现代哲学和科学中来思考。

历史个体意义上的存在历史的"持存"一旦被打破,它就不能被恢复。现代伦理学和现代认识论二者几乎从零开始。孤立的认识论主体正如被鼓励的道德主体观念一样,不过是一种虚构。带着毫无希望

---

[6] 更多关于海德格尔的伦理学论述,见本人的《海德格尔思想中的神秘因素》(The Mystical Element in Heidegger's Thought, pp. 254—258)。

的纯粹理性之眼，寻求行为的规则和伦理的标准。这样一种无根的去历史化的探索——即启蒙运动伦理学——注定会像笛卡儿所证明世界存在的工程一样失败。即使人们触及了伦理学不得不提出的基础主义问题的关键，那么它也为时已晚。在原初的思之中，唯一的问题就是辨识人的伦常需要什么，永远不是去创立它或把它理性化。

海德格尔不同于麦金泰尔，他认为，原初的伦常根本不能被哲学所同化；哲学传统一旦开始这样来讨论它，它就以虐待它而告终。即使在《尼各马可伦理学》本身也已经在发挥作用，这个过程导致了启蒙运动工程和价值哲学。价值哲学是"伦理学"哲学学科的结果。它不可避免地拦截原初伦理学，在运动中置入区分、争论以及在当代社群、价值理论的虚无主义、时代需要中达到顶点的学术争端。

另一方面，麦金泰尔把古典伦理学理论作为古代伦常的合法发言人，对它进行了恰当的反思，并且为它提供了一种理性的声音。海德格尔为它寻求的则不是一种理性的而是诗意的声音，因为他认为，这种伦常的原初性被这种声音的理性、无利害的和无关的语调给中断了。相反，海德格尔想要歌唱的声音，这种声音象征着我们与世界的亲密关系，与它照面时没有任何虚情假意。

古典的伦常是不是在公元前 5 世纪或者是在公元 13 世纪之后打破的问题，就在于原初的伦常（或德性或伦理团结）是不是一种深刻的历史性构成，它不在任何个体或群体要恢复的权力之内。伦常的更新所需要的是存在历史中能够改变我们和我们的栖居方式的一个彻底转变。这就是为什么《明镜》杂志在采访海德格尔时结束于该结束的地方，祈求一个将会拯救我们的上帝的情景，即存在历史中的一个彻底转变的前景，因为只有这才能够满足"时代的贫困"。[7]

---

[7]　Heidegger："Only a God Can Save Us", pp.277—278.

> 海德格尔：……哲学不能对当前的世界状况产生直接的转变。这不仅是哲学的真实，而且也不仅仅是人类的思想和努力。只有一个上帝能拯救我们。留给我们的唯一可能性就是通过思和诗化，在毁灭的时间里随时准备迎接上帝的出现或上帝的缺席，因为在上帝缺席的面前，我们沉沦。

我们被留下来期待末世论的一跳，期待一种并非只是凡人能够产生的事物的转变。它是一个新的上帝或者一个新的圣·本尼迪克特，我们陷入其中的伦理困境的解决，存在于我们的能力之外。它与伦理团结的破坏有关，仅仅通过某种改革运动它是不可能被恢复的。我们的伦理败坏延伸到了我们生活的时代历史内容的所有方面。我们已经失去了某种甚至是最英勇的努力也不能被恢复的东西。没有，大概好像没有任何事情可做，只是等待和希望。

末世论伦理学的解构

但是，我们已经尽力提出一种怀疑，巴黎人的目光扫视着这些末世论，他对此给予了长时间的解构关注，因为我们拥有关于"存在之真理"的第二种思想。并且这体现了某种特权伦常的崩溃，以及人种多样性、伦常的"多种意义"的游戏释放。剥离了所有原始的、未被污染的栖居方式，每一个时期都被作为"纪元"的结构限制的撤退方式。每一时代都是我们能够得到和栖居的特殊方式。早期希腊人、中世纪城镇和大教堂、现代性的方式都能被赋予特权。每一种方式都是它自己的冒险。每一种方式都凭借差异和差别以它自己的方式栖居。

原初的团结观念常常看不到更深的断裂，看不到原始共同体外衣上的裂缝。古代的城市是坐落在某座山上或岩石沟谷中的不同质的、光辉的城市，天真无邪，没有暴力。或者更恰当地说——既然它不是同质的，既然没有任何东西是明白无误地、决定性地就是它所是的东西，既然一切事物都带有冲突的倾向——古代的城市不尽如此。因为它的示范性品质被它试图系统排除的对立面所渗透，它因而成为总是而且已经是妥协的。即便如此，现代世界、技术和主体主义的时代，并非明白无误地如海德格尔和麦金泰尔所说的那样。它也是真势性（a-lethic），被相互冲突的倾向所撕裂，德性与恶行相互竞争，从古代也从它的堕落中解放出来。整个事情更多的是药理学上的，不是愿意承认的末世论，而更多的是一种毒药/治疗。真势性的时代性与不可决定性齐头并进。我们不是说，古代世界不是麦金泰尔和海德格尔——以及黑格尔和荷尔德林——所说的那样。而是它不仅仅如此，它具有更多的东西，而且，它总是处在与自身的矛盾之中。对现代性来说，存在着比它们允许的更多的东西。末世论的传说过于简单；它们试图把事情变得更加容易。解构形而上学的功能——形而上学只有用简单的本质才让人感到舒服——就是要让事物复杂化，让生活回复到原初的困难，证明事物从来就不是如我们所说的那样，即事物没有纯粹的和明确无误的在场。

海德格尔讲述的关于古典世界的传说，比他所透露的更为复杂和更加"语境化"。想一想海德格尔的巴门尼德吧。这种巴门尼德是一个奇迹般的创造，是一种飞翔的、天空中的事物，与他那位正在传送她的诗歌的女神没有太多的区别（我们有另一张来自古希腊的美丽的明信片，上面盖着 Todnauberg 的邮戳），他是一位诗之思者，他的诗歌唱着内在的和谐，它们同属于存在与思。在他的诗中，我们学到了思的问题就是存在，而不是存在物，这确实是一种双倍的思自身，思所遵循的道路是诗意的，而不是逻辑的和哲学的。巴门尼德不是第一个哲学家，不是专横逻辑的先驱，而是最后一个诗意的思想家——至少不是哲学的哲学预期者，远不只是一个思走向衰退之前的哲学思想者。[8]

现在，因为我对它必须有所体验，需要重新书写巴门尼德；这是一种特别富有创造性的重复，它开启那个文本并且给我们带来快乐，把文本释放为一种游戏，这是几代沉重缓慢的学者完全忽视的游戏。没有任何人感觉到希腊人是不能动摇的。这并不是说海德格尔没有与那些想跟他争论的任何"希腊学者"面对面地争论过。他像其他人一样有能力玩惯例性的、大学的游戏，包括所有那些妒忌他有能力完全开启另一个游戏领域的人。

我既没有意愿也没有才智驳斥海德格尔的巴门尼德。我只想把这幅图景复杂化，说巴门尼德就是一切，除此之外还有更多的东西，文本是复杂的，它可以以许多方式展开。我想通过暗示、通过证明复杂性、通过表明巴门尼德的诗释放了结尾，并向许多方面延伸而变得复杂化，海德格尔不能通过把它清晰地"设定"在诗之思的范围内，从而给它划出一条明确的边界。借此，我不仅仅指巴门尼德的文本是，而且也处在与它觉醒中的逻辑的、非诗意的思想传统的复杂性之中，它陷入了形而上学甚至是形而上学"之前"的网络中，实际上它发明了海德格尔所反对的在场的形而上学，诗的观念就是要把这种双重的东西合起来，变成某种不可打开的、自我在场的唯一。我所指的也确实如此。但是，我这里特别记住的东西，是海德格尔对政治的巴门尼德的排斥。

---

[8] Heidegger, *What Is philosophy?* trans. W. Kluback and J. T. Wilde (bilingual text; Chicago: Regnery, 1967), pp.52—53. 关于海德格尔的巴门尼德（ID, "The Principle of Identity"; "*Moira*", VA 231—256/EGT 79—101; EM, chap.4; WHD/WCT, Part II, lec. 5ff）。

由此，我时刻记住，在某种程度上，巴门尼德也是一个杰出的政治人物。古代的埃里亚城是南意大利地中海海岸一个较大而且繁荣的城市，是希腊航行的十字路口。而巴门尼德就是它的管理者。并且，按照第欧根尼·拉尔修和普鲁塔克的说法，他是埃里亚一套"让人钦佩的法律"的宪法的作者。[9] 当他遇到雅典的年轻的苏格拉底时，他很可能在那里讨论过政治问题。假如曾经有一份古代的"报纸"，并且，假如曾经有过对杰出人士巴门尼德等的采访，那么，人们就不可能从巴门尼德那里听到被《明镜》采访时的犹豫不决，而是对这个世界的某个人的敏锐判断。很可能，他的可能的采访有一个艰难的时刻，不会让他把整个宪法变成一次采访。

我并不想剥夺巴门尼德的诗意天赋。我想说，他更像梅斯特·艾克哈特而不是海德格尔所认识的巴门尼德。艾克哈特是最富有天分的牧师之一和中世纪欧洲的神秘主义者。他也是德国多米尼加的地方长官，曾一度管理德国和法国的一些省份。他也更喜欢马太而不是玛丽。他说玛丽只有一种天赋：沉思。而马太却有两种：沉思与行动。[10] 巴门尼德和艾克哈特（还有马太）说明了我们反对海德格尔的部分观点。海德格尔遗漏了在伦理政治学面前沉默的思想家。他中断了形而上学解构的范围；他从没有探索它的伦理政治学的前沿。他把思从广场中孤立出来，并把它驱赶到了山上。他清楚地看到了那种目的在于懂得如何支配所有事物的总体框架的错觉。他是限制形而上学原则和座架危险的大师。但是，海德格尔并没有让思在政治领域有它的位置；他没有让它呈现它的政治事实性。他没有指出本体论历史毁

---

[9] 有关巴门尼德生平和相关文献的一些基本信息（G. S. Kirk and J. E. Raven, *The Presocratic Philosophers*, Cambridge: Cambridge University Press, 1962, pp. 263—265）。

[10] 我讨论过艾克哈特解读玛丽和玛莎的故事（*The Mystical Element in Heidegger's Thought*, pp. 137—139）。

灭的社会学等价物就是对政治体制的批判。这就是他本人的伦常概念交付给他的东西，但是他从不发送，而他从未进入巴门尼德或艾克哈特的头脑中，他们的崇高思想工作与他们在城邦中的情境性一点儿也不协调。

现在，让我们更加接近我正在提出的关于海德格尔所排斥的政治问题。海德格尔所赞扬的相同的古代之思，与古代政治学、伦理学、经济学以及其他的东西紧密地交织在一起。在原初的伦常与伦理学、原初的城邦与政治学之间没有清晰的断裂。它们之间没有如海德格尔强调的清晰而可判定的区别。要净化早期希腊人的思想或者洗刷干净它的社会政治环境是不可能的。古代世界的政治结构属于它的存在历史，就像索福克勒斯的悲剧或巴门尼德的思想（它可以是诗意的或理性的）所表现的那样。它们相互联系和交织在一起，而且，所有的这一切都为这个相同的存在历史文本做出了贡献。我们为什么不赋予一个高于另一个的特权？假如我们用巴门尼德的诗来保持它们，存在的声音就不会用"巴门尼德的法律"（普鲁塔克）粗鲁地说话吗？巴门尼德是逻辑家、政治家、诗意的思想家。他是所有的这一切，我们都同样喜欢。我们并不想压抑任何方面。我们要欣赏巴门尼德是、可能是以及还不是的所有东西的自由游戏。希腊人在他们的政治体制中发送给我们的存在历史，难道不就是它们在诗意思想和他们的神庙中发送给我们的一样的东西吗？试图把它们分离开来究竟有什么意义呢？

我针对海德格尔正力图提出的问题的最显著特征——希腊城邦就是希腊人的存在的林中空地所在，正如索福克勒斯的悲剧或巴门尼德的诗一样——就是海德格尔本人已经提出了的这个问题。海德格尔知道这一点。他在1935年曾经清楚地看到并谈到了它。然后，或许是因为与他的传记密切相关的原因，他避开了，故意停下了。海德格尔正在讨论的不过是巴门尼德言说的存在与思相同的东西。海德格尔说，道说是神秘的，因此，为发现这个消息，他推荐人们阅读索福克勒斯《安提戈涅》的第一个合唱。在那段落的第370行，诗人提到了城邦。根据这一点，海德格尔评论说：

> 它（这段话）谈论的不是波洛斯而是城邦，不是通向所有存在物的领域的小径，而是此在的基础和场景，所有这些小径交汇的点，就是城邦。城邦通常被翻译为城市或城市—国家。这并没有把握它全部的含义。毋宁说，城邦意味着场所，在那里，在其中，历史的此在所是的地方。城邦就是历史的场所，历史在其中，在其外，因其而发生。为此，历史的场所和场景属于众神、神庙、牧师、节庆、游戏、诗人、思想家、统治者、长老会、人民集会、军队和船队。（EM 117/IM 128）

思想家、诗人和神庙被海德格尔设定在城邦里。希腊人生活的所有小径都在那里交集，在这种历史场景中，诗人、思想家和政府人员的所有工作都被维持在那里（EM 146/IM 160）。思考和做城邦的工作都处于相同的存在历史的统一体中。存在历史在城邦中被赋予形状，就像在诗人或思想家那里被赋予形状一样。就城邦为了并保护诗人、思想家和神庙提供了场所而言，人们甚至可以为城邦的、政治的某种首要性辩解。

希腊神庙坐落在岩谷或山顶上，朝向东方，俯瞰大海，阳光闪烁在石头上。它为开阔地带的开启提供了空间，在那里，太阳与石头、大海与天空、众神与人就是它们的天性。神庙"完全吻合并且围绕自己聚集着的那些道路和关系的统一体，在那里存在与死亡、灾难与祈福、胜利与耻辱、持久与衰退取得了人类命运的形状。"在神庙开启的广阔领域中，展现着"这种历史的人的世界"（GA 9 28/BW 168）。

但是，这包括神庙从属的社会经济体制。它包括把石头扛上山的奴隶们。它包括"自由人和奴隶、男人和女人、希腊人和非希腊人"——这个实际存在物还应该加上在神庙路径交叉的相对的二元目录。奴隶、非希腊人和女人也是在希腊人的世界中发生的所在。他们被原初共同体和原初精神气质中排除也是世界的"林中空地"的一部分。准许他们的栖居模式是开阔地带的组成部分。（他们在"开阔地带"确实共享的东西究竟排除了谁呢？）希腊神庙中的体制性排除和希腊民主"利益"的代表，就像四重所体现的一样。他们所有的人都在那里汇集——不只是诗人和思想家，还有奴隶和女人。奴隶以及那些负责家庭事务的人，都必须被插入海德格尔狂想曲式的技艺（techne）描述之中。

而且，按照海德格尔自己阐述的遮蔽与去蔽、幸福与不幸争执的概念，情况也是确实如此。原初的精神气质也不是天真无邪、明白无误的，不是没有被遮蔽和不幸触及的。这一点是我们从海德格尔本人那里得出来的结论，同时伴随着这种圣洁也出现在存在的林中空地中（GA 9 358/BW 237），这种原初的精神气质是对"愤怒的恶意""不洁的冲动"（GA 9 360/BW 268）的无知吗？按照海德格尔的概念，怎么可能是这样的呢？并且，假如不可能，那么，为什么我们必须屈尊于早期希腊人的说法呢？除非是因为远距离观看所产生的错觉，优美的末世论故事的迷惑？按照海德格尔的说法，根据"去蔽"这个结构，每一个"纪元"都是由使它可能的后退所确定的，因而没有赋予任何东西以特权——这种纪元存在于开端（海德格尔）、中间（麦金泰尔）还是"结尾"（科学主义）。根据去蔽的结构，纪元都被卷入游戏之中。

我在海德格尔和麦金泰尔的立场中所发现的大部分亲缘关系，就是他们两位都挑战了相同的反对意见。对麦金泰尔来说，对启蒙运动工程的批判以及他给予中世纪亚里斯多德主义的特权具有同样的缺陷。"德性"的传统，确如麦金泰尔所争辩的，植根于本质上的社会目的论概念。同样地，它也是一种严格的等级制度，因而与高级与低级、手段与目的的二元对立相联系，支配着男性与女性、主人与奴隶、神圣与世俗、贵族与民众（hoi polloi）、希腊人与非希腊人、基督徒与犹太人的之间关系——古代世界的各种关系。更明显地，它是建立在以亚里斯多德辩护的奴隶制的等级制—目的论基础上的：奴隶是管理家庭的有用的"活的工具"（*Pol.* I, 4），他们只是被动地服务那些拥有完全理性在场的人。在目的论的框架中，给他们带来的悲哀是，他们是目的的手段，他们冒着目的论的危险而勉强生存。

亚里斯多德，这位雅典最好的理性发言人（AV 148），在何种程度上极力质疑女人和奴隶参与理性原则，并因此认为他们具有什么德性（*Pol.* 1, 13）。基督教骑士和审判者实践了杀戮那些并不共享他们信仰的人，圣托马斯支持邪恶地惩罚宗教异见者的观念（Summa Theol., IIa-IIae, Q. II, a.3）。一般来说，如果他不是犹太人的话，他就会有比较好的机会参与中世纪的社会团结和基督教博爱。如果他们不是碰巧保持偏好的神学观，或者坚持管理他们自己的人权，或者拥有他们自己的宗教信仰，或者什么都不信等等，那么，任何人都不会想到要判处他们极刑，包括用火刑烧死他们。几乎不会以中世纪德性的名义流血。

现在，正如伯恩斯坦所指出的，[11] 麦金泰尔知道这一点，所有的人都知道这一点，但是，麦金泰尔认为，他完全可能用一个启蒙运动的补丁来修复亚里斯多德的观点——以至于基本上没有任何人会被排斥在城邦之外。他认为，我们恰好勇敢地面对非希腊人、野蛮人、奴

---

[11] Bernstein, "Nietzsche or Aristotle", pp. 136—140.

隶（以及伯恩斯坦增加的妇女）从政治理性中被排斥的"侮辱"。我们自己成为一个更加宽宏大量的人（AV 158—159）。但问题是，这种排斥和压制，不仅仅是我们可以修补的古典世界的一个小瑕疵，一个不幸的盲点。这种排斥和压制被深深地嵌入了等级制—目的论体制的结构之中。故而，人们根据二元对立来思考——在实在与表象、真理与意见、那些有知的人与那些无知的人、那些领导者与仆从和随从、信仰者与异教徒等等之间。（在德里达看来，这是在场/缺席系统中的一个好例子。）因此，力图修复它，并不是简单地调整古老的观点，而是颠覆整个框架，摆脱康德—启蒙运动的普遍化方向。那就是要使整个不同的存在历史或者社会学发生转变，要主张没有任何人是手段，每一个人自身就是目的，不要"在功能上"限制人民，在目的论框架中，人民被利用来达到各种目的。目的论共同体不可避免地是等级制的共同体。这样的共同体具有团结力量，这是毫无疑问的，但是，严重的问题是，人们被统一在这种手段与目的的体制之中。

显然，启蒙运动意味着更多的东西。这恰好就是海德格尔和麦金泰尔，确实，也是现象学家们和全部后期维特根斯坦们，为了伦理学和认识论基础主义中的基础主义筹划而从事的任务。但是，通过坚持欺骗性的主体自律性——不论是伦理学的还是认识论的——它来自个体被不可摆脱地植入其中的历史世界，启蒙运动也发现了个体的、每个人的，被包含在共同的善中的合法愿望。它同时做两件事情，并且我想知道为什么它能够做一件事而不做另一件。我只想知道，个人、良知、不同意见的力量、自由的发现怎么能够以不同的方式发生。这难道不是难以区分治疗和毒药的药的另一种情形吗？

我们也不必混淆启蒙运动因其平均主义所导致的伪个人主义和虚假的自律性。平均主义并没有向我们承诺孤立的个体虚构。它是共同体中的共享愿望及对其共同的善的表达，认识到这是一种不被局限于稍好一点儿的普遍愿望。普遍自由的目标——在黑格尔描述的"一个人自由、一些人自由、所有人自由"的框架中——从根本上说，就是启蒙运动的成就。这种个人的发现与真正的共同体感觉不一致，但却是这个观念不可缺少的东西。如果它没有认识到所有人的权利毫无例外地属于共同体，并且没有被排斥，那么，共同体的本来面目又是什么？而且，由于其排斥性的实践，旧城邦就没有成为一种真正的共同体吗？

古代城市是等级化和中心化的。它的目的意义与从目的延伸到世界的形而上学链条携手并进。它建立在创造者与被创造、统治与服从、自由人与奴隶、男人与女人之间的等级对立之上——德里达的二元对立的社会学体现，元—物理学的在场/缺席对立。在这样一个世界里，应当颠覆它从启蒙运动手中接过的东西——而且不值得再造访。即便它们像基础主义工程一样死路一条，笛卡儿的实验和范畴规则也为普遍自由提供了借鉴。如果在自律理性中有某种对立的东西，那么，在按照金、银和铜，或者依据事件分界线，或者自由人与奴隶、信仰者与异教徒，以及其余那些不能容忍的、无法容忍的世界把人的价值等级化中，至少存在同样多的可反对的东西。

我们从古代城市及其形而上学中学到的教训就是，那种深厚的团结只能在有限的范围内获得，无论在何处发现，它都围绕自己划了一条界线，并且成为排外性的。友谊是一种超越测量的善，但是，它似乎以测量的形式把自己分配出去。假如友谊是古典意义上的共同体的纽带，那么，现代国家就不是那种共同体而是另外一种。也许它可以是一个共同体，但不是由它在一个共同体上聚合来定义的，像在在场和统一的形而上学中那样，而是以后形而上学的方式，通过它的高门槛，容许不同意见，尊重差异。在上一章里，我用同样的方式，提出抛弃"理性"这个词没有任何好处，在这里，我认为丢弃"共同体"

这个词也不会得到什么东西。

奇怪的是，麦金泰尔论述最深刻的部分就是他完全承认这一点。在讲了与古典伦理学相对应的社会学已经耗尽，从那时起，历史就出现了新的拐角，之后，他十分正确地指出，亚里斯多德理念留下的东西，可以在今天为某种共同的善一起工作的小共同体里发挥作用。我认为这是他最合理的建议，但是，这样一种建议，在与福柯和德里达对这种共同体发挥的权力的"常规化"使用所做的批判联系在一起时，应该总是真实的，在上一章，我们联系大学对这个问题进行了讨论。这种建议的错误是，它开始回响起所有的末世论声音，沉浸于罗马帝国衰退的比较之中，满怀惆怅地渴望一位具有超凡魅力的、末世论的人物，在我们拥挤着围绕我们的亚里斯多德（或赫拉克利特）篝火，等待一个崭新的黎明之时，能够帮助我们度过黑暗的夜晚。

在我看来，麦金泰尔在为伦理思想本质上所具有的历史性质辩护，坚持每一种伦理学都有一种相应的社会学，也是十分正确的，由此，他所指的是与海德格尔主张的"存在的真理"和原初的精神气质融合的非常相同的东西。一种伦理观本质上就是一个历史问题。它不是按照非历史标准的方式前进，而是属于每一个历史民族、每一个时代、每一种文化，为它自己安排事情，获得某种存在的表达和符合它需要的精神气质。

而这意味着，今天提出的伦理学问题的必不可少的部分，是正确地获得我们的伦理学，学会思考我们的存在历史。并且我认为，麦金泰尔和海德格尔尤其擅长这一点，擅长描绘我们的社会学，即这些日子里存在和栖居被发送给我们的方式。事实上，我们已经提出，他们具有非常相同的关于我们当前的精神气质的概念，那就是我们的伦理学必须表达的社会学。

麦金泰尔把我们的社会学看作一种韦伯/尼采式分裂，一种邪恶的分割，一方面运行良好的韦伯式（理性贬低为工具）官僚政治，另一方面是主体价值的无政府状态（根本没有任何理性）；不断增长的外在控制权力与内在的无政府状态一起。总之，一种邪恶的客体/主体、权力/许可分裂。我认为，海德格尔非常清楚地看到了这种相同的问题状态。

> 当然，现时代，作为人的解放的一个后果，引入了主体主义和个人主义。但它仍然如此确定在此之前没有任何时代产生了一种可比较的客观主义，在此之前，没有任何时代以集体的形式让非个体作为拥有的价值来接受。在此，关键的问题是主观主义与客观主义之间必要的相互作用。显然，正是这种一个人与另一人的相互调控反而指向了意义更为深远的事件。（GA 5 87—88/QCT 127—128）

这种启蒙运动意味着解放，但是，这种解放是主观性和客观性的形而上学部分。我们一方面用一种新的罪恶复杂性、主观个人主义，另一方面用扩大的客观主义取代了这个古代的目的论框架，这种框架把个体限制在体制指派的地方。

但是，海德格尔比麦金泰尔更进一步。

> 在这个被技术地组织的人的星球帝国主义中，人的主观主义达到了它的巅峰，由此，它将降到被组织的均匀性层面，然后牢牢地建立自身。这种均匀性成了最真实的总体性工具，例如对地球的技术统治。主体性的现代自由在与它较量的客观性中总体上消失了。（GA 5 111/QCT 152—153）

换言之，在海德格尔看来，韦伯/尼采式的二分法不是一个稳定的体系。工具性的、目的论的理性权力意志将以消灭现代"主体"中留下的、在未受挑战的座架统治中达到巅峰的人的任何东西而告终。被放纵的权力将毁灭现代性的利益以及所有的自由意义——权力自然而然地倾向于控制和操纵,倾向于福柯的"规训社会"。我们遭受控制体系的危险,这是一个坏兆头,它与古代目的论强制实施的那种东西一样。

此时此刻,在我看来,海德格尔和麦金泰尔已经为书写社会学迈出了重要的一步,在这种社会学里,一种后形而上学的伦理学将得到清晰的表达。但是,它不是在乡愁中满怀惆怅地回望一个已失去的世界的问题,这是一种回忆,一种多愁善感地向后重复的重复。是从我们所在的地方开始,并向前推进,是一种向前重复的重复。现在,我们需要的是一种对应于座架的社会学的伦理学,这是海德格尔所说的"贫困时代"、客观控制不断增长的权力时代的伦理学,这种控制与把不是技术的、客观的东西托付给狂想曲,且携手并进。它将表达我将谈到的播散的伦理学的需要。

一种播散的伦理学

然而,一种激进诠释学中的伦理学会是什么样的呢?没有道德形而上学的道德会是一种怎样的道德呢?我要强调一种伦理学,即便一种激进的伦理学产生的情形,不是不管形而上学和末世论的崩溃,而是明显地缘于这种崩溃。它明显是这样的事实,即形而上学遭受不幸,它的伪装已被暴露,它的要求已被限制,这导致了关于彼此如何和睦相处的伦理学及其某种观念。我与海德格尔和德里达一道,已经讨论了形而上学的历史就是如此之多企图的故事,它们阻止它的流动、遏制它的过程、束缚它的游戏。激进诠释学抵抗哲学的慰藉，随时准备去迎接最糟糕的情况——西方的历史具有太多的意义，具有太多存在的真理。对我们而言，去蔽意味着这样的场景，穿越这个场景的是一群孜孜不倦的历史演员，他们不断地走过，来来去去，背诵着他们的台词，然后，便消失在了黑暗之中。

现在，说只有一种流动、运动，去蔽在不断发生，并不是主张一种特权的观点，并不是说已经解开了密码，那是形而上学意义上的诠释学。它不是一种要求，而是一种让步，像苏格拉底那样，诠释学没有万能钥匙，不知道主人的名字。它在哲学的大街上漫游，倾听所有需要这把钥匙的人的声音，它说所有人都被理性统治，同时按照关节和肌肉寻找唯一的解释。最后，它要求我们关注沉思意味着什么：无知就是最高的智慧，形而上学的限制就是最好的元本体论，承认我们的陈述的不恰当，比过分重视它们更好。最好是承认形而上学的创造物、形而上学框架的多元性，有许多脚手架横跨流动，就如它们产生的效果一样，它们在什么程度上让生活繁荣，让诸神与人、天地与大地繁荣，就像它们给与的游戏规则一样。苏格拉底在政治家、手艺人和艺术家中发现的一个错误是，它们严肃地对待他们自己和他们的意见——始终是一个致命的缺陷，给游戏一个结论，给讨论一个结论，致使此后所有的不同意见，在我们变得严肃之后，都会伤感情。

激进诠释学是一门谦逊的功课；它带着流动远离惩罚人的斗争。它努力克服黑暗的角落，它没有占过上风。它理解流动的权力是要涤荡精心布置的形而上学框架。它把形而上学的构成看作暂时的云朵，从远处看它创造了形状和物质，但是它却从我们指缝中流走。理念、本质、实在、思维的东西，以及其余的事物都是这么些气象的错觉，包括我们对它们的持久性信仰，以及不断消失和变革的辉煌形式。不管它们如何放肆地在天空中变幻，都总是有诠释学家声称发现了一种形状，一种虚无缥缈中的精神气质——这里是一只熊，那里是一个长鼻子的人。总是有那样一些人声称他们能够阅读云彩，发现一种模式和意义。

现在，结束这些游戏并不是激进诠释学的功能，像冷血的、去神话化的科学家一样，坚持认为云彩不过是水粒子的随意集合。那也是一种严肃的精神。它的功能是在游戏中保持游戏，让我们意识到游戏，让我们对我们在沙滩上描绘蓝图保持警觉，我们解读天空中的云彩，但是，我们并没有抓住深刻的本质或找到本源。如果要说我们在激进诠释学中学到了什么东西，那就是我们从来没有战胜流动；我们从来没有深刻理解它的遗忘性构造。

现在说激进诠释学是一门谦逊的功课，就是要悄悄进入伦理的模式。对于道德本身，激进诠释学的道德就是要锐化我们对我们的框架偶然性的感觉，锐化我们对形而上学世界的消解意识。以德报德使我们任何人都不能拥有某种思想的特权地位，我们任何人都没能接近一个传给我们诠释学秘密的上帝（或女神）。存在不过是终有一死的我们自己，没有神圣的告密者，我们几乎没有选择，而只能承认我们不知道主人的名字。激进诠释学的"真实性"意味着坦白承认窘境。我们无事可做，除了面对最坏的情况、时代的游戏、我们在其中度过我们的历史生命的短暂星座的游戏，精神饱满地进入流动，尽量不要堕落。我说，爽快地承认引导我们带着警觉前行的有益（我们需要另外一个词，而不是"拯救的""救赎的"，那是末世论的语言）效果。为了应对流动，我们应该创造我们的框架和制定我们的安排——并且，我们当然应该继续做这件事情，我们不能躲避它，我们不得不行动、计划、指导和传授。就像某个人拆除一枚炸弹一样，人们必须做某种事情，但是，由于他是周围的唯一一个人，他很有可能被驱散得无影无踪。这唤起警惕。它以这样一种方式让人们尽可能保持许多的开放的选择。它降低了伪装的重要性，取消了对我们从强制要求到最后细节、从意愿到为了自身利益而伤感情的框架的过度自信。

这种真实性，意味着承认我们的短处，同时更能激发某种同情心。毕竟，我们都是同一种流动的兄弟姐妹，相同黑夜中的兄弟姐妹。我们都有我们自己的夜半恐惧，一种共同的必死性。苏格拉底脱下了政治家、手艺人和诗人的伪装之后，他可能考虑到了所有的伪装都来自一种深刻的诠释学恐惧，没有任何人敢于面对，我们不知道他提出的问题的答案。我们所有人都为这种思想和恐惧感到不安。激进诠释学总是成功地让事情变得困难。

因此，我设想，所有这一切道德后果，都是由他们共同的恐惧和形而上学基础的缺乏联系在一起而构成的一种"终有一死的人的共同体"，在流动之手中分享一种共同的命运，受到不会暴露其名字的历史差遣，它也不会有一个名字。"终有一死的人"和"共同体"二者——都不是牢固的此在，不是被剥光了衣服的赤裸裸的向死而生（尽管对此也总是存在某种东西）。在这个寒冷的诠释学之夜，我们抱团取暖，被相同的颤抖、相同的颤栗所摇撼。小心谨慎的谦虚和同情就是流动培育的第一"德性"，这是旧目录被允许重新书写的第一笔。拉丁语中的"德性"（virtus）包含有力量的含义、坚硬的意思，它能够承受打击，可以没有慰藉而前行，理解亚里斯多德所说的达到目的不容易时所说的是什么意思。尼采认为，好的消息就是坏的消息，真理就是流动，而且我们需要超人的力量来应付它，忍受去蔽的非真理。在我看来，这就是从他关于坚强的德性和坚韧的意志的所有讨论中提炼出来的精华。尼采谴责怜悯，因为怜悯使事情变得容易，而真理是难的，怜悯拒绝面对最坏的情况，用形而上学的尘土蒙蔽我们的眼睛，但是，怜悯，正如尼采本人会同意的，与同情不是同一个东西，很明显，同情来自某种共同的命运感，遭受某种共同的孤单。同情是终有一死的人共享的共在感，他们理解他们对事物理解的有限性。

毕竟，我们不知道我们是谁（Questio mihi factus sum）。一个大主教如此说。这不是某种新道德的形而上学基础，而是基础的缺乏，它引起对我们所有计划的恐惧，以及我们所有人无论如何必须采取行动的同情。正是从苏格拉底无知的立足点出发，我谈到了一种激进的伦理学，或者一种播散和泰然处之的伦理学。在我看来，流动的思想让我们警惕权力，警惕强加给我们的某种计划，我们知道它不过是一种虚构，有时是一个有用的虚构，有时是一种危险的虚构。流动的思想让我们对权力的行使保持警觉，让我们对那些依靠框架、原则和形而上学原理的人保持敏感，所有这些都不过是迷人的云彩形状而已。因此，通过一种激进的伦理学，我所指的这种伦理学致力于驱散把我们所有人都压在下面的权力集群、权力星座。

假如正像麦金泰尔和海德格尔都会同意的，离开了当前的伦理学或流行的存在真理讨论，那么伦理学就不会有意义，更进一步，假如历史性可以根据权力、控制和客观化的形而上学来描述，那么，在我看来，那种表达当前贫困时代的伦理学——座架的时代——就是一种播散的伦理学。这样一种伦理学表达无所不在地围绕着我们的社会学：高尚与卑下、统治者与被统治者、原因与结果、科学与意见、主人与奴隶、相同与差异、男人与女人、富裕与贫穷、有权与无权。

从对所有诸如此类的对二元论框架有益的解构主义不信赖开始，在这样的框架中，特权化的条款压迫和排斥它的对立面、它的他者，播散的伦理学就是他者的伦理学，这种伦理学致力于给他者的东西一个尽可能大的解脱。解构喜欢潜心研究的二元对立框架以及对在场与缺席的主导差别的抵制，是与社会学的对应物一起成熟的。权力会使人成为物质的人、本质的人、手段的人，它们是所有在场的形而上学的社会学体现，而且有如所有这样的结构，都依赖于它们所压制的对立面，并且是这种压制的结果。因此，播散的伦理学开始于系统地颠倒这些对立的框架，策略性地推翻这种歧视，以便最终能够取代这些对立的安排，支持开放和非排他性。

播散指向体制化统治、管理和排斥的权力星座、控制和操纵的中心。它的方式是苏格拉底揭示的每一种框架的偶然性。它限制所有种类的每一个程序员、规划师、控制者的权威。它使专家的威望陷入危险，它释放每一种体制中的所有悬念，暴露所有牢固的组织结构（大学、教堂、医院、政府等）的体制暴力。播散不是通过证明自己的强大，而是通过让体制本身崩溃、通过让体制中的游戏自由自在地完成这一切。假如亚里斯多德正力图把家庭和友谊的自然纽带扩展到更大的整体范围，从而使文化生活比宗族可能的生活更大、更宏伟（*Pol.*, I，2），那么，我们便有相反的问题。在我们看来，组织和操纵的权力已变得如此之巨大，以至于它们要失去控制。资本主义（或社会主义）与技术的联盟产生了一种将要蹂躏我们所有人的累积能量。

激进伦理学的任务就是要打破这种能量，主张差异性，维护不同意见的权利，允许怪异的东西有它自己的权力。假如麦金泰尔的无法解决的——比方说不可决定的意志冲突——选择是，或者梦想一个新的圣·本尼迪克特，或者在历史时间中等待跳跃，毋宁说，是为自由和非操控的公开争论提供条件，竞争的观点可以在那里得到裁决。但是，我们如何裁决它们呢？靠盲目的情感主义发泄，甚或靠有教养的和清晰的情感主义？"情感主义"是一个形而上学的概念，它所激发的是纯粹理性与病理学之间的错觉区分。理性总是而且已经是有动机的、有情感的、有关利害的，即使情感从来不盲从的时候，也是如此（SZ，§31）。无论我们依靠模棱两可的混合物做出什么样的进步，元—物理学都试图白费力气地把它们区分开。在激进的伦理学中，我们自己所关注的是保持运动的、流动的对话，并且相信广场的动力学。我们所做的每一件事情都能够看到争论是公平的，没有任何一个人的声音被排除或被贬低，以及尽可能多地限制那些人通常运用他们的方式获得既得的权力利益。

这不只是伽达默尔意义上的诠释学问题。这里没有应用一致同意的标准的可能性，并且，伽达默尔由于权力游戏的多样性而倾向于忽视诠释学实践智慧的颠覆作用。毋宁说，这是一个解构的难题，它要求警惕超验形而上学框架、排斥性实践，热衷于获得主导秩序的系统修辞学导致的话语颠覆。它需要一种苏格拉底的警觉，坚决要求保持游戏的公平。

但是，在广场上引导这种深思熟虑的东西是什么呢？如果我们缺乏亚里斯多德可能指出的特别谨慎的人，用什么样的准则和标准能够形成和获知那种判断呢？我认为，提出这样的问题是无用的，是固执而错误的。因为，在我看来，这个问题来自一种基础主义的冲动，一种笛卡儿式的焦虑。实际上，我们可以直接来自这样一种原理的这种可能性（倘若它是开始于某种更平庸的东西），不会比这种可能性大，它蒙蔽和束缚我们、压制某事（或某人）、拒绝可能性、让我们错失对我们面对的处境进行新的理解的良机。

我们只要求各种观点的自由集会，在那里，男人和女人带着不同的动机，带着不一样的知识和修辞能力，推敲出这个或那个问题的决定，或多或少是成功的或者灾难性的结果。我要说，自由游戏的概念从没有比在这里更具有价值，首先需要的是伦理政治话语的自由游戏，一种我们允许的伦理政治理性自己形成的公共争论。在我看来，从根本上说，政治和伦理理性是一个公平游戏的问题。如果有人反对这是一种隐喻，那么，我将提出人们如何区分本义与隐喻的例子。我们总是与隐喻打交道。关键不是在自由与隐喻之间，而是在好的隐喻与坏的隐喻之间做出区分，而我现在讨论的流动与自由游戏就是好的隐喻。

面对构成我们日常困境的怪异情境，理性充其量就是小试一刀，敲定一个或多或少恰当和临时的办法。它总是一个猛烈攻击流动并且尽其所能不被淹死的问题。以这种观点看，根本的问题就是限制强大利益的权力，以及支配交谈和束缚游戏的形而上学意识形态。关键是要始终在游戏中保持游戏。在伦理政治领域，游戏的观念并不是指我们放弃理性，任由混乱摆布。它意味着我们坚持争论的公平，摆脱操纵的利害。

元一物理学的最大错误，就是认为我们必须想出一种纯粹的、无关利害的理性。我们已经从克尔凯郭尔对那种虚构的限制开始了这个研究。形而上学是因其无利害理性的神话而受到攻击的，甚至它的崩溃也是因其不可避免的利益，这种利益总是而且已经体现在某个或其他的情境之中，总是而且已经处于悬而未决——在……之间……这种或那种利益之中。否则，理性就不会"忧虑"决断是什么。社会—伦理政治并不需要一种超越局部利益的超验理性——如果需要，那我们就完蛋了——而只是需要在游戏中、在一种公平的游戏中保持竞争性的利益，让广场游戏的动力学在一种公平的竞争中发挥自身的作用。它也不需要一种基于友谊的共同体，因为友谊是局部的和排斥性的。它只需要一种公平的竞争，一种对所有由游戏引起的同情性利益竞争者的尊重。

再有，假如我们能够获得那种公平，那么它可能证明，我们根本就不会在范式问题中完全失败。这种后范式的社群，这种缺乏基础的后形而上学产生了一种新的谦逊和公平游戏。它将派遣我们寻找如今的稀缺商品。那是一个因为热爱游戏而游戏的人（梅斯特·艾克哈特说，爱和游戏都没有为什么），并且他公平地游戏，没有类固醇或不会因为他对基本要求的不满而发动罢工。倘若我们"失去"了某个范式内的德性实践的一致意见,仍然还有应对那种丧失的德性——因为那种丧失是贫困时代的社会学。而且,那种"丧失"也是——由于不可决定性的理性渗透了所有事物——一种获得,特别是,假如你是这种旧的社会学里的一个奴隶、或者妇女或者犹太人,假如命运指派给你的是旧目的论框架中的卑下职务。如果亚里斯多德的城邦需要实践智慧,即运用一致同意的范式的技巧,那么,现代的巨大城邦则需要谦逊,这是一种元—实践智慧,它所指的是处理竞争范式的技巧。谦逊,就是懂得怎么样喜欢精神气质,懂得怎样与精神气质生活在一起。

  播散的伦理学开始于对所有那些想拯救我们或给与我们基础的人的极度不信赖。它不相信所有的框架和程序,所有的形而上学和末世论观点。它开始于这样的假设,即其中的所有程序都心怀一种排斥性的姿态、一种压制性的行为、一种标准化和平整化的运动。他怀疑在某个特定时刻之后所有的好想法都会变得呆板和退化。当它们耗尽了它们的资本和完成了它们的工作之后的一段时间,那种框架就会顽固地与生活和在场结合在一起。但是,播散的伦理学并不对立于体制化的组织或共同体的观念。毋宁说,它需要重复的坚韧性(德性)以便在灵活的运动中、在可改进地向前重复的流动中保持所有这些体制的自由,保持它们的运动。它并不否定体制化组织通常是事物运行的方式,我们倾向于通过一种自然的能量沿着系统路线来组织我们的实践。一种播散的伦理学的作用只是保持这种组织的诚实,公正地密切注意它们一旦形成的"自然"倾向,这种倾向与在场的形而上学相伴,它抵制改变,压制事物并使之常规化,它固守己位。这正是根据海德格尔对阿那克西曼德残篇的解读所指的"公正":当事物与在场顽固地连在一起时(GA 5 356/EGT 42—43)。体制是与这种在场的形而上学和阿那克西曼德的品质相对应的社会学的很好的例子:它们声称自己是从天上掉下来了,成为所是的权力的一部分——而不是已经成为权力的一部分。而且，播散的伦理学是一种怀疑的谱系，它坚持认为体制已经形成，部分通过谨慎，部分通过权力政治学，部分通过理性的狡猾，部分通过法律的奸诈。

如果伽达默尔认为，体制就是谨慎的结果以及几个时代人类理性一直推行的教养，那么，我则认为，这是一种形而上学的怀乡病。然而，如果福柯认为它们完全是权力的产物，那就是一种形而上学的还原论。权力与谨慎之间的争论，就是竞争的意识形态之间、那些相信二元对立的形而上学家们之间的争论，他们认为不同的事物之间存在一种清晰的和可决断的差异，他们不能容忍流动的模糊性。

一种播散的伦理学，不是试图平衡所有体制的安排，或者对新体制的形成缺乏信心——我们已经看到了德里达对大学的兴趣——而是要干预行进的过程，让体制保持在过程之中，让多样的生活形式不被设想为牢笼的生活—形式所消灭。它意味着打破坚硬的外壳，实践苏格拉底的艺术，成为一束正直而耀眼的光芒——但始终是在城邦之中。在城邦之外或在团结一致之中，没有人类的生活、自由的主体（相当于笛卡儿认识论主体的社会学主体）。播散的伦理学只能在共同体和行进中的人类对话中运作。[12]

播散的伦理学提供的不是完全的策略，不是总体的框架或者主要的计划，而只是局部行动的局部策略。[13] 它在这种或那种体制中、在这种或那种政治斗争中实践它的局部策略。它的功能就是让系统保持在游戏中，无论它在何处已经变得僵硬，无论何人在何处被严肃的精

---

[12] 我并不喜欢罗蒂在《哲学与自然之镜》中取代迈克尔·奥克肖特的这个表述，今天我要重新书写我的《存在之思与人类对话：海德格尔与罗蒂的案例》的一部分 [*The Review of Metaphysics*, 36（1983），pp.661—685]，我认为这种"对话"是播散伦理学的一个极好的典范。

[13] 参见福柯在《真理与权力》中对"具体的"知识分子和"普适的"知识分子的区分（*Power/Knowledge*, ed. Colin Gordon, New York：Pantheon, 1980, pp.125—133）。

神所压倒，无论它在何处发现何人决心拯救我们的冷酷面孔。它与那些没有为他们设计体制的人站在一起——女人、孩子、疯子、病人、穷人、黑人、宗教和道德少数派——那些人被体制所排斥。播散伦理学假定，所有的体制都体现了最强有力的意志，也是最理性的意志。它代表那些没有权力的人操作，那些没有权力的人被设定在所有二元对立计划的短期目的上。播散的伦理学并不以主人的名义说话，它只谈论一系列的偶然的、临时的、此时此刻设想的那些抵消现行体制排他性的计划。它的作用就是要打破权力集群、打破统治利益的星座，把它们置于运行之中，让它们保持在游戏之中。它超越了它不知道主人之名的免责声明，它没有名字。

此时此刻，播散伦理学可以表示反对的是，所有这一切都避开了真正的问题：究竟是什么具体的体制在压制我们？难道不是在长期的解放中似乎要伤害的体制吗？我们想干预的时候该如何干预呢？但是，我的整个观点就一直是，要否定存在这种普遍有效的公式，剔除它们极其顽固地追求的精神。我不相信"这种答案"的整体想法，这么说来，我已经说得够多的要质疑"这种答案"。如果我们争辩了什么东西，那就是表达了我们的社会学最终是一个开始认真处理情况，集合许多头脑的问题——专家与非专家、犯罪者与受害者、空想家和实用主义者、职业人士和业余爱好者（指爱好者）——让他们为当下——甚至可以持续一会儿，出于他们的惊奇而敲定某种事情。

我的所有这些观点还没有阐述一种主要的计划，而只是把这些计划带到了问题之中，并由此表明，我们这些以自由游戏和流动、解构和播散说话的人，没有被《明镜》采访时的无言以对所束缚，但我们并不是丝毫没有我们的伦理—社会—政治观点。流动的讨论没有让我们在伦理上破产。恰恰相反，它锐化了我们对所有热衷于积攒资本的人的怀疑。

泰然处之的伦理学

然而，这种播散的伦理学也是一种泰然处之的伦理学——并且，在这里，我再一次让德里达把海德格尔拉到广场上——这意味着一种顺其自然、让诸神与人、大地与天空、让在游戏中的伦理学顺其自然。究竟为了什么更加合理的结果，去期待"释放"或"顺其自然"，而不是期待形而上学及其超验视域框架的限制、作为意志之思的限制呢？让游戏成为游戏是激进诠释学所具有的最好的建议。而且，正如我所说，在这一点上，它旁边有一位主教说：你行你素（dilige, et quod vis fac）。

播散的伦理学与泰然处之的肯定性发现彼此相属。以目的为名使某个个体或群体从属于另一个个体或群体的体制正试图让游戏退出游戏，试图束缚游戏（并常常束缚人而且使他们退出游戏），而泰然处之则意味着任其自然。现在，这是一个比播散稍微更难阐述的一个概念，更为恰当的阐述将把我们带到下一章。所以，我这里既对本章进行概括，也为下一章、即总结性的一章做些准备。

我所用的泰然处之这个概念不仅仅是一种古老而神秘的观念（对此我必须说我有相当的感情），而且也是一种很现代、或许甚至是后现代的观念。这可以选取泰然处之的伦理学观念的三个来源来证明：梅斯特·艾克哈特、康德和海德格尔（按照编年顺序）。

对梅斯特·艾克哈特来说，泰然处之意味着"没有为什么"地活着，他借此指某种非常有趣的东西。[14] 灵魂与上帝的关系应该"没有为什么"（安格鲁斯·西勒修斯是艾克哈特的读者）。这意味着灵魂不

---

[14] 我仔细考察过梅斯特·艾克哈特关于泰然处之的观点，参见本人的《海德格尔思想中的神秘因素》（*Mystical Element in Heidegger's Thought*, pp.118—127, 173—183）。

应该在对上帝证明甚或揭示的真理基础上行动，或者为了想从上帝那里获得什么而行动，因为这两者都是"为什么的"——基础、根据和期望——这样就会把上帝看作某种外在的原则。活着没有为什么，而是泰然处之，意味着不寻求任何内在的或外在的东西——或者更恰当地说，根本就不寻求——而是让上帝的生命与我们相通，并且把它作为一种内在的生活原则在我们身上漫流。我们热爱上帝本身，就像我们热爱生命一样，艾克哈特说，而不是像爱我们的奶牛一样，那是为了它的牛奶。因此，泰然处之意味着生命释放的某种光辉，艾克哈特把它等同于爱——对艾克哈特来说，最高的和最纯洁的泰然处之的例子就是爱——它让生命上升和流溢，它抛弃了形而上学的机械和实现自我的手段，以便让真正的神圣的上帝在他自身中、在世界中、在他者中流动。他谈到了上帝的"生命"，那就是爱本身，作为一种"流溢"（bullitio）和"创造"（e-bullitio），一种涌现和流溢，很明显，这看起来很像海德格尔对自然本性的重新书写。

因此，这里有一个有些难啃的博爱原则，博爱是一个由基督教提出的具有"革命性"转变的词。（而这就是我们为什么认为这个旧有的神秘观念也非常当代的原因。）艾克哈特把生命和上帝的爱看作是无所不在的，不能被限定于仅仅几个特权灵魂——例如不仅仅限于牧师，这让他那个时代的牧师感到不安，或者只限于男性［他向妇女传教，并且告诉她们，她们所有人都有神圣的火花，灵魂的火星（seelenfünklein）］，它让牧师感到不安。或者只限于基督徒，这几乎让所有的基督教世界感到不安。而且，他认为上帝的在场不能被限制在教堂和圣所，或者上帝必须喜欢拉丁语，如果他不是用德国本地语传教，他会做得很好。而这就是为什么宗教改革与他有联系的原因，这就是为什么教堂审判者让他吃了苦头的原因。尽管艾克哈特本人是多米尼加一个高级行征管理者，但是，他开始在中世纪的基督教世界中传播权力集群，为此他招致了教廷的暴怒，感受到了体制化权力的刺痛。

艾克哈特站在德国神秘主义传统中以许多不同的方式设法进入现代性的前列，包括宗教改革和德国唯心主义，他导致尼采讥讽说德国的哲学之父就是路德教的牧师。这使艾克哈特成了他的祖父。此时此刻，我认为，康德的道德哲学就是由这条河流灌溉的田野之一。人人都知道，康德伦理学的许多灵感，都是他的牧师家庭的个人经验和单纯的男男女女给他留下的深刻印象，他们过着虽普通但朴素得体的生活，没有借助于形而上学。康德哲学的核心，就是对每一个人的"尊重"，从最底层的工人到最高贵的领主，这种尊重就是把每个人作为一种"最终目的"。

确实，不可否认，康德几乎把这种经验埋葬在了形而上学二元论的崩塌中，由于他把每个个体作为律令的示例而糟糕地错误说明了他的情况，以至于正是这种律令——个体的作者和示例两者——赋予了每个个体以要求尊重的价值。当然，他如果这样说会更好些，这属于他自己的和我们的经验，人们本身激发了这种经验并且需要尊重（借助海德格尔的公理现象学，SG 34）。我们没有把他们或我们自己作为达到某种目的的手段。但是，按照康德的基础主义焦虑，将会赋予道德的一种经验的而不是理性的基础。

即便这样，我会说康德的目的王国的观念、我们的包括共同体的所有价值观念、旧有的泰然处之的观念都与现代解放的观念融合在一起。这种观念在我们所有人中激起神圣的火星，或者律令，或者无论什么人们想诉求的上层结构，以便为流入和流经其他人和我们的生活命名，让我们所有人都成为我们所是的存在，把我们从所有的操纵和控制中解放出来，用尊重来对待"我们自身所是的存在"。[15]

---

[15] 参见我的《康德的现象学伦理学》(*Kant and Phenomenology*, ed. J. Kochelman and T. Seebohm, Washington: University Press of America, 1984, pp.129—146)。

现在，除了评论康德的尊重现象学之外（GA 24/BP §13b），海德格尔也非常明显地回到了艾克哈特，借助泰然处之这个词表达那种我们需要的关系，以便应对大地、天空与诸神，以便让它们任其自然，从而让我们任其自然，作为"终有一死的人"。然而，在讨论海德格尔的时候，我极力主张的一个观点是，他有点倾向于壶和桥顺其自然更感兴趣，随其所是。他从没有更多地认真考虑让别的东西是其所是，作为道德的我们与他者的关系，以及我上面提到的道德伙伴或共同体。我认为，他所说的东西里不存在任何排斥他做这种事情的东西。他只是从来没有做而已。因此，我将为他做这件事，并且通过这样做，回复到泰然处之之伦理学语境。因为我们记得，在艾克哈特那里，这种观念归功于他。泰然处之、顺其自然，意味着爱、博爱。这就是为什么播散的伦理学与泰然处之的伦理学彼此相属的原因，而且，两者都与奥古斯丁的格言"你行你素"联系在一起。

海德格尔关于泰然处之不得不说的一个更好的问题，出现在他对梅斯基尔希人（Messkirch）的简短演讲中，他评论说，泰然处之意味着"对神秘开放"（G 25—26/DT 54—55）。像平常一样，他正在讲对事物的泰然处之以及世界游戏的神秘性。但是，在这里，用我们后形而上学的伦理学观点看，我们要思考对他者、尊重意识、尊重他者需要的泰然处之，它来自这样的事实，即我们在这里知道，我们正处于深水区。其他的人处于流动之中，那里的水流正以特别眼花缭乱的方式翻卷着，那里的森林特别黑暗阴森，那里的云层神秘、诱人，甚至令人恐惧。

我现在要转向的正是这种神秘的观念，激进诠释学不会把我们引回安全的海岸和坚实的大地；它让我们在风中慢慢地转动。它让我们暴露，没有立足之地，让我们暴露给神秘的无根性。这就是形而上学决心束缚的神秘的游戏，并且为了重新开启这种游戏，我们不再嘲笑警察，我们从事激进的思想。这种不可控制的神秘，就是诠释学致力于回复的最后困难。而且，正是依靠这样一种向神秘开放的观点，我想"结束"这个研究，由此完成我们在此一"瞥"的错觉，有始、有中，也有尾。

第十章
向神秘开放

以灵魂为基础

当前研究的幕后英雄之一是梅斯特·艾克哈特。克尔凯郭尔和胡塞尔、海德格尔和德里达在我们的剧本中对游戏发挥了显著的作用,而艾克哈特只是过渡的现象。然而,艾克哈特属于我们的万神殿。他是通过并且依靠日常生活概念的颗粒思考破裂的大师之一。他擅长把存在和在场(及其它们的"真实信仰"观)的守护者扔进混乱和错愕之中。他会说上帝是"纯粹的虚无",甚至没有一丁点儿存在。如果你想用他的词语表达他,并且称上帝为纯粹的无,那么他就会向你证明上帝是纯粹的存在。人们谈论上帝越多,他就越是祈祷上帝摆脱作为"上帝"的他。当有人赞美上帝的超验时,他就会说上帝和灵魂是同一个东西。最后,皇家法庭判他因那种事情而受苦,但不是在他能够撕裂中世纪本体—神学—逻辑外衣、中断中世纪存在历史的邮件和让它处于转动状态之前。

此时,我想再次回到艾克哈特。艾克哈特说,在忙碌的概念化和意志工作下,我们跌到了灵魂的底部——或者换种说法,迷失在灵魂的尖端或细微处——存在某种他称之为"灵魂的根据"的绝境，在那里，灵魂能够以某种方式与上帝接触，这种方式突破了神学家和牧师在基督教世界的风景中翻来覆去的所有关于上帝的废话（Gerede）。海德格尔把这叫作"心之核"（Herzengrund, WHD 157/WCT 144）。总之，这是艾克哈特称之为"突破"（Durchbruch）的一个关键，在那里，人们理解了神学家、牧师和常识所说的"上帝"的全部顽固性。他说，就在那时，我们感觉到的不是阳光灿烂，而是跌到了深渊，在那里，我们所设计的所有关于上帝的熟悉概念都崩塌了，我们相互给予的关于上帝的所有舒适的保证都完全化为了尘土。因此，我们遭遇到了真正的神性（der göttliche Gott），它拒绝服从这种人类的废话。[1]

突破意味着冲破另一种、总的来说更古怪和更顽固的区域，这个区域为我们关于上帝的笨拙言说以及我们渴望从上帝那里有所得的无意义而感到困窘，最终使我们摆脱了所有这些人类的琐屑卑微，并且领会到上帝的纯粹超验和他对这种道德愚蠢的全然抵制。只有那个时候，当人们开始领会上帝的维度之时——用艾克哈特的语汇说叫作上帝中的神之神者（Godhead）——人们才开始取得进展。在这里，在这些深水区，在这种怪异的、神秘的和不舒适的领域，灵魂被神的神秘的愧疚感所接纳。"突破"必须深刻地感受到有如某种"崩溃"的东西——所有熟悉的或舒适的东西的崩溃——而且这确实是它的重要部分。尽管艾克哈特所指的突破是上帝摆脱了束缚的所在，他有时也把

---

[1] 参见 *Meister Eckhart: The Essential Sermons, Treatises, Commentaries and Defense*, trans. and ed. Bernard McGinn, The Classics of Western Spirituality, New York: Paulist Press, 1981），特别是布道 52（sermon52）第 199—203 页。关于艾克哈特对这些主题的论述，请参阅我的《海德格尔思想中的神秘元素》（*The Mystical Element in Heidegger's Thought*）第三章。

它描述为好像是所有地狱都摆脱了束缚的所在。它听起来更像海德格尔称之为"神秘"的领域，在那里我们被剥去了所有熟悉的创造物的在家的慰藉。

现在，我认为激进诠释学产生了非常相同的结果。因为不管人们是否信仰上帝或神秘，人们仍然能够谈论某种如灵魂的基础或细微处这样的东西、某种心智的绝境。在这种绝境中，科学的结构变得冷酷无情，常识的灵巧和实践智慧的敏捷变得了无生气，它们枯萎凋谢，权力尽失。（即便在亚里斯多德那里，也存在某种超越实践智慧的东西，那就是灵魂中的神性因素。[2]）不管一个人是不是多米尼加的男修士，心里都有他突然停靠的细微处，都有思量根基丧失的夜半时刻，也有跌入深渊的不寻常的感觉。在克尔凯郭尔的恐惧与颤栗谈论中、海德格尔非常保守地（在虚无中、在神秘中、在深渊的游戏中等等）、在德里达所说的颤栗中，都可以发现这一点，以至于我会说，如果你读得够仔细的话，这可以在胡塞尔那里、在世界的可毁灭性、它原则上的分解、重构、解构中发现，在纯粹的时间流之外，别无所有。

用当前研究的流行比喻，我愿意说，在我们横跨流动的结构薄层中，在我们穿行它的轻薄结构中存在某些绝境，这种表层的编织通过而且需要一种暴露隐藏其下的流动的透明性。比如说，在习惯和实践中、在工作和日常生活中，在我们的世俗存在中有某些流动被暴露的突破点，可以这么说，在那里，整体在颤栗，游戏已闯入。我们知道我们陷入了困境。深渊、游戏、神秘——总之，所有的地狱——都摆脱了束缚，日常性的纸牌堡垒摇摇欲坠。有些东西因为我们强加于事物的限制的崩溃而突破了。因此，在激进诠释学中有一种经验，它是

---

[2] 在我看来，伽达默尔（和伯恩斯坦）完全没有了超越实践智慧的、与灵魂中的"神圣"元素有关的完全亚里斯多德意义上的精神状态的运动。

一个远房表亲,也许是艾克哈特称之为突破的一种类比。它正是当海德格尔写下"神秘的开放性"时所言说的那种东西。

在这种突破中,崩溃的东西就是对概念性的符咒,就是对我们设法用某种方式攥紧我们对事物神经的概念拳头的错觉,我们已经掌握这个世界的大概,限定和包围了它。突破就是对这些概念隐喻的反隐喻:释—义(be-greifen)、构—成(con-capere)、概—念(conceptus)。当然,这并不是说我们不再与概念思维有关系,科学和伦理学的工作以及所有类型的体制性安排都被瓦解了。在前面章节中,我们已经对此做了探讨。我也不是指这是某种工作之余的消遣,某种我们在晚餐之后、睡觉之前可以娱乐的东西。相反地,我宁愿说它栖居于我们的日常性的边缘、外缘和缝隙,并且保持令人不安地、出其不意地展现在我们的面前,只是很快又消失——就像电影中的那些倒叙主角们的过往生活的片断一样,然后在他们停止的地方重新开始叙事。

在题为"科学与反思"这篇有趣的论文结尾处——沉思(Besinnung)意味着一种沉思的反思性——海德格尔谈到了他所说的"不可涵盖的"东西,既在我们不能避免按照这种方式接触到某些地方的某种事物的意义上,同时也是在我们不能用我们的概念包围、限制或涵盖某种事物的意义上,我们不可能避开事物(非—事物?)。这就是所留下的东西,是用概念思维和计划永远不能穷尽、包括、同化(VA 64/QCT 175—176)的激进诠释学残余。这就是栖居于被"给定"的所有事物的撤退(Ent-zug)的时刻,是我们试图召唤在场的所有事物的缺席(Ab-wesen, ab-esse)。但是,不仅是缺席而是在场和缺席的游戏,是这两者之间的未决定的、让人不安的摇摆不定,致使我们永远不能把手放在某种固定的结构或稳定的东西上面。

在这里,我们正尽力把握海德格尔的"去—蔽"概念,及其所具有的激进性的思想,在此,"去—蔽"甚至不再是一个希腊词,而是来自所有事物出现而又返回的根深蒂固之遗忘（lethe）思想来说的一种妥协。海德格尔说，物理学不能洞悉自然本性，也不能洞悉历史运动的历史、语言中心的语言学。科学全是我们建立起来以抵挡撤退之风的茅草屋。在它们被科学客观化之前，就可能把它们变得透明的东西，自然本性、历史和语言是一种去蔽的运动，是来自去蔽并且回到去蔽的运动，由此，它们既是遮蔽和隐藏形而上学的耀眼光辉——艾克哈特谈到"神性"时提出了相同的观点——同时也是躲避和防止贪婪的概念网络。在我看来，海德格尔首先的、最后的并且持续性的思想最终指向了遗忘的维度，指向一个在对遗忘、去蔽的遮蔽心灵、后退的神秘的泰然处之中限制概念思维的问题，它从不以我们可以相信的形式把自身交出去。

现在，我这里称之为激进诠释学的东西，如果不是总是在那种因素中存在，至少也要在那里花费一些时间，力图偶尔远足那片沙漠。它把自身暴露给居住在那个隐蔽领域中的模糊而不可判断的人物的黄昏世界。它的作用与其说是要与它"搏斗"——那是贪婪的隐喻，而且我们坚持认为，它有能力逃避我们的掌握——不如说是要应付它，或者首先是在游戏中与它在一起。我甚至愿意说，尽管在此我们必须小心，它的作用就是"领会"它。我得赶紧补充，通过领会，我并不是想让我们回到一种更传统的诠释学，专心致志于解释的筹划和发现的意义。我已经说过，激进诠释学只是产生在意义的崩溃和丧失、意义的撤退与播散——总之电闪雷鸣的关键时刻。因此，依靠领会，我记住通过遭遇丧失、撤退和遗忘本身的意义应付这种意义的丧失。凭借领会，我所指的是这样一种特别的方式，人们发现剩下来的就是对神秘的开放，并冒险进入流动之中。

而这就是为什么我喜欢谈论灵魂的基础的缘故。因为我认为我们所有的人——即便我们不是早期希腊人或德国神秘主义者，并且在黑森林里也没有草屋——在某种范围内、在某种程度上，多多少少隐约地获得了某种与我们心灵深处的流动的和解，对流动做出了某种深刻的领会，并学会了与流动一起生活。我不确定，倘若它真的关系到如何做这件事情，也就是说人们达到了什么样的和解，那么它甚至于关系到人们如此这般地做这件事，也就是人们碰到了崩溃点、突破点、突围点。每个人都允许有他自己的方式。倘若这是我们所有人都具有一种可能性是真的，那么，我们中的一些人就特别擅长于压制和排斥流动并且力图束缚流动，这也是真的。在选择容易的方式从流动的后门溜走这件事情上，我们所有的人都获得了相当的技巧。

因此，通过这个研究的结论，我想挑选那些绝境之一，我认为在那个绝境中表面逐渐消失，流动在显露，某个缝隙和连接处很快就会泄露。在这种情况里，为了激进诠释学的整个筹划，为了它是什么和它做什么会对我们更好，我正在提供一件例外的证据或者证明。我认为有许多这样的开放和突破的地方。海德格尔在"科学与反思"中提到了四个这样的地方——语言、自然、历史和人。或者人们也可以说艺术作品，这是海德格尔最喜欢的招式之一，或者，人们也可以遵从海德格尔的更平等的建议之一，例如，这种最深刻的经验的可能性，甚至就是用最简单的、最平常的日常生活经验不断地把自身呈现给我们。

相反，我选择了另一条路线，这条路线不仅被海德格尔系统地删除了，而且一直被他的最尖锐的批评家之一伊曼纽尔·列维纳斯所发展。[3] 我以人类的面孔、人脸的表面，流动（因此是在我继续展开的激进诠释学意义上）之上的表—面的面孔为出发点。闪烁于在场/缺

---

[3] 参见 *Totality and Infinity*, trans. A. Lingis, Pittsburgh: Duquesne University Press, 1969, 特别是第三部分。对列维纳斯的更重要的批判，参见德里达《暴力与形而上学》（Derrida, "Violence and Metaphysics", ED 117ff/ WD 79ff）。很明显，没有什么能让我们对列维纳斯在个人之间建立的激进的突破，或者对他的性别歧视，父权制的态度负责。

席的黄昏中，面孔是一种神秘的（海德格尔）和不可决定的（德里达）形式。我们瞬间瞥上一眼，一瞬间（augenblicklich），眨眼之间，在他者的目光的瞬间中，它留给我们疑惑、困惑和挑衅。这是作为最引人注目的接入点的"面孔"，我们身体的最外在的表面，它开启着进入隐蔽处、灵魂的"基础"、最隐秘的房间的道路。

关于我们的苦难和面孔，关于"苦难的面孔"，我特别想说一句话。此时此刻，在那个问题上，我还是不得不小心。我不是没有意识到苦难是一个尤其容易引起天启式和末世论解脱的话题，它体现了一种我试图停止的诅咒。但是，我认为，它仍然是一个深刻的话题，而且非常擅长于限制在场的形而上学伪装——以及擅长于暴露隐藏其下的流动。因此，我会尽力用最少的拯救声明来表达这个问题。

对苦难的分析将让我们同时以两种不同的和对立的方向来进行——一方面是宗教的方向，另一方面是"悲剧的"方向。它将同时提供——而这是它的模糊性、不可决定性的本质，并且是我在这里为什么要把它们单独挑出来的原因——宗教态度的谱系，它产生了宗教的前信条的温床，以及加布里埃尔·马塞尔曾经称之为"拒绝被拯救"[4]的反宗教的、悲剧意识的谱系。它向奥古斯丁和尼采两人挥挥手，一只是上帝的拯救之手，另一只是狂放的宇宙游戏者之手。并且它将用这种药（pharmakon）同时做这两件事情。此时此刻，在所有这一切中，激进诠释学的兴趣不是解决这种争论，封闭的这个问题，而是培育开放的空间，即拉开长期不和的两派之间的距离。因为那种开放把骨肉放在我们一直言说的深渊游戏中。

因此，本章将结束第八章开始的证明，即所有关于流动和游戏的

---

[4]　参见 Gabriel Marcel, *Homo Viator: Introduction to a Metaphysic of Hope*, trans. E. Graufurd, New York: Haper and Row, 1962, pp. 185ff。

讨论都并没有把我们扔给狼群的筹划。激进诠释学并没有剥夺我们的科学或伦理学，但更可能的是，为我们提供了关于它们的更敏锐的描述。此时，我想说，两者都对某种更加历练的、后形而上学的宗教信仰观念没有任何敌意。确实，在我看来，如果没有这种流动的观念，那信仰就会变成危险的教条。而且，既然那就是大多数情况下的信仰，因此，并不是每一个信仰者都会带着好感去看待下面的故事。

目的总是要避免这种错觉，即我们的体制和实践、我们的理性和我们的信仰、我们自身已经从天上掉下来了。激进诠释学是一种持续的尝试，它从下面书写，没有上天的、超验的正当理由。它是一种与自然本性在一起的尝试，它没有摆脱困境，此时此刻，旅途更加艰难，这就是命中注定的"元一"（meta-）一直所做的事情。播散并不让理性、道德和信仰随风飘散；它只是给它们的起源以更多谦逊的描述。我并不否认，它让我们感觉到就像有人刚刚因为闲话他的家底而被暴露了一样，由此它现在成了一个众所周知的事件，即他并非出生于富裕的家庭。然而，那正是冷真理的一种更令人恐惧的效果。

苦难的面孔

面孔是一个有阴影的地方，一个我们总是不能相信我们的眼睛的区域。而我的兴趣不是要减少这种模糊性，而是要探索它。整张脸上书写着许多德里达叫作不可确定性和播散的东西，那是一个复杂的区域，充满了模糊的信号和冲突的信息。我们谈论"那张脸上"（super-faciem, sur-face）的某种真实或虚假的东西，这意味着以一种整体的显现方式，不隐藏、不遗留、不遮蔽任何东西。但当然，人类的脸绝不是这样的。恰恰相反，它是一个镜子的厅堂，一种反射的游戏，它是一个伪装和掩饰的地方,有时是我们为了产生某种效果而故意操纵的地方,有时是真理跳出囊中意外地撞上我们的意志的地方。有时我们的脸会背叛我们,有时我们表现出一张信赖的脸来欺骗别人。人类的脸绝不简单而清晰,绝不只是一种表面现象。它充满着隐藏的深度和被掩藏的动机。

确实,很难想象一个比人的脸能更好地揭露事物伪装的例子(这就是为什么海德格尔和列维纳斯不应该相互争斗而不妥协的原因)。遮蔽与去蔽、封闭与揭露的游戏难道比脸的游戏更好吗?它遮蔽了我们想要隐藏的东西,而没有遮蔽我们正力图掩盖的东西。而这就是因为脸就是语言的环境,海德格尔著名的语言或逻辑让他在家的地方,没有它,差异就几乎想不起任何一个词。语言就是舌头(lingua),但也是嘴唇、嘴巴、眼睛、面部技能、流程和表情的总效果。由于胡塞尔使它变得有趣这个原因——既非意向性、前概念的领域——他不让脸部具有语言的地位。[5]

但是,我们必须考虑被胡塞尔排除的现象。用平静的词语所表现的冷秘表情,显露出一种比愤怒的词语更大的愤怒。受伤害的表情所说的东西,远远多于无关痛痒的词语所表达的东西。爱的表情无言胜万语;爱的陈词滥调被暗示爱情已经死去的眼神所出卖。一个微笑,一个轻微的弓形眉可能表露无遗;人们的整个在世存在从他的有意识控制中摆脱出来——不管是好是坏。恐惧的表情泄露豪言壮语;渴望的表情愚弄冷言冷语;爱的表情讲述冷漠词语的真理。尽管是彬彬有礼的问候,但我们还是怀疑我们根本就不受欢迎。总而言之,身体和面孔给予话语一种很难由意识产生的无意识支持,即便我们极力隐藏

---

[5] 参见 *First Logical Investigation*, § 5. in WHD 51/WCT 16, 另一方面,海德格尔赋予这一姿态以卓越的意义。

我们的情感时，它们也会出卖我们。

我们不确信我们正发送什么信号；我们不确信别人给我们发送的是什么样的信息。我们不确信别人是否正好就是能让我们相信一切的熟练的参与者，他获得了控制那些无意识的和前概念的身体权力的魔鬼般的艺术，以至于他通过操纵它们而可以操纵我们。通常，他者发送给我们的信号，不仅对我们而且对他自己来说都是不确定的、混乱的。他并不知道他要什么。我们往往不知道从他者流向我们的示意性生命是什么意思，就是因为他者本身就处于摇摆和不确定的状态。并且，我们有时理解得比他正在探索的东西更好。谁正在这里言说？不仅仅是"我自己"，这是一种元—物理学的虚构，而且是一种被压抑的欲望综合体、一种话语的结构、一种历史的假设、一种无意识——所有这一切以及人们所知道的别的东西。流动流经这些词语，栖居于这个言说者的姿态中，并且紧紧把它自己缩成面孔的谜团。面孔是流动中复杂的、变动的、颤动的场所，一个此　在（Da-Sein）中的此（da）的不错的例子，面孔是封闭与揭露的动力学容易被觉察地展开自己的地方——不过，确实是一个不匀整和不含糊的显露的林中空地。

总之，面孔是那些开放（海德格尔）和突破（艾克哈特）的地方之一，在那里，底部脱离，表面开启，阴暗的形状取代了坚如磐石的存在和在场的同一性（德里达）。人们在内心开始感觉到深渊，感觉到弥漫其中的不可控制的流动，在这里，人们不得不处在深水区之中，不得不面对他所知道的东西。

面孔把去—蔽具体化了。这与巴门尼德的标准说法相反，海德格尔说，去—蔽不是一个面面俱到的整体，在那里，存在物只保持自身的连接符、变动的游戏，在这种游戏中的事物，永远不可能被还原为它们所是的东西。他者的表情把我们吸引到神秘中，动摇我们在自我认同和在场的稳定性中对表面、外形和云状的天真信仰。他者的眼神引诱我们进入神秘和混乱、阴影和黑暗的幽深处；它们不是心灵的窗户，而是镜像的牢笼。它们是弱点，我们脚下的地面已经用完，我们开始向下跌落，不能触底，黑洞诱捕着光线。谁正在这里言说？这些是些什么样的俯视我们的眼神？这种表情里隐含什么样的奇怪权力？在这张面孔里，神秘被别人感觉到自己，创造它的效果。在这张面孔里，我们感觉到一种后—撤（Ent-zug）、撤退的力量，我们被吸进了那股气流，并与它在一起（WHD 5—6/WCT 9），被拉到了阴暗的走廊和令人眩晕的镜堂。自然本性不仅仅喜欢躲避在人们刻意伪装的有意识控制的隐藏中，而且甚至更重要的是，它喜欢隐藏在自己躲避自己的自我遮蔽之中，从而使自我这个概念变得疑问重重。我成为我的一个大问题（questio mihi factus sum）。神秘不存在于隐藏在身体斗篷后面的自身透明的笛卡儿式的自我里，而存在于他者之于他自己、我们所有的人之于我们自己的神秘之中。面孔暴露那些掩盖我们所有人的自我诫命。

此时此刻，面孔在这种去蔽中显然就是它的神秘结构，是他者聚集的所有身体和姿态生命的关键部位，我认为康德应该确定了"尊严"的起源。事实上，康德是对尊重的敏锐的现象学观察者。他十分正确地坚持，尊重与某种使我们谦恭的东西有关，突然让我们停下来，让我们停留在我们的跑道上，某种卓越的东西激发了恐惧、敬畏和羡慕的融合，某种东西既击垮我们，又吸引我们。正如海德格尔指出的，那就是一种优秀的现象学工作（GA 24 189/BP 133）。但是，康德当然是根据律令来"解读"所有这一切的，而我则把这看作一种理性主义的神话，启蒙运动使流动稳定化的一种特定方式（这并不是说，我认为有某种去神话化的表达可靠真理的方式）。正如我前面所说的，触动康德的东西是他拥有那些陪伴他成长的正派人物的经验，他们引导的德性生活，他拥有与他生活在一起的人的谦逊经验，他们不为吝啬和私心所折磨。总之，这些面孔充盈了他的青年世界。

因此，我不愿意说，人是律令的一个例证，我宁可说律令是用大写字母书写人，是给人以更大发言权的一种方式。在我看来，"范畴命令"关于尊重他者和目的王国（它只是没有价值的第一种构想）的第二种和第三种说法，并非来自纯粹理性或者纯粹理性意志的声音，它只是元—物理学试图让所有事物确保安全和透明的一种方式。这些说法，毋宁说因为我的缘故，给了词语煽动他者表情的权力，它来自他的面部和肢体生命。尊重他者就是承认他们的魅力，感受他们的影响，这更像进入一个能量场，而不是另一个经验对象。这就是我为什么说一些人只是用他们的在场（要不然就是对他们的重量的评论）"填满了屋子"的原因。我认为康德没有错，但错就错在他求助于错误的工具论。他需要用尊重感的起源的现象学描述来取代他的逻辑判断表。他需要一种面孔的现象学，而不是一种道德的形而上学，给予他的伦理学以一种他所需要的猛击，给予它力量，以保护伦理学领域免受他在牛顿物理学中观察到的破坏性结果（一种有益的现象学也会迫使一种不同的科学哲学离开康德）。[6]

然后，人们可以把康德的整个伦理学以及康德伦理学问题的例证，贯穿于这种现象学的基本的而不是持续的普遍化中来进行检验，以运行它们而告终。在某种程度上，我认为这是列维纳斯已经做过的事情。这是一种声明不杀人的他者的面孔，确实，正如列维纳斯所坚持认为的，这张脸使谋杀成为不可能（不是身体上的，但不可否认是伦理上的），它使谋杀成为一种平静的激进骚乱，以至于使受害者的面孔继续存在，像鬼魂一般地缠绕着谋杀者。我们为什么蒙着被执

---

[6] 海德格尔对康德科学观的质疑（*Die Frage nach dem Ding*, Tübingen: Niemeyer, 1962; *What is a Thing?* trans. W. B. Barton and V. Deutsch, Chicago: Regnery, 1967）。

行死刑的人和死刑执行者的脸？谁在预防谁呢？假设所有这些都面对面、眼对眼地执行会怎样呢？那将是一场冒险，因为它要么完全停止，要么更进一步地激化这种暴行。奥斯威辛的刽子手们注视着那些面孔吗？

很清楚，他者的面孔不是由意志设定的一种价值，而是来自外面的一种干预，一种来自他者的深不可测的要求。这是海德格尔从没有尝试的"价值"回到公理（axio）的一种解构（SG 34）。那就是需要尊重的他者的表情；外表和尊重在极大程度上都同属于面孔。某种事情，某个人在这里捣乱，我们控制不住。这里有逃避我们统治的力量和神。人们知道，某种东西在发挥作用，在用功（en-ergon）——在游戏中——在此，我们不能把它放在我们熟悉的结构和实用的位置系统中。我们感到不舒服、不协调、去中心、无家可归。稳定的结构摇摇晃晃，整体在颤栗，深渊正开启。我们绊倒在神秘的面前。

从一种去蔽的观点看，无论怎样显示自己，无论发生什么，它都来自隐秘的深处。我们知道，我们在这里触底，我们在这里不能无视我们的概念之手之间的骚动，我们不能把它置于我们的掌控之中，我们不能完全占领它。神秘就是自我撤退、自我遮蔽。而这就是引起尊重的东西。胡塞尔说，事物的超验性是由我们领悟到的它的暗示性质来证明的（*Ideas I*, §41—44）。假如我们能够与它绝对接触，完全彻底地了解它，使它变得全然透明，那么，它就不再会是他者，它就将是我们自己的意识流，就会是我们自己。他者的东西总是超验的、难以捉摸的、只是在遮蔽处和阴影中暗示性地给出的。尊重产生于他者的后退和超验。它们通过利用未知的、后退的权力对我们发挥魔力，通过一种远距离的行为，暗示内心激发的力量，但是，它们从来不是作为一个整体表现它们（不管是对我们还是对它们自己）。他者需要的尊重利用的是我们不能探测的深度神秘。当我们抛下我们的形而上学垂直线时，我们从没有听到它们触底的响声。我们知道，我们与我们不能支配的某个系统有着必然的关系，这是我们不能破译的一个谜题。

因此，面孔不是"填充房间"的他者的"在场"，而是它们的缺席。并且，不仅仅是缺席，而且是在场与缺席的相互作用，也是自我撤退的自我给与、让我们感到挑衅和恳求的一种注视他人目光的交互作用。这就是在去蔽中发挥作用的遮蔽，它激起一种康德叫作尊重——海德格尔称之为让——是的敬畏、恐惧和羡慕的混合感。诸神在此，不仅存在于海德格尔的壶与桥上，不仅存在于赫拉克利特的炉中，而且存在于看望赫拉克利特的造访者上，存在于他者中，甚至也存在于高傲的老赫拉克利特身上。[7]

但是，这就是苦难的面孔，它坚决咬定神秘，并且阻止我们把神秘与诗意的白日梦混淆在一起，或者阻止我们把它当作回忆性地跳出存在的机会，它只是让我们直面更糟糕的境地。面孔的苦难，首先是一种面孔的谦和，是多种面孔能够呈现的面孔之一，是它能是和突然在场的方式之一，正如我们谈到一张被苦难扭曲的面孔的时候一样。此时此刻，如果他者的面孔需要尊重，假如它就是从他者那里发送的权力中心，那么，关于苦难，首先冲击我们的东西就是一种冒犯，它不尊重人的生命（不仅人的生命，而且动物的苦难近来也得到了越来越多的关注），它侵入了他者的领域，无所顾忌地漠视那些要求尊重和承诺敬畏的东西。如果有某种"不可侵犯"他者的东西，那么就存在某种需要我们赋予他或她尊重的东西，苦难更多地像一个任意侵

---

[7] 参见我的《他者的缺席：人类个体的现象学》["The Presence of Others: A Phenomenology of the Human Person", *Proceedings of the American Catholic Philosophical Association*, 53 (1979), 45—58]。

犯的变化无常的掠夺者。苦难是一种暴力：当它是人类相互加害的苦难时，它就是人类的暴力；当苦难是由没有任何预兆的自然灾难或疾病导致的时候，它就是宇宙暴力本身。无论它来自什么地方，结果总是相同的。我们日常关注的所有这些紧迫问题都被悬置着；某些意外发生的东西干预它们，某种破坏者进入了场景，掀翻了日常存在的桌椅，并且导致了生命的毁灭。

苦难创造了一个颠倒的世界。它打倒了那些只是围绕权威转的重要的人和著名的人，并且让他们依赖医院的救助。它让他们摆脱了忙碌的生活，并且让他们躺在长期空置的床上休息。使一个人成为有尊严的人——宽容和优雅、机智和幽默——并且把她还原为一个她从前自我的柔弱的、多愁善感的影子。一次意外事故夺去了她健壮而敏捷的运动员双腿、她的钢琴家之手、她的画家之眼。[8] 精神疾病损害了健全的心智、遭受着无端的恐惧和焦虑、萦绕着被压抑的欲望、经受着不同的痛苦，但是，真实的本性依然如故。贫穷剥夺了孩子们的营养和他们的父母的尊严。苦难贬低了我们的存在，枯竭了我们的心智、意志和身体能量。

苦难的破坏行为是不分青红皂白的；它并不尊重任何东西：年龄、德性、权利。它并不尊重需要尊重的东西，并不尊重他者敞开的身体的不可侵犯的领域。他者的身体不是一种物质的对象，而是一个我们不能轻易进入或接近的影响领域。我们不会过于接近另外一个人，除非我们知道我们得到了邀请。我们不会肆无忌惮地盯着别人脸上的

---

[8] 当使用一般的他（"he""him"等等）时我是有罪的，就人们抗议排他性的姿态来说，这是一个非常糟糕的举动，所以我在这里做了改变。人们不应该产生这样的印象，即正是"男人"而不是人类值得尊重。顺便说一句，关于康德分析尊重的女性主义批判［Sarah Kofman, "The Economy of Respect: Kant and Respect for Women", *Social Research*, 49（1982）, 383—404］。

斑点，或者好奇地察看它、戳它，仿佛是窗户上的一个斑点。如果我们亲密地碰触到某个陌生人，我们甚至会感到尴尬。但是，苦难却破坏所有这些良好的东西，这些不可侵犯的领域，侵入私密，粗野地对待身体——残害、削弱和扭曲它，枯萎它的权力，浪费它的生命。

苦难暴露人类生存的脆弱性，缺乏流动游戏的防御。约翰尼斯·克利马科斯说（尽管他以非常熟悉的形式逻辑写道），这里准备了一次很好的地震，让学者领悟事物的偶然性。苦难是对海德格尔称之为主体主义和形而上学人道主义的最好的拒绝，因为没有任何东西比盲目而偶然的暴力更有力地限制"意识主体"和人类权力。我们的生命沿着一条狭窄的被引导的路线前行，每一边都存在着混乱——打破了我们的生物有机体，一个偶然的灾祸，放纵的街道暴力，政治动乱的反复无常，而且，如今，一种核事故或者核毁灭的幽灵正急匆匆地把我们所有人送回到流动之中。

在苦难面前，本体—神学—逻辑建构的本来面目被暴露，共识的信心被拒绝，科学的敏锐和实践智慧的机敏被降低为沉默（这就是为什么亚里斯多德在他的幸福秘诀里补充了智慧的好运气的原因），这是流动在我们周围旋转的最好证明（我们毕竟置身于争论与反争论明确设定的所有东西的范围之外）。人们的权力正在削弱的表情、年轻的生命正在被浪费的表情、经受饥饿的表情，这些始终是那些安抚的专门机构向我们证明的孩子们的面孔——让我们接触到被日常性力图体制性地压制的一个领域。只要我们抓住机会，让我们自己接受深渊的引导，让深渊顺其自然，让它自己发挥自己的作用，在海德格尔称之为神秘的开放性的意义上，不是以一种被动的姿态屈从于毁灭，我们那些实践和日常信仰所熟悉的结构就崩溃了、打破了和破裂了。

宗教的谱系

正是在这一点上，我想插入一种激进的诠释学，一种激进的解释姿态，它不存在于意义的发现之中，而是存在于应对意义的崩溃、意义的破碎和崩塌之中。它不是一种最终一劳永逸地固定意义和真理的诠释学，而是一种被意义和真理的播散和颤栗煎烤的诠释学。它是一种颤栗的诠释学，只有当整体颤栗时，这种诠释学才是可能的。它不是一个给人以慰藉的诠释学，而是一种随时准备迎接最糟糕的境地的诠释学，它已经被抛入了寒冷之中。我认为，这里就是事物进入了我此刻称之为宗教和悲剧的极致情况，我们获得了我们一直称之为流动和游戏的血肉之躯（flesh and blood）的观念。

我从宗教开始。在苦难的分析中，有一种动力让我们转向一种宗教诠释学。从激进诠释学的观点看，宗教精神俯视了人类苦难的阴森之井，并且发现有一种偏袒苦难的爱的力量。在流动的隆隆声中，它听到了上帝的声音，在它的颤栗中，它感觉到了上帝之手。因此，倘若我们谈论"信念之眼"，那么我们并不是指一种特殊的光照到了我们已被拒绝了的信仰者身上，而是指他有能力解释这种黑暗，在黑暗中摸索。这样的眼睛习惯于证据不足的东西和没有确信的生活。我拒绝所有凌驾于流动之上的特权立场和二元对立的框架。我一直在辩护我们已从直面流动本身中得到了最好的结果，没有让灰尘蒙蔽我们的双眼。我从下面书写宗教谱系，我询问所有不同做法的人他们是怎样获得较高的位置的。信念之眼，意味着他善于开辟穿越黑暗之路，善于继续沿着神圣之路前行。与其说在所有地方都能够见到上帝，信仰者或许对上帝的后退具有最敏锐的感觉，不如说他们感觉到上帝在从这个世界隐退。他的信仰明显存在于上帝撤退方向的拐弯处。

但是，这不能做末世论的理解。我并不是指信仰的时代已经结束，信仰者寻找一个新的上帝时代的信号。这正好把我们放到了《明镜》的采访中，在对往昔时代的浪漫化中，等待一个上帝来拯救我们，等待存在历史中新的一跳。我的意思是，对于激进诠释学来说，上帝总是存在，而且无所不在，他存在于所有的时代；从根本上说，他从这个世界撤退，甚至作为信仰，所说的也是他（He）无所不在。他真正的自我给与就是自我撤退、去蔽。上帝从来不是在某种全然在场或完整中给定的。假设我们与耶稣一起走在加利利的街道上，克尔凯郭尔会说，我们不会无条件（信仰）地见到上帝。[9] 上帝总是自我延迟，甚至当他显示自身的时候也是如此。他的在场总是被延迟，甚至当他在"希腊人的世界、先知犹太、耶稣祈祷"（VA 183/PLT 184）中被显现的时候也是如此。无论他在何处向我们言说，他都延迟他的在场。信仰的真正本质，就是应对没有呈现的东西。在中世纪这样的信仰世纪确实如此，当每一个人都谈论上帝的时候，确实需要艾克哈特这样的人物坚持所有本体—神学—逻辑（且不提所有的基督教的权力游戏）背后的上帝的自我延迟，除非没有了任何可敬畏的东西。上帝的在场总是被卷入在场与缺席的游戏之中。信仰者的信仰存在于与那种游戏的游戏中，它包含了最大的冒险和不确定性。它非但不具有魔力，信念之眼反而遭受来自始终与缥缈的形状和黄昏的身影有关的体制化重负。

宗教的谱系是在苦难的诠释学中发现的。宗教是对苦难中给与自身和撤退自身的一种回应。苦难把自身作为一种基本的道德愤慨和无权浪费生命的暴力呈现给宗教思想。因此，宗教态度是作为对苦难的

---

[9] 克尔凯郭尔对此进行过讨论过（*Philosophical Fragments*），参见路易·麦基对此的精彩论述["Slouching Towards Bethlehem: Deconstructive Strategies in Theology", *Anglican Theological Review*, 65（1983），255—272]。

抗议而产生的。它在本质上是挑衅的、抗议的、新教徒的——针对未必有答案的生命侵害——以及天主教的，因为它为所有受难的人说话。我认为，宗教不是把苦难作为上帝的意志或者一种原罪的惩罚，或者作为一种神圣化的手段来接受，至少不是在其最健壮和健全的形式上，而是以生命的名义抗议苦难，宗教肯定上帝是为了使它的抗议以生命的名义被听到，用大写的字母书写它的抗议。我认为宗教不是与上帝一起从上面开始，仿佛它是从天上掉下来的，然后把苦难解释为上帝意志的向下运动，或者把它解释为救赎计划的一部分。毋宁说，宗教从下面开始，通过努力应付流动、应对苦难，然后在一种上升的运动中肯定上帝。宗教是作为对苦难的一种反映以及对其暴行的一种表达。苦难的宗教谱系意味着，上帝的肯定隐含在对生命的肯定和对苦难的反抗之中。宗教是作为与苦难的同心同德的一种表达而产生的。

因此，从根本上说，宗教是一种挑战的姿态。它以生命的名义言说，反对那些贬低和降低生命的权力。宗教不是否定性地产生于拒绝生命，而是肯定性地来自对生命的肯定，来自生命自身的动力和能量。在这个框架中，真正的"上帝"概念是指，他总是而且必然是站在那些遭受苦难的人一边，他代表受难者进行干预。宗教具有双重的受托人品质，[10] 一种确定的信赖存在于帮助受难人的慈爱之手中，既不是被动也没有接受苦难。在苦难面前，信仰者必须思考，就像相信生活拒绝浪费生命一样，上帝与那些受难的人在一起，那确实就是存在一个上帝所意味着的东西。

根据这种观念，这就是为什么宗教具有政治颠覆性的原因，具有一种影响左翼和右翼意识形态的原因，解放神学在拉丁美洲繁盛，在

---

[10] 我借用迈克尔·波兰尼的说法（*Personal Knowledge: Towards a Post-Critical Philosophy*, Chicago: University of Chicago Press, 1962, pp. 264ff）。

那里，基督教牧师和修女都被称为马克思主义者，因为他们站在穷人和被压迫者、饥饿者和被排斥者一边。还有，在波兰，牧师也与穷人以及那些没有发言权的人站在一起，教会被称为反革命。这里所指的所有东西也就是教会在从事一种解放的、打破权力星座的工作，它站在他们的尊严、甚至他们的生命被体制性地剥夺的那些人一边。

政治神学家约翰·巴普蒂斯特·梅兹说，宗教言说苦难的记忆（memoria passionis）。[11] 他写道，基督教"尽力保持十字架上的上帝的记忆活力，这种特殊的苦难记忆是我们技术文明社会体制中的危险的自由记忆"。这人概埋解了海德格尔的与心灵深处相关的记忆观念，当他谈到梅斯特·艾克哈特（WHD 91ff./WCT 138ff.）而不仅仅想起希腊的庙宇和壶罐的时候，我们需要记住苦难。这种记忆危险地解放和打破流行的秩序，这种秩序允许少数人从许多人的苦难中获取成功。它不是一种令人欣慰的记忆，它通过一种怀旧（而不是回忆）的屏幕过滤过去，但是有一种令人不安的、危险的记忆向我们提出要求（"重复"）。那是一种不会让我们忘却的解构的记忆，不会让我们沉浸于衣足饭饱的自鸣得意。梅兹说："每一种苦难的反抗都是由记忆苦难的颠覆性权力提供的。"而这就是为什么梅兹已充分理解了在场历史、胜利的和统治的形而上学历史的原因，他赞美失败者、被遗忘者、被排斥者的解构的（我们把这个词用在他身上，是因为我认为，解构总是具有一种政治学的交换价值）和颠覆的历史的缘故。这是一种通过讲述危险的和解放的故事而进行的"被征服者的历史"。这种记忆能够防止把排除其政治维度的苦难"私人化"。不足为怪，

---

[11] Johann B. Metz, *Faith in History and Society*, trans. D. Smith (New York: Crossroads, 1980), pp.109—115；大体上参见第 88—118 页。另见 Edward Schillebeeckx, *Interim Report on the Books Jesus & Christ*, New York: Crossroads, 1981, pp.55—63；Matthew Lamb, *Solidarity with Victims*, New York: Crossroads, 1982。

犹太—基督教传统中最有力的宗教形象——《出埃及记》和《耶稣受难》——都是公正和解放的形象。

因此，当宗教背叛它的解放事业时——正如它所反复做的——我们想知道究竟出了什么问题。解放是把握流动的一种方式、一种与黑暗权力的斗争，仅当它"爽快承认"它的象征的偶然性时，它才是"本真的"。信仰在黑暗中开辟自己前行的道路，它穿透黑暗的玻璃，而且，只有在它认识到我们被置身其中的深渊、吞噬我们所有人的不可决定性和模糊性的范围内，信仰才是真实的。我们不知道我们是谁，除非我们诚实，或者不论相信上帝是否：这就是所有的真正信仰的出发点。我们不知道究竟是什么恐惧或渴望导致了信仰。信仰者不是那些由于偶然的慈悲从高处造访的人，而是那些像我们这样的人，确实能够领会黑暗，跟随影子的次序穿越洞穴，应付流动。那种从上面唤起的慈悲，只是走出流动的一种更熟悉的方式——这是最需要我们的时候的一种方式。说人们已经获得了人类状况的豁免只不过是一种方式，即上帝把生命线特许了少数人，他没有把它抛给其他的人——假如不是如此危险的话，那将是滑稽的。

而就在那时——当宗教根据慈悲的礼物只给上帝的选民来开始思考的时候——宗教便开始堕落为一种派系权力和一种压迫势力。它一旦不再是基督教的（普适的），它一旦领会不到它的使命主要是普遍的解放，它就开始失去新教（抗议的）品格。宗教就成了形而上学，并开始把世界区分为信仰者与不信教者的二元对立，似乎信仰者与一直隐瞒不信教者的赫尔墨斯有一种热线联系，我们根据我们一直承诺的、他们需要的在场馈赠来区分那些人。因此，正当它应该尽力与它们断裂之时，宗教反而与权力当局同餐共饮。约翰尼斯·克利马科斯在谈到与一个黑格尔派哲学家闲聊时所说的——我们必须首先让他做出让步，即他是一个人而不是抽象的思辨哲学——也适用于信仰者。

信仰不是巫术。如果信仰在持续显露给它自己的解构中发挥作用，那它才是称职的。

悲剧的谱系与深渊的维度

因此，正当宗教观的情况开始逐渐形成局面的时候，它便出现了漏洞。正当我们考虑重回我们青春的信仰的时候，激进诠释学便打乱了我们的计划。激进诠释学尽力描述一种我们从没有停息的情境，在这种情境中，事物从来没有免受其对立面的攻击。我们永远不能建立一座避难所来阻挡流动的风。确实，那也不是我们想要的。相反，因为我们坦率地承认，流动始终坚持认为我们将获得更好的结果。宗教对苦难的反应不能与它的对立面隔绝开来，因为，苦难是一种不可决定的、一种摇摆不定的骗子，真理、宗教共存于持续暴露给一种对立的、矛盾的谱系，可以根据它自己的条件谴责宗教，也就是说，这明显是因为它从肯定与苦难的同心同德开始。我曾让宗教开始于其最好的打击，但是，它很显然是这样的打击，即"悲剧"意味着吸取和对抗某种矛盾的解读。

从悲剧的观点看，苦难不是一种侵犯，不是一个闯入生活、破坏和颠覆生活的野蛮人。恰恰相反，它是生活的一部分，是苦难的总体能量产出的一个因素，是生命运动的一个阶段，是它的总体动能的组成部分。苦难在整体上属于生命，并且是不能被排除的。因而，没有反抗苦难的可能性，因为那样就会反抗生命本身。生命总是而且已经嵌入了苦难，那是生命活力的条件。苦难确实没有它的权力；它是总体的生命"公平"的构成部分。苦难不是罪过，而是无辜。苦难在阿那克西曼德的"区域"（dike）范围内，它属于力量平衡的部分。

宗教不是开始于上帝，而是开始于苦难，它乞求上帝让它的抗议能够被听到。以同样的方式，悲剧观并不是开始于无神论，而是开始于承认生命和苦难的整个齿轮，为了让它的誓言被听见，悲剧否定上帝。宗教肯定上帝是为了抗议苦难的不公平；悲剧否定上帝是为了肯定苦难的公平。从谱系学上说，宗教与悲剧的区别首先不是有神论与无神论的区别，而是它们对待苦难的不同立场的区别。

尼采——是我们时代的，的确是所有时代的悲剧诠释学的伟大的发言人——批判了力图排除苦难的选择性生命肯定，说苦难不是整体的部分。人们不能发出生命的誓言，就像一个怯懦的新郎，理所当然地认为生活会更美好而不会更糟糕。人们不能站在这边而不是那边的部分生命来表达誓言。如果人们肯定生命，他就必须肯定全部，"上行"与"下行"一样、痛苦与快乐一样、夜半与正午一样。查拉图斯特拉的前哥白尼太阳围绕着我们运转，升降起落，而那就是生命本身的运动，不屈不挠的流动节奏。肯定必须包括整体的循环，流动的整体循环，没有歧视、没有排斥、没有拒绝更低级和更底层的部分。[12]

> 我通向"是"的新路经——哲学……是对即便最嫌恶和最臭名昭著的生存方面的自愿探索……被隐藏的哲学历史，那些伟大人物的心理学开始向我显露。"精神能够容忍多少真理，精神能够胆敢承担多少真理？"……并不意味着（这种哲学）必须停止一种反抗，一个不（No），一种否定的意志。毋宁说，它要跨越到它的对立面——狄俄尼索斯对世界如其所是的肯定，没有减法、例外或选择——它需要永恒的循环：相同的事物、相同的逻辑和非逻辑的相互关系。

---

[12] Nietzsche, *The Will to Power*, trans. W. Kaufmann and R. J. Hollingdale (New York: Random House Vintage Books, 1968), no. 1041, p.536.

这种最高的、最狄俄尼索斯式的与生存的关系被称之为命运的爱（amor fati）。它对待生命如其所是，没有磨光其粗糙的面貌。它没有把生活等级化为高级和低级的二元对立，只是体制化地肯定一方，好像任何一方都与其对立面没有必然的联系。所有事物都是被缠绕的、被禁锢的和相互交织的、"语境化的"。因此，忍受或接受苦难是不够的：人们必须肯定它，确实热爱它，热爱整体，热爱所有事物卷入其中的整个环舞。我们不能侥幸成功地说，我们将忍受"就这一回"。我们不能把临时的条款和条件并入与生活的联系之中。我们必须考虑无条件的同意，没有秘密的条款或协定。肯定生命就是肯定它的全部，并且重复地肯定它，把生存肯定的最高点提升到无限——这就是永恒轮回的意义。那就是生命吗？那好吧，再来一次！所有的快乐都需要永恒、需要重现、需要增长，让快乐本身成为永恒吧。生命需要不断地转动车轮，生命同时意味着疼痛的渴望和愉快的悸动，因为这些都被相互缠绕在赫拉克利特之弓的张力中。

因此，在《权力意志》最后的条目之一，尼采用受难的基督的象征——用宗教自身的描述与那些受难的人同舟共济的象征——反对满脸苦相的狄俄尼索斯象征。二者都是苦相的、受难的神灵，但是，它们的差异就在于各自所具有的"苦难意义"。[13]

> 在前者的情况（基督）中，被设想的道路是走向神圣的存在；在后者的情况中，存在物被视为足够神圣地甚至为巨大的苦难辩护，悲剧人物甚至肯定了最严酷的苦难；他非常强大、富有并且有能力

---

[13] 同上，no.1052, p.543。另见对这篇文章的热情洋溢和富有启发的评论（Gilles Deleuze, *Nietzsche's Philosophy*, trans. Hugh Tomlinson, New York: Columbia University Press, 1984, pp.14—25）。

决定做这样的事情。基督教甚至否定人世间的最幸福的命运：他非常脆弱、贫穷，被剥夺了忍受他所遭遇到的所有形式的生活的继承权。十字架上的上帝是对生命的诅咒，是寻求生命救赎的路标；被切成碎片的狄俄尼索斯是生命的许诺；它将获得永恒的再生，从毁灭中重生。

苦难是生命中必不可少的，生命是无辜的。生成的无辜意味着苦难的无辜。苦难只是流动的一个阶段，生成的一个瞬间，就像烈风或急流一样单纯。从悲剧的观点看，苦难被插入了生命的结构，与生命难解难分，不是辩证地——以便产生一种更高的决断——而是以赫拉克利特的方式，作为流动及其矛盾和斗争的自然运动的组成部分。战争就是万物之父：事物之间的斗争、生命的各种紧张关系就是驱动生命前行的东西。

宗教精神已经把生命分为片断，把它等级化为可忍受的和不可忍受的、真实的生命和生命的敌人、有罪和无辜。他的灵魂是脆弱的、胆怯的，触碰到他的所有事物都给他带来痛苦。在他看来，生命被苦难所击倒；由于痛苦和折磨，他的灵魂被晕晕乎乎地送到了极乐的、元一物理学的世界。他为苦难所击倒，他的灵魂的运动被打碎，他的向上攀登被颠倒，他退回到了多愁善感地对释放的渴望之中。来自苦难的宗教谱系意味着宗教取决于这样的假设，即"所有那些忍受生命就像忍受疾病一样的人站在正义的一边。"

对于这种宗教类型，尼采反对那些人，对他来说，苦难就是生命的状况，就是驱动生命的火焰，他们从苦难中变得强大，他们的生命由于苦难而得到增强和提升。苦难提升了弓弩的张力，组织了所有生命体的力量，坚定了、壮大了。它因而是经受苦难的能力，是权力意志的真正尺度。"……人类的忍受有多深决定他们的等级序列……"

苦难使人变得高贵，把最好的置于最差的之上，在人与人之间创造一种精神的秩序，以至于尼采能够谈到"受难者的这种精神的、沉默的傲慢，这种知识选择的骄傲"[14]。受难者忍受他们懂得的东西，忍受几乎不可忍受的和困难的知识，即流动就是一切。

忍受的能力"几乎"决定等级的序列，为什么是"几乎"？因为忍受巨大苦难是不够的。苦行者懂得如何忍受。但是，他们不知道如何肯定、如何嘲笑。悲剧性苦难沉浸于对命运的深刻肯定和爱；它来自某种更深的本源，某种深刻而共鸣的笑声。[15]

> 奥林匹亚之恶——……我甚至按照他们的笑声的等级在哲学家中冒险把一种等级序列——提高到那种能够有益的笑声。而且，如果上帝过于哲学化……我不会怀疑这样做的时候，他们也知道怎样用一种新的和超人的方式嘲笑——却丧失了所有严肃的东西。上帝喜欢嘲弄；甚至在进行圣事的时候，他们似乎也忍不住发笑。

对生命、对快乐和苦难循环的肯定采取了欢笑的形式，一种狄俄尼索斯式的歌唱和舞蹈的勃勃生机，它肯定并且为整个生命而欢欣鼓舞。"大地上最苦难的动物是为自己的——笑声创造的。"[16] 年轻的牧羊人的笑比人类的笑声、克服的笑声和超人的笑声更多，这种笑声是查拉图斯特拉所渴望的。对尼采来说，苦难的面孔为笑声所改变。悲剧演员戴着戏剧的面具。苦难的哭泣被查拉图斯特拉的笑声，甚至他沉落时的歌唱和舞蹈所淹没了。

---

[14] Nietzsche, *Beyond Good and Evil*, no. 270, pp. 189—190.
[15] Ibid., no. 294, p. 199.
[16] Nietzsche, *Will to Power*, no. 990, p. 517.

宗教与悲剧之间的真正差异在于，从悲剧的观点看，苦难不是一种侵害，不是一种不公，不是一个非法闯入者。生活不是不公平，它如风一样清白无辜。生命与苦难以一种赫拉克利特式的平衡交织和纠缠在一起，因而没有非此即彼选择的可能性，只能两者都肯定或者两者都不肯定。倘若这里存在一种尊重的现象学，那么它将是一种完全不同的——一种根据教养（vornehm）来说的现象学，它把苦难作为个体与生命之间总体关系的组成部分来接受。

我不知道判决这些不可通约的东西之间的方法，这也不是我想做的。我愿意让这些争论保持开放，这就是我认为宗教的声音被查拉图斯特拉的酒神颂歌淹没了的缘故。我认为，尼采的所有这些丰富性都需要一些考虑。因为尽管谈到了赫拉克利特式的游戏，但是，悲剧并不任凭苦难游戏，它侵犯和浪费生命。针对其本身的修辞学，悲剧观事实上还不够艰难：它接受、拥抱，不在乎它理应抵制的东西。它容忍那些应该提出反抗声音的东西。它恰恰接受它应该蔑视的东西。它过于轻易地宽恕暴力。它对冲突的正义观念就是意志薄弱的审判的观念。它没有真正斗争的勇气，这意味着抵抗苦难的破坏性效果。

悲剧观把苦难融入一种纯粹的力的宇宙观，没有让苦难成为苦难。如果人们正在谈论自然灾难，他提出了很有道理的说法：龙卷风是无辜的。如果人们正在谈论小羊羔和猛禽，他会说猎鹰是无辜的。如果人们谈及死亡、衰老和疾病的自然的不可避免性，他会说病毒是无辜的。但是，在如下情况他就变得毫无道理，假如自然灾难是由于工业家的贪婪误用了自然资源而产生的；假如疾病是由于把工业污染无选择地排放到大气中导致的，假如衰老是因为农民的身体被农场主损坏和剥削而提前的，假如死亡是由反对异见者的国家恐怖主义行为导致的。

从宗教的"苦难记忆"的观点看，悲剧观有一种短时的记忆，而且是那些懂得怎样玩弄权力游戏的人手中的一个人质。宗教观是激进的和解放的，而悲剧观是苦难的笑谈。它要求人们热爱他们的剥削，并以狄俄尼索斯舞蹈肯定它。苦难不是无辜的，不是存在于到处都存在体制性排斥和压迫的时候。如果说宗教观在政治上是颠覆性的，并且站在被压迫者一边，那么，悲剧观在政治上是无知的，并且必须解释它为什么没有劝告被剥削者、穷人、被排斥者，像热爱力量的游戏一样去爱他们的压迫，这正是权力迄今一直告诉他们去做的事情。难道"生成的无辜"能够延伸得如此之远，以至于包括那些压制、剥削和剥夺生命的人吗？

因此，我们懂得了这种"深渊"的"维度"的一个含义。在一种情况下，是一种纯粹的生存宇宙观，一种发挥自身力量的环舞，一种赫拉克利特式的游戏和承受；在另一种情况中，是一种深刻的伦理宗教的生存观，它听到了被压迫者在世界隆隆作响中哭泣的声音。从那种深渊中在向我们呼救什么？那究竟是谁的声音？或者，根本就没有声音，只是宇宙在其无尽转变中发出的隆隆声，只是赫拉克利特的河流拍打着河岸的声音。在一种情况下，是一种易燃的以太、水和土等等自然因素的天真的、快乐的环舞，它们互相变换位置，此生彼死。在另一种情况中，深渊回响着那些人的声音，他们的生命之舞被倾向于控制他们的集中权力所破坏。在一种情况下，是对所有事物游戏不分青红皂白的肯定；而在另一种情况中，是在那些游戏被束缚和生命被剥夺的地方抗议。

在一种情况下，是一个纯粹肯定力量的游戏的宇宙论赫拉克利特；一个自我陶醉的、超道德主义者赫拉克利特。在另一种情况下，赫拉克利特自己必须平衡游戏和保持公平；对他来说，逻各斯意味着一种比例，一种公平的分享，因而没有任何因素能够支配，在他看来，灵魂必须是干燥的和适度的。一方面，十字架作为生命拒绝的象征，另一方面，是与浪费生命的苦难同心同德的符号。一方面是把苦难融入游戏的力量的游戏哲学；另一方面则是以游戏的名义反抗苦难，并且显然是在游戏中坚持游戏的一种方式。

两种观点都唤起了同样的权力，并以相同的上帝名义说话：生命、爱、肯定、自由游戏。它们的冲突的不可通约性，不仅仅指缺乏共同的尺度，而是根本就没有尺度。冲突的维度突出了深渊的不可测度性。

苦难究竟是暴力还是无辜？它究竟以道德的声音还是以超道德的声音说话？它号召我们去抵制、反抗和颠覆强加给它的权力，还是向权力投以狄俄尼索斯式的拥抱？世界流动的隆隆声是一种纯粹的宇宙舞蹈，还是上帝的声音在所有的混乱中隐匿地召唤我们，引领我们通向迷宫的路？是上帝在召唤吗？或者我们只是在倾听需要的东西？我们应该把所有这些声音都当作不应该烦扰我们的错觉而置之不顾，而不可能同时是我们庸常生命的紧迫事物在围绕着我们？[17]

什么——或谁——此时此刻在向我们说话？它向我们发送什么信息呢？悲剧和宗教是深渊的标志，而深渊总是激进诠释学的问题——来自赫尔墨斯的冲突的信息、神秘的信件以令人不安的传送服务到来。正是来自"狄俄尼索斯"与"基督"的信息之间的距离，规定了这种深渊的开放空间，标志着在我们面前展开的鸿沟。它们之间的问题，它们相互之间开启的鸿沟，指出了它自己的方向，敞开了它自己的距离，构成了深渊的维度、游戏的空间。它们之间的摇摆不定说明了我们对不可测量的放弃，我们缺乏测量它的固定点。

苦难让整体颤栗。苦难不仅仅是受难，它爆炸为碎片，让我们敞

---

[17] 在理查德·罗蒂的新实用主义策略中，痛苦并没有引发深层次的问题。唯一值得费心的事就是四处寻找办法把它最小化（"Method, Social Science and Social Hope"，*Consequences of Pragmatism*, 191—210）。

开心扉面对永恒的事物（是永恒的重现？是一只永恒的慈爱之手以一种神秘的方式触摸我们的生命？）。它在我们的眼前变换自己，从一种世俗的和平凡的事件变为对整体的开放。它是日常关系的理解被打破的地方之一，在那里，司空见惯的符咒失去了控制。生存的薄层消失了，并且就像爱丽丝一样，我们掉进了一口深深的黑井之中。在苦难中，我们被激怒、被恳求、被开启。这就好像胡塞尔的世界可毁灭性的命题确实已然发生，自然态度的世界突然走向毁灭，让我们审视混乱、毁灭、解体、解—构（de-construction）。一方面，苦难只是一种自我确证的经验事实，但是，另一方面它又超越它自身，变成新的事物进入深渊，拔掉我们的立足之地。人们的受难的面孔就是它自身，但实质上它却包含着更多的东西。而这就是激进诠释学想要培育的这些"更多"的含义。

我认为，从来没有人真正成功地到达这个不可决定的鸿沟的这一边或者另一边。一个人确实"是"或者"不是"信教的，他是完全的奥古斯丁还是完全的尼采。永远不会有一个真正把那些文本具体化的奥古斯丁或尼采，除非那意味着把自己完全合并到了这种区分的这边或者那边，毫无疑问地决定"成为"宗教的或非宗教的。那也是在场和同一性的形而上学。我认为，我们不知道我们是否信仰上帝，除非我们面对这种冷真理。恰恰相反，我们花了许多的时间在两者之间、在亚伯拉罕与查拉图斯特拉之间、在奥古斯丁与尼采之间来回滑动，力图找到我们思考的东西。

我成为我的一个大问题。我们不知道我们是谁，除非我们是诚实的。

神秘在撤退。神秘就是撤退。遗忘就是无—蔽不可动摇的核心。

在心灵的根基里实施的思想任务，就是对神秘保持开放，在游戏中保持游戏。

泰然处之与面具（per-sona）：人的神秘

我们不会被狄俄尼索斯的女人/真理所欺骗。我们关注她的游戏。我们没有授予任何人高于流动之上的位置以整体地俯视流动——假设存在的整个历史或道德的整个历史——并对苦难的意义发表意见。正是因为这个原因，我们才不断地求助于播散的伦理学。我们所有人都因为我们的必死性的神秘和夜半的阴影被联系在一起的。我们构成了一个未知者的共同体，很明显，这是因为他们的无助而彼此需要。它显然就是把我们不可分割地联系在一起的事物的不确定性，让我们致力于驱散认为他们才有最终发言权的权力结构。我们像警惕宗教的神学政治一样，警惕悲剧性的贵族政治。我们所尊重的唯一规则，就是遗忘的规则和撤退的力量。

但是，我们最好能够从中学到某种东西。我们能够受到教育——被引导出去（e-ducatum）——通过撤退，在遗忘（lethe）的教训中受到教育，撤退遮蔽了隐藏的权力（它是世界的权力吗？灵魂的？上帝的？）。在如此这般的受教育中，在这种博学的无知中，存在一种普遍的顺其自然、普遍化的任其自然的泰然处之的动机，它释放诸神与人、大地与天空——并且，让我们把这种希腊—日耳曼的范畴扩展到包括男人与女人、希腊人与犹太人、东方人与西方人、弱者与强者、健康人与病人、动物与人类（无论什么我们一直倾向于隶属化、等级化、边缘化的东西）。在这种普遍化的泰然处之中，我们的任务就是让所有的事物是其所是，让所有的事物如其所是。通过让遗忘在所有的事物中共鸣，我们学会了以某种深刻的意义"思考"（这不是一个获得知识的问题）。而这，就是我用泰然处之的伦理学所指的东西——它同时也是一种解放、容忍和团结的伦理学。因此，必须把尼采从他自身中拯救出来（即使当尼采告诉我们在我们找到他之后我们必须学会如何放过他），[18]让狄俄尼索斯的女人去报应尼采本身，使之成为尼采泰然处之伦理学和终有一死的人的共同体的一个更重要的论点，让他参加到普遍地解放的工作之中，这是他本人可能已经把它当作太糟糕的东西拒绝了的解放。

现在，在这个研究结束之时，重构一种更激进的"我们自己是谁"这种存在的观念而不掉进主体主义的暗入口，或许是可能的。我曾经想过把这本书的名字叫作"人的恢复"。[19]但是，我拒绝了这个想法，因为"恢复"具有太强的"回忆"意味，也因为"人"（man）让我想起人道主义和性别主义。但是，这个研究的部分议题始终在尽力寻找一种面对这个问题的方式——那就是为什么我拒绝放弃"诠释学"这个词。我一直在寻找某种关于人类生存的描述，这种描述与人道主义批判和主体主义批评没有什么关系。如果我能达到这么远的目的，我就心满意足了。

很明显，"自我"（self）这个词不会发挥什么作用，因为这只是形而上学批判最有效地限制的观念。"自我"是根据其自我同一性来界定的某种东西。但是，似乎首先体现"我们"特征的是非同一性、差异、我们的权力，或者更准确地说衍生为深渊的脆弱性。自我显然不能总是保持自身、自我本身的同一性在场，但是，那些被压力打破的东西让位给了流动的拉力，自我的幻觉在不断地消除，不断地被无意识折磨，不断地被它的历史和语言戏弄。如果我们在近百年的欧洲思想中学到了什么东西的话，那就是自我不过是它所伪装的东西而

---

[18] 参见我的"Three Transgressions: Nietzsche, Heidegger, Derrida", *Research in Phenomenology*, 15 (1985), 61—78。

[19] "Hermeneutics as the Recovery of Man", *Man and World*, 15 (1982), 343—367.

已。甚至如利科尔所说的"受伤的我思"（wounded cogito）运用委婉的说法尽量包含和减少损害。"自我"更多的是一个破裂、入侵和诱惑的场所。

通过这个问题的最后努力，我想重新使用一个旧词，它在主体性的形而上学出现之前就一直有其优点，并且不像表面看来那样具有"逻辑—中心"的意味：旧词 per-sona、per-sonare，即声音通透、产生共鸣的个人。这个前笛卡儿的词并没有确定为自我同一性的中心，并且与自我中心论的形而上学没有任何关系。恰恰相反，这个旧词意味着确定了一种差异，指出了面具与声音、面孔与言语、表情与语言、理念与逻辑之间的相互作用。它意味着开启和保持面具与说话者之间的距离，避免它们之间草率的同一性。它意味着保持说话者与通过面具传来的声音之间的非同一性。与自我同一的自我和自我在场意识的现代概念不同，per-sona 的古老意义根据差异和非同一性言说，它认识到每个（per）这个中介，在这里，没有任何东西被直接给与或呈现；它远不是逻辑—中心的，它致力于否定语音的直接性。它本质上并不是保持沉默的声音，它的词语被驱散、被播散，并且溢出了它自身，弥漫到整个舞台，而言说者仍然被遮蔽着。per-sona 坚持认为，无论脸上有什么变化都会有回声、踪迹、信号，甚至掩饰。它是戏剧家、演员，剧场哲学（theatricum philosophicum）的一个措词。与属于同一性的形而上学的"自我"和"本人"不同，per-sona 则体现在流动的隐喻之中。所有的事物都非常喜欢面具。per-sona 冲到了表面的深处，深度的回音和隆隆声——它懂得那是什么样的深处。[20]

---

[20] 海德格尔似乎也准备认可对"persona"这个古老单词的回复，"Persona"是指演员的面具，通过这个面具听到戏剧性的故事。因为人就是感知存在的感知者，我们就可以把他看作是存在的 persona，即存在的面具（WHD 28/WCT 62）。根据海德格尔的说法，这是通过言说者的面具发出的存在的声音（the voice of Being）。

苦难的面孔是通过某种更深刻的东西反映出来的面具，超过了它的回声。在这里，谁在说，或者在说什么，透过面孔传来的是什么声音？是受难的人的哭泣，是他呼吸时呼出的空气，是精神/呼吸（spiritus, parole soufflé）——这是对上帝的灵魂渴望吗？这些词语中骚动的东西是什么呢？谁的声音在说话？比人类"它"（It）无论什么时候所说的更多的东西是什么，让它本身听到的是哪些东西，如果我们足够专心的话，人类的词语是何时被表达的？这里冲破了什么样的深渊？再次让它自己发挥作用的东西是什么？是查拉图斯特拉的歌唱、舞蹈，首先是与宇宙的节奏、流动的运动相一致、相和谐的发笑的声音，甚至是他沉没时歌唱的声音吗？难道它根本就不是人类的声音，而只是世界游戏发挥自身作用时的声音，世界游戏的急速流动的声音？只是与这种宇宙运转共享的人类呼吸？当我们的耳朵靠近人类的面具，就像我们在海岸上找到一个贝壳一样，我们听到了什么样的呼啸声呢？"是灵魂在说话吗？"海德格尔问，"是世界？是上帝？"[21]

激进诠释学的任务不是要破译隐藏在面具下面的说话者，而是要我们警惕把它们分离开来的距离——从而保持和坚持它的开放性。它的工作就是让胡塞尔的世界毁灭性、宇宙构成的脆弱性以及流动的不可还原性的思想保持开放——让康斯坦丁的寻找穿越流动的方式、在向前重复时产生的重复中向前推进的筹划保持开放。它的工作就是德里达恳切要求解除它们无论在何处都宣称它们自己的在场和权威的伪

---

[21] *Der Feldweg* (3d ed; Frankfurt: Klostermann, 1962), p.7. Eng. trans., "The Pathway", trans. T. F. O'Meara and T. Sheehan, *Listening*, 8（1973）, p.39. 在创作《乡间路》（*Der Feldweg*）的前一年，海德格尔引用了尼采19岁时所写的《遗著》（*Nachlass*）里的一句话："这样，人就从曾经拥抱过他的一切事物中成长起来；他不需要挣脱枷锁，当上帝盼咐他们时，枷锁会在意料之外的地方脱落；而那最终仍环绕着他的环形物在哪里呢？它是世界吗？它是上帝吗？"（WHD 75/WCT 80）

装的工作，就是要在游戏中坚持游戏，打破束缚游戏的企图。它的工作——这或许是最不恰当的表达——就是向神秘开放。

我们——我们成为我们自己的麻烦，我们不能说"我们"，非自己的我们不能把我们自己称之为"人"（man），并且谁让"人道主义"怀疑——就是深渊敞开的地方，在那里，整体在颤栗，根基在撤离。我们：面具（per-sona）：向通过流动共鸣的东西开放。

笑声与严肃的精神

但是，所有这些严肃性需要一种解毒剂，以免我们从中死亡。没有任何理由失去我们的幽默感。我们应该谨防这些海德格尔的严肃性控制我们。

确实，对我来说，这是一个反讽，当海德格尔力图把克尔凯郭尔从"思想家"的万神庙中排除出去的时候，他是以尼采的名义这样做的。海德格尔宣称，尼采与克尔凯郭尔的普遍联系是一个误解。（那或许是对雅斯贝尔斯的一枪。）尼采在与亚里斯多德相同的轨道上运动，在山峰连绵的希腊—日耳曼系列中思考存在的意义。克尔凯郭尔只不过是一个区域性的作家，一个宗教作家，掩藏在黑格尔划分的空间峡谷下面的一个小小的角落里（GA 5 249/QCT 94；cf. WHD 129/WCT 213）。

事实上，海德格尔不仅误解了克尔凯郭尔，也误解了尼采，而且两者都因为同样的原因。因为海德格尔似乎从来没有听到查拉图斯特拉低沉而有力的笑声，也没有倾听约翰尼斯·克利马科斯敏锐的智慧。他从没有考虑这个事实，即存在不能在大学要素中生存的反体制的人物——不合规范的、不可比较的人物。他没有把握尼采的真理概念的深刻颠覆性，也没有领会克尔凯郭尔否认他的著作和嘲笑那些撰写形而上学论文的人的整个筹划的深刻颠覆性。而且，他没有看到，在这一点上，两位都是非常离经叛道的思想家，他们在形而上学的轨道之外运作，在亚里斯多德形而上学筹划的另一边，赫拉克利特的流动之水平静下来，变成了本质的稳定性。克尔凯郭尔专心致志于让流动自由，让它流向它愿意去的地方。他们的工作开始于形而上学企图束缚游戏创立者的那个时候。这就是为什么尼采本人认为，亚里斯多德主义是一种束缚和节制伟大悲剧情感的无力企图之缘故。

正如德里达所表明的，海德格尔遗漏了狄俄尼索斯的机智和狡黠。他也没有考虑到克尔凯郭尔的反讽和敏锐的幽默。没有任何地方比《存在与时间》的第74节更多地受到了克尔凯郭尔笔锋的锐利刺痛，这本书的论证在黑体字、斜体字的"重复"界定中达到了它的高潮。问题不只是海德格尔没有引证克尔凯郭尔，而且是在他那里没有秉承适合于大学优雅方式的词语和观念。确实，缺失的注脚使我们偏离了真正的关键点。因为，假如他引证了《重复》一书，他会引证哪一位作者呢？谁是《重复》的作者？克尔凯郭尔还是康斯坦丁（谁在第一的问题便对作者概念提出了疑问，谁在第二就遇到了他不存在的不利）？"重复"的观念不是一种学术体系结构，它不适合最终的、甚至登峰造极的、结局的体系化组织的长篇著作（共两部分，每一部分有三大块，每一块六章），那是提交给马堡大学评教授职称用的——所有这些，海德格尔都没有弄明白。问题不在于海德格尔打破了学术游戏的规则，而在于克尔凯郭尔显然是在玩另一种游戏。

海德格尔冗长的斜体字定义提醒我们，约翰尼斯·克利马科斯在《哲学片断的非科学的最后附言》中没有任何假心假意地提出如此烦琐的和拖沓的真理定义。克利马科斯的定义是一个笑话。他没有严肃地提出一个真理的反定义以对抗黑格尔——除了策略性地、幽默地和反讽地。《哲学片断的非科学的最后附言》没有严肃地提出要卷入黑格尔展开的形而上学竞争，在肉搏战中，用克利马科斯的生存主体的反形而上学来反对黑格尔的客观论形而上学。《哲学片断的非科学的最后附言》意味着让形而上学之船下沉——所有形而上学的，客观主义的和主观主义的——让它触礁、让它崩溃、让它痛苦。《哲学片断的非科学的最后附言》意味着对形而上学放声大笑。它要结束所有这些形而上学的斜体字的喋喋不休，把思想家们拉回到流动的大街上。

这就是为什么这本书是一本反书（anti-book）的原因。它嘲笑书，意味着非书（unbook），最后结束（Concluding）的书，是一本非—书（un-book），它缺乏体系的控制（不科学，Unscientific）。它没有自命不凡的标题（《存在与时间》，"论真理的本质"或者"时间与存在"）。假设它不得不有一个海德格尔式的名称，它可能会叫作"哲学的终结"（The End of Philosophy）。仅当他开始在他最后的著述中那样去谈论时，海德格尔才开始领会克尔凯郭尔。但是，即便那个时候，他也没有听到笑声。尽管海德格尔是我们时代伟大的思想家，尽管本研究的每一页几乎都受惠于他，但是，在某些人没有理解一个笑话的及其尴尬的情境中——甚至更糟，甚至根本就不知道说话者是在说笑——而其他人还在支持他们，他仍然相当于克尔凯郭尔。他遗漏了克尔凯郭尔的笑声和尼采的女人／真理，正如德里达所表明的。（差不多！）

克尔凯郭尔和尼采中的所有东西都对笑声感兴趣——反讽的笑声、生气勃勃的笑声。始终是深渊，而且始终是笑声的深渊。没有任何东西能够比笑声更好地颠覆在场的形而上学。没有任何东西能像笑声那样使人恢复健康状态。没有任何东西能像笑声那样让我们保持开放。尼采理解，悲剧最好的和最后的依赖就是笑声。经受了最大的苦难的存在，人为自己发明了笑声。他就是嘲笑自己的权力，解放自己的信仰，并且在游戏中保持流动，让我们保持与流动一起运动，远离怀旧和多愁善感、远离无病呻吟和自怨自艾，保持对神秘的开放。它是让事物顺其自然的笑声，而且让它们从形而上学为它们设置的陷阱中摆脱出来。

尼采做了很好的神学观察，即便是圣事在进行的时候，上帝也在笑，因此，我们不应该用严肃的精神削弱宗教的生活。我把这看作对宗教精神的自由游戏、上帝之子解放的深刻而中肯的宗教建议，谁是——正如圣保罗所说的，当他不是在告诉妇女在教堂要盖着她们的头或者遵从她们的丈夫时，既不是希腊人也不是犹太人，既不是主人也不是奴隶，既不是男人也不是女人，由于看到有一只慈爱的手，甚至尤其是当人们濒临深渊的时候，谁都会肯定世界的游戏。苦难需要面具和笑声。笑声让人高贵，让人强大，笑声目送着人们穿越死亡的时间。

在昂贝多·艾柯《玫瑰之名》的结论中，没有一丁点儿克尔凯郭尔/尼采/德里达的智慧，当它证明所有的流血都是为了努力让亚里斯多德遗失的论喜剧的书掩盖在外衣下面，从而压制笑的精神的时候。老乔治生活在极端恐惧的笑声中，他把这当作了黑暗王子本人，因为他感觉到了他打破教会的权威和已确立的秩序的力量，已经从恐惧、甚至从死亡的恐惧中解放了出来，释放想象的游戏。但是，当然，正如威廉（他站在圣弗兰西斯一边）回答的，更可能在"没有微笑的信仰和确定无疑的真理"的冷酷表情中发现魔鬼的面孔。那就是在被燃烧的肉体上点火的东西，给暴力颁发许可证的东西。那是真正的危险——假如允许有一个天启式的时刻。最后，如果是一张人们信赖的面孔，或者与不公平斗争的人，或者要求决断或"科学分析"的人，是不会被微笑拒绝的，他正准备以我们刚刚用我们的生命可能摆脱的形而上学力量拯救我们，如果我们幸运的话。

而这同样适用于激进诠释学本身,它不主张免除严肃性的精神。因为关于深渊和黑夜的所有这些讨论,都并没有被假设为一种夜半形而上学,或一种否定神学(theologia negativa),而是一种认识到流动的游戏从而与游戏本身在一起的方式。我们已经讨论了思想与行为、科学与伦理学,这是根据人们怎样应对变动的、难以捉摸的环境的一种敏捷性所做出的理解,这更像一个优秀的舞蹈家的技巧而不是动作迟钝的德国形而上学家。在"坦率承认"蒙蔽我们所有人的迷惑之后,我们最后讨论了我们所能做的最好的事,那就是让所有的事物——诸神、大地与人——顺其自然。所有关于深渊和神秘的开放性的讨论,都必须理解为愿意与这种游戏的游戏在一起。问题始终是,是否和怎样倾听那种游戏的运动,我们能否和怎样参与其中(SG 188)。游戏就是一切。

那么,在那种游戏中游戏什么呢?它是上帝?灵魂?世界?

你行你素。

本书的结论

本书是一种错觉。它假装有一个明确的开始和一个清晰的结论,并且显示出它由此及彼的路线。它声称能够引导一条穿越流动的路,这就是为什么海德格尔假装谈论兜圈子、死胡同和森林小径的原因。本书致力于限—制(de-limiting)这些伪装。因此,它能够声称这里只是结束,而不是总结。我们的目标不是结论,而是开放。我们寻求的不是一种封闭,而是一种开启。

当克尔凯郭尔把他的《哲学片断的非科学的最后附言》描述为"结束"(Concluding)时,他意味着他正要放弃写书。他希望,这将是尝试做这种愚蠢的事情的最后时刻。他知道书籍作者的整个观念都是成问题的，正如他所说，未曾有任何"有限的生存精神"从流动中挤出一本书来，未曾经在生存的匆忙中获得干净利落的开始或以某种结论完成一本书。当然，他没有遵守他的诺言，他不知不觉地回到了同样陈旧的糟糕的习惯中——不断地。但是，至少他很明智，不给他的书签名——并且让康斯坦丁、克利马科斯和所有其他人为此烦恼。甚至，他曾经用他本人的名字为《非此即彼》写过一篇评论，可他讽刺性地取了"谁是《非此即彼》的作者？"的标题。的确，谁呢？

缩写表

正文中使用的如下缩写旨在提供原文著作以及能够找到的英译著作的参考书；用斜杠把前者与后者分开。这些作者的其他参考书可在注释中找到。

德里达的著作

Apoc. "Of an Apocalyptic Tone Recently Adopted in philosophy,"（"哲学近来采用的启示语调"）trans. John. P. Leavey. *Semeia*, 23（1982），63—67.

CP *La Carte Postale*（《明信片》）（Paris: Flammaron, 1980）.

Diss. *La Dissemination*（《播散》），Collection "Tel Quel"（Paris: Editions du Seuil, 1972）. Eng. Trans. Dissemination, trans. Barbara Johnson（Chicago: University of Chicago Press, 1981）.

ED *L'écriture et difference*（《书写与差异》）（Paris: Editions du Seuil, 1967）.

Fins *Les Fins de l'homme: A partir du travail de Jacques Derrida*（《人的终结》），Colloque de Cerisy directed by P. Lacoue-Labarthe and Jean-Luc Nancy（Paris: Galilée, 1981）.

Marg. *Marges de la Philosophie*（《哲学的边缘》）（Paris: Editions de Minuit, 1972）. Eng. trans. *Margins of Philosophy*, trans. A. Bass（Chicago: University of Chicago Press, 1982）.

OrG	*Edmund Husserl's L'origine de la géométrie*(《埃德蒙·胡塞尔几何学的起源》), translation and Introduction by Jacques Derrida(Paris: Presses universitaires de France, 1962). Eng. trans. *Edmund Husserl's Origin of Geometry: An Introduction*, trans. John. P. Leavy(Stony Brook, N. Y.: Nicholas Hays, 1978).
Pos.	*Positions*(《立场》)(Paris: Editions de Minuit, 1972). Eng. trans. *Positions*. Trans. Alan Bass(Chicago: University of Chicago Press, 1981).
SP	*Speech and Phenomena*(《声音与现象》), trans. David Allison(Evanston: Northwestern University Press, 1972)
Spurs	*Spurs: Nietzsche's Styles*(《马刺：尼采的风格》), trans. Barbara Harbow(Chicago: University of Chicago Press, 1978).
VPh	*La voix et le phénomena*(《声音与现象》)(Paris: PUF, 1967).
WD	*Writing and Difference*(《书写与差异》), trans. Alan Bass(Chicago: University of Chicago Press, 1978).

海德格尔的著作

BP	*Basic Problems of Phenomenology*(《现象学的基本问题》), trans. Albert Hofstadter(Bloomington: Indiana University Press, 1979).
BT	*Being and Time*(《存在与时间》), tran. John Robinson and Edward MacQuarrie(New York: Harper and Row, 1962).
BW	*Heidegger: Basic Writings*(《海德格尔基本著作》), ed. David Krell(New York: Harper and Row, 1977).
DT	*Discourse on Thinking*(《思想的话语》), trans. Hans Freund and John Anderson(New York: Harper and Row, 1966).
EGT	*Early Greek Thinking*(《早期希腊思想》), trans. Frank Caquzzi and David Krell(New York: Harper and Row, 1975).
EM	*Heidegger, Einführung in die Metaphysik*(《形而上学导论》)(Tübingen: Niemeyer, 1953).
G	Heidegger, *Gelassenheit*(《泰然处之》), 2 ed.(Pfullingen: Neske, 1960).

GA 1	*Gesamtausgabe*, vol. 1: *Frühe Schriften*（《全集》第一卷，《早期著作集》）（Frankfurt: Kostermann, 1978）.
GA 5	*Gesamtausgabe*, vol.5: *Holzwege*（《全集》第五卷，《林中路》）（Frankfurt: Kostermann, 1971）.
GA 9	*Gesamtausgabe*, vol. 9: *Wegmarken*（《全集》第九卷，《路标》）（Frankfurt: Kostermann, 1976）.
GA 20	*Gesamtausgabe*, vol. 20: *Prolegomena zur Geschichte des Zeitbergriffs*（《全集》第二十卷，《时间概念的历史导论》）（Frankfurt: Kostermann, 1979）.
GA 21	*Gesamtausgabe*, vol. 21: *Logik: Die Frage Nach der Wahrgheit*（《全集》第二十一卷，《逻各斯：真理的追问》）（Frankfurt: Kostermann, 1976）.
GA 24	*Gesamtausgabe*, vol. B 24: *Grundprobleme der Phänomenologie*（《全集》第二十四卷，B《现象学的基本问题》）（Frankfurt: Klostermann, 1975）.
GA 45	*Gesamtausgabe*, vol. 45: *Grundfragen der Philosopgie: Ausgewähtle Probleme der Logik*（《全集》第四十五卷，《哲学的基本问题：逻辑学问题选讲》）（Frankfurt: Kostermann, 1984）.
GA 61	*Gesamtausgabe*, vol. 61: *Phänomenologische Intrepretationen zu Aristoteles: Einführung in die Phänomenologische Forschung*（《全集》第二十一卷，《对亚里斯多德的现象学研究：现象学研究导论》）（Frankfurt: Kostermann, 1985）.
IM	*An Introduction to Metaphysics*（《形而上学导论》）, trans. Ralph Mannheim（New York: Doubleday Anchor, 1961）.
OWL	*On the Way to Language*（《通向语言之路》）, trans. Peter Hertz（New York: Harper and Row, 1971）.
QCT	*The Question Concerning Technology and Other Essays*（《技术的追问以及其他论文》）, trans. William Lovitt（New York: Harper and Row, 1977）.
SD	*Zur Sache des Denkens*（《面向思的事情》）（Tübingen: Niemeyer, 1969）.
SG	*Der Satz vom Grund*（《理性的原则》）, 3d ed.（Pfullingen: Neske,

	1965).
SZ	*Sein and Zeit*(《存在与时间》), 10th ed.(Tübingen: Niemeyer, 1962).
TB	*On Time and Being*(《论时间与存在》), trans. Joan Stambaugh (New York: Harper and Row, 1972).
US	*Unterwegs zur Sprache*(《通向语言的途中》)(Pfullingen: Neske, 1965).
VA	*Vorträge und Aufsätze*(《演讲与论文集》)(Pfullingen: Neske, 1965).
WCT	*What Is Called Thinking?*(《何为思?》), trans. J. Glenn Gray and Fred Wieck (New York: Harper and Row, 1972).
WHD	*Was Heisst Denken*(《何为思》)(Tübingen: Niemeyer, 1961)

胡塞尔的著作

Crisis	*The Crisis of European Sciences and Transcendental Phenomenology* (《欧洲科学的危机与超验现象学》) trans. David Carr (Evanston: Northwestern University Press, 1970).
CM	*Cartesian Meditations*(《笛卡儿的沉思》), trans. Dorian Cairns (The Hague: Nijhoff, 1960).
Hua I	Husserliana, vol. I: Cartesianische Meditationen und Pariser Vorträge (《胡塞尔全集》,第一卷,《笛卡儿的沉思和巴黎演讲》), 2d ed.(The Hague: Nijhoff, 1973)。
Hua III. 1	*Husserliana*, vol. III book I: *Ideen zu einer Reinen Phänomenologie und Phänomenologische Philosophie, Erstes Buch*(《胡塞尔全集》,第三卷,第一册,《纯粹现象学和现象学哲学的观念》), ed. Karl Schuhmann (The Hague: Nijhoff, 1976).
Hua VI	*Husserliana*, vol. VI: *Die Krisis der Europäischen Wissenschaften und die Transcendentale Phänomenologie*(《胡塞尔全集》,第六卷,《欧洲科学的危机与超验现象学》), 2d ed.(The Hague: Nijhoff, 1962).
Hua X	*Husserliana*, vol. X, *Zur Phänomenologie des Inneren Zeitbewusst-*

	seins（《胡塞尔全集》，第十卷，《内在时间意识的现象学》）（The Hague: Nijhoff, 1966）.
Ideas I	Ideas Pertaining to a pure Phenomenology and to a Phenomenological philosophy（《纯粹现象学和现象学哲学的观念》），bk. 1B, trans. F. Kersten（The Hague: Nijhoff, 1983）.
LU	Edmund Husserl, Logische Untersuchungen（《逻辑研究》），vol. I, II/1, II/2. 5th ed.（Tübingen: Max Niemeyer, 1968）.
LI	Logical Investigations（《逻辑研究》），trans. John Findlay（New York: Humanities Press, 1970）.
PIT	The Phenomenology of Internal Time Consciousness（《内在时间意识的现象学》），trans. James Churchill（The Hague: Nijhoff, 1964）

克尔凯郭尔的著作

CA	Kierkegaard's Writings, vol. VIII: The Concept of Anxiety（《克尔凯郭尔文集》，第八卷，《焦虑的概念》），ed. and trans. Reidar Thomte and Albert Anderson（Princeton: Princeton University Press, 1980）.
CUP	Concluding Unscientific Postscript to the philosophical Fragments（《哲学片断的非科学的最后附言》），trans. David Swenson and Walter Lowrie（(Princeton: Princeton University Press, 1941）.
E/O	Either/Or（《非此即彼》），trans. Walter Lowrie and Howard Johnson, 2 vols.（Princeton: Princeton University Press, 1959）.
Pap.	Soren Kierkegaards Papirer（《索伦·克尔凯郭尔文集》）（Copenhagen: Gyldendal, 1909—1948）.
PF	Philosophical Fragments（《哲学片断》），trans. David Swenson and Howard Hong（Princeton: Princeton University Press, 1962）.
R	Kierkegaard's Writings, vol. VI: "Fear and Trembling" and "Repetition"（《克尔凯郭尔文集》，第六卷，《恐惧与颤栗》和《重复》），ed. and trans. Howard Hong and Edna Hong（Princeton: Princeton University Press, 1983）.
SV	Soren Kierkegaards Samlede Vaerker（《索伦·克尔凯郭尔全集》）（Copenhagen: Gyldendal, 1901—1906）.

其他著作

AV Alasdair MacIntyre, *After Virtue*(《德性之后》), 2d ed.(Notre Dame: Notre Dame University Press, 1984).

SSR *Thomas Kuhn, The Structure of Scientific Revolutions*(《科学革命的结构》), 2d ed.(Chicago: University of Chicago Press, 1970)

W&M Hans-Georg Gadamer, *Wahrheit und Method: Grundzüge einter Philosophischen Hermeneutik*(《真理与方法: 哲学诠释学的基本特征》), 4th ed.(Tübingen: Mohr, 1975).

T&M Hans-Georg Gadamer, *Truth and Method*(《真理与方法》), trans. G. Barden and J. Cumming(New York: Seabury, 1975).

索 引

（本索引所标页码为英文本页码，参见本书边码）

Actuality, 现实性, 20, 34; actual experience, 现实经验, 44—45; and becoming, ～与生成, 33; and falling, ～与沉沦, 62; of intentional experience, 意向性经验的～, 39

Adorno, Theodor, T. 阿多诺, 233

Aesthetics: aesthetic object, 美学：审美对象, 109; aesthetic repetition, 审美重复, 27, 29

Anaximander, 阿那克西曼德, 4, 159—161, 164—165, 180, 263, 283

Aquinas, Thomas: *on esse* and *ens*, 托马斯·阿奎那：～论存在与本质, 177, 179

Aristotle, 亚里斯多德, 6, 12, 16, 18, 169, 200, 211, 216, 252, 255, 260, 261, 291; his doctrine of *kinesis*, 他的运动学说, 1, 2, 13, 17, 34, 41, 198—199; his ethics, 他的伦理学, 244, 246; on practical knowledge, 论实践知识, 109; on time, ～论时间, 198—199; *Metaphysics*,《形而上学》, 2, 244; *Nicomachean Ethics*,《尼各马可伦理学》, 2, 244, 247

Art: Heidegger on, 艺术：海德格尔论～, 96; work of art, 艺术作品, 96, 113

Assertion: apophantic, 断言：陈述, 73—74; and truth, ～与真理, 73, 75

Augustine, 奥古斯丁, 200, 267, 272, 288; on love, 论爱, 212

Austin, J. L., J. L. 奥斯丁, 133, 167

Bacon, Francis, 弗朗西斯·培根, 215

Becker, Oskar, 奥斯卡·贝克尔, 56

Becoming: and actuality, 生成: ～与现实性, 33; and Being, ～与存在, 12—13, 16; Hegel on, 黑格尔论～, 19, 34, 11; hermeneutics as philosophy of, 作为～哲学的诠释学, 37; and repetition, ～与重复, 59

Being: and being, 存在: ～与存在物, 173—177, 179—180; Being-in-the-World, 在世界中存在, 在世存在, 73, 74; 88; Benig-toward-Death, 向死而生, 76—77, 199; and becoming, ～与生成, 12—13, 16; of Dasein, 此在～, 60—92, 96, 106—107, 175, 199; meaning of, ～的意义, 153—154, 158, 171—176, 180, 182, 237—238; as presence, 作为在场的～, 4—5, 116; and thought, ～与思, 106; truth of, ～的真理, 153—154, 171—179, 180, 181—182, 203, 236—238, 255, 257

Bernstein, Richard: on science, 理查德·伯恩斯坦: 论科学, 216, 218, 253—254; *Beyond Objectivism and Relativism*, 《超越客观主义和相对主义》, 210, 215

Bultmann, Rudolf, 鲁道夫·布尔特曼, 109

Carroll, Lewis, 列维斯·卡洛尔, 148

Cartesianism, 笛卡儿主义, 95, 244, 255, 261; and ego, ～与自我, 72, 81, 245, 275; and egological metaphysics, ～与自我论的形而上学, 189; and existence of the world, ～与世界的生存, 247; and science, ～与科学, 55; and subject, ～与主体, 98, 223; Husserl's, 胡塞尔的～, 55—57, 58—59

Christianity, 基督教, 13, 14, 15, 25, 35, 242, 245, 265—266

Climacus, Johannes. See Kierkegaard, 约翰尼斯·克利马科斯, 见克尔凯郭尔

Consciousness, 意识, 278; Derrida on, 德里达论～, 129—130; its givenness to itself, 它的自我给定性, 27, 133—134; epistemological, 认识论～, 72; fore-structures of, ～的前结构, 55; historical, 历史～, 162; intentionality of, ～的意向性, 52, 54—57; internal time consciousness,

内在时间意识，4, 37, 46, 51, 52, 131, 133—136, 138, 143, 144; and language, ～与语言, 130, 135; object of, 意识的对象, 43—44; scientific, 科学～, 55; and stream of experiences, ～与经验流, 37; transcendental, 超验～, 54, 135; and unity of meaning, ～与意义整体, 41

Constantinus, Constantin. *See* Kierkegaard, 康斯坦丁·康斯坦提斯，见克尔凯郭尔

cummings, e. e., 卡明斯, 148

Dasein: and anticipation, 此在: ～与期待, 76, 77, 84; authenticity of, ～的真实性, 77, 89, 90, 199; Being of, ～存在, 60—92, 96, 106—107, 175, 199; and care, ～与忧虑, 53—54, 62, 76—77; and concern, ～与关注, 74; and death, ～与死亡, 87, 88, 89; existence as its essence, 作为此在本质的存在, 66; facticity of, ～的事实性, 87; fallenness of, ～沉沦, 62—63, 73, 77, 84, 86; and heritage, ～与遗产, 87, 90; historicity of, ～的历史性, 82, 86, 89; its possibility to be, 此在将是的可能性; 60, 78; resoluteness of ～的决断, 77, 84, 86, 87; temporality of, ～的时间性, 62, 65, 80, 82, 83, 84, 86, 175; thrownness of, ～的被抛, 87; and understanding, ～与理解, 52, 96, 98, 109—110

Death, 死亡, 201; Being-toward-Death, 向死而生, 76—77, 199; and Dasein, ～与此在, 87, 88, 89

Derrida, Jacques, 雅克·德里达, 1, 3, 7, 17, 18, 35, 36, 39, 41, 49, 57, 85, 86, 113, 222, 241, 243, 254, 255, 263, 264, 269; on *arché*-writing, ～论原书写, 138, 169; on circularity, ～论循环, 53, 68; on communication, ～论交流, 132—133; on consciousness, ～论意识, 129—130; on constitution, ～论构成, 130—131, 136; on deconstruction, ～论解构, 65, 95, 97—98, 119, 121, 124, 131, 147, 151—152, 154, 167, 171, 179, 187, 191, 192, 193, 196—198, 206, 213; on *différance*, ～论差异, 123, 129, 130, 131, 138,

139, 141, 142, 144—145, 146, 151, 153, 155, 167, 179, 186, 187, 273; on dissemination, ～播散, 148, 151—152, 154, 221; on eschatology, ～论末世论, 165—167; on geometrical ideality, ～论几何学理想, 124—125; his grammatology, 他的文字学, 122—123, 148—149, 191, 193; and GREPH, 哲学教学研究小组, 193—194; and Heidegger, ～与海德格尔, 65, 83, 104, 107, 116—119, 153—159, 166—172, 177—178, 180, 182, 184—191, 195—196, 201—202, 209; and Husserl, ～与胡塞尔, 120—148, 191—192; on internal time consciousness, ～论内在时间意识, 135—136, 138; his interpretations of interpretation, 他的解释的解释, 95, 97, 116, 118; on language, ～论语言, 148—149; on logo-centrism, ～论逻各斯中心主义, 148, 166; and Marxism, ～与马克思主义, 231; and Nietzsche, ～与尼采, 155—157, 159; and onto-hermeneutics, ～本体诠释学, 153—155; on repetition, ～论重复, 121—123, 127, 130, 135—136, 139, 216; on semanticism, ～论语义主义, 148—151; on semantics, ～论语义学, 148—149; on sign, ～论符号, 124, 135—136, 227, 233; on solicitation, ～论诱惑, 146, 211, 290; on speech, ～论声音, 136—137, 193; on truth, ～论真理, 117—118, 122, 151—152, 192; on writing, 论书写, 136—137, 193; *La Dissemination*, ～《播散》, 139, 147—148; *The Ends of Man*, 《人的终结》, 193; "The Origins of Geometry,"《几何学的起源》, 123—124; *Positions*, 《立场》, 192; *Spurs: Nietzsche's Styles*, 《马刺: 尼采的风格》, 153, 178, 186

Descartes, René, 勒内·笛卡儿, 98; cogito, 72, 245; on ego, ～论自我, 72, 81; and epistemological subject, ～与认识论主体, 263; his ontology, 他的本体论, 54, 59; rationalism of ～的理性主义, 210; and science, ～与科学, 55。*See also Cartesianism*, 也参见笛卡儿主义。

Dilthey, Wilhelm, 威廉·狄尔泰, 3, 190

Diogenes, Laertius, 拉尔修·第欧根尼, 145, 250

Dreyfus, Hubert, 休伯特·德雷福斯, 226—227

Eckhart, Meister, 梅斯特·艾克哈特, 3, 184, 250, 251, 262, 279, 281; on breakthrough, ～论突破, 268—270, 274; on love, ～论爱, 265, 267; his mysticism, 他的神秘主义, 265—266

Eco, Umberdo: *The Name of the Rose*, 昂贝多·艾柯:《玫瑰之名》, 293

Ego: Cartesian, 自我: 笛卡儿的, 72, 81, 245, 275; egological metaphysics, 自我论形而上学, 289; history of, ～的历史, 48; and intersubjectivity, ～与主体间性, 132, and persona, ～与面具, 289—290; pre-linguistic, 前语言的～, 126; transcendental, 超验～, 46, 51; 126; unity of, ～统一体, 47, 143; worldly, 世俗的, 54。See also Self.

Eleatics, 埃里亚学派, 34, 92, 145; their denial of motion, 他们对运动的否定, 11, 13, 17

Empiricism: atomistic experience, 经验主义: 原子经验, 40; sensation, 感知, 42, 56

Enlightenment, 启蒙运动, 242, 243, 244, 247—248, 253—254, 275

Epistemology, 认识论, 36—37, 61, 72, 75, 247

Essence: Dasein's existence as, 本质: 作为～的此在生存, 66

Ethics, 209; and actuality, 伦理学: ～与现实性, 33; of dissemination, 播散的～, 257, 260, 262—265, 267; of Enlightenment, 启蒙运动的～, 247—248; eschatological, 末世论的～, 238—239, 240—245; ethical repetition, 伦理的重复, 28, 29, 30, 31; and Heidegger, ～与海德格尔, 89, 236—239, 241, 244—245, 257, 260; historical nature of, ～的历史本质, 247—248, 255—257, 260; humanistic, 人道主义～, 244; moral knowledge, 道德知识, 110; moral subject, 道德主体, 247; originary ethos, 原初精神气质, 236—238, 246—248, 252—253; radical, 激进的～, 261, 272; as value theory, ～作为价值理论, 236—237, 245, 248

Existence, 生存, 53, 66, 213; authentic, 真实的, 本真的～, 77; as Dasein's essence, ～作为此在的本质, 66; everyday, 日常, 76—77; existential analytic, 生存论分析, 68, 72; existential circle, 生存论循

环，60—61

Existentialism，存在主义，98；and human situation，～与人的状况，97

Experience: intentionality of，经验：～的意向性，39—40；possible，可能，44—45；stream of，～流，36，37，38，42，133

Feyerabend, Paul，保罗·费耶阿本德，110，233；his counterinductionism，他的反归纳主义，221；on method，～论方法，211—212，213

Foucault, Michel，米歇尔·福柯，112，203，215，233，241，243，263；on disciplinary society，～论规训社会，256—257；on history of the present，～论在场的历史，91；on regressive thought，～论压抑思想，57—58

Freedom，自由，30；Heidegger on，海德格尔论～，191；Kierkegaard on，克尔凯郭尔论～，21；as movement，～作为运动，20；as repetition，～作为重复，28

Freud, Sigmund，西格蒙德·弗洛伊德，155

Gadamer, Hans-Georg，汉斯-格奥尔格·伽达默尔，82，118，245，263；on dialogue，～论对话，81，104；and Hegel，～与黑格尔，112—113，114；and Heidegger，～与海德格尔，6，96—97，108—115；on horizon，～论视域，96，108，113；on knowledge，～论知识，216；on meaning，～论意义，148，149；on message，～论消息，168—169；his philosophical hermeneutics，他的哲学诠释学，5—6，53，95，108，119，261；on primacy of perception，～论感知的首要性，56，57；on rationality，～论理性，111，210；on tradition，～论传统，96—97，108，110—115，125，191；on truth，～论真理，111—113，115；*Truth and Method*，《真理与方法》，108，110，113

Galileo，伽利略，48—49

Geertz, Clifford，克利福德·格尔茨，110

George, Stefan，史蒂芬·格奥尔格，191

Hegel, Georg Wilhelm Friedrich, 格奥尔格·威廉·弗里德里希·黑格尔, 6, 61, 92, 96, 110, 114, 127, 180, 249, 290; on becoming, ～论生成, 19, 34, 111; on Being, ～论存在, 103; on mediation, ～论调停, 17, 18, 19, 32; on time, ～论时间, 18—19; 34, 161—162; on truth, ～论真理, 111, 112; *Phenomenology of spirit*, 《精神现象学》, 83

Heiberg, J. L., 海伯格, 19—20

Heidegger, Martin, 马丁·海德格尔, 146, 147, 220; on Anaximander, ～论阿那克西曼德, 160—161, 263; anticipated by Kierkegaard, 克尔凯郭尔预见, 12, 13, 14, 16, 24, 29, 30, 32, 53, 72, 82—83; on appropriation (*Ereignis*), ～论占有（事件）, 102, 153, 171, 172, 178, 200—201, 202, 203—204, 223, 238; on Aristotle, ～论亚里斯多德, 109—110, 244; on authenticity, ～论真实性, 175, 178, 198, 199, 200, 201; on Being as presence, ～论作为在场的存在, 4—5; and Derrida, ～与德里达, 65, 83, 104, 107, 116—119, 153—159, 166—172, 177—180, 180, 182, 184—191, 195—196, 201—202, 209; on dwelling, ～论栖居, 236, 238, 246, 256; and eschatological hermeneutics, ～与末世论诠释学, 176, 203; on ethics, ～论伦理学, 89, 236—239, 241, 244—245, 257, 260; on existential circle, ～论生存论循环, 60—61; on freedom, ～论自由, 191; and Gadamer, ～与伽达默尔, 16, 96—97, 108—115; on groundlessness, ～论无根, 202, 205—206; and hermeneutic circle, ～与诠释学循环, 61; on hermeneutic relation, ～论诠释学关系, 96, 106—107; his hermeneutics of facticity, 他的事实性诠释学, 1—2, 6; and historicism, ～与历史主义, 162; on horizon, ～论视域, 99—102, 216; and Husserl, ～与胡塞尔, 38, 52—55; on language, ～论语言, 51, 104—107, 169, 174, 273; his later philosophy, 他的后期哲学, 85, 95—108, 160, 215; on letting be (*Gelassenheit*), ～论让是，顺其自然（泰然处之）, 204, 205, 264—265, 266—267, 277, 288—289; on logic of science, ～论科学的逻

辑，229，232—233；on meaning，～论意义，158，174—175；on mesage，～论消息，168—169，180；on onto-hermeneutics，～论本体论诠释学，174—176，178—179；on the open，～论开放，100—102，105，274；on openness to mystery，～论神秘的开放性，270，278；on originary ethos，～论原初精神气质，236—238，246—248，252—253；on poetic thinking，～论诗之思，224—225，249；on principle of reason，～论理性原则，211，224；and radical hermeneutics，～与激进诠释学，3—5；on region，～论地带，100，105；and repetition，～与重复，60—61，87，89—92；his retrieval of hermeneutics，他的诠释学恢复，98，103，104；his *Der Spiegel* interview，他的《明镜》采访，195—196，197，248，250，264，279；on technology，～论技术，96，223，227，232—233，249，256；on temporality，～论时间性，62，65，80，82，83—84，86，175；on thinking，～论思，96，98—99，101—102；on thrownness，～论被抛，24；on tradition，～论传统，92；on truth，～论真理，73—75，96—97，115，118，152，153—155，157，158—159，171—178，181—186，189，201，288；*Basic Problems of Phenomenology*.《现象学的基本问题》，85，174；*Being and Time*.《存在与时间》，1—2，7，12，16，29，30，32，36，38，39，47，48，52，53，59，60—91，95，98，99，100，102，103，104，108—110，113—115，116，118，152，158，171—175，177—179，199，200，214，215，216，227，232，244；*Discourse on Thinking*.《思想的话语》，98—101，105，107；"A Letter on Humanism,"《人道主义的通信》，98；*On the Way to Language*,《通向语言之路》，98；"The Onto-theo-logical Nature of Metaphysics,""形而上学的本体—神学—逻辑性质"，114；"The Origin of the Work of Art,"《艺术作品的本源》，109；"Plato's Doctrine of Truth,"《柏拉图的真理学说》，183；"Science and Reflection,"《科学与反思》，270，271；"Time and Being,"《时间与存在》，159；181，204；*What Is Called Thinking*,《何谓思》，228。See also Dasein: Hermeneutics，参见此在：诠释学

Heraclitus, 赫拉克利特, 2, 16, 22, 23, 37, 42, 43, 202, 212, 255, 277, 284, 286

Hermeneutics: circle of, 诠释学：～循环, 53, 61—62, 65—69, 79—80, 83, 92, 95—96, 101, 105—107, 164—165; circularity of Dasein's Being, 此在存在的循坏, 75, 82, 86, 90, 92, 107; cold, 冷～, 189—190, 239, 259; and consciousness, ～与意识, 56; and deconstruction, ～解构, 63—65, 85, 95, 119, 151—152, 179, 187, 188; and dialogue, ～与对话, 81; and *epoché*, ～与纪元, 4; eschatological, 末世论的, 155, 160—164, 176; of everydayness, 日常性的～, 76—77; and existential analytic, ～与生存论分析, 77, 81, 86; of facticity, 事实性～, 1—2, 6, 109, 146; fore-structures of, ～前解构, 47, 52, 55, 102, 109; hermeneutic phenomenology, 诠释学现象学, 38—39, 52, 65, 67, 81, 95, 97; 103, 244; horizonal, 视域的, 99, 108, 153—154, 174; and interpretation, ～与解释, 81; and knowledge, ～与知识, 110, onto-hermeneutics, 本体—诠释学, 153—155, 159, 174—176, 178—179, 180, 184, 192; philosophical, 哲学～, 5—6, 53, 95, 108, 119, 261; proto-hermeneutics, 原诠释学, 38, 43, 52, 53; rabbinical, 犹太人的, 116—117; radical, 激进的～, 3—5, 7, 36, 65, 82, 86, 97, 107, 119, 120, 146—147, 171, 178—179, 187, 198, 206, 209—210, 213, 215, 216, 236, 238—239, 257—261, 290, 293; and rationality, ～与理性, 209—211; religious, 宗教～, 279—280; and science, ～与科学, 55, 110, 232—233; and semanticism, ～与语义论, 150—151; of suffering, 苦难～, 280, 290; and technology, ～与技术, 169; transcendendal, 超验的; 104, 153—154; and understanding, ～与理解, 81; and violence, ～与暴力, 63—64, 65, 66, 77—78, 81

Historicism, 历史主义, 56, 162。

Historicity: of Dasein, 历史性：此在的～, 82, 86—89; hermeneutics of, ～诠释学, 244—245; and tradition, ～与传统, 87; of truth-event, 真理事件的～, 115

History: a priori（transcendental）；历史：先验（超验）～，48，123—126; and becoming, ～与生成，111; of the future, 未来的历史，91; historical community, 历史共同体，48; historical consciousness, 历史意识，162; historical constitution, 历史构成，48—52，58; historical finitude, 历史有限性；112; historical nature of ethics, 伦理学的历史性质，247—248，255—257，260; historical repetition, 历史重复，51，87; historical understanding, 历史理解，109; and language, ～与语言，126; of metaphysics, 形而上学的～，170，173，174，178，185，202，257; and progress, ～与进步，128; and tradition, ～与传统，49—50，92

Hölderlin, Friedrich, 弗里德里希·荷尔德林，249

Husserl, Edmund, 埃德蒙德·胡塞尔，7，75，234; on annihilation of the world, ～论世界的毁灭，43—44，143，269，287，290; his *Cartesian*ism, ～的笛卡儿主义，55—57，58—59; on crisis of Western Europe, ～论西欧的危机，48; and Derrida, 与德里达，120—148，191—192; on Galileo, ～论伽利略，48—49; and Heidegger, ～与海德格尔，38，52—53; on internal time consciousness, ～论内在时间意识，4，37，46，51，52，131，133—136，138，143，144; on interpretation, ～论解释，68; on intuition, ～论直觉，43，210; and Kierkegaard, ～与克尔凯郭尔，36—37，47; on language, ～论语言，49—51，124—125，128，131—132，136—138，140; on meaning, ～论意义，153; on message, ～论消息，168; his ontological presuppositions, 他的本体论预设，54—55; his phenomenology, 他的现象学，52—54，98，99，120—122; and presuppositionlessness, ～与无预设性，52—56; and proto-hermeneutics, ～与～原诠释学，38，43，52，53; on sign, ～论符号，131—132，135，140—141; his theory of constitution, 他的构成理论，3—4，36—38，39，43，44—52，58—59，66，120—122，125—126，129，136; on truth, ～论真理，127; *Cartesian Meditations*, 《笛卡儿沉思录》，83，125，132，210; *The Crisis of European Sciences*, 《欧洲科学的危机》52; *Ideas I*, 《观念

I》, 48, 57, 126, 136, 276; *Logical Investigations*, 《逻辑研究》, 42, 48, 131, 216

Intentionality, 意向性, 192; as interpretation, ～作为解释, 41—42; of consciousness, 意识～, 39—43, 52, 54—57; fulfillment of intention, 意图的完成, 140; of experience, 经验的～, 39—40; and horizon, ～与视域, 43, 45, 110; intentional object, 意向性客体, 39, 43, 55, 56—57; and intuition, ～与直观, 140; of language, 语言的～, 49; of perception, 感知的～, 42, 43, 52

Interpretation, 解释, 39, 121; fore-structures of, ～的前结构, 103; fusion of horizons in, ～的视域融合, 45; intentionality as 作为～意向性, 41—42; interpretations of, ～的解释, 95, 97, 116, 118; object interpreted, 解释的对象, 38; prethematic, 前主题的～, 70; projective, 投射的～, 73; structure of, ～的结构, 73—74; and understanding, ～与理解, 69—70, 81

Intuition: and interpretation, 直觉: ～与解释, 43; Husserlian, 胡塞尔～, 43, 210

Jabes, Edmond: *The Book of Questions*, 埃蒙德·亚布斯:《问题之书》, 116
Jaspers, Karl, 卡尔·雅斯贝尔斯, 76, 290
Joyce, James, 詹姆斯·乔伊斯, 128, 142, 147, 148, 184

Kafka, Franz, 弗朗兹·卡夫卡, 143
Kant, Immanuel, 伊曼纽尔·康德, 98, 129, 180, 214, 233, 254, 265; a priori, 先验的, 45; his ethics, 他的伦理学, 266, 275—276, 277; on pure reason, ～论纯粹理性, 229; on transcendental object, ～论超验客体, 46
Kierkegaard, Søren, 索伦·克尔凯郭尔, 6, 7, 117, 120, 139, 145, 152, 165, 184, 189, 192, 199, 200, 202, 211, 225, 234, 235, 239, 242, 244, 262, 278, 282, 290; anticipating Heidegger, ～预期海德格尔, 12, 13, 14, 16, 24, 29, 30, 32, 53, 72, 82—83; and the

end of philosophy, ～与哲学的终结, 32; on existential movement, ～论生存论运动, 11—13; on freedom, ～论自由, 20, 21, 28; and hermeneutics, ～与诠释学, 36; and history, ～与历史, 92; and Husserl, ～与胡塞尔, 36, 37, 47; and metaphysics, ～与形而上学, 34—35, 38; his ontology, 他的本体论, 53, 83; on recollection, ～论回忆, 13—16, 21, 22, 32—33, 121; his theory of repetition, 他的重复理论, 2—3, 12, 13—16, 22, 32, 33, 60—61, 66, 82, 83, 87, 91, 92, 102, 118, 121; on rotation method, 循环法, 27, 28, 31; on self, ～论自我, 29, 30, 60, 84; *Either/Or*, 《非此即彼》, 27, 28; *Either/Or, Postscript*, 《〈非此即彼〉附言》, 124, 292, 294; *Repetition*, 《重复》, 2, 12, 19, 21—26, 27, 28, 47, 291; *The Sickness unto Death*, 《致死的疾病》, 82

Kisiel, Theodore, 西奥多·基希尔, 110

Kuhn, Thomas, 托马斯·库恩, 110, 210, 226, 233; on paradigms of science, ～论科学范式, 216—219, 221, 229; on scientific method, ～论科学方法, 215—220; on truth, ～真理, 221—222; *The Structure of Scientific Revolutions*, 《科学革命的结构》, 214, 215

Lakatos, Imre, 伊姆雷·拉卡托斯, 214

Language: arché-writing, 语言：元书写, 137, 169; chatter（Gerede）, 闲谈, 51; and consciousness, ～与意识, 130, 135; constitution of, ～的构成, 50—51, 125; grammar, 语法, 139, 142, 154; grammatological reduction, 文字学还原, 170; Heidegger on, 海德格尔论～, 51, 104—107, 169, 174, 273; and history, ～与历史, 50—51, 126; Husserl on, 胡塞尔论～, 49—51, 124—125, 128, 131—132, 136—138, 140; ideality of, ～的理想性, 124—125; intentionality of, ～的意向性, 49; natural, 自然～, 124, 125, 128, 144; semantics, 语义学, 148—149; speech, 语音, 137—138, 140, 141, 193; word, 词语, 191—192; writing, 书写, 124, 127, 129, 130, 136—137, 144, 193

Leibniz, Gottfried Wilhelm，戈特弗里德·威廉·莱布尼兹，22，224

Levinas, Emmanuel，伊曼纽尔·列维纳斯，272，273，276

Lévi-Strauss, Claude，克劳德·列维－施特劳斯，117

Logic: and circularity，逻辑：～与循环，53；and deconstruction，～与解构，154；eschatological，末世论～，164；logical necessity，逻辑必要性，34；logical possibility，逻辑可能性，44，45；of science，科学的～，229，232－233

MacIntyre Alasdair，阿拉斯代尔·麦金太尔，245，262；on ethics，～论伦理学，241－244，247－248，260；on the Enlightenment，～论启蒙运动，253－254；on modernity，～论现代性，241－243，249

Mallarmé, Stéphane，斯特凡·马拉美，149

Marcel, Gabriel，加布里埃尔·马塞尔，272

Meaning，意义，95，111，202；of Being，存在的～，153－154，158，171－176，180，182，237－238；categories of，～的范畴，136－137；communication of，～的交流，148；constitution of，～的构成，3－4，37，120，121，122，125－126，136，144；and Dasein's Being，～与此在存在，84－85；and expression，～与表达，131－132；Heidegger on，海德格尔论～，158，174－175；Husserl on，胡塞尔论～，153；ideality of，～的理想性，124－125，129；literal，字面～，47；material counter-sense，物质对抗意义，45；metaphoric，隐喻～，47，149；prelinquistic，前语言～，136；as projection，作为筹划的～，172－173，174；temporality of，～的时间性，175；and understanding，～与理解，84－85；unity of，～统一体、整体，41，46，47，57。See also Noema

Merleau-Ponty，梅洛－庞蒂，227；*The Phenomenology of Perception*，《知觉现象学》，57，214

Metaphysics: of becoming，形而上学，生成的～，33；deconstruction of，～的解构，115，154，192，209，242，260；and eschatology，～与末世论，165－166，184，238，248，257，279；of flux，流动的～，142－

144, 146, 165—166, 190, 209, 211, 213, 239, 257—259, 262, 269, 274, 281—282, 290, 294; history of, ~的历史, 170, 173, 174, 178, 185, 202, 257; and interest, ~与兴趣, 33; Kierkegaard on, 克尔凯郭尔论~, 34—35, 38; metaphysical idealism, 形而上学唯心主义, 43—44; of motion, 运动~, 11, 15; overcoming, 克服, 32, 33, 34, 38, 85, 113, 153, 166, 234, 236; prejudices of, ~偏见, 72; of presence, ~在场, 38, 62, 65, 95, 116, 140, 143—144, 146, 154, 177, 194, 234, 288; and recollection, ~与回忆, 58, 91; and repetition, ~与重复, 83; of subjectivity, 主体性~, 98, 256, 289; of substance, 实体的~, 84; of time, 时间的~, 15; Western, 西方~, 55

Metz, Johann Baptist, 约翰·巴普蒂斯特·梅兹, 281

Naturalism, 自然主义, 56
Nietzsche, Friedrich, 弗里德里希·尼采, 3, 39, 97, 112, 114, 119, 146, 154, 189, 202, 211, 234, 241, 259, 272; and becoming, ~与生成, 12; on fiction, ~论虚构, 155, 159; on science, ~论科学, 220; on suffering, ~论苦难, 283—285; on truth, ~论真理, 145, 151, 155—157, 189, 259, 288—289, 291; on values, ~论价值, 245, 247, 292; on willing, ~论意志, 98, 155, 159, 245; *The Will to Power*, 《权力意志》, 245, 284

Noema: noematic unity, 意向对象: 心理过程统一体, 37, 41

Object: cultural, 客体、对象: 文化~, 44; intentional, 意向性客体, 39—43, 55, 56—57; physical, 物理~, 44, 56—57; transcendental, 超验~, 46; as unity of meaning, 作为意义统一体的~, 57; worldly, 世间的~, 57

Ontology, 本体论, 69, 103; Catesian, 笛卡儿~, 54, 59; of care, 忧虑的~, 53—54; circle of, ~的循环, 60—61, 65; destruction of, ~的破坏, 63, 85; existential, 生存~, 59, 80; and Kierkegaard, ~与

克尔凯郭尔, 53, 83; onto-hermeneutics, 本体—诠释学, 153—155, 159, 174—176, 178—179, 180, 184, 192; presuppositions of, ~预设, 54; of subjectivity, 主体性的~, 246; transcendental, 超验~, 103; of understanding, 理解~, 61, 67。See also Being

Parmenides, 巴门尼德, 92, 180, 249—251, 274
Perception：and horizon-structure, 感知：~与视域结构, 40—41; intentionality of, ~意向性, 42, 43, 52; perceptual object, 感知对象, 40—41; primacy of physical objects in, ~物理客体的首要性, 56—57; and sensation, ~与感觉, 42, 56
Phenomenology, 现象学, 36, 191; circle in, ~循环, 61; and conditions of experience, ~与经验条件, 39; deconstruction of, 现象学的~, 121, 147; descriptive, 描述~, 54; and Heidegger, ~与海德格尔, 52—54; and horizon, ~与视域, 95, 98, 99, 129; and Husserl, ~与胡塞尔, 52—54, 98, 99, 120—122; hermeneutic phenomenology, 诠释学现象学, 38—39, 52, 65, 67, 81, 95, 97, 103, 244, and interpretive act, ~与解释行为, 42; onto-phenomenology, 本体—现象学, 159; as science, 作为科学的~, 55; transcendental, 超验~, 38, 52, 210
Philosophy：end of, 哲学：~的终结, 3, 32; of motion, 运动的~, 11—12; of science, 科学~, 55; See also Metaphysics, Ontology
Plato, 柏拉图, 6, 34, 55, 61, 96, 110, 123, 165, 180, 183, 245; his ethics, 他的伦理学, 244, 246; his idea of the Good, 他的善的理念, 109; his theory of recollection, 他的回忆理论, 2, 13, 14, 16, 18, 32, 37, 38, 51, 59; on truth, ~论真理, 111, 112
Plutarch, 普鲁塔克, 250, 251
Polanyi, Michael, 米歇尔·波兰尼, 214, 227
Popper, karl, 卡尔·波普尔, 214
Possibility, 可能性, 20, 34, 60, 199; and freedom, ~与自由, 30; logical, ~可能性, 44, 45; possible experience, 可能经验, 44—45;

and meaning, ～与意义, 173; and repetition, ～与重复, 90; and understanding, ～与理解, 62

Poststructuralism: its critique of hermeneutics, 后结构主义: ～对诠释学的批判, 95

Potentiality: and Dasein, 可能性: ～与此在, 77, 78; and horizon-structure, ～与视域结构, 40

Pragmatism, 实用主义, 56

Praxis, 实践, 48, 216

Psychologism, 心理主义, 56

Religion, 宗教, 25; and hermeneutics, ～与诠释学, 279—280; religious repetition, 宗教重复, 20, 27, 28, 33; and suffering, ～与苦难, 280—286

Repetition, 重复, 130; aesthetic, 审美～, 27, 28, 29; as *kinesis*, ～作为运动, 11, 16; circle of, ～的循环, 12; epistemic, 认识论～, 58; ethical, 伦理学的～, 28, 29, 30, 31; existential, 生存论～, 36, 58, 66; and Heidegger, ～与海德格尔, 60, 61, 87, 89—92; historical, 历史～, 51, 87; and language, ～与语言, 50; movement of, ～运动, 19—20; poetical, 诗意～, 142; productive, 生产性～, 121—122, 127; rabbinical, 希伯来的～, 142; and recollection, ～与回忆, 51, 121; as regularity of experience, ～作为经验的常规性, 45; religious, 宗教～, 20, 27, 28, 33; reproductive, 复制性～, 121, 127; and self, ～与自我, 29—30, 92; unproductive, 非生产性～, 136

Richard, J. P.: *L'Univers imaginaire de Mallarmé*, J. P. 理查德:《马拉美的想象世界》, 149

Ricoeur, Paul, 保罗·利科尔, 5, 289; on meaning, ～论意义, 149, 150; on metaphor, ～论隐喻, 149

Rorty, Richard, 理查德·罗蒂, 196, 220, 222

Sartre, Jean-Paul, 让－保罗·萨特, 98

Scheler, Max, 马克斯·舍勒, 56

Schleiermacher, F. D. E., 施莱尔马赫, 3, 7, 113, 190

Science, 科学, 209, 213; Cartesian, 笛卡儿的～, 55; and hermeneutics, ～与诠释学, 55, 110, 232—233; history of, ～的历史, 219, 221; logic of, ～的逻辑, 229, 232—233; method of, ～的方法, 215—220, 239; natural, 自然～, 110; paradigms of, ～范式, 216—219; 221, 229; phenomenology as, 现象学作为～, 55; philosophy of, ～哲学, 55; rationality of, 科学的理性, 111; scientific consciousness, 科学意识, 55; scientific revolutions, 科学革命, 48, 215, 219; social, 社会～, 110; universal, 普遍～, 48

Self: constancy of, 自我：～恒常性, 82; factical, 事实性～, 87; Kierkegaard's theory of, 克尔凯郭尔的～理论, 29—30, 60, 84; and repetition, ～与重复, 29—30, 92. *See also* Ego

Sign: emancipation of, 符号：～的解放, 123, 139—142, 170, 193, 233; and expression, ～与表达, 131—132; and history, ～与历史, 126; indicative, 指示～, 131—132; and intersubjective constitution, ～与主体间构成, 130—131; signifier, 能指～, 133, 138, 141—142, 145, 147, 148—154, 170, 171, 187, 191, 193

Silesius, Angelus, 安格鲁斯·西勒修斯, 225, 226, 265

Socrates, 苏格拉底, 188—189, 257, 258, 259

Sophocles: *Antigoner*, 索福克勒斯：《安提戈涅》, 251

Structuralism: its critique of hermeneutics, 结构主义：它对诠释学的批判, 95

Subject: epistemological, 主体：认识论～, 242, 263; existential, 生存论～, 98; transcendental, 超验～, 44, 84, 98

Thinking: horizontal, 思、思维：视域的～, 100—102, 106; spontaneity of, ～的自发性, 98; and willing, ～与意志, 98, 99

Thomism, 托马斯主义, 179

Time, 时间, 15; Aristotle on, 亚里斯多德论～, 198—199; consciousness of, ～意识, 4, 37, 46, 51, 52, 131, 133—136, 138, 143, 144;

constitution of, ～的构成, 46—47; flow of, 时间的流动、时间流, 143, 144—145; Hegel on, 黑格尔论～, 161—162; objective, 客观～, 46; temporality of Dasein, 此在的时间性, 62, 65, 80, 82, 83—84, 86, 175; temporality of meaning, 意义的时间性, 175

Truth, 真理, 95; as *aletheia*, ～作为去蔽, 153, 155, 176—178, 181—186, 189, 201, 203—204, 252—253, 257, 259, 270—271, 273, 274—275, 288; of Being, 存在的～, 153—154, 171—179, 180, 181—182, 203, 236—238, 255, 257; as correspondence, 作为符合的～, 75, 154, 155; derivative, 派生的～, 74—75; Derrida on, 德里达论～, 117—118, 122, 151—152, 192; eternal, 永恒～, 111—113; and fiction, ～与虚构, 145, 155; Heidegger on, 海德格尔论～, 73—75, 96—97, 115, 118, 152, 153—154, 157, 158—159, 171—178, 181—186, 189, 201—202, 252—253, 257, 274—275, 288; Husserl on, 胡塞尔论～, 127; Nietzche on, 尼采论～, 145, 151, 155—157, 189, 259, 288—289, 291, 292; ontic, 本体的～, 176; ontological, 本体论的～, 176; scientific, 科学～, 221—222; and tradition, ～与传统, 112; truth-event, 真理事件, 115; untruth, 非真理, 115, 182, 259; as women, 女人的～, 155—157, 288—289, 292

Ulmer, Gregory, 格雷戈里·乌尔默, 148

Understanding: circle of, 理解: ～的循环, 62, 66—69, 92; epistemology of, ～的认识论, 61; fore-structures of, ～的前结构, 52, 70—72, 79; historical, 历史～, 109; and interpretation, ～与解释, 68—70, 81; and meaning, ～与意义, 84—85; ontology of, ～的本体论, 61, 67; and preunderstanding, ～与前理解, 67—68, 80—81, 95, 96, 102, 105—106; projective, 筹划的～, 52, 61, 67, 70—71, 76, 79—80, 85, 96, 98, 172

University: and institutionalized reason, 大学: ～与体制化的理性, 228—231, 234, 235

Weber, Max, 马克斯·韦伯, 256

Willing: Nietzsche's metaphysics of, 意志：尼采的～形而上学, 98, 155, 159, 245; and thinking, ～与思想, 98—99

Winch, Peter, 彼特·温奇, 110

Wittgenstein, Ludwig, 路德维希·维特根斯坦, 254

World: annihilation of, 世界：～的毁灭, 43—44, 143, 269, 287, 290; Being-in-the-world, 在世存在，在世界中存在, 73—74, 88; and Cartesianism, ～与笛卡儿主义, 247; constitution of, ～的构成, 36, 37, 45; deconstruction of, ～解构, 144, of experience, 经验的～, 45, 46; life-world, 生活世界, 49; real, 真实～, 4; unity of, 世界整体, 45; as unity of meaning, ～作为意义整体, 44; world-horizon, 世界视域, 113; worldly object, 世间客体, 57; worldly ego, 世间自我, 54